TRAITÉ DE DROIT CIVIL ET FISCAL

LA

PRATIQUE DES AFFAIRES

PRINCIPAUX ACTES CIVILS
BAUX, ÉCHANGES, PARTAGES, TESTAMENTS, VENTES, ETC.
DÉCLARATIONS DE SUCCESSIONS
DÉCLARATIONS DE LOCATIONS VERBALES
FORMALITÉS HYPOTHÉCAIRES

PAR

P. BÉGIS

ANCIEN SOUS-INSPECTEUR DE L'ENREGISTREMENT DE PREMIÈRE CLASSE
RECEVEUR DES ACTES CIVILS ET SUCCESSIONS A SENS

TROISIÈME ÉDITION

Augmentée et mise au courant de la jurisprudence
jusqu'au 1er juillet 1898

*Ouvrage honoré d'une souscription officielle
du Ministère de l'Instruction Publique.*

SENS
IMPRIMERIE M. GORET ET Cie
1, RUE DE LA BERTAUCHE, 1

1898

EN VENTE CHEZ L'AUTEUR, **Prix : 5 fr.**

LA PRATIQUE DES AFFAIRES

EN VENTE CHEZ L'AUTEUR

Prix: 5 fr.

TRAITÉ DE DROIT CIVIL ET FISCAL

LA

ATIQUE DES AFFAIRES

PRINCIPAUX ACTES CIVILS

BAUX, ÉCHANGES, PARTAGES, TESTAMENTS, VENTES, ETC.

DÉCLARATIONS DE SUCCESSIONS

DÉCLARATIONS DE LOCATIONS VERBALES

FORMALITÉS HYPOTHÉCAIRES

PAR

P. BÉGIS

ANCIEN SOUS-INSPECTEUR DE L'ENREGISTREMENT DE PREMIÈRE CLASSE

RECEVEUR DES ACTES CIVILS ET SUCCESSIONS A SENS

TROISIÈME ÉDITION

Augmentée et mise au courant de la jurisprudence jusqu'au 1er juillet 1898

Ouvrage honoré d'une souscription officielle du Ministère de l'Instruction Publique.

SENS

IMPRIMERIE M. GORET ET Cie

1, RUE DE LA BERTAUCHE, 1

1898

AVERTISSEMENT DE LA 3me ÉDITION.

Le succès si rapide des deux premières éditions de **La Pratique des Affaires** *(1) me crée un double devoir, celui de remercier mes souscripteurs de leur accueil empressé, et celui d'apporter à mon œuvre, dont le succès établit l'opportunité, les perfectionnements dont elle est susceptible.*

Je m'acquitte avec plaisir du premier de ces devoirs, en adressant mes plus vifs remerciements à tous ceux qui me font l'honneur de me lire, et je crois m'être acquitté aussi du second en apportant à cette nouvelle édition de nombreuses et importantes améliorations grâce auxquelles, je l'espère du moins, elle devra être appréciée plus encore que ses deux aînées.

Encouragé d'ailleurs par les témoignages de haute considération dont ont bien voulu m'honorer M. le Ministre de l'Instruction Publique en m'accordant sa souscription et en adoptant mon ouvrage pour les Bibliothèques municipales et populaires, ainsi que la Ligue Française de l'Enseignement en l'inscrivant sur son catalogue si justement apprécié, je livre avec confiance ma 3me édition au nombreux public qu'elle intéresse.

1er octobre 1898.

(1) La 2me édition, mise en vente dans le courant de 1897, a été épuisée en moins d'un an.

PRÉFACE

Le droit civil constitue une science difficile et complexe dont la connaissance approfondie n'appartient guère qu'aux jurisconsultes de profession ; il comprend cependant certains principes généraux dont l'étude, en raison de leur fréquente application, serait pour tout le monde d'une très grande utilité pratique, et qui, présentés sous une forme simple et concise, peuvent d'ailleurs être facilement compris.

De même dans le droit fiscal, l'impôt de l'enregistrement, dont l'application constitue aussi une science spéciale, intéresse également tous les citoyens ; tous en effet sont appelés à l'acquitter sous mille formes diverses à l'occasion de la plupart des actes de la vie civile tels que les ventes, baux, échanges, etc., des déclarations de successions ou de locations verbales et des formalités hypothécaires.

Malheureusement les principes les plus essentiels du droit civil et fiscal sont souvent ignorés de personnes qui auraient beaucoup d'intérêt à les connaître ; et dans maintes circonstances, cette ignorance produit de graves mécomptes.

Il m'a semblé que cette situation était due en partie aux difficultés qu'ont les contribuables pour se procurer les moyens de s'instruire à ce point de vue spécial, et, pénétré de cette idée, j'ai essayé de réunir dans ce volume sur les actes les plus fréquents et l'impôt y afférent des notions générales, mais assez précises pour être pratiques.

Les ouvrages ne manquent pas qui traitent à fond et avec une autorité à laquelle je ne saurais certainement pas prétendre, les questions que je me propose de passer en revue; mais ces ouvrages, indispensables à ceux qui font du droit une étude spéciale, ne sont généralement pas à la portée de la masse des contribuables, du public auquel je m'adresse. J'ai donc pensé qu'il y avait encore place pour un traité conçu dans l'esprit que je viens d'indiquer.

Je n'ai pas la prétention d'ailleurs d'offrir un guide universel qui doive suffire dans toutes les affaires, si compliquées qu'elles soient: mon but, beaucoup plus modeste, a été seulement de faire une sorte de manuel qui permît à chacun de faire lui-même ses affaires simples, celles que dans la pratique on désigne sous le nom d'affaires courantes.

Si j'ai été assez heureux pour atteindre ce but, je ne doute pas que mon livre rende de grands services aux contribuables, pour qui l'impôt, déjà lourd par lui-même, a quelquefois besoin d'être dégagé de ce qui lui est étranger et tend souvent à trop l'augmenter surtout dans les petites affaires, et j'ose espérer qu'il pourra être aussi de quelque utilité à l'administration elle-même, en favorisant dans une certaine mesure le paiement de l'impôt toujours d'autant plus facile qu'il est moins considérable et mieux connu.

Tout en donnant à ce manuel une forme surtout pratique, je n'ai pas voulu cependant en exclure la théorie. Au contraire, j'ai pris soin dans chaque article de faire précéder les explications et exemples pratiques de l'énoncé des principes du droit et des commentaires utiles pour établir une liaison entre la théorie et la pratique.

Aussi tout en recommandant *La pratique des affaires* d'une façon générale à tout le monde, je crois pouvoir la recommander en particulier aux personnes qui, par leur situation, sont souvent appelées à donner des conseils dans les affaires, à MM. les maires, instituteurs, secrétaires de mairies, experts, etc. — Je la recommande aux hommes d'affaires eux-mêmes, notaires, avoués, magistrats, greffiers, huissiers, qui peuvent y trouver vite et facilement beaucoup de renseignements utiles, et pour lesquels dans bien des cas elle pourra, je ne dirai pas remplacer, mais suppléer utilement les traités plus importants. — Je la recommande enfin à ceux qui débutent dans l'étude et la pratique du droit, à la jeunesse des écoles, aux clercs de notaires, d'avoués et d'huissiers, aux aspirants et surnuméraires de l'enregistrement, qui, avant d'entreprendre une étude plus complète du droit et des actes, pourront, dans une revue rapide, mais suffisamment précise, acquérir assez facilement des connaissances générales, qui leur seront d'un grand secours dans leurs études postérieures.

P. B.

DIVISION

J'ai choisi la forme du dictionnaire qui m'a paru la plus commode et la plus pratique ; toutefois j'ai pensé utile de faire précéder le dictionnaire proprement dit d'un résumé succinct des principes qui dominent la matière, de façon que le rapprochement de ces principes fît mieux ressortir leurs rapports et leur ensemble. Cet exposé préalable, auquel j'aurai souvent occasion de me référer, m'a paru d'ailleurs avoir l'avantage de fournir pour ainsi dire au lecteur la clef des articles qui viennent ensuite.

La pratique des affaires est donc divisée en deux parties, comprenant : la première, l'exposé des principes généraux communs à toutes les conventions et à tous les actes, et la seconde, les règles spéciales aux divers actes et conventions selon leur nature.

ABRÉVIATIONS

Boulanger.	*Traité des radiations hypothécaires.*
Chabot.	*Commentaire sur la loi des successions.*
C. c.	*Code civil.*
C. Com.	*Code de Commerce.*
C. pr.	*Code de procédure.*
Garnier.	*Répertoire général de l'enregistrement.*
R. P.	*Répertoire périodique* de Garnier.
I. G.	*Instruction générale de l'administration de l'Enregistrement.*
J. E.	*Journal de l'Enregistrement.*
Marcadé.	*Explication théorique et pratique du Code civil.*
Mourlon.	*Répétitions écrites sur le code civil.*
Rédact.	*Dictionnaire de l'Enregistrement* par les Rédacteurs.
Sol.	*Solution de l'Administration de l'Enregistrement.*
Voir n° ou V. n°.	*Renvoi à un numéro du présent ouvrage.*

LA PRATIQUE DES AFFAIRES

PREMIÈRE PARTIE

PRINCIPES GÉNÉRAUX

COMMUNS A TOUTES LES CONVENTIONS ET A TOUS LES ACTES

1. Des conventions en général. — Une convention naît de l'accord des contractants, et son existence est généralement indépendante de celle de l'acte qui peut la constater.

1° Des conventions verbales. — Il suit de là que beaucoup de conventions peuvent valablement rester verbales; c'est ainsi que dans la pratique un grand nombre de marchés et d'opérations commerciales par exemple ne sont jamais constatés par écrit.

Les conventions verbales produisent en général les mêmes effets que les conventions écrites, et, à défaut de stipulations particulières, elles sont régies par les règles du droit commun.

Quelques-unes doivent être déclarées à l'enregistrement, ce sont celles qui emportent mutation de propriété, d'usufruit ou de jouissance de biens immeubles et les cessions de fonds de commerce (v. nos 66, 387, 396).

2° Des conventions écrites. Utilité des actes. — Bien que les conventions verbales soient généralement valables, il est très souvent utile, en raison de leur nature ou de leur importance, de les constater par écrit.

D'une part, en effet, quand on arrête une convention, un marché quelconque, on ne doit pas avoir seulement en vue l'existence valable de ce marché, mais aussi et surtout la sûreté de son exécution ; et, si les détails de cette exécution sont quelque peu compliqués, on doit toujours craindre qu'un désaccord se produise à leur sujet. Il est donc souvent prudent de bien régler, de bien préciser tous ces détails, ce qui ne peut être fait sûrement que par écrit.

D'autre part, il existe des conventions auxquelles, en raison des effets qu'elles produisent et des conséquences qu'elles peuvent avoir dans l'avenir, on est quelquefois obligé de se reporter, et il est bien certain que cette référence sera généralement impossible s'il n'en existe aucun titre.

Enfin, en ce qui concerne les mutations et particulièrement les ventes d'immeubles, la propriété n'est sûrement transmise au nouveau propriétaire que par la transcription hypothécaire (v. n° 249) et cette formalité n'est possible que pour les conventions écrites.

On peut donc admettre et poser en principe qu'il est toujours prudent d'écrire une convention dont l'exécution peut faire craindre des difficultés, et qu'il est nécessaire de constater par écrit toutes les mutations d'immeubles. Il convient du reste d'ajouter que la loi a fait de la constatation par écrit une condition de la validité de certaines conventions, ainsi qu'on le verra au cours de la seconde partie de cet ouvrage.

2. Capacité des parties. — Pour pouvoir faire des actes il faut être capable de contracter. La loi déclare incapables de contracter les mineurs, les interdits et les femmes mariées.

1° Mineurs, Interdits. — Les mineurs et les interdits sont représentés dans les différents actes par leurs tuteurs qui sont chargés de l'administration de leurs biens. Les tuteurs ne peuvent faire au nom de leurs pupilles (c'est le nom qu'on donne aux incapables pourvus de tuteurs) que les actes d'administration proprement dits, tels par exemple que les baux ; ils font ces actes comme ils les feraient pour eux-mêmes, en indiquant seulement la qualité dans laquelle ils agissent.

2° Femmes mariées. — Les femmes mariées, sauf les trois exceptions que j'indiquerai tout à l'heure, ne peuvent contracter seules aucune obligation, elles ont besoin pour tous les actes, sauf pour les testaments, de l'autorisation de leurs maris. Toutefois, à défaut de cette autorisation, les femmes peuvent dans certains cas se faire autoriser par les tribunaux à faire certains actes ; mais l'étude de ces cas spéciaux ne rentre pas dans le cadre de cet ouvrage.

En raison de la nécessité pour la femme d'agir avec l'autorisation de son mari, sa signature doit toujours être accompagnée de celle de son mari, et on emploie dans les actes des formules telles que les suivantes : Quand la femme s'engage seule « *Madame X, épouse assistée et autorisée de M. X, son mari...* » et quand la femme s'engage avec son mari « *M. X et Mme X, sa femme, de lui dûment assistée et autorisée...* »

Les trois exceptions auxquelles j'ai fait tout à l'heure allusion sont les suivantes : 1° La femme séparée de biens a l'entière administration de ses biens meubles et immeubles et la jouissance libre de ses revenus, mais elle ne peut faire seule que des actes d'administration, et elle ne peut, par exemple, ni vendre, ni hypothéquer ses immeubles ; 2° La femme mariée sous le régime dotal peut avoir, comme la femme séparée de biens, l'administration de certains de ses propres, de ceux qui peuvent avoir été exclus du régime dotal et que la loi appelle biens *paraphernaux,* mais elle ne peut également faire au sujet de ses biens que des actes d'administration. (V. n°s 278 et 279) ; 3° La femme séparée de corps (la séparation de corps emportant toujours la séparation de biens) recouvre le plein exercice de sa capacité civile, sans qu'elle ait besoin de recourir à l'autorisation de son mari ou de justice (art. 311 du C. c. modifié par l'art. 3 de la loi du 6 février 1893). J'ajoute encore qu'en vertu de la loi du 7 décembre 1897 les femmes, mariées ou non, à la condition qu'elles soient majeures, peuvent servir de témoins dans les actes de l'Etat civil, ainsi que pour les actes des notaires.

3. Forme des actes. — Les actes peuvent être faits par devant notaires ou sous signatures privées.

1° ACTES QU'ON PEUT FAIRE SOUS SIGNATURES PRIVÉES. — On peut faire sous signatures privées tous les actes pour lesquels la loi n'a point prescrit une forme différente.

2° ACTES QU'ON NE PEUT PAS FAIRE SOUS SIGNATURES PRIVÉES. — Les actes qu'on ne peut pas faire sous signatures privées sont notamment tous les actes de donation entre vifs, les contrats de mariage, les constitutions, cessions et mainlevées d'hypothèques et les procurations pour parvenir à ces divers actes, les ventes aux enchères de meubles, etc. On trouvera d'ailleurs, à ce point de vue spécial, des renseignements plus complets au cours de la seconde partie de l'ouvrage.

4. Papier à employer. — Tous les actes sous signatures privées qui peuvent être produits en justice et y faire foi doivent être écrits sur papier timbré (art. 12, loi du 13 brumaire an VII). Il n'y a d'exception que pour les quittances. (V. n° 305).

1° TIMBRE DE DIMENSION. — Tous les actes sous signatures privées, autres que les billets, reconnaissances et obligations de sommes, doivent être faits sur le papier dit *papier de dimension,* ainsi appelé parce que son prix augmente en raison de sa dimension. Les prix des feuilles de ce papier sont de 0 fr. 60, 1 fr. 2o, 1 fr. 80, 2 fr. 40 et 3 fr. 60 ; les feuilles le plus généralement employées sont celles de 0 fr. 60, 1 fr. 20 et 1 fr. 80 selon la longueur des actes. — Loi du 13 brumaire an VII, art. 12.

2° TIMBRE PROPORTIONNEL. — Tous les actes sous signatures privées qui contiennent des billets, reconnaissances ou obligations de sommes doivent être faits sur le papier dit *papier proportionnel* ou plus communément *papier à billets*, dont le prix augmente proportionnellement aux sommes reconnues à raison de 0 fr. 05 par cent francs desdites sommes. — Loi du 13 brumaire an VII, art. 14. (V. n° 106).

3° DÉFENSE D'ÉCRIRE SUR LES EMPREINTES DU TIMBRE. — On peut, pour la confection d'un acte sous signatures privées, couvrir d'écriture une feuille de papier timbré comme on l'entend, mais on ne doit jamais faire porter l'écriture sur les deux empreintes du timbre (l'une en blanc, l'autre en noir) qui revêtent chaque feuille. — Loi du 13 brumaire an VII, art. 21.

4° PAPIER AYANT DÉJA SERVI. — ACTE ÉCRIT A LA SUITE D'UN AUTRE. — Le papier timbré qui a été employé à un acte quelconque ne peut plus servir pour un autre acte. Il est ainsi défendu en principe d'écrire deux actes à la suite l'un de l'autre sur une même feuille de papier ; sont exceptées cependant les quittances qui peuvent être écrites à la suite d'autres actes, pourvu que chacune d'elles soit revêtue du timbre spécial à 0 fr. 10 quand il y a lieu (v. n° 305), les ratifications des actes passés en l'absence des parties qui peuvent être écrites à la suite des actes ratifiés, et les révocations de procurations et de testaments qui peuvent être écrites à la suite des actes révoqués. — Loi du 13 brumaire an VII, art. 22 et 23 et Décret du 15 juin 1812, art. 1er.

5° PÉNALITÉS. — Les actes écrits en contravention des lois sur le timbre conservent toute leur valeur au point de vue civil, mais leurs auteurs encourent les amendes suivantes ;

Les actes assujettis au timbre de dimension et écrits sur papier libre donnent lieu à une amende de 62 fr. 50. — Loi du 2 juillet 1862, art. 22.

Les actes assujettis au timbre proportionnel et écrits sur papier non timbré donnent lieu à des amendes de 7 fr. 50 p. 0/0 sur le montant des sommes exprimées; si la contravention toutefois ne consiste que dans l'emploi d'un timbre inférieur à celui qui devait être employé, l'amende ne portera que sur la somme pour laquelle le droit de timbre n'aura pas été payé. — Loi du 5 juin 1850, art. 4, 6 et 7. (V. n° 106-6).

L'écriture sur les empreintes du timbre est punie d'une amende de 6 fr. 25 ; enfin la rédaction de deux actes sur la même feuille donne lieu à une amende de 6 fr. 25 quand la contravention est commise par les particuliers, et à une amende de 25 fr. quand elle est commise par les officiers et fonctionnaires publics. — Loi du 13 brumaire an VII, art. 26 et Loi du 16 juin 1824, art. 10.

5. Ecriture. — Les actes sous signatures privées peuvent être écrits soit par l'un des contractants, soit par un tiers.

1° Approuvé l'écriture ci-dessus. — Toutefois, pour tous les actes assujettis au timbre de dimension (v. n° 4, § 1), tels que les ventes et les baux, il est d'usage, malgré que la loi ne l'exige pas, que chacun des contractants qui n'ont pas écrit l'acte fasse précéder sa signature des mots « *lu et approuvé l'écriture ci-dessus* » écrits de sa main.

2° Bon pour la somme de. — Pour les billets, reconnaissances et autres actes soumis au timbre proportionnel (v. n° 4, § 2), qui sont ordinairement signés seulement de la personne ou des personnes qui s'obligent, l'article 1326 du Code civil exige que le billet soit écrit de la main du souscripteur, ou, s'il est écrit d'une main étrangère, que le souscripteur fasse précéder sa signature de la mention « *bon pour la somme de...* » en inscrivant en toutes lettres le montant du billet. La loi cependant fait exception à cette règle quand l'acte émane des marchands, artisans, laboureurs, vignerons, gens de journées et de service; mais, malgré cette exception, il est toujours prudent de faire mettre la mention prescrite par l'article 1326 chaque fois que les circonstances le permettent.

6. Rédaction. — Les actes sous signatures privées ne sont assujettis à aucune forme particulière, cependant on peut formuler les règles suivantes :

1° Fait double, triple, etc. — Il faut que l'acte, quand

il est synallagmatique, c'est-à-dire fait entre plusieurs personnes contractant des engagements réciproques, porte la mention qu'il a été fait en autant d'originaux qu'il y a de parties contractantes ayant un intérêt distinct.

Ainsi une vente ou un bail faits entre deux parties, vendeur et acquéreur ou bailleur et preneur, devront se terminer par cette mention « *fait double à... le...* » ; un partage fait entre quatre cohéritiers devra de même se terminer par ces mots « *fait quadruple à... le...* » C. c. 1325.

2° SIGNATURES. — Il faut que l'acte soit signé de toutes les parties contractantes. On rencontre assez souvent des actes où les signatures sont remplacées par des croix apposées, quelquefois même en présence de témoins certificateurs, par des personnes ne sachant pas signer ; les actes qui sont revêtus de ces croix et tous ceux qui manquent des signatures d'une ou de plusieurs des parties contractantes sont sans valeur, ou n'ont du moins qu'une valeur imparfaite.

Une condition indispensable pour faire des actes sous signatures privées est donc de savoir au moins signer.

3° DATE. — Il est nécessaire que les actes soient toujours datés, et il est toujours préférable d'écrire les dates en toutes lettres.

4° RATURES ET RENVOIS. — Il convient d'approuver les ratures qui peuvent exister dans le corps d'un acte par une mention écrite en marge et à la fin de l'acte, signée ou au moins parafée des parties et rédigée par exemple dans les termes suivants : « *Approuvé la rature de vingt mots nuls.* »

Chacun des renvois doit, de même, être approuvé par une signature spéciale ou au moins un parafe des contractants.

7. Noms des parties contractantes. — Les noms d'une personne sont ceux qui sont inscrits dans son acte de naissance ; il est de la plus grande importance que ces noms soient toujours écrits tels qu'ils figurent aux registres de l'état civil et dans le même ordre.

Ainsi il arrive fréquemment qu'un individu, s'appelant d'après son acte de naissance Pierre-Jean-Baptiste, prend un jour le nom de Pierre, un autre jour celui de Jean-Baptiste, et d'autrefois encore ceux de Jean, Pierre-Jean ou Jean-Pierre ; ces dénominations différentes pour un seul et même individu ont les plus grands inconvénients, particulièrement au point de vue hypothécaire, et je ne saurais trop recommander à mes lecteurs de bien s'assurer, d'après l'état-civil, de l'ordre de leurs divers prénoms et de les exprimer tous et toujours dans le même ordre dans chacun des actes auxquels ils participent.

8. Désignation des immeubles. — Les immeubles sont bâtis ou non bâtis. Les maisons se désignent généralement par leur consistance à laquelle on ajoute dans les villes le numéro et le nom de la rue, et dans les campagnes le nom de la rue quand il y en a un et l'indication des propriétés voisines ; les immeubles non bâtis se désignent généralement par leur contenance, leur nature, le lieu dit et la commune de leur situation et souvent encore par l'indication des propriétaires riverains.

Pour les maisons, les désignations sont généralement suffisantes et permettent de les retrouver facilement, mais il n'en est pas de même pour les immeubles non bâtis. De même en effet que les contractants prennent quelquefois différents noms, de même ils attribuent souvent aussi à leurs immeubles des contenances et des noms (ceux des lieux dits) différents, qui fréquemment rendent les affaires difficiles et donnent lieu à de fâcheuses confusions. Il existe cependant une désignation en quelque sorte officielle, je dirai presque un état-civil des immeubles, c'est le cadastre.

1° Cadastre. — Le cadastre est ordinairement fait par commune ; il consiste en un plan général de tous les terrains qui en composent le territoire et il est divisé par chaque commune en sections, contrées ou lieux dits et parcelles. Chaque parcelle de terre est désignée sur le plan par un numéro ; toutefois, beaucoup d'anciennes pièces ayant été morcelées, il arrive fréquemment aujourd'hui qu'un même numéro du plan correspond à la réunion de plusieurs parcelles et que chacune de ces parcelles ne correspond elle-même, par conséquent, qu'à une partie du numéro du plan.

En utilisant les éléments du cadastre, on peut généralement désigner une parcelle d'une façon très complète par la section et le numéro du plan cadastral, par la nature, la contenance, le lieu dit et la commune de la situation, et au besoin par l'indication des propriétaires riverains, par exemple de la manière suivante : *40 ares de terre, lieu dit les Longues-Raies, commune de Saint-Germain, section A, n° 150 du plan cadastral, tenant du nord à M. Pierre B..., de l'est à MM. Jean C... et Paul D..., du midi et de l'ouest à M. Ernest F...*

2° Matrice cadastrale. — Mutations. — En outre des éléments que j'ai déjà indiqués, la matrice cadastrale, qui est le relevé par chaque propriétaire de toutes les parcelles portées au plan, contient encore pour chaque parcelle une indication importante, celle du revenu cadastral, qui sert de base chaque année à l'établissement de l'impôt foncier.

On voit par là toute l'importance du cadastre et de la matrice cadastrale, et combien il est utile que celle-ci soit tenue au courant des mutations qui se produisent, pour que chaque propriétaire paie régulièrement l'impôt des parcelles qui lui appartiennent réellement. Or, pour faire ces mutations, il faut nécessairement rapprocher les désignations des actes de celle du cadastre, et, en présence des différences que comportent ces désignations, c'est là un travail souvent difficile, quelquefois même impossible.

Il est ainsi évident qu'il serait bien utile d'attribuer toujours aux immeubles leur désignation du cadastre à laquelle on est toujours obligé de revenir ; aussi je recommande à tous les propriétaires fonciers de se munir de la désignation cadastrale de leurs immeubles et de porter, autant que possible, cette désignation dans tous les actes qui en constatent les mutations, sauf à la faire accompagner, s'ils le jugent à propos, des désignations particulières que l'usage peut avoir, en quelque sorte, consacrées.

9. Désignation des valeurs mobilières. — Les valeurs mobilières se désignent : — 1° Le mobilier corporel par les indications suffisantes et nécessaires pour bien déterminer les objets au sujet desquels on contracte, et, dans certains cas, au moyen d'un détail et de l'estimation, article par article, des objets qui le composent ; — 2° les créances et autres droits incorporels par le titre d'où ils résultent, leur montant lorqu'il est connu, et, quand il y a lieu, le nom du débiteur, la date d'exigibilité et les conditions relatives à la production des intérêts ; on dira, par exemple : « *Une créance de 1,000 fr. due par M. A..., en vertu d'une obligation passée le 10 janvier 1891 devant Me B... notaire à X..., exigible le 10 janvier 1895 et productive d'intérêts à 5 °/o l'an payables le 10 janvier de chaque année.* » — 3° les valeurs de bourse par le nom de l'Etat, de la Société ou Compagnie qui les a émises, leur nature d'actions ou d'obligations et leur qualité de titres nominatifs ou au porteur, leurs numéros et la date de l'échéance du dernier coupon touché ; ainsi on dira : « *Une obligation au porteur de la compagnie des chemins de fer du Nord, n° 150.415 jouissance du 1er janvier 1891.* »

1° Mention de valeurs étrangères. — La loi du 30 mars 1872 et celle du 28 décembre 1895 interdisent sous peine d'amendes importantes (6,25 °/₀ de la valeur nominale des titres au minimum de 125 fr.), l'énonciation, dans tous actes autres que les inventaires, de titres étrangers (fonds d'Etat, actions et obligations des Sociétés) non timbrés, et exige, aussi sous peine d'amende, qu'on indique dans les actes la date et le numéro de leur visa pour timbre ainsi que le montant du droit payé. Parmi les titres autres que les fonds d'Etat, cette interdiction ne s'applique qu'à ceux qui ne sont pas cotés à la Bourse. (V. J. E. n° 22,383.) La loi de 1895 a augmenté les droits de timbre qui sont actuellement, mais seulement jusqu'au 1er janvier 1899, de 0 fr. 50 °/₀ sur les fonds d'Etats et de 2 °/₀ sur les autres valeurs étrangères, sans que ces droits liquidés sur la valeur nominale des titres puissent être inférieurs à 0 fr.50 et 2 fr. par titre ; il faut s'assurer, le cas échéant, que le complément du droit de timbre édicté par la loi de 1895 a été régulièrement acquitté.

A partir du 1er janvier 1899 le droit de timbre dû sur les titres des fonds d'Etats étrangers sera perçu conformément à l'article 13 de la loi du 13 avril 1898 ainsi conçu : — A partir du 1er janvier 1899, le droit de timbre au comptant des titres étrangers désignés dans l'article 6 de la loi du 13 mai 1863 est fixé à un pour cent, sauf en ce qui concerne les titres déjà timbrés à cette date au tarif de cinquante centimes pour cent. Ce droit n'est pas soumis aux décimes. Il sera perçu sur la valeur nominale de chaque titre ou coupure considéré isolément, et, dans tous les cas, sur un minimun de cent francs.

Pour les titres déjà timbrés au 1er janvier 1899 au tarif antérieur à la loi du 28 décembre 1895, le droit de 1 °/₀ ne sera appliqué qu'imputation faite de l'impôt déjà payé.

Resteront soumis au droit de 0 fr. 50 pour cent les fonds étrangers cotés à la bourse officielle, dont le cours, au moment où le droit devient exigible, sera tombé au-dessous de la moitié du pair, par suite d'une diminution de l'intérêt imposé par l'Etat débiteur.

Pour éviter l'amende, lorqu'on se trouvera obligé de faire usage de titres non timbrés et devant l'être d'après ce qui précède, ou de titres insuffisamment timbrés, il faudra préalablement les faire viser pour timbre au bureau de l'enregistrement. Il convient de remarquer qu'un grand nombre de sociétés et villes étrangères paient en France le droit de timbre sous forme d'abonnement annuel, et, qu'en ce qui concerne les titres de ces villes et sociétés, *l'apposition matérielle de l'empreinte du timbre n'existe pas* mais est remplacée simplement par une insertion au journal officiel. Le relevé complet au 1er janvier 1898 des titres auxquels je fais allusion a été publié dans le journal officiel du 14 mars 1898 pages 1551 et suivantes.

10. Mesures métriques. — Tous les poids et mesures doivent être exprimés dans les actes en mesures légales ou métriques ; les contenances des immeubles, par exemple, doivent toujours être exprimées en hectares, ares et centiares.

1° Quantités numériques. — Chiffres. — Toutes les quantités numériques qui pourraient être exprimées par des chiffres doivent être écrites en toutes lettres.

11. Sincérité. — Fraude. — Il arrive quelquefois que les actes n'expriment pas exactement les conventions des parties, et que celles-ci, dans l'espoir souvent déçu d'ailleurs de payer des droits d'enregistrement moins élevés, dénaturent intentionellement leurs conventions, dissimulent une partie des prix dans les ventes, ou font dans d'autres actes des évaluations insuffisantes.

Cette pratique est très regrettable.

Pour s'excuser, les fraudeurs disent et paraissent croire que *ce n'est pas voler que de voler l'Etat,* et faisant taire ainsi leurs scrupules, ils vont jusqu'à prétendre que la fraude n'est autre chose qu'une économie bien entendue. C'est là une grave erreur.

L'impôt, en effet, est établi pour faire face aux dépenses publiques et son chiffre est justement fixé d'après l'importance même de ces dépenses. Si une partie de l'impôt n'est pas payée, les recettes du Trésor se trouvent diminuées d'autant, et, comme les dépenses restent les mêmes, il en résulte un déficit ; il arrive alors que, pour combler ce déficit, les pouvoirs publics sont obligés de créer de nouveaux impôts, dont une faible partie seulement est payée par ceux dont la fraude en a nécessité l'établissement, et dont le surplus constitue pour les autres contribuables un préjudice d'autant.

Ce préjudice, causé volontairement par les fraudeurs à leurs concitoyens, est de tous points assimilable au vol. La fraude est un vol à la société, un détournement de la chose publique ; elle est donc absolument immorale et doit être honnie de tous les bons citoyens.

Du reste, la fraude a de grands inconvénients pour les fraudeurs eux-mêmes. — D'abord elle peut compromettre leurs intérêts : je suppose, en effet, qu'une femme mariée sous le régime de la communauté vende pendant le mariage un immeuble à elle propre moyennant 10,000 francs, et porte dans l'acte 6,000 francs au lieu de 10,000, puis que le mari de cette femme vienne à décéder ; celle-ci n'aura le droit de reprendre sur la communauté que la somme de 6,000 fr., et les héritiers de son mari pourront s'opposer à ce qu'elle reprenne les 4,000 fr. formant le surplus du prix et pour lesquels elle n'aura pas de titre. Ce qui est vrai pour la femme l'est d'ailleurs aussi pour le mari. — Ensuite la fraude est punie sévèrement par la loi fiscale quand elle est découverte ; ainsi, pour ne citer qu'un exemple, la loi du 23 août 1871 punit les dissimulations dans les prix de ventes d'immeubles d'une amende égale en principal au quart de la somme dissimulée, outre le droit simple d'enregistrement et quelquefois le droit en sus, c'est-à-dire que la dissimulation d'une somme de mille francs, qui aurait donné lieu à 68 fr. 75 de droits, peut donner ouverture à 450 fr. de droits et amende.

Il résulte de tout cela qu'on doit toujours, dans les actes, exprimer les conventions telles qu'elles ont été arrêtées, et n'y comprendre que des énonciations exactes et sincères.

12. Enregistrement. — Les actes faits sous signatures privées doivent être enregistrés, les uns dans un délai déterminé, les autres seulement avant qu'il en soit fait usage.

Ceux qui portent transmission de propriété, d'usufruit ou de jouissance de biens immeubles et ceux qui contiennent des ventes de fonds de commerce doivent être enregistrés dans le délai de trois mois. (V. nos 66,387,396.) — Loi du 22 frimaire an VII, art. 22.

Il n'y a point de délai de rigueur pour l'enregistrement de tous autres actes faits sous signatures privées ; mais il ne peut en être fait aucun usage, soit par acte public, soit en justice, ou devant toute autre autorité constituée, qu'ils n'aient été préalablement enregistrés. — Loi du 22 frimaire an VII, art. 23.

Il y a lieu d'observer que, dans les délais fixés pour l'enregistrement des actes et des déclarations, le jour de la date de l'acte ou celui de l'ouverture de la succession n'est point compté, et que, si le dernier jour du délai se trouve être un dimanche ou un jour férié, ces jours là ne sont pas comptés non plus. Ainsi une vente d'immeubles, datée sous signatures privées du 1er janvier, avec entrée en jouissance du même jour, est régulièrement enregistrée le 1er avril suivant et même le 2 si le premier est un dimanche ; une succession ouverte le 1er janvier, et devant être déclarée dans le délai de six mois, sera de même régulièrement déclarée le 1er juillet suivant ou le deux si le premier est un dimanche.

1° Bureaux. — Les actes sous signatures privées peuvent être enregistrés dans tous les bureaux indistinctement ; une vente faite à Lille, par exemple, peut être enregistrée à Marseille. Cependant, dans les villes où il y a plusieurs bureaux, certains de ces bureaux sont spécialement et exclusivement chargés de l'enregistrement des actes sous signatures privées. — Loi du 22 frimaire an vii, art. 26.

2° Droits fixes et proportionnels. Décimes. — Les actes supportent des droits d'enregistrement différents, selon leur nature ; ces droits sont fixes ou proportionnels. Les uns et les autres se composent actuellement d'un droit principal et de deux décimes et demi ou 25 0/0 en sus. Pour éviter toute confusion dans le cours de cet ouvrage et faciliter les calculs, je désignerai toujours les droits par leur montant total, principal et décimes réunis.

Les droits d'enregistrement sont toujours payables d'avance.

3° Liquidation des droits proportionnels. — La perception des droits proportionnels suit les sommes et valeurs de 20 fr. en 20 fr. inclusivement et sans fraction ; ainsi une somme de 101 fr. supportera le même droit qu'une somme de 120 fr., soit à 5 0/0, par exemple, un droit de 6 fr. — Loi du 27 ventôse an ix, art. 2.

Il ne peut être perçu moins de 0 fr. 25 en principal, soit 0 fr. 32 en principal et décimes, pour l'enregistrement des actes et mutations soumis au droit proportionnel. Ainsi un bail de 50 fr., dont les droits seraient à 0 fr. 25 0/0, sur 60 fr. de 0 fr. 15, sera enregistré au minimum de 0 fr. 32. — Loi du 27 ventôse an ix, art. 3.

4° Actes a plusieurs dispositions. — Les actes qui contiennent plusieurs dispositions indépendantes et ne dérivant pas nécessairement les unes des autres, supportent un droit particulier sur chacune de ces dispositions, selon son espèce. — Loi du 22 frimaire an vii art. 11. — D'autre part, il n'y a point de fraction de centime dans la liquidation du droit proportionnel. Lorsqu'une fraction ne produit pas un centime de droit, le centime est perçu au profit de la République. — Loi du 22 frimaire an vii art. 5. — C'est ainsi que le double décime et demi de 0 fr. 25 est compté pour 0 fr. 07.

5° Prescription. — Les droits d'une mutation de propriété d'usufruit ou de jouissance d'immeubles ou de fonds de commerce peuvent être réclamés pendant 30 ans ; ceux dus à raison d'une insuffisance de perception (erreurs des receveurs) peuvent être réclamés par le trésor pendant deux ans à partir de la date de la perception irrégulière, et ceux que les receveurs auraient perçus en trop peuvent être réclamés par les contribuables pendant le même temps. Après ces délais, la prescription est acquise, aucune réclamation ne peut être faite, et aucune restitution ne peut être demandée.

13. Résumé. — On peut résumer de la manière suivante les principes dont l'exposé précède.

Il est toujours prudent et souvent nécessaire de constater les conventions par écrit. — On peut faire sous signatures privées tous les actes pour lesquels la loi ne prescrit pas une forme différente.

Tous les actes sous signatures privées, sauf les quittances, doivent être écrits sur papier timbré ; les billets et reconnaissances sur le papier proportionnel dit papier à billets, et les autres sur le papier de dimension. Ils peuvent être écrits par qui que ce soit, toutefois les contractants qui n'ont pas écrit l'acte doivent l'approuver par une mention spéciale et faire précéder leur signature, quand il s'agit d'un billet, des mots : « *Bon pour la somme de...* » avec indication de la somme en toutes lettres, et, quand il s'agit de tout autre acte, des mots : « *Lu et approuvé l'écriture ci-dessus.* »

Les actes sous signatures privées doivent être faits en autant d'originaux qu'il y a de parties contractantes ayant un intérêt distinct et en faire mention ; ils doivent être datés et signés de toutes les parties contractantes.

Tous les noms des contractants doivent être indiqués tels qu'ils sont à l'état-civil et dans le même ordre, et les femmes mariées doivent toujours agir avec l'assistance et l'autorisation exprimées de leurs maris, sauf seulement dans les cas exceptionnels indiqués au n° 2 § 2. — La désignation des immeubles doit, autant que possible, être complétée par la désignation cadastrale.

Enfin les actes doivent être faits avec sincérité et contenir toujours l'expression de la vérité.

14. Avantages des actes notariés sur les actes sous signatures privées. — Les actes sous signatures privées sont généralement moins coûteux que les actes notariés et sont souvent d'une réalisation plus facile et surtout plus prompte ; mais ils présentent également des inconvénients, ou plutôt ils sont loin d'avoir tous les avantages des actes

2

notariés. Voici, du reste, les principaux avantages de ceux-ci sur les actes sous signatures privées.

1° Clarté de la rédaction. — Chaque fois qu'une convention n'est pas absolument simple, sa rédaction peut donner lieu à des difficultés que les intéressés ne sont pas toujours à même de résoudre ; or, chacun sait que la bonne rédaction d'un acte est une des plus sûres garanties de sa bonne exécution. Les actes notariés ont déjà sur les actes sous signatures privées ce premier avantage qu'ils sont généralement mieux rédigés.

2° Hypothèques. — Tous les actes qui ont pour objet des hypothèques et qui contiennent leur constitution amiable, leur transformation, cession ou mainlevée, ne peuvent jamais être faits sous signatures privées, mais doivent toujours au contraire être faits devant notaires.

Les obligations hypothécaires, les subrogations, cessions, transports et mainlevées d'hypothèques, par exemple, ne peuvent être faits amiablement que dans la forme notariée.

3° Titres exécutoires. — Quand un acte contient une obligation de sommes, il a l'avantage d'être par lui-même exécutoire s'il est notarié, c'est-à-dire que son exécution peut alors être suivie par voie de commandement et de saisie ; si, au contraire, il est fait sous signatures privées, il n'est pas exécutoire, et le créancier, avant d'arriver au commandement puis à la saisie, est obligé d'assigner son débiteur et d'obtenir contre lui un titre exécutoire, dans l'espèce un jugement, après lequel seulement il peut faire commandement et saisie.

L'acte notarié a donc encore sur l'acte sous signatures privées l'avantage d'être exécutoire, sauf toutefois le bénéfice résultant pour le bail sous signatures privées de l'article 819 du code de procédure.

4° Conservation des actes. — Les actes sous signatures privées peuvent s'égarer et faire défaut aux parties intéressées ; au contraire la conservation des actes notariés est assurée.

5° Preuve certaine. — Les actes sous signatures privées ne font jamais preuve par eux-mêmes (C. c. 1322-1323), tandis que les actes notariés font pleine foi des conventions qu'ils renferment (C. c. 1319).

6° Transcription. — Formalités hypothécaires. — Enfin, comme on le verra plus loin, les actes, qui ont pour objet des mutations d'immeubles, sont susceptibles d'être transcrits, et, lors de la transcription, qui devrait le plus souvent précéder le paiement du prix, il est toujours utile et souvent indispensable que l'acquéreur connaisse, avant de se libérer, les charges hypothécaires qui grèvent l'immeuble qu'il a acheté. Mais l'établissement de cette situation constitue une opération délicate et souvent difficile qui peut demander l'intervention d'un praticien expérimenté, et quand un acte de mutation est fait par un notaire, c'est à celui-ci qu'il appartient, sous sa responsabilité, de suivre les formalités hypothécaires. L'intervention du notaire constitue donc pour les parties une garantie de la bonne exécution de ces formalités.

15. Conclusion. — Bien que j'indique dans ce volume les règles qui doivent présider à la confection des actes sous signatures privées, je n'ai nullement pour but d'éloigner mes lecteurs des actes notariés et de leur conseiller de faire quand même des actes sous signatures privées chaque fois que la chose est possible ; je tiens au contraire à les mettre en garde contre un usage souvent abusif des actes sous signatures privées, et c'est dans ce but que je viens de faire ressortir les avantages des actes notariés.

Toutefois, je pense que les réflexions qui précèdent suffiront pour permettre à mes lecteurs de choisir en connaissance de cause la forme de leurs actes, et quand, après réflexion, ils préféreront l'acte sous signatures privées à l'acte notarié, j'espère qu'ils trouveront au cours de ce manuel les indications nécessaires pour procéder eux-mêmes d'une façon utile et régulière.

La plupart des formules que je donne dans le cours de mon ouvrage conviennent aux actes notariés comme aux actes sous signatures privées ; pour les faire servir aux premiers, il suffira généralement d'en modifier selon l'usage le commencement et la fin.

DEUXIÈME PARTIE

PRINCIPES SPÉCIAUX

AUX DIVERS ACTES ET CONVENTIONS SELON LEUR NATURE

A

Abandonnement. *Voyez* **Cession de biens.**

Absence. C. c. 112 à 143.

16. Définition. — On appelle absent l'individu qui a cessé de paraître au lieu de son domicile ou de sa résidence, dont on n'a pas de nouvelles et dont l'existence est incertaine.

17. Mise en possession. Envoi en possession. — La propriété des biens de l'absent ne pouvant rester incertaine comme son existence, il arrive ou bien que ses héritiers font régulièrement déclarer son absence par les tribunaux et se font envoyer en possession de son patrimoine, ou bien qu'ils se mettent d'office en possession de ce patrimoine.

18. Nécessité d'une déclaration. — Dans l'un et l'autre cas il se produit une mutation absolument semblable à celle qui se serait produite par le décès de l'absent s'il était arrivé le jour de l'envoi ou de la mise en possession, et cette mutation doit être déclarée comme le serait la succession même de l'absent.

On trouvera au mot « *succession* » toutes les règles relatives à cette déclaration.

19. Retour de l'absent. — Il résulte des articles 127, 131 et 132 du code civil que si l'absent reparaît ou si son existence est prouvée, ceux qui ont joui de sa fortune sont obligés de lui rendre, en outre de ses biens, une partie plus ou moins importante des revenus dont ils ont profité, selon que cette jouissance a duré plus ou moins longtemps.

Au point de vue fiscal, l'article 40 de la loi du 28 avril 1816 dispose qu'en cas de retour de l'absent les droits de succession payés seront restitués, sous la seule déduction de celui auquel aura donné lieu la jouissance des héritiers.

Acceptation

20. Définition. — Le mot acceptation a en droit deux acceptions principales. Il s'entend d'abord de l'acte par lequel une personne déclare vouloir profiter d'un droit qui lui est échu, qui est ouvert à son profit; c'est dans ce sens qu'on dit acceptation de communauté de legs, de succession, de donation. Il s'entend aussi de l'acte par lequel une personne approuve certains actes faits en dehors d'elle ou seulement certaines dispositions de ces actes; c'est ainsi qu'on dit acceptation de transport, de délégation.

21. Acceptation de communauté, legs ou succession. — Sauf dans le cas prévu par l'article 1463 du code civil pour l'acceptation de la communauté par la femme divorcée ou séparée de corps, cas dont je ne m'occuperai pas ici, l'acceptation d'une communauté, d'un legs ou d'une succession est toujours présumée, la renonciation, ainsi qu'on le verra sous ce mot, devant au contraire être expresse. Ainsi, l'acceptation s'induit généralement des faits de l'héritier ou de la femme commune en biens, et on voit très rarement des actes d'acceptation pure et simple.

22. Acceptation sous bénéfice d'inventaire. — La seule acceptation qui doive être expresse comme la renonciation, est l'acceptation sous bénéfice d'inventaire.

La déclaration d'un héritier qu'il entend n'accepter une succession que sous bénéfice d'inventaire doit être faite au greffe du tribunal de première instance dans l'arrondissement duquel la succession s'est ouverte; comme condition de la valeur de cette déclaration, l'héritier doit faire faire par un notaire l'inventaire de la succession qu'il a acceptée bénéficiairement. (V n° 100.)

1° Communauté. — La faculté d'accepter sous bénéfice d'inventaire est spéciale à l'héritier; la femme n'a pas la même faculté vis-à-vis de la communauté, elle ne peut que l'accepter purement et simplement ou y renoncer.

Toutefois, en vertu de l'article 1483 du code civil, la femme n'est tenue des dettes de la communauté, soit à l'égard du mari, soit à l'égard des créanciers, que jusqu'à concurrence de son émolument, pourvu qu'il y ait eu bon et fidèle inventaire, et en rendant compte tant du contenu de cet inventaire que de ce qui lui est échu par le partage. L'art. 1483 crée ainsi pour la femme vis-à-vis de la communauté, une situation assez analogue à celle de l'héritier bénéficiaire vis-à-vis de la succession.

23. Acceptation de donation. — L'acceptation d'une donation entre-vifs, comme la donation elle-même, ne peut-être faite que par acte notarié.

24. Acceptation de transport, de délégation. — Je ne m'occuperai ici que des acceptations constituant des actes séparés, distincts des actes mêmes de transport ou de délégation, me bornant pour celles contenues dans ces actes à renvoyer aux nos 129 et 171.

Les acceptations de transports et de délégations entre lesquelles, au moins par prudence, j'établirai une assimilation complète, doivent, pour être parfaites et saisir les cessionnaires vis-à-vis des tiers, être faites par actes notariés, C. c. 1690 ; mais elles peuvent être remplacées par des significations faites par huissier à la requête des cessionnaires aux débiteurs.

Je conseille donc d'employer l'un ou l'autre de ces deux moyens qui seuls assurent la propriété des cessionnaires ; toutefois je reconnais qu'il existe des cas dans lesquels les parties peuvent avoir des raisons particulières de se contenter d'un acte d'acceptation sous signatures privées, malgré son irrégularité.

25. Rédaction. — Les acceptations de transports et de délégations par actes séparés, qui, d'après ce qui précède, peuvent seules faire l'objets de ce chapitre, constituent des actes très simples : il suffit que ces actes relatent, au moins sommairement, le contenu de l'acte accepté et qu'ils en énoncent clairement l'acceptation.

1° Timbre. — Les acceptations doivent être écrites sur papier timbré de dimension à 0 fr. 60 ou 1 fr. 20.

2° Exemple. — Une acceptation par M. A... d'un transport fait par M. B... à M. C... d'une somme de 1000 fr. due par M. A... pourra être rédigée de la manière suivante :

« *Je soussigné A..., propriétaire à Saint-Bris, reconnais*

« *avoir pris connaissance d'un acte sous signatures privées en* « *date à Auxerre du premier janvier mil huit cent quatre-vingt* « *sept, enregistré audit lieu le quinze du même mois, conte-* « *nant transport par M. B... propriétaire à Auxerre à M. C...* « *négociant demeurant également à Auxerre, de la somme* « *de mille francs, dont je suis débiteur en vertu d'un acte reçu* « *par Me N... notaire à Auxerre le premier juillet mil huit cent* « *quatre-vingt-six, je déclare formellement accepter ce trans-* « *port et dispenser M. C... de m'en faire la signification.*

« *Fait à Auxerre le premier mars mil huit cent quatre-* « *vingt-sept* ».

26. Enregistrement. — Les actes d'acceptation ne sont pas assujettis à l'enregistrement dans un délai déterminé ; ils sont passibles, quand ils sont présentés à la formalité, d'un droit fixe de 3 fr. 75.

Cependant dans le cas où l'acceptant d'un transport ou d'une délégation est débiteur en vertu d'un titre non enregistré, son acceptation, qui devient le titre même de sa dette, est passible du droit d'obligation de 1 fr. 25 p. 0/0.

Acceptilation

27. — L'acceptilation n'est autre chose qu'une remise de dette faite par un créancier à son débiteur. Selon les cas, l'acceptilation constitue une donation ou une quittance. (Voir nos 181 et 303.)

Acquiescement

28. Définition. — L'acquiescement est l'acte par lequel on consent à l'exécution d'un acte ou d'un jugement auquel on pourrait s'opposer.

29. Rédaction. — L'acquiescement doit être rédigé très simplement ; c'est un acte dont on peut presque dire qu'il est d'autant mieux fait qu'il est plus court. Il suffit d'énoncer l'acte ou le jugement auquel on acquiesce, et d'exprimer l'acquiescement.

1o Timbre. — Les acquiescements doivent être écrits sur papier timbré de dimension à 0 fr. 60 ou 1 fr. 20.

2o Exemple. — L'acquiescement par M. A... à un jugement rendu contre lui au profit de M. B... pourra être rédigé de la manière suivante :

« *Je soussigné A... déclare acquiescer purement et simple-*
« *ment au jugement rendu contre moi au profit de M. B... par*
« *le tribunal civil d'Orléans le 10 janvier dernier.*

« *Fait à Montargis le premier février mil huit cent quatre-*
« *vingt-onze* ».

L'acquiescement, pour lier celui qui l'a consenti, doit être accepté par celui à qui il profite.

Si cette acceptation fait l'objet d'un acte séparé, elle peut être rédigée par exemple de la manière suivante :

« *Je soussigné B... déclare accepter l'acquiescement consenti*
« *suivant acte sous signature privée du premier février*
« *mil huit cent quatre-vingt-onze par M. A... au jugement*
« *rendu à mon profit contre lui par le tribunal civil d'Orléans*
« *le dix janvier dernier.*

« *Fait à Orléans le...* »

Si, comme cela est toujours préférable, l'acceptation a lieu dans l'acte même d'acquiescement, celui-ci, dans son ensemble, constitue une transaction, doit être fait en double, et peut être rédigé ainsi :

« *Les soussignés A... et B... arrêtent ce qui suit :*

« *M. A... déclare par les présentes asquiescer...*

« *Et M. B... déclare accepter cet acquiescement.*

« *Fait double à...* »

3° Signification. — Si l'acquiescement et son acceptation sont rédigés par actes séparés, il est utile dans certains cas qu'ils soient l'un et l'autre signifiés par actes d'huissiers.

30. Enregistrement. — L'enregistrement d'un acquiescement n'est pas obligatoire dans un délai déterminé ; toutefois, en cas de signification, il doit être enregistré avant d'être signifié. Le droit exigible lorsque la formalité est requise est celui de 3 fr. 75, décimes compris.

Actes administratifs

31. Définition. — L'acte, au point de vue où je me suis placé dans cet ouvrage, pouvant être défini l'expression écrite d'une convention, j'appellerai acte administratif celui qui, exprimant une convention dans laquelle une administration, une commune, un établissement public, ou l'Etat lui-même est intéressé, émane d'une autorité administrative ou d'un fonctionnaire administratif. Tels sont les actes passés par les ministres, préfets, sous-préfets et maires, ainsi que ceux passés par les administrateurs des hospices, bureaux de bienfaisance, fabriques et autres établissements publics.

32. Forme de l'acte administratif. — L'acte administratif est fait le plus souvent dans une forme analogue à celle de l'acte notarié, et quelquefois aussi dans la forme de l'acte sous signatures privées. Mais, quelle que soit cette forme, il n'en reste pas moins un acte administratif proprement dit, en raison tant de son objet que de la qualité du fonctionnaire qui l'a dressé, et il est comme tel, soumis à toutes les règles des actes de cette nature. Le mieux est donc de lui donner toujours sa véritable forme, celle des actes notariés. — *Par devant nous, X..., maire de la commune de N..., a comparu...*

L'admission de cette règle générale entraîne plusieurs conséquences, dont l'intérêt pratique est considérable pour les secrétaires des administrations et des mairies, et que je vais signaler.

33. Minutes. — Tous les actes administratifs, du moins ceux dont je donnerai la nomenclature sous le n° 36 ci-après, doivent être faits en minute, et toutes les minutes doivent être conservées dans les archives de l'administration qui les a dressées.

34. Copies, Expéditions. — Les actes administratifs, ne constituant jamais des actes sous signatures privées, ne peuvent pas être faits en double comme ceux-ci, et les copies qui en sont délivrées aux parties intéressées, ne peuvent être faites régulièrement que dans la forme des expéditions.

35. Timbre. — Les minutes sont écrites sur papier timbré de dimension à 0 fr. 60, 1 fr. 20 ou 1 fr. 80, sauf les cas d'exemption prévus par la loi. Les expéditions sont écrites sur papier à 1 fr. 80, et ne doivent pas contenir, compensation faite d'une feuille à l'autre, plus de vingt-cinq lignes par page.

Les papiers qui servent à la rédaction des actes administratifs, soit en minute, soit en expédition, peuvent être timbrés au moyen de timbres mobiles apposés par les receveurs de l'enregistrement, mais seulement quand ils contiennent des formules imprimées, et avant que ces formules ne soient remplies. L'apposition de timbres mobiles sur des formules entièrement manuscrites n'est pas autorisée.

1° Expropriation pour cause d'utilité publique. — Tous les plans, procès-verbaux, certificats, contrats, quittances et autres actes faits en vertu de la loi du 3 mai 1841 sur l'expropriation pour cause d'utilité publique sont visés pour timbre gratis.

36. Enregistrement. — Les actes administratifs doivent, en principe, être enregistrés dans les vingt jours de leur date. Cependant, quand ces actes doivent être soumis à l'approbation d'une autorité supérieure, par exemple quand les actes des maires doivent être approuvés par les préfets, il faut distinguer : — Si le maire, en recevant l'acte, pour continuer le même exemple, a agi en vertu d'une délibération municipale approuvée par le préfet, le délai de vingt jours court de la date de l'acte ; si au contraire, la convention n'ayant pas été préalablement approuvée, l'approbation est donnée postérieurement à la réalisation de l'acte qui la constate, le délai de vingt jours part de l'approbation, et même, le cas échéant, de la réception à la mairie de cette approbation. Dans ce dernier cas, si l'acte ne peut être présenté à l'enregistrement dans les vingt jours de l'approbation même, le maire certifie, par une mention marginale sur la minute, la date de la réception à la mairie de cette approbation.

L'enregistrement des actes administratifs doit être requis par les secrétaires des administrations centrales et municipales, et ne peut être effectué qu'aux bureaux dans l'arrondissement desquels ils exercent leurs fonctions. Ainsi les actes des mairies doivent être enregistrés aux chefs-lieux des cantons dont dépendent les communes. Le défaut d'enregistrement dans le délai légal fait encourir un double droit aux secrétaires des administrations centrales ou municipales.

Il convient toutefois de remarquer que toutes ces prescriptions ne s'appliquent d'après l'article 78 de la loi du 15 mai 1818 qu'aux actes portant transmission de propriété d'usufruit et de jouissance, aux adjudications et marchés de toute nature et aux cautionnements relatifs à tous ces actes ; mais cette nomenclature qui comprend les baux, ventes, échanges, marchés et concessions de toute espèce, comprend en fait la généralité des actes des mairies.

1° Tarif. — Les actes administratifs sont tarifés selon la nature des conventions qu'ils renferment, aux droits spécialement applicables à ces conventions, sauf cependant quelques exceptions parmi lesquelles je signalerai les suivantes.

Les marchés de travaux et fournitures qui supportent quelquefois le droit de 2,50 p. 0/0 lorsqu'ils sont faits entre particuliers (v. n° 61), ne supportent jamais que le droit de 1,25 p. 0/0 quand le prix en est payé par les administrations, communes et établissements publics, ou celui de 0 fr. 25 p. 0/0 quand le prix en est payé par l'Etat.

Les concessions de terrains dans les cimetières supportent sur le prix de la concession un droit de 0,25 p. 0/0 quand leur durée est inférieure à 30 ans et celui de 5 p. 0/0 quand leur durée est d'au moins 30 ans ou qu'elles sont perpétuelles.

Les plans, procès-verbaux, certificats, contrats, marchés, adjudications de travaux, quittances et autres actes ayant pour objet exclusif la construction, l'entretien et la réparation des chemins vicinaux ou ruraux sont, en conformité de l'article 20 de la loi du 21 mai 1836 et de l'article 18 de la loi du 20 août 1881, enregistrés au droit de 1 fr. 88.

2° EXPROPRIATION. — Les actes énoncés sous le n° 35-1, tous relatifs à l'acquisition de terrains expropriés pour cause d'utilité publique, sont enregistrés gratis.

3° RÉPERTOIRE. — Tous les actes administratifs, qui sont soumis à l'enregistrement d'après ce qui précède, doivent être inscrits jour par jour par les secrétaires des administrations sur un répertoire à colonnes (en papier timbré) à peine d'une amende de 6 fr. 25 par chaque omission. Ce répertoire doit être soumis au visa trimestriel du receveur de l'enregistrement dans les dix premiers jours de chacun des mois de janvier, avril, juillet et octobre, aussi sous peine d'amende.

Acte de l'état civil. — *Voyez* Etat civil.

Affiche. *Voyez* Timbre n° 372.

Aliments. C. c. 205 à 211.

37. Définition. — La loi civile fait une obligation aux enfants de secourir leurs ascendants et aux gendres et belles-filles de secourir leurs beaux parents lorsque ceux-ci sont dans le besoin; cette obligation est d'ailleurs réciproque.

Le secours servi en vertu des articles 205 à 211 du code civil prend le nom de pension alimentaire; lorsque les parties sont d'accord sur les conditions de la pension, la convention peut rester verbale ou être rédigée par écrit, et, si elle est rédigée par écrit, elle peut être faite par acte sous signatures privées.

S'il y a plusieurs enfants tenus au paiement d'une

pension, la quote-part de chacun doit être calculée d'après sa situation personnelle, c'est-à-dire qu'elle n'est pas nécessairement la même pour tous.

L'article 2 de la loi du 9 mars 1891 a également décidé que la succession de l'époux prédécédé doit des aliments à l'époux survivant, quand celui-ci est dans le besoin.

38. **Rédaction.** — Il suffira dans un acte de constitution de pension alimentaire de préciser le montant de la rente si la pension est fournie en argent, ou bien la quantité et la nature des prestations si la pension est fournie en nature, et d'indiquer clairement la part contributive de chacun de ceux qui la paient ainsi que les époques et lieu de paiement.

1° Timbre. — Les constitutions de pensions doivent être écrites sur papier timbré de dimension à 0 fr. 60, 1 fr. 20, ou 1 fr. 80.

2° Exemple. — « *Entre les soussignés,*

« *Marin Pierre et Perrot Jeanne, sa femme, qu'il autorise* « *demeurant à Saint-Jean..... d'une part,*

« *Marin Joseph et sa femme Diot Luce, Marin Ernest et sa* « *femme Doré Anne, tous cultivateurs, demeurant également* « *à Saint-Jean, Mesdames Marin autorisées de leurs maris....* « *d'autre part,*

« *Il a été convenu ce qui suit :*

« *Messieurs Joseph et Ernest Marin et leurs femmes consti-* « *tuent par les présentes au profit de Monsieur et de Madame* « *Marin-Perrot leurs père et mère, beau-père et belle-mère* « *qui acceptent, une pension alimentaire de neuf cents francs* « *par an payable par quart tous les trois mois, les premiers* « *janvier, avril, juillet et octobre de chaque année, pour le* « *premier paiement être effectué le premier juillet prochain et* « *les autres continuer de trois mois en trois mois.*

« *Cette pension sera payable au domicile de Monsieur et* « *Madame Marin, père et mère, et, en raison des situations* « *respectives de Messieurs Marin fils, chaque terme de la pen-* « *sion sera fourni pour deux tiers ou cent cinquante francs* « *par Monsieur et Madame Joseph Marin et pour un tiers* « *seulement ou soixante-quinze francs par Monsieur et* « *Madame Ernest Marin.*

« *Le décès de l'un ou l'autre de Monsieur et de Madame* « *Marin père et mère ne sera pas une cause de réduction de la* « *pension qui, après comme avant ce décès, sera toujours de* « *neuf cents francs.*

« *Fait triple à Saint-Jean le premier juin mil huit cent* « *quatre-vingt-onze.* »

39. Enregistrement. — L'acte portant constitution de pension alimentaire n'est pas assujetti à l'enregistrement dans un délai déterminé. Lorsqu'il est présenté à la formalité, il doit supporter le droit de 0 fr, 25 pour 100 sur 10 fois le montant de la pension annuelle, soit dans l'exemple ci-dessus sur $900 \times 10 = 9.000$ fr. à 0 fr. 25 0/0 un droit de 22 fr. 50.

Antichrèse. C. c. 2085 à 2091.

40. Droit civil. — Le nantissement est un contrat par lequel un débiteur remet une chose à son créancier pour sûreté de sa dette C. c. 2071. Le nantissement d'une chose immobilière s'appelle antichrèse. C. c. 2072.

L'antichrèse ne s'établit que par écrit. — Le créancier n'acquiert par ce contrat que la faculté de percevoir les fruits de l'immeuble, à la charge de les imputer annuellement sur les intérêts, s'il lui en est dû, et ensuite sur le principal de sa créance. C. c. 2085.

Le créancier est tenu, s'il n'en est autrement convenu, de payer les contributions et les charges annuelles de l'immeuble qu'il tient en antichrèse. — Il doit également, sous peine de dommages-intérêts, pourvoir à l'entretien et aux réparations utiles et nécessaires de l'immeuble, sauf à prélever sur les fruits toutes les dépenses relatives à ces divers objets. C. c. 2086.

Le débiteur ne peut, avant l'entier acquittement de la dette, réclamer la jouissance de l'immeuble qu'il a remis en antichrèse. — Mais le créancier qui veut se décharger des obligations exprimées en l'article précédent, peut toujours, à moins qu'il n'ait renoncé à ce droit, contraindre le débiteur à reprendre la jouissance de son immeuble. C. c. 2087.

Le créancier ne devient point propriétaire de l'immeuble par le seul défaut de paiement au terme convenu, et toute clause contraire est nulle : en ce cas il peut poursuivre l'expropriation de son débiteur par les voies légales. C. c. 2088.

1° Conséquences. — Comme on peut le voir, il existe une très grande analogie entre l'antichrèse et le bail ; on peut presque dire que l'antichrèse est un bail dans lequel le bailleur, débiteur du preneur, délègue à celui-ci la jouissance de son immeuble en paiement de sa dette.

41. Rédaction. — L'antichrèse, d'après la loi même, doit toujours être faite par écrit, et ne peut valablement rester verbale. Le code dans les articles rapportés au numéro précédent indique lui-même tous les éléments de l'antichrèse et par suite ceux-mêmes de l'acte qui doit la constater.

En thèse générale l'antichrèse devra comprendre :

1° Les noms des parties contractantes ;

2° L'énonciation de la dette, son titre et son montant en principal et intérêts ;

3° La convention même d'antichrèse et la désignation des immeubles auxquels elle s'applique ;

4° La durée pour laquelle elle est consentie au cas où elle doit cesser avant l'extinction complète de la dette ;

5° Le prix annuel ou plutôt l'évaluation de la jouissance cédée, c'est-à-dire de la somme jusqu'à concurrence de laquelle, sauf prélèvement des charges légales, se produira chaque année l'extinction de la dette ;

6° Les conditions particulières à chaque espèce ;

7° Bien que, d'après l'avis de certains auteurs, l'antichrèse ne doive pas être considérée comme constituant un acte synallagmatique, dans l'acception stricte du mot, et ne doive pas dès lors être nécessairement faite double, il sera toujours prudent de faire cet acte en double et de l'énoncer comme dans tous les actes synallagmatiques parfaits.

1° TIMBRE. — Les actes d'antichrèse doivent être rédigés sur papier timbré de dimension à 0 fr. 60, 1 fr. 20 ou 1 fr. 80.

2° EXEMPLE. — « *Les soussignés A... et B... exposent et* « *arrêtent ce qui suit :*

« *A... est débiteur de B... suivant acte sous signatures pri-* « *vées du premier janvier mil huit cent quatre-vingt-cinq,* « *enregistré le dix du même mois, d'une somme de dix mille* « *francs en principal, productive d'intérêts à cinq pour cent* « *payables le premier janvier de chaque année.*

« *Pour assurer le remboursement de cette somme en prin-* « *cipal et des intérêts dont elle sera productive à partir du* « *premier janvier prochain, A... cède à B... qui accepte, à* « *titre d'antichrèse, la jouissance à partir du premier janvier* « *prochain d'une maison sise à Alençon, grande rue n° 10,* « *actuellement libre de toute location.*

« *La jouissance cédée est évaluée à raison de douze cents* « *francs par an. Sur cette évaluation B... prélèvera chaque* « *année le montant de la contribution foncière, de l'assurance* « *et des réparations nécessaires ou utiles, étant expliqué tou-* « *tefois qu'il ne pourra faire aucune réparation sans le con-* « *sentement préalable de A... ; le surplus de cette évaluation* « *s'imputera sur le montant de la créance ci-dessus énoncée* « *en intérêts et principal, jusqu'à extinction de la dite créance.*

« *Fait double à Alençon le premier décembre mil huit cent* « *quatre-vingt-dix.* »

42. Immeubles loués. Signification ou acceptation. — L'acte d'antichrèse, quand il contient une délégation d'un loyer ou d'un fermage, doit être signifié par huissier au locataire de l'immeuble, sans quoi celui-ci serait fondé à continuer de payer au propriétaire. (*Dictionnaire du notariat n° 58, V°. antichrèse*). Toutefois la signification peut être suppléée par une acceptation du locataire ou fermier faite en conformité de l'article 1690 du code civil. (V. n° 24.)

43. Enregistrement. — Au point de vue fiscal, l'assimilation du bail et de l'antichrèse est encore plus parfaite qu'au point de vue civil. L'antichrèse, si, contrairement aux prescriptions de l'article 2085 du code civil, elle est verbale, doit être déclarée à l'enregistrement comme un bail verbal, (v. n° 66); et si elle est faite par écrit, ce qui sera toujours prudent, puisque c'est en droit strict une condition même de sa validité, elle est soumise pour l'enregistrement aux mêmes règles que les baux écrits (v. n° 80), sauf toutefois en ce qui concerne le tarif.

Les antichrèses sont passibles du droit de 2 fr. 50 0/0, et ce droit est perçu sur le montant de la créance que l'antichrèse a pour but d'éteindre; dans l'exemple ci-dessus le droit serait à 2 fr. 50 0/0 sur 10.000 francs de 250 francs. Si cependant l'antichrèse est consentie par le débiteur dans l'acte même d'obligation pour assurer le remboursement du capital et des intérêts, l'obligation étant alors la disposition dominante du contrat, il y a lieu de percevoir seulement le droit d'obligation de 1 fr. 25 0/0. Sol. du 8 juin 1896. (R. P. n° 8807).

1° Titre non enregistré. — Si la somme pour laquelle l'antichrèse est consentie est due verbalement ou en vertu d'un titre non enregistré, il faut distinguer. — Ou bien l'antichrèse a pour objet le remboursement de la dette en principal et intérêts, et, comme il vient d'être dit, le droit de 1 fr. 25 0/0 est liquidé sur le principal de cette dette, dont la reconnaissance devient la disposition dominante du contrat; ou bien l'antichrèse a seulement pour objet le remboursement des intérêts de la dette pendant un temps déterminé, et il est dû, outre le droit de 2 fr. 50 0/0 sur le montant cumulé des intérêts à rembourser pendant toute la durée de l'antichrèse, celui de 1 fr. 25 0/0 pour reconnaissance de dette sur le montant de la créance en principal.

2° Antichrèse a vie ou a durée illimitée. — Si l'antichrèse est faite pour la vie d'une personne, ou pour une durée illimitée; si par exemple elle est consentie en paiement des arrérages d'une rente viagère ou d'une rente perpétuelle, le caractère de la convention change. On est alors en présence d'une cession à titre onéreux ou d'une vente d'un usufruit immobilier, et cette convention est passible des droits ordinaires de vente. (V. n° 376.)

3° Transcription. — L'article 2 de la loi du 23 mars 1855 dispose que les actes constitutifs d'antichrèse seront transcrits ; tout acte d'antichrèse devra donc, après son enregistrement, être déposé pour être transcrit à la Conservation des Hypothèques de l'arrondissement dans lequel sont situés les immeubles dont la jouissance est cédée.

Cette transcription donnera lieu, outre les droits de timbre et les salaires du conservateur, à la perception au profit du Trésor d'un droit fixe de 1 fr. 25.

A défaut de transcription, l'antichrèse ne pourrait être opposée aux tiers, et les créanciers hypothécaires, même postérieurs en date à l'antichrèse, pourraient exercer leurs droits au préjudice du bénéficiaire de l'antichrèse.

Apprentissage.

44. Définition. — Le contrat ou brevet d'apprentissage est celui par lequel un fabricant, un chef d'atelier ou un ouvrier s'oblige à enseigner la pratique de sa profession à une autre personne qui s'oblige en retour à travailler pour lui, le tout à des conditions et pendant un temps convenus. Art. 1er Loi du 22 février 1851.

Le contrat d'apprentissage peut être fait verbalement ou par écrit; s'il est fait par écrit, il peut être fait par acte public ou par acte sous signatures privées.

45. Rédaction. — Un contrat d'apprentissage peut contenir des conditions différentes selon la profession à laquelle il s'applique; mais les règles générales sont les mêmes dans tous les cas et sont tracées par la loi de 1851, énoncée au numéro qui précède. Le contrat d'apprentissage doit au moins indiquer la nature de la profession à enseigner, le prix du contrat et sa durée, et ces énonciations suffisent à sa validité.

1° Timbre. — Les contrats d'apprentissage doivent être écrits sur papier timbré de dimension à 0 fr. 60, 1 fr. 20 ou 1 fr. 80.

2° Exemple. — « *Les soussignés A... entrepreneur de serrurerie à X... et B... actuellement sans profession à X...* « *conviennent de ce qui suit :*

« *A... s'engage par les présentes à enseigner à B... la profession de serrurier. L'apprentissage durera deux années à* « *partir du premier janvier prochain, pendant lesquelles B...* « *s'engage à travailler sans indemnité pour le compte de A...* « *Le présent contrat est fait en outre moyennant un prix de* « *deux cents francs payable par B... au domicile et entre les* « *mains de A..., moitié le premier janvier mil huit cent quatre-vingt-douze, et moitié le premier janvier mil huit cent* « *quatre-vingt-treize.*

« *Fait double à X..., le vingt-cinq décembre mil huit cent* « *quatre-vingt-onze.* »

3° Apprenti mineur. — Si l'apprenti est mineur le contrat sera fait et signé par son père s'il existe, et, à défaut de celui-ci, par sa mère ou son tuteur.

4° Conditions particulières. — Résiliation. — Au nombre des conditions particulières qui peuvent être inscrites dans un contrat d'apprentissage se trouve généralement une clause prévoyant l'évenlualité d'une résiliation du contrat par la faute de l'un ou de l'autre des contractants, et, dans certains cas, le paiement d'une indemnité par celui qui n'exécute pas ses engagements.

Exemple. Dans le cas de l'exemple cité ci-dessus on pourrait ajouter la clause suivante :

« *Si le contrat est résilié par la faute de A... celui-ci, à* « *titre de dommages-intérêts, devra restituer à B... les sommes qu'il en aura déjà reçues sans pouvoir réclamer celles* « *échues et non encore payées, et lui paiera en outre une* « *somme de cent francs. Si le défaut d'exécution vient de la* « *faute de B..., celui-ci, outre les sommes déjà payées ou seulement échues, paiera à A... une somme de cent francs.* »

46. Enregistrement. — Le contrat d'apprentissage n'est pas soumis à l'enregistrement dans un délai déterminé ; présenté à la formalité, il est passible du droit de 1 fr. 88.

Arbitrage. — Arbitres. C. pro. 1003 à 1028

47. Définition. — Quand deux ou plusieurs personnes, capables de contracter, sont en désaccord sur l'exercice d'un droit ou sur l'exécution d'une convention, elles peuvent, au lieu de s'adresser aux tribunaux ordinaires, conférer le pouvoir de les juger à des personnes qu'elles choisissent elles-mêmes d'un commun accord.

L'acte par lequel les parties arrêtent les bases de leur accord s'appelle compromis, les personnes choisies pour régler la difficulté prennent le nom d'arbitres, et leur mission ou plutôt l'espèce de juridiction qui leur est conférée constitue l'arbitrage.

De cette définition résulte tout naturellement la division de l'article en deux parties, celle relative au compromis et celle relative à l'arbitrage et à l'acte qui le constate et qu'on nomme sentence arbitrale.

1re PARTIE. — DU COMPROMIS

48. Droit civil. — Le compromis pourra être fait par procès-verbal devant les arbitres choisis, par acte devant notaires ou par acte sous signatures privées. C. pr. 1005.

Le compromis désignera les objets en litige et les noms des arbitres, à peine de nullité. C. pr. 1006.

Le compromis sera valable encore qu'il ne fixe pas de délai ; et, en ce cas, la mission des arbitres ne durera que trois mois du jour du compromis. C. pr. 1007.

Les parties et les arbitres suivront dans la procédure les délais et les formes établis par les tribunaux, si les parties n'en sont autrement convenues. C. pr. 1009.

Les arbitres et tiers arbitres décideront d'après les règles du droit, à moins que le compromis ne leur donne pouvoir de prononcer comme amiables compositeurs. C. pr. 1019.

1° Du choix des arbitres. — Quand au choix des arbitres, on ne doit pas nommer des personnes qui seraient incapables ou indignes de prononcer un jugement, comme les mineurs, les femmes, les individus qui auraient perdu leurs droits civiques.

49. Rédaction. — D'après les règles qui précèdent, un compromis doit comprendre l'énonciation du litige et les noms des arbitres, et s'exprimer clairement sur l'étendue des pouvoirs conférés à ceux-ci ; de plus, comme un compromis est toujours fait pour faciliter le réglement d'une affaire, il conviendra le plus souvent, sinon toujours, pour arriver plus vite et plus facilement à une solution, de dispenser les arbitres des formalités ordinaires de procédure et de leur donner les pouvoirs les plus étendus, notamment celui de prononcer comme amiables compositeurs et en dernier ressort et de s'adjoindre en cas de désaccord un tiers arbitre.

Enfin comme un compromis devrait rester sans effet s'il n'était pas accepté par les arbitres, il conviendra toujours de s'assurer de cette acceptation.

1° Timbre. — Les compromis doivent être écrits sur papier timbré de dimension à 0 fr. 60, 1 fr. 20, ou 1 fr. 80.

2° Exemple. — Un compromis fait par un bailleur et un fermier pour arriver au réglement de contestations relatives à l'exécution d'un bail, pourrait être rédigé de la manière suivante :

« *Les soussignés A... et B... exposent et arrêtent ce qui suit :*

« *Par acte sous signatures privées du premier janvier mil « huit cent quatre-vingt-cinq, enregistré, A... a affermé à « B... pour neuf ans du vingt-trois avril mil huit cent quatre- « vingt-cinq la ferme de Belle-Vue située à X... — A... prétend « que B..., depuis son entrée dans la ferme, n'a pas cultivé les « terres conformément tant aux conditions du bail qu'à « l'usage des lieux et qu'il en résulte pour lui un préjudice « dont il lui est dû réparation et qu'il évalue à cinq mille « francs. — B..., tout en reconnaissant qu'il ne s'est pas con- « formé entièrement à ses obligations, prétend que la récla- « mation de A... est exagérée.*

« *Dans cette situation, pour éviter une action judiciaire et « arriver à un règlement plus prompt et moins coûteux, les « soussignés nomment par les présentes MM. H... et N... « comme arbitres, avec faculté en cas de désaccord de choisir « eux-mêmes un tiers arbitre, leur donnant tous pouvoirs pour « juger leur différend à titre d'amiables compositeurs, et les « dispensent de se conformer aux règles et formalités ordinai- « res de procédure, à condition par eux de rendre leur sen- « tence dans le délai de deux mois de ce jour.*

« *Les soussignés renoncent dès maintenant à toute espèce « de recours contre la sentence à intervenir, qui sera rendue « en dernier ressort et qu'ils s'obligent à exécuter.*

« *Fait double à X... le premier janvier mil huit cent quatre « vingt-onze.* »

50. Enregistrement. — Le compromis doit être enregistré avant que les arbitres ne procèdent à leurs opérations ; il est passible du droit de 5 fr. 63.

2me partie. — DE LA SENTENCE ARBITRALE.

51. Droit civil. — Les principes qui doivent présider à l'arbitrage et à la confection de la sentence arbitrale sont contenus dans les articles 1016 à 1028 du Code de procédure civile ; mais pour ne pas compliquer ce court exposé, je crois inutile de les rapporter ici, et je préfère conseiller à mes lecteurs de donner, le cas échéant, à leurs arbitres les pouvoirs les plus étendus, de façon que ceux-ci puissent opérer plus librement, et sans avoir à se préoccuper des règles de la procédure.

52. Rédaction. — Pour être rédigée clairement une sentence arbitrale devra comprendre :

1° Les noms des arbitres et l'analyse du compromis en vertu duquel ils agissent ;

2° Le compte rendu des opérations telles que convocation, audition des parties et exposé de leurs conclusions, visite de lieux, etc. ;

3° Le résumé des questions à juger ;

4° La décision ou sentence précédée des considérations et motifs qui lui servent de base et la justifient ;

5° Enfin pour éviter tout nouveau désaccord entre les parties, les arbitres agiront prudemment en disant avec précision par qui devront être supportés les frais.

1° Timbre. — Les sentences arbitrales doivent être écrites sur papier timbré de dimension à 0 fr. 60, 1 fr. 20 ou 1 fr. 80.

2° Exemple. — La sentence arbitrale rendue à la suite du compromis donné comme modèle au n° 49 § 2 ci-dessus pourrait être rédigée de la manière suivante :

« *Nous soussignés H... et N..., agissant en vertu d'un com-*
« *promis fait sous signatures privées le premier janvier mil*
« *huit cent quatre-vingt-onze et portant la mention suivante :*
« — *Enregistré à X... le dix janvier mil huit cent quatre-*
« *vingt-onze, f° 15 c. 7, reçu 5 fr. 63 décimes compris — et*
« *nommés aux termes dudit acte par MM. A... et B..., arbi-*
« *tres pour juger en dernier ressort, à titre d'amiables com-*
« *positeurs et avec dispense des formalités judiciaires, les dif-*
« *ficultés auxquelles a donné lieu l'exécution du bail consenti*
« *par M. A... à M. B..., d'une ferme située à X..., avons pro-*
« *cédé de la manière suivante à l'accomplissement de notre*
« *mission.*

« *Le quinze janvier dernier, MM. A... et B..., amiablement*
« *convoqués, s'étant rendus avec nous au domicile de M. N...,*
« *l'un de nous, nous avons en leur présence pris communica-*
« *tion de leur bail en date du premier janvier mil huit cent*
« *quatre-vingt-cinq, enregistré à X..., le premier février sui-*
« *vant, f° 15 c. 8, aux droits de 90 francs décimes compris,*
« *et avons particulièrement examiné les clauses dont l'exécu-*
« *tion est contestée, puis nous avons entendu chacune des*

« *parties en ses dires et conclusions* (en donner le détail ou « le résumé si cela paraît utile) *et les avons ajournées « au lendemain pour assister avec nous à la visite des terres.*

« *Le seize janvier, en conséquence de cet ajournement, nous « avons procédé avec MM. A... et B... à la visite des pièces de « terre faisant l'objet du litige et sur place nous avons « demandé aux parties de nouvelles explications complémen- « taires de celles qu'elle nous avaient déjà précédemment four- « nies.*

« *Des explications des parties et de la visite des lieux à « laquelle nous avons procédé il résulte qu'il existe un défaut « de culture d'ailleurs reconnu par les parties et consistant « en... (*il y aurait lieu d'entrer ici dans quelques détails « spéciaux.*) et que ce défaut de culture a causé à M. A... un « préjudice dont il lui est dû réparation.*

« *Toute la question est donc de décider quel doit être le « montant de cette indemnité que M. A... évalue à cinq mille « francs et que M. B... évalue seulement à mille francs.*

« *En cette situation, nous, arbitres soussignés, jugeant en « dernier ressort et à titre d'amiables compositeurs ;*

« *Considérant que...* (énoncer les motifs de la décision, « et rappeler les prétentions respectives des parties en « indiquant les raisons qui font admettre ou rejeter cha- « cune d'elles) ;

« *Déclarons M. B... coupable d'avoir causé un préjudice à « M. A... par suite de sa mauvaise culture, et le condamnons « à lui payer une indemnité que nous évaluons à deux mille « francs.*

« *Et attendu que M. A..., en demandant une indemnité « exagérée, et M. B..., en offrant une indemnité insuffisante, « ont tous deux contribué à rendre nécessaires les frais de « l'arbitrage, disons que ces frais seront supportés pour moitié « par chacun d'eux.*

« *Fait à X... le trente janvier mil huit cent quatre-vingt- « onze.* »

53. Exécution de la sentence. — Le jugement arbitral sera rendu exécutoire par une ordonnance du président du tribunal de première instance dans le ressort duquel il a été rendu : à cet effet la minute du jugement sera déposée dans les trois jours par l'un des arbitres au greffe du tribunal. — S'il avait été compromis sur l'appel d'un jugement, la décision arbitrale serait déposée au greffe du tribunal d appel, et l'ordonnance rendue par le président de ce tribunal. C. pr. 1020.

1° Exécution amiable. — La formalité du dépôt qui vient

d'être énoncée est indispensable pour que la sentence arbitrale soit exécutoire, mais elle ne l'est qu'à cette fin. Quand la sentence doit être immédiatement exécutée et qu'il est sans intérêt pour l'une ou l'autre des parties d'avoir un titre exécutoire, celles-ci peuvent se contenter d'approuver purement et simplement la sentence, qu'elles transforment ainsi, par le fait de leur approbation, en une transaction qui les lie, comme toute convention, selon ses termes.

54. Enregistrement. — Les sentences arbitrales doivent être enregistrées; elles peuvent l'être, soit avant le dépôt au greffe à la diligence des arbitres, soit après le dépôt par les soins du greffier.

Les sentences arbitrales sont généralement soumises aux mêmes droits que les jugements des tribunaux; ces droits étant très variables selon les espèces, je n'en ferai pas ici l'examen qui comporterait des développements hors de proportion avec le cadre de ce traité.

1° Exécution amiable. — Quand les parties, ne désirant pas avoir un titre exécutoire, se contentent d'approuver la sentence, l'enregistrement de la sentence elle-même devient sans intérêt. Le seul acte susceptible alors d'être enregistré est l'acte d'approbation de la sentence, dont le délai d'enregistrement et le tarif seront fixés par la nature de la convention ou des conventions auxquelles cet acte donne naissance. (V. n° 12.)

Arpentage.

55. Définition. — On appelle procès-verbal d'arpentage l'acte qui constate le mesurage d'une pièce de terre. L'arpenteur, qui le dresse, fait généralement le plan de la pièce à mesurer, sur lequel il indique les mesures, les points à partir desquels elles sont prises et les lignes nécessaires à son travail; il donne généralement dans son procès-verbal le détail de son opération. (V. Bornage n° 120.)

56. Enregistrement. — Le procès-verbal d'arpentage n'est pas soumis à l'enregistrement dans un délai déterminé; présenté à la formalité, il est passible du droit de 3 fr. 75.

1° Timbre. — Les procès-verbaux d'arpentage doivent être dressés sur papier timbré de dimension à 0 fr. 60, 1 fr. 20, 1 fr. 80, 2 fr. 40 ou 3 fr. 60.

Atermoiement.

57. **Atermoiement.** — L'atermoiement est un acte par lequel les créanciers d'un débiteur malheureux lui accordent terme et délai pour se libérer.

L'atermoiement contient quelquefois en outre une remise par les créanciers d'une partie de leur dette ; dans ce cas l'atermoiement diffère du concordat en ce qu'il intervient avec un débiteur non failli ni liquidé judiciairement.

Dans le premier cas, l'atermoiement pur et simple constitue une prorogation de délai ; dans le second, il contient à la fois une prorogation de délai et une remise de dette ou quittance, chacune de ces conventions produisant ses effets particuliers et devant être traitée d'après sa nature. (Voy. *Prorogation de délai* et *Quittance.*) Cependant le contrat d'atermoiement, dans son ensemble, est spécialement tarifé lors de son enregistrement au droit de 0.625 0/0 sur les sommes que le débiteur s'engage à payer.

Aval. *Voyez* Billet n° 110 § 6.

Avis de parents. *Voyez* Conseil de famille n° 159.

B

Bail. C. c. 1708 à 1831.

DIVISION n° 58.

58. **Division générale.** — Il y a deux sortes de contrats de louage, celui des choses et celui d'ouvrage. C. c. 1708.

1re Partie. — DU LOUAGE D'OUVRAGE.

C. c. 1787 à 1799.

59. Définition. — Le louage d'ouvrage est un contrat par lequel l'une des parties s'engage à faire quelque chose pour l'autre moyennant un prix convenu entre elles. C. c. 1710.

Il y a trois espèces principales de louage d'ouvrage ou d'industrie : 1° le louage des gens de travail qui s'engagent au service de quelqu'un ; 2° celui des voituriers tant par terre que par eau qui se chargent du transport des personnes et des marchandises ; 3° celui des entrepreneurs d'ouvrages par suite de devis ou marchés. C. c. 1779.

De ces trois espèces de louage qu'on désigne dans la pratique sous le nom de marchés, les deux premières sont généralement faites verbalement et la troisième, en raison de l'importance qu'elle peut avoir, est souvent faite par écrit.

60. Rédaction. — Les louages d'ouvrage et d'industrie peuvent s'appliquer à tant d'espèces différentes et être accompagnés de clauses et conditions si variées que je ne chercherai pas à établir une règle pour leur rédaction. Je recommanderai seulement aux contractants d'exprimer toutes les conditions de leur marché d'une façon aussi claire et précise que possible, sans craindre d'entrer dans de trop longs détails.

61. Enregistrement et timbre. — L'article 2 de la loi du 2 juillet 1890 dispose que le contrat de louage d'ouvrage entre les chefs ou directeurs d'établissements industriels et leurs ouvriers sont exempts de timbre et d enregistrement.

En dehors de cette exception, les contrats de louage doivent être écrits sur papier timbré de dimension à 0 fr. 60, 1 fr. 20 ou 1 fr. 80, et leur enregistrement est soumis aux règles suivantes :

Le louage d'industrie fait par acte sous signatures privées n'est pas sujet à l'enregistrement dans un délai déterminé ; il suffit que l'acte qui le constate soit enregistré avant qu'il en soit fait usage soit par acte public, soit en justice ou devant toute autre autorité constituée. Art. 23 de la loi du 22 frimaire an VII. — Il est passible du droit de 1 fr. 25 0/0 en vertu de l'article 69, § 3, n° 1 de la loi du 22 frimaire an VII, sauf l'enregistrement provisoire au droit fixe de 3 fr. 75 dans les cas prévus par l'article 22 de la loi du 11 juin 1859.

Toutefois, si celui qui fait un ouvrage fournit en même temps la matière, le marché est considéré alors au point de vue fiscal comme comprenant une vente en même temps qu'un louage, et l'on perçoit le droit de 1 fr. 25 0/0 ou celui de 2 fr. 50 0/0 selon que l'ouvrage ou la matière doit être considéré comme l'objet principal du marché.

Si par exemple je fais un marché avec un entrepreneur pour la construction d'un bateau dont il fournira tous les matériaux, la matière sera considérée comme l'objet principal du marché, l'acte dans son ensemble constituera une vente et sera assujetti au droit de 2 fr. 50 0/0. Art. 69, § 5, n° 1 de la loi du 22 frimaire an VII. — Si au contraire je charge un artiste de faire mon portrait, malgré que cet artiste fournisse la toile et les couleurs, son travail devra être considéré comme l'objet principal du marché qui constituera dans son ensemble un louage d'industrie et sera tarifié au droit de 1 fr. 25 0/0.

Cette distinction toutefois n'existe que pour les marchés faits entre particuliers, tous les marchés de travaux ou fournitures supportant le droit de 1 fr. 25 0/0 quand le prix doit en être payé par des administrations centrales et municipales ou par des établissements publics, et seulement celui de 0 fr. 25 0/0 quand le prix doit en être payé par le Trésor public. V. n° 36 - 1.

2e PARTIE. — DU LOUAGE DES CHOSES

62. Definition. — Le louage des choses (qui est le bail proprement dit), est un contrat par lequel l'une des parties s'oblige à faire jouir l'autre d'une chose pendant un certain temps et moyennant un certain prix que celle-ci s'oblige de lui payer. C. c. 1709.

On peut louer toutes sortes de biens, meubles ou immeubles ; on peut louer ou par écrit ou verbalement. C. c. 1713 et 1714.

CHAPITRE Ier. — BAIL DE MEUBLES

63. Bail verbal. — Le bail verbal ou plutôt la location verbale de meubles n'est soumise à aucune règle spéciale et ne doit pas être déclarée à l'enregistrement, je n'ai donc rien à en dire de particulier ; cependant je ferai remarquer que le bail de meubles, quand il reste verbal, est quelquefois dangereux pour le propriétaire ou bailleur. En effet, l'article 2279 du Code civil déclare qu'*en fait de meubles, possession vaut titre,* et le locataire de mauvaise foi peut arguer de sa possession pour se prétendre propriétaire des objets dont il n'est que locataire.

Il est donc toujours prudent de constater un bail de meubles par écrit.

64. **Bail écrit. — Rédaction.** — Le bail de meubles doit être fait comme un bail d'immeubles (Voir n° 78), et doit comprendre notamment :

1° Les noms, professions et domiciles des contractants ;

2° La désignation bien détaillée des choses louées et l'indication de l'état dans lequel elles se trouvent ;

3° La durée pour laquelle il est consenti et la date à partir de laquelle il commence ;

4° Le prix et tout ce qui s'y rapporte, notamment les époques des paiements et l'indication du lieu où ils doivent être effectués ;

5° Le bail doit mentionner qu'il a été fait double, être daté, approuvé et signé des contractants.

1° Timbre. — Tous les baux doivent être écrits sur papier timbré de dimension à 0 fr. 60, 1 fr. 20 ou 1 fr. 80.

2° Exemple. — Le bail d'une voiture consenti par A... à B... pourrait être rédigé de la manière suivante :

« *Les soussignés A... et B... conviennent de ce qui suit :*

« *A... loue par les présentes à B... qui accepte, pour un an*
« *à partir d'aujourd'hui, une voiture dite tapissière en bon*
« *état d'entretien, ainsi que les parties le reconnaissent, et*
« *actuellement en la possession de B...*

« *Ce bail est fait moyennant un prix de cinq francs par*
« *mois payable au domicile de A.... le premier de chaque mois*
« *et d'avance, le premier terme ayant été payé à l'instant*
« *même à A... qui le reconnaît et en consent quittance ; il est*
« *fait en outre à la charge par B... de faire remettre à ses*
« *frais à la voiture louée un tablier en cuir d'une valeur de*
« *dix francs.*

« *Fait double à X..., le premier avril mil huit cent quatre-*
« *vingt-onze.* »

65. **Enregistrement.** — Le bail de meubles n'est pas sujet à l'enregistrement dans un délai déterminé. Quand il est présenté à la formalité, il est passible de divers droits selon sa durée.

1° Durée déterminée. — Quand la durée est déterminée, le droit est de 0 fr. 25 0/0 sur le montant cumulé de toutes les années de loyer, y compris les charges. Un bail de 100 fr. par an pour cinq ans paiera sur $100 \times 5 = 500$ à 0 fr. 25 0/0 un droit de 1 fr. 25. — Le minimum du droit à percevoir est dans tous les cas de 0 fr. 32. — Art. 1er, loi du 16 juin 1824.

2° Bail a vie.— Quand le bail doit durer jusqu'au décès d'une personne désignée, que cette personne soit l'un des contractants ou qu'elle soit étrangère au contrat, le droit est de 2 fr. 50 0/0 sur dix fois le prix annuel augmenté des charges.—Art. 14, § 9, et 69, § 5, n°2 de la loi du 22 frimaire an VII.

3° Durée illimitée. — Quand un bail de meubles est fait pour une durée illimitée ou sans expression de durée, le droit est encore de 2 fr. 50 0/0, mais il est perçu sur vingt fois le prix du loyer annuel toujours augmenté des charges. — Art. 14, § 9 et 69, § 5, n° 2 de la loi du 22 frimaire an VII.

Chapitre II. — BAIL D'IMMEUBLES.

1re section. BAIL VERBAL.

66. Législation fiscale. — Lorsqu'il n'existe pas de conventions écrites constatant une mutation de jouissance de biens immeubles, il y est suppléé par des déclarations détaillées et estimatives (faites à l'enregistrement) dans les trois mois de l'entrée en jouissance. — Si la location est faite suivant l'usage des lieux, la déclaration en contiendra la mention, les droits deviendront exigibles dans les vingt jours qui suivront l'échéance de chaque terme, et la perception en sera continuée jusqu'à ce qu'il ait été déclaré que le bail a cessé ou qu'il a été résilié.

Ne sont pas assujetties à la déclaration les locations verbales ne dépassant pas trois ans et dont le prix annuel n'excède pas 100 fr. Toutefois, si le même bailleur a consenti plusieurs locations verbales de cette catégorie, mais dont le prix cumulé excède 100 fr. annuellement, il sera tenu d'en faire la déclaration et d'acquitter personnellement et sans recours les droits d'enregistrement. — Art. 11, loi du 23 août 1871.

La déclaration doit être faite dans tous les cas par le bailleur qui est tenu du paiement des droits. — Art. 6, loi du 28 février 1872.

67. Nécessité d'une déclaration. — Des principes qui précèdent découlent les conséquences suivantes: Le droit d'enregistrement exigible sur les baux d'immeubles est un droit de mutation dû à raison du seul fait de la mutation et en l'absence même de tout acte pouvant la constater, c'est-à-dire qu'il est dû à raison des mutations de jouissance d'immeubles, soit que ces mutations résultent de baux écrits, soit qu'elles résultent de conventions purement verbales. Or, l'administration ne peut tarifer les locations verbales que si elle en a connaissance, c'est pourquoi la loi de 1871 a établi en principe l'obligation pour les contribuables d'en faire la déclaration.

1° Locations gratuites. — Les termes de la loi de 1871 sont généraux et s'appliquent à toutes les mutations de jouissance d'immeubles, même aux locations gratuites.

Ainsi, quand un propriétaire abandonne gratuitement, à un parent par exemple, la jouissance d'un appartement, et que les appartements de l'uu et de l'autre sont distincts, il y a lieu à déclaration comme si la location avait été faite à titre onéreux. Toutefois si une personne en loge gratuitement une autre avec laquelle elle a une vie commune et des appartements non distincts, il n'y a pas matière à déclaration.

68. Par qui doit être faite la déclaration. — La déclaration doit être faite dans tous les cas par le propriétaire ou bailleur. Le locataire n'a pas qualité pour déclarer.

1° Mandataire. — Le bailleur peut faire sa déclaration par mandataire. La procuration donnée à cet effet n'a pas besoin d'être enregistrée, mais elle doit être écrite sur papier timbré et rester déposée au bureau de l'enregistrement à l'appui de la déclaration; si elle est notariée, une expédition doit également en être déposée au bureau.

La procuration peut être générale ou spéciale : elle est générale si le mandant donne pouvoir de déclarer toutes les locations qu'il a consenties ou pourra consentir; elle est spéciale si le mandant donne pouvoir de déclarer seulement une ou plusieurs locations déterminées.

Modèle d'une procuration spéciale. — « *Je soussigné* « *A..., propriétaire à X..., donne par les présentes pouvoir à* « *M. B... de faire en mon nom, au bureau de l'enregistrement* « *de N..., la déclaration de la location que j'ai consentie ver-* « *balement au profit de M. C..., d'une maison sise à N...,* « *grande rue, n° 4, pour trois ans du premier janvier mil* « *huit cent quatre-vingt-onze, à raison de trois cents francs* « *l'an.*

« *X..., le quinze janvier mil huit cent quatre-vingt-onze.* »

MODÈLE D'UNE PROCURATION GÉNÉRALE. — « *Je soussigné* « *A... propriétaire à X..., donne par les présentes pouvoir à* « *M. B... de faire en mon nom, au bureau de l'enregistrement* « *de N..., la déclaration de toutes les locations que j'ai con-* « *senties ou pourrai à l'avenir consentir verbalement des* « *immeubles dont je suis propriétaire dans le ressort de ce* « *bureau.*

« *X..., le quinze janvier mil huit cent quatre-ving-onze.* »

2° FEMMES MARIÉES, MINEURS, INTERDITS. — Les femmes mariées, les mineurs et les interdits n'ont pas qualité pour faire les déclarations ; celles relatives à leurs biens personnels doivent être faites par leur maris ou tuteurs.

Les femmes mariées cependant peuvent faire les déclarations comme mandataires de leurs maris; enfin, elles peuvent déclarer en leur nom personnel, lorsqu'elles sont séparées de biens, ou encore lorsqu'elles sont mariées sous le régime dotal, pour les locations de leurs paraphernaux V. n° 2 § 2.

3° USUFRUITIERS. — Les usufruitiers, ayant qualité pour consentir les baux et locations, ont également qualité pour les déclarer ; toutefois, il est utile que dans leurs déclarations ils expriment leur qualité d'usufruitiers, et indiquent autant que possible le ou les nus-propriétaires.

4° COPROPRIÉTAIRES INDIVIS. — La location d'un immeuble appartenant indivisément à plusieurs propriétaires pourra être déclarée par l'un quelconque d'entre eux agissant tant en son nom qu'en celui de ses cointéressés ; toutefois, le déclarant devra indiquer dans sa déclaration les noms, professions et domiciles de tous les copropriétaires.

69. Dans quel délai doit être faite la déclaration.— Toute déclaration doit être faite dans les trois mois de l'entrée en jouissance du locataire, le jour de l'entrée en jouissance ne comptant pas; ainsi une location partant du 1er janvier doit être déclarée au plus tard le 1er avril suivant.

70. Où doit être faite la déclaration. — La déclaration doit être faite de préférence au bureau de l'enregistrement dans le ressort duquel sont situés les biens loués, c'est-à-dire généralement au bureau du chef-lieu du canton de la situation de ces biens. Dans les villes importantes où il existe plusieurs bureaux, un ou plusieurs de ces bureaux sont spécialement chargés du service des locations verbales, à l'exclusion des autres.

Cependant toute déclaration peut être faite indistinctement dans tous les bureaux, sauf dans les bureaux de ville non chargés spécialement de ce service ; ainsi la location d'une maison située à Lille pourra être déclarée régulièrement à Marseille.

La déclaration d'une location verbale peut même être faite chez les percepteurs des contributions directes, lorsqu'il n'y a pas de bureau de l'enregistrement ni à la résidence du percepteur, ni à celle du déclarant.

71. Forme de la déclaration. — Les déclarations sont faites sur des formules imprimées qui sont fournies par l'administration et remplies par les déclarants.

Elles doivent énoncer :

1° Les noms, prénoms, professions et domiciles du ou des propriétaires ;

2° Les noms, prénoms, professions et domiciles du ou des locataires ;

3° La désignation détaillée des immeubles loués ;

4° La date de l'entrée en jouissance ;

5° La durée du bail ou l'indication qu'il est fait suivant l'usage des lieux ;

6° Le prix annuel du bail ;

7° Le montant ou l'évaluation des charges accessoires augmentatives du prix ;

8° Enfin elles sont datées et signées des déclarants.

1° Exemple de déclaration a locataire unique. — Pour donner, en ce qui concerne les déclarations simples, un exemple aussi général que possible, je donnerai dans le même cadre (voir la première formule ci-après) plusieurs désignations d'immeubles entre lesquelles on pourra choisir selon les cas.

2° Exemples de déclarations collectives. — En ce qui concerne les déclarations collectives, je vais donner trois exemples s'appliquant : — le premier (modèle A) à une maison située dans une ville recensée annuellement ; — le second (modèle B) à des maisons de ville non recensée ; — et le troisième (modèle C) à des terres et bâtiments ruraux.

Dans tous ces exemples j'ai réduit les formules de déclaration à leur plus simple expression, en supprimant tous les détails qui n'intéressent pas le déclarant ; le lecteur ne sera donc pas surpris de trouver entre les modèles qui suivent et les feuilles mises par l'administration à la disposition du public certaines différences d'ailleurs sans importance.

DÉPARTEMENT (1) de l'Aube BUREAU (1) de Nogent-s.-Seine COMMUNE (1) (De la situation de l'immeuble) de Marnay	ENREGISTREMENT **DÉCLARATION DE LOCATION** à remplir par le propriétaire ou bailleur lorsqu'il n'existe pas de convention écrite	

Noms, prénoms et domicile du propriétaire ou bailleur.	BOURDIN Jean-Baptiste, propriétaire à Marnay.
Noms, prénoms et domicile du locataire ou fermier.	CARTIER Pierre-Auguste, propriétaire à Marnay.
Désignation détaillée des immeubles loués. (Indiquer, s'il y a lieu, la rue, le numéro et l'étage).	*1er exemple.* — Maison, rue Basse, n° 10. *2e exemple.* — Premier étage d'une Maison, rue Basse, n° 10. *3e exemple.* — Appartement de 3 pièces au premier étage d'une Maison, rue Basse, n° 10. *4e exemple.* — 5 hectares de Terre en 4 pièces et 2 hectares de pré en 1 pièce.
Date de l'entrée en jouissance	1er janvier 1891.
Durée du bail ou indication qu'il est fait suivant l'usage des lieux.	3 ans *ou bien* suivant l'usage des lieux.
Prix annuel du bail.	Cinq cents francs.
Montant des charges accessoires.	Néant.

Certifié sincère et véritable, sous les peines de droit, par le propriétaire ou bailleur soussigné.

A Nogent-sur-Seine, le 10 janvier 1891.

(Signé :) BOURDIN.

3° DURÉE DÉTERMINÉE OU USAGE DES LIEUX. — Les locations, d'après ce qui précède, peuvent être faites et déclarées pour une durée déterminée ou suivant l'usage des lieux.

Si une location est faite pour une durée déterminée et qu'elle se continue après l'échéance du terme fixé, il se produit une nouvelle location qui donne lieu à une nouvelle déclaration à faire dans les mêmes conditions que la première et sous les mêmes peines. (V. n°. 66.)

Si une location est faite suivant l'usage des lieux, elle est censée continuer jusqu'à ce que le propriétaire vienne

A. — *Maison de ville recensée.* — Il faut faire une déclaration distincte par chaque immeuble.

DÉPARTEMENT de l'Aube

BUREAU de Troyes

VILLE de Troyes

ENREGISTREMENT

LOCATIONS VERBALES

Déclaration collective

(à remplir par le propriétaire ou bailleur)

Désignation et situation de l'immeuble. (Indiquer la rue et le numéro). — Maison, rue Thiers, n° 40.

Noms, prénoms, profession et domicile du propriétaire ou bailleur. — BAGUET Jean-Baptiste, Propriétaire à Troyes, rue de Paris, n° 10.

Tableau des Locaux occupés en vertu des conventions verbales ou non loués

Numéros d'ordre	DÉSIGNATION détaillée DES LOCAUX	Locaux occupés en vertu de conventions verbales			PRIX ANNUEL de la location		Locaux non loués	OBSERVATIONS
		NOMS et professions des locataires	DATE de l'entrée en jouissance	DURÉE de la location	locations faites suivant l'usage des lieux	locations d'une durée déterminée	— estimation de la valeur locative	
1	Magasin et appartement de 3 pièces au rez-de-chaussée.	JANY Pierre bijoutier	1er janv. 1891	6 ans	»	2 000 »	»	
2	Appartement de 4 pièces au premier étage.	GENTIL Joseph rentier	25 déc. 1890	3 ans	»	800 »	»	
3	Appartement de 3 pièces au premier étage.	GARON Emile comptable	15 janv. 1891	à l'année suivant l'usage des lieux	600 »	»	»	
4	Appartement de 4 pièces au deuxième étage.	BADIN Ernest employé de commerce	1er janv. 1891	id.	500 »	»	»	
5	Appartement de 3 pièces au deuxième étage.	Non loué	»	»	»	»	400 »	
				TOTAUX.	1 100 »	2 800 »	400 »	

Certifié sincère et véritable, sous les peines de droit, par le propriétaire ou bailleur soussigné.

A Troyes, le 10 janvier 1891.
(Signé :) BAGUET.

Il est observé que les déclarations de ce modèle sont continuées au verso et disposées de manière que la signature du déclarant est seulement inscrite au milieu du verso.

B. — *Maisons de villes non recensées annuellement.* — Le propriétaire qui possède des maisons dans plusieurs communes dépendant du même bureau doit faire une déclaration par chaque commune.

DÉPARTEMENT (1) de Seine-et-Marne

BUREAU (1) de Bray-sur-Seine

COMMUNE (1) (De la situation des immeubles) de Bray-sur-Seine

ENREGISTREMENT

LOCATIONS VERBALES

Déclaration collective

(à remplir par le propriétaire ou bailleur)

Noms, prénoms, profession et domicile du propriétaire ou bailleur. — BERTON Pierre-Auguste, négociant en vins à Provins.

Tableau des Locations

Numéros d'ordre	DÉSIGNATION détaillée des IMMEUBLES loués	NOMS prénoms et professions des locataires	DATE de l'entrée en jouissance	DURÉE de la location ou indication qu'elle est faite suivant l'usage des lieux	PRIX ANNUEL		OBSERVATIONS
					locations faites suivant l'usage des lieux	locations d'une durée déterminée	
1	Maison entière avec jardin, rue Haute, n° 10.	JARRY Pierre rentier	1er janv. 1891	3 ans	»	300 »	
2	Rez-de-chaussée avec jardin, d'une maison, Grande-Rue, n° 20.	GENTIL Joseph propriétaire	25 déc. 1890	usage des lieux	350 »	»	
3	Appartement de 4 pièces composant le premier étage de la même maison, Grande-Rue, n° 20.	GAUTROT Emile comptable	15 déc. 1890	usage des lieux	250 »	»	
				TOTAUX.	600 »	300 »	

Certifié sincère et véritable, sous les peines de droit, par le propriétaire ou bailleur soussigné.

A Bray-sur-Seine, le 10 janvier 1891.

(Signé :) BERTON.

Comme les précédentes, les déclarations de ce modèle sont continuées au verso dans le milieu duquel se trouve un espace ménagé pour la signature du déclarant.

C. — *Immeubles ruraux.* — Comme dans le cas précédent, il y a lieu de faire une déclaration par chaque commune. La même formule sert d'ailleurs aux deux cas auxquels s'appliquent les exemples B et C. Toutefois l'administration accepte une déclaration unique quand il s'agit de biens ruraux loués à un même fermier, par exemple d'une ferme ayant son centre d'exploitation sur une commune et dont les dépendances s'étendent sur les territoires d'une ou plusieurs communes voisines.

DÉPARTEMENT (1)
de Seine-et-Marne

BUREAU (1)
de Bray-sur-Seine

COMMUNE
(1) (De la situation des immeubles)
de Bray-sur-Seine

ENREGISTREMENT

LOCATIONS VERBALES

Déclaration collective

(à remplir par le propriétaire ou bailleur)

Noms, prénoms, profession et domicile du propriétaire ou bailleur : BERTON Pierre-Auguste, négociant en vins à Provins

Tableau des Locations

Numéros d'ordre	DÉSIGNATION détaillée des IMMEUBLES loués	NOMS prénoms et professions des locataires	DATE de l'entrée en jouissance	DURÉE de la location ou indication qu'elle est faite suivant l'usage des lieux	PRIX ANNUEL		OBSERVATIONS
					locations faites suivant l'usage des lieux	locations d'une durée déterminée	
1	Petite Ferme consistant en bâtiments, lieu dit Bellevue, et environ 10 hectares de terre en 25 parcelles sur Bray et par extension sur Compigny.	GAUTRIN Eugène cultivateur à Bray	23 avril 1891	3 ans	»	900 »	1° arg. 800 2° impôt foncier payé par le fermier et justifié par un extrait du rôle du percepteur 100 / 900
2	3 hectares de terre en 5 parcelles, lieu dit Belle-Assise.	GABIOT Emile cultivateur à Bray	11 nov. 1890	3 ans	»	180 »	
3	1 hectare de terre, en Beaulieu et 50 ares de pré, la Grande-Prairie.	PATON Jules cultivateur à Bray	11 nov. 1890	3 ans	»	100 »	
				TOTAUX.	»	1 180 »	

Certifié sincère et véritable, sous les peines de droit, par le propriétaire ou bailleur soussigné.

A Bray-sur-Seine, le 1er février 1891.

(Signé :) BERTON.

déclarer à l'enregistrement qu'elle a cessé, et les droits n'ayant été payés lors de la déclaration que sur le premier terme (le plus souvent un an), de nouveaux droits sont dus et doivent être acquittés dans les vingt jours qui suivent l'échéance de chaque terme pendant toute la durée de la location.

Ainsi les déclarations présentent une très grande différence selon qu'elles s'appliquent à des locations faites pour une durée déterminée ou à des locations faites suivant l'usage des lieux. Dans le premier cas, si les locations continuent après le terme fixé, les déclarations doivent être renouvelées par le proprietaire *sous peine d'amende,* et dans le second, au contraire, les locations peuvent se continuer indéfiniment sans déclarations nouvelles, sauf le paiement des droits après chaque terme, *sans amende en cas de retard.*

4° PRIX EN NATURE. — CHARGES. — Si le prix, au lieu d'être fourni en argent, est fourni en nature, par exemple en fruits naturels, tels que blés, fourrages, etc., la quantité de ces fruits doit être exprimée, et l'évaluation en est faite en argent.

Une évaluation en argent doit également être faite pour toutes les charges imposées au preneur en sus de son prix. Parmi ces charges, le montant de l'impôt foncier doit être justifié par un extrait du rôle du percepteur ; à défaut de cet extrait, l'impôt foncier est évalué d'office au quart du loyer ou fermage augmenté des autres charges.

5° DÉCLARANT NE SACHANT OU NE POUVANT SIGNER. — Quand le déclarant ne sait ou ne peut signer, la déclaration est signée par le receveur de l'enregistrement qui certifie l'ignorance du déclarant ou la raison qui l'a empêché de signer.

72. Tarif.— Le droit est de 0 fr. 25 par 100 francs et par année, c'est-à-dire que ce droit se perçoit sur le montant cumulé des loyers pendant toute la durée de la location, y compris les charges, en arrondissant de 20 francs en 20 francs les sommes soumises à la perception. Ainsi, une location verbale consentie pour cinq ans moyennant 115 francs par an acquittera sur $115 \times 5 = 575$ francs ou plutôt sur 580 francs (voir n° 12 § 3) un droit à 0 fr. 25 0/0 de 1 fr. 45.

Le plus souvent d'ailleurs les locations verbales sont déclarées comme faites à l'année, et doivent acquitter chaque année un droit liquidé sur le loyer annuel.

Le minimum du droit à percevoir est de 0 fr. 32, ainsi une location faite pour un an moyennant 110 fr. supportera un droit de 0 fr. 32.

1° FRACTIONNEMENT. — Les locations verbales, quand elles

sont faites pour une durée déterminée de plus de trois ans, peuvent, comme les baux écrits, profiter de la faculté de fractionnement. (V. n° 83.)

2° Locations a vie. — Les locations qui seraient faites pour la vie d'une personne désignée devraient acquitter un droit de 5 0/0 sur dix fois le prix annuel. — Loi du 22 frimaire an vii, art. 15, § 3 et 69, § vii, n° 2.

3° Locations d'une durée illimitée. — Les locations qui seraient faites pour une durée illimitée ou sans expression de durée devraient acquitter le même droit de 5 0/0 sur vingt fois le prix annuel. (Mêmes articles de la loi de frimaire an vii.)

73. Par qui doivent être supportés les droits. — En règle générale, les droits sont à la charge du locataire et le propriétaire qui les a avancés a le droit de se les faire rembourser. Cependant, pour les locations dont la durée ne dépasse pas trois ans, en même temps que le prix annuel n'excède pas 100 fr., la loi met expressément les droits à la charge personnelle du bailleur. (Art. ii de la loi du 23 août 1871 et 6 de celle du 28 février 1872.)

74. Défaut de déclaration. — Déclaration tardive. — Pénalités. — A défaut de déclaration dans les trois mois de l'entrée en jouissance d'une location susceptible de déclaration d'après la règle posée au n° 58, le bailleur est tenu personnellement et sans recours d'un droit en sus, lequel ne peut être inférieur à 62 fr. 50. (Art. 14 de la loi du 23 août 1871 et 6 de celle du 28 février 1872.)

1° Remise des amendes. — Le Ministre des Finances, ou par délégation les Directeurs de l'Enregistrement, peuvent seuls accorder la remise ou la modération des droits en sus ou amendes ainsi encourus.

Pour obtenir cette remise, le contrevenant doit déposer au bureau de l'enregistrement où l'amende lui est réclamée, une demande ou pétition, rédigée sur timbre de dimension à 0 fr. 60 et signée par lui ou en son nom par un mandataire même verbal.

Ces pétitions n'ont pas de forme particulière et les termes peuvent en être différents selon les cas ; je vais cependant en donner un modèle qui me paraît pouvoir servir le plus souvent.

2° Modèle de pétition. — « *Monsieur le Ministre. — Je* « *soussigné, Pérard Pierre, propriétaire à Brioude, ai l'hon-* « *neur de vous exposer les faits suivants :*

« *J'ai omis de faire en temps utile, au bureau de Brioude,*
« *la déclaration de la location d'une petite maison située à*
« *Brioude, Grande-Rue, n° 100, que j'ai consentie verbalement*
« *au profit de M. Paulin Joseph, pour trois ans du premier*
« *janvier dernier, moyennant deux cents francs l'an, et M. le*
« *Receveur de l'Enregistrement au bureau de Brioude me*
« *réclame, du chef de cette omission, une amende de 62 fr. 50.*
« *Je vous assure, Monsieur le Ministre, que je n'ai eu aucune*
« *intention de fraude et que cette contravention est simple-*
« *ment le résultat d'un oubli tout involontaire. Je viens donc*
« *vous prier de bien vouloir prendre ma bonne foi en consi-*
« *dération et m'accorder la remise de l'amende que j'ai encou-*
« *rue.*
« *Espérant que vous voudrez bien accueillir favorablement*
« *ma demande, j'ai l'honneur d'être, Monsieur le Ministre,*
« *votre très humble et très obéissant serviteur.*

Signé : Pérard.
« *Ou bien pour* M. Pérard.
« *N..., mandataire verbal.* »
« *X..., le premier juillet mil huit cent quatre-vingt-onze.* »

75. Résumé. — De tout ce qui précède on peut déduire les principes suivants :

1° Toutes les locations verbales d'immeubles (sauf celles exceptées par la loi, V. n° 66) doivent être déclarées à l'enregistrement par le bailleur dans les trois mois de l'entrée en jouissance des locataires.

2° Les locations sont déclarées pour une durée fixe ou bien comme faites suivant l'usage des lieux, par exemple, suivant un usage assez général pour les maisons, à l'année.

3° Dans le cas d'une durée déterminée, les droits sont acquittés lors de la déclaration, en une seule fois pour toute cette durée (sauf la faculté du fractionnement), et si la location continue après l'expiration du temps fixé, il doit être fait une nouvelle déclaration et acquitté de nouveaux droits sous peine d'amende.

4° Dans le second cas (usage des lieux), les droits ne sont acquittés lors de la déclaration que sur la première période usuelle, sur un an par exemple pour les locations à l'année, et le bailleur doit, après l'expiration de chaque terme et dans les vingt jours qui suivent, acquitter, en outre les droits payés lors de la déclaration, ceux afférents à la nouvelle période qui commence. De plus, le bailleur doit déclarer, lorsqu'elle se produit, la cessation de la location.

76. Locations en garni. — Le propriétaire qui loue dans sa maison des appartements meublés est considéré comme un logeur ne cessant pas de conserver la jouissance personnelle de ces appartements, et n'est pas tenu d'en faire la déclaration.

Il en serait différemment du propriétaire d'une maison meublée qui la louerait en totalité à une personne qui l'habiterait, ou à un logeur qui l'exploiterait. Il y aurait dans ce cas matière à déclaration en ce qui concerne l'immeuble.

2me SECTION. — BAIL ÉCRIT.

77. Législation civile. — Le Code civil s'occupe du bail ou contrat de louage sous les articles 1708 et suivants. Je vais reproduire ici les principaux de ces articles, ceux dont la connaissance suffit à la rédaction d'un bail simple, en les faisant suivre de quelques observations pratiques.

Le louage des choses est un contrat par lequel l'une des parties s'oblige à faire jouir l'autre d'une chose pendant un certain temps et moyennant un certain prix que celle-ci s'oblige à payer. C. c. 1708. — Cet article indique à lui seul tous les éléments du bail qui doit comprendre : 1° la désignation de la chose louée ; 2° la durée du bail ; 3° le prix du bail ; 4° et exprimer l'accord des parties sur ces divers points.

On appelle *bail à loyer* le louage des maisons et celui des meubles, *bail à ferme* celui des héritages ruraux. C. c. 1711.

Le preneur a le droit de sous-louer et même de céder son bail à un autre si cette faculté ne lui a pas été interdite. C. c. 1717. — Le bailleur, s'il ne veut pas laisser à son locataire la faculté de sous-louer ou de céder son bail, doit donc avoir soin de l'exprimer.

Le preneur est tenu de deux obligations principales : 1° d'user de la chose louée en bon père de famille et suivant la destination qui lui a été donnée par le bail ou suivant celle présumée d'après les circonstances à défaut de convention ; 2° de payer le prix du bail aux termes convenus. C. c. 1728. — En vertu de cet article, si un immeuble a une destination particulière à laquelle le bailleur tienne, celui-ci, pour éviter toute contestation dans l'avenir, agira sagement en stipulant au bail que cette destination devra être conservée. De même, si le bailleur d'un immeuble n'ayant pas une destination bien déterminée, tient à ce que son immeuble ne serve jamais à certaines destinations (une maison par exemple à certains commerces), il fera sagement aussi de l'exprimer.

S'il a été fait un état des lieux entre le bailleur et le preneur, celui-ci doit rendre la chose telle qu'il l'a reçue suivant cet état, excepté ce qui a péri ou a été dégradé par vétusté ou force majeure. C. c. 1730. — S'il n'a pas été fait d'état des lieux, le preneur est présumé les avoir reçus en bon état de réparations locatives, et doit les rendre tels, sauf la preuve contraire. C. c. 1731. — Il résulte de cette double règle que la confection d'un état des lieux est surtout utile au locataire ou fermier, puisqu'à son défaut celui-ci est présumé avoir reçu les lieux en bon état. Du reste, pour l'une et l'autre des parties, l'état des lieux a de sérieux avantages et peut éviter bien des difficultés ; je conseillerai donc de le faire généralement, au moins quand il s'agit d'immeubles d'une certaine importance.

Si, à l'expiration des baux écrits, le preneur reste et est laissé en possession, il s'opère un nouveau bail dont l'effet est réglé par l'article relatif aux locations faites sans écrit. C. c. 1738. — Le bail se continue alors verbalement aux conditions du bail expiré et pour le terme fixé par l'usage des lieux, c'est ce qu'on exprime en disant que le bail se continue par *tacite reconduction ;* le bailleur est tenu, en ce qui concerne ce nouveau bail, à toutes les obligations auxquelles il serait soumis pour une location verbale ordinaire (V. n° 66).

Le contrat de louage n'est pas résolu par la mort du bailleur ni par celle du preneur. — C. c. 1742. — Dans un très grand nombre de situations, il peut être très important pour le bailleur et surtout pour le preneur, que le bail soit ou puisse être résilié lors du décès de l'un d'eux. Cette résiliation ne devant pas s'opérer de plein droit, les contractants devront la stipuler, lorsqu'ils le jugeront utile, soit sous une forme obligatoire, soit sous une forme facultative.

Le curement des puits et celui des fosses d'aisances sont à la charge du bailleur, s'il n'y a clause contraire. C. c. 1756.

78. Rédaction. — Tout bail doit être écrit sur papier timbré de dimension à 0 fr. 60, 1 fr. 20 ou 1 fr. 80 et d'après l'exposé qui précède il doit exprimer :

1° Les noms, prénoms, professions et domiciles des contractants ;

2° La désignation bien précise de la chose louée avec tous les détails nécessaires à l'établissement de sa consistance ou de son état, surtout s'il n'est pas fait d'état des lieux ;

3° La durée du bail avec le point de départ de cette durée ;

4° Le prix du bail, les époques et lieu de son paiement ;

5° Les charges imposées au locataire et l'évaluation en argent de ces charges quand elles sont augmentatives du prix du bail, (V. n° 71-4) ;

6° Les conditions particulières à chaque espèce, et notamment d'après l'exposé fait au n° 77, celles que les contractants peuvent juger utile d'insérer au sujet ou en prévision de : 1° la cession du bail ou la sous-location par le locataire ; 2° la destination de l'immeuble loué ; 3° la mort de l'un ou de l'autre des contractants ;

7° Le bail doit mentionner qu'il a été fait double, être daté, approuvé et signé par les contractants.

1° Exemple d'un bail simple. — *Les soussignés A... et B... conviennent de ce qui suit :*

« *M. A... loue par les présentes à M. B... qui accepte, pour « trois ans à partir du premier janvier mil huit cent quatre-« vingt-onze, une petite maison sise à X..., route de Paris, « n° 10, telle qu'elle existe et se comporte, sans autre désigna-« tion, M. B... déclarant parfaitement la connaître.*

« *Ce bail est consenti moyennant un prix de trois cents « francs que M. B... paiera au domicile et aux mains de « M. A..., en une seule fois le trente et un décembre de chaque « année et pour la première fois le trente et un décembre mil « huit cent quatre-vingt-onze.*

« *Fait double à X..., le vingt décembre mil huit cent qua-« tre-vingt-dix.* »

A. Bail des fonctionnaires. — Les baux consentis au profit des fonctionnaires ne sont pas résiliés de plein droit par leurs décès ni leurs changements de résidences ; il est donc indispensable que la résiliation du bail soit expressément stipulée pour le cas du décès ou du départ du locataire fonctionnaire, et que les conditions de cette résiliation soient bien précisées. Généralement la clause de résiliation est accompagnée de la stipulation d'une indemnité à verser par le locataire, et dont le montant représente le plus souvent trois mois de loyer.

Cette clause pourrait être rédigée par exemple de la manière suivante : — « *Les parties conviennent que, dans « le cas où M. B... viendrait à décéder ou à quitter X..., le « bail serait expressément résilié à partir du jour du départ « de M. B... ou de sa famille, à charge par ledit M. B... ou « ses représentants de verser à M. A... en plus du loyer couru « à ce jour, une indemnité égale au montant de trois mois de « loyer. Toutefois cette indemnité ne serait pas exigible au « cas où le successeur de M. B... le remplacerait immédiate-« ment dans la maison de M. A...* »

2° Exemple d'un bail de maison avec quelques clauses spéciales. — *Les soussignés A... et B... conviennent « de ce qui suit :*

« *M. A... loue par les présentes à M. B... qui accepte, pour « neuf ans à partir du premier janvier mil huit cent quatre- « vingt-onze, une maison sise à X, rue de la République n° 10, « comprenant dans un premier corps de bâtiments sur la rue, « un rez-de-chaussée surmonté de deux étages, avec cave et « grenier, et dans un second corps de bâtiment, séparé du « premier par une petite cour, une cuisine et une salle à « manger. M. A... loue cette maison telle qu'elle existe et se « comporte et sans état des lieux, le tout étant, ainsi que les « soussignés le reconnaissent, en parfait état d'entretien,* (ou « bien *telle qu'elle existe et se comporte et dans la situation « qui sera constatée au moyen d'un état des lieux que les « soussignés s'engagent à dresser contradictoirement dans le « délai de quinze jours à partir d'aujourd'hui).*

« *La maison louée devra, pendant toute la durée du bail, « servir au commerce des nouveautés pour lequel elle est « actuellement agencée.*

« *M. B... ne pourra sous-louer en totalité ou en partie sans « le consentement exprès et écrit de M. A... ; cependant, dans « le cas du décès de M. B..., ses représentants pourront céder « le bail à son successeur, mais en restant responsables des « loyers jusqu'à la fin du bail,* (ou bien *en cas de décès de « M. B... et un an après ce décès, le bail sera résilié sans « indemnité si bon semble aux représentants de M. B..., à la « charge par ceux-ci de prévenir M. A... de leur intention « dans les trois mois du décès).*

« *Enfin, le bail est fait en raison de douze cents francs par « an, payables par quart et d'avance tous les trois mois au « domicile de M. A..., les premiers janvier, avril, juillet et « octobre de chaque année, et pour la première fois le premier « janvier prochain.*

« *Fait double à X..., le vingt décembre mil huit cent quatre- « vingt-dix.* »

3° Exemple d'un bail de biens ruraux. — « *Les soussi- « gnés A... et B... conviennent de ce qui suit :*

« *M. A... afferme par les présentes à M. B... qui accepte « pour trois, six ou neuf ans à partir des sombres (vingt-trois « avril) de mil huit cent quatre vingt-onze, les immeubles « dont la désignation suit :*

« *1° La ferme de Belle-Vue, située sur le territoire de la « commune de X... et consistant en bâtiments d'habitation et « d'exploitation, et environ vingt-cinq hectares de terre labou- « rable autour des bâtiments et d'un seul tenant,*

« 2° *Et une pièce de pré de deux hectares, lieu dit la* « *Grande-Prairie, audit finage de X..., tenant du nord et du* « *levant à M. M..., du midi à M. N... et du couchant à* « *MM. O... et P...*

« *Ces immeubles sont loués tels qu'ils existent et se compor-* « *tent sans aucune exception ni réserve, et sans garantie du* « *bon état des bâtiments ni de la contenance des terres.*

« *Les parties dresseront dans les quinze jours qui suivront* « *l'entrée de M. B... dans les bâtiments, un état des lieux* « *constatant l'état de ces bâtiments.*

« *Le preneur devra cultiver, labourer, fumer et ensemencer* « *les terres en temps et saisons convenables, suivant l'usage,* « *sans pouvoir les épuiser ni détériorer ; il devra également* « *continuer l'assolement triennal des terres conformément à* « *l'usage, et rendre le tout en bon état de culture à la fin du* « *bail. — Il devra aussi étaupiner les prés, les purger des* « *ronces et épines, curer les fossés et les entretenir en bon* « *état.*

« *Le bailleur se réserve le droit de faire autour de la pièce* « *de pré une plantation de peupliers, sans indemité pour le* « *fermier qui aura seulement droit aux émondes selon l'usage.*

« *Le preneur ne pourra sous-louer ni céder son bail sans le* « *consentement exprès et par écrit du bailleur.*

« *La partie qui voudrait faire cesser le bail à l'expiration* « *des trois ou six premières années devra prévenir l'autre de* « *son intention au moins un an d'avance.*

« *Le présent bail est fait moyennant un fermage annuel de* « *deux mille francs, payable au domicile du bailleur par moi-* « *tié, les vingt-cinq décembre et vingt-quatre juin de chaque* « *année, et pour la première fois le vingt-cinq décembre mil* « *huit cent quatre-vingt douze.*

« *En outre et sans réduction de ce fermage, M. B... paiera* « *chaque année, et pour la première fois en mil huit cent* « *quatre-vingt-douze, l'impôt foncier des biens loués, qui* « *s'élève pour l'année mil huit cent quatre-vingt-onze à deux* « *cents francs.*

« *Fait double à X..., le premier janvier mil huit cent qua-* « *tre-vingt-onze.* »

En prenant dans ces divers exemples les clauses générales, et en les complétant suivant les cas par les conditions spéciales à chaque espèce, on pourra rédiger la généralité des baux simples.

79. Locataire ou fermier marié. — Engagement de la femme. — Quand le locataire ou fermier est marié, il est souvent utile au propriétaire d'avoir, avec l'engagement de son locataire, la garantie de la femme de celui-ci ; il suffit, pour arriver à ce résultat, de faire agir la femme du locataire conjointement et solidairement avec lui.

On dira par exemple :

« *Les soussignés A... d'une part,*

« *et B... et Marie C..., sa femme qu'il autorise, demeurant avec lui, ... d'autre part,*

« *Conviennent de ce qui suit.....* »

Dans le corps du bail, chaque fois qu'on parlera du fermier, au lieu de mettre « *le fermier ou M. B...* » on mettra « *les fermiers ou M. et Mme B...* », et finalement, pour le paiement du prix, on mettra : « *en outre le bail est fait* « *moyennant un loyer annuel de . . . . ., que M. et Mme B...* « *s'engagent conjointement et solidairement à payer....* »

80. Législation fiscale — Les baux à ferme ou à loyer qui seront faits sous signatures privées seront enregistrés dans les trois mois de leur date. — Loi du 22 frimaire an VII, art. 22.

A défaut d'enregistrement dans le délai de trois mois, le bailleur et le preneur sont tenus personnellement et sans recours, nonobstant toute stipulation contraire, d'un droit en sus, lequel ne peut être inférieur à 62 fr. 50. — Le bailleur peut s'affranchir du droit en sus qui lui est personnellement imposé, ainsi que du versement immédiat des droits simples, en déposant le bail dans un bureau d'enregistrement. — Outre les délais fixés pour l'enregistrement des baux, un délai d'un mois est accordé au bailleur pour faire le dépôt autorisé par le paragraphe qui précède. — Loi du 23 août 1871, art. 14.

1° Obligation de faire enregistrer les baux. — D'après ce qui précède, tous les baux écrits d'immeubles doivent être enregistrés, quelle que soit leur importance.

2° Où les baux doivent-ils être enregistrés ? — Comme tous les actes sous signatures privées, les baux peuvent être enregistrés dans tous les bureaux indistinctement, sauf, dans les villes, dans les bureaux qui ne sont pas chargés de l'enregistrement des actes sous signatures privées; il est préférable cependant de les présenter à la formalité aux bureaux dans le ressort desquels les immeubles sont situés. (V. n° 12 § 1).

3° Par qui doit être requise la formalité ? — Les baux peuvent être présentés à l'enregistrement par une personne quelconque ; mais le bailleur et le preneur ont tous deux intérêt à ce que la formalité soit accomplie en temps utile, puisque le défaut de cette formalité ou tout retard dans son accomplissement leur fait encourir à chacun personnellement une amende.

4° PAR QUI LES DROITS DOIVENT-ILS ÊTRE SUPPORTÉS ? — Les droits d'enregistrement, sauf l'amende qui peut être encourue personnellement par le bailleur, sont à la charge personnelle du locataire.

81. Délai. — Les baux d'immeubles faits sous signatures privées doivent être enregistrés dans les trois mois de leur date.

1° ENTRÉE EN JOUISSANCE ANTÉRIEURE DE PLUS DE TROIS MOIS A LA DATE DE L'ACTE. — Si le prix du bail est supérieur à 100 fr., ou si, ce prix étant inférieur à 100 fr., la durée excède trois ans, et que l'acte de bail ne soit réalisé que plus de trois mois après l'entrée en jouissance, le bailleur se trouve, antérieurement à la résiliation du bail, en présence d'une location verbale susceptible de déclaration (V. n° 66). Quand la location verbale est alors régulièrement déclarée, le bail peut ensuite être enregistré sans amende dans les trois mois de sa date s'il est fait sous signatures privées.

2° ENTRÉE EN JOUISSANCE ANTÉRIEURE DE MOINS DE TROIS MOIS A LA DATE DE L'ACTE ET DE PLUS DE TROIS MOIS A CELLE DE L'ENREGISTREMENT. — Un bail consenti pour un an du 1er janvier 1891, par exemple, est réalisé par acte sous signatures privées le 15 février suivant, puis présenté à l'enregistrement seulement le 15 avril.

Il semble qu'en droit strict, l'acte n'ayant pas date certaine avant son enregistrement, c'est-à-dire avant le 15 avril, la location, qui lors de l'enregistrement a déjà plus de trois mois de cours, aurait dû être déclarée comme verbale avant l'échéance de ces trois mois, ou en d'autres termes que, pour éviter cette déclaration, on devrait, en calculant le délai d'enregistrement d'un bail sous signatures privées, prendre pour point de départ de ce délai de trois mois la date la plus ancienne de celle du bail ou de celle de l'entrée en jouissance.

Cependant l'avis contraire a quelquefois prévalu, et il a été parfois admis que le bail fait sous signatures privées moins de trois mois après l'entrée en jouissance, peut sans contravention n'être enregistré que dans les trois mois de sa date.

Quoi qu'il en soit, cette dernière interprétation n'étant ni fixe ni certaine, je considère comme prudent de se baser plutôt sur la première et d'admettre pour éviter toute amende que le délai d'enregistrement part de la plus ancienne des deux dates de la jouissance ou de l'acte. R. P. 4389. — Si le bail est notarié et daté moins de trois mois après l'entrée en jouissance, son enregistrement est régulièrement effectué dans le délai de 10 ou 15 jours fixé par la loi en raison de sa nature.

82. Tarif. — Le tarif est le même pour les baux d'immeubles que pour les locations verbales.

1° Baux d'une durée déterminée. — Le droit est de 0 fr. 25 par 100 fr. et par an, c'est-à-dire que ce droit se perçoit sur le montant cumulé des fermages ou loyers pendant toute la durée du bail, y compris les charges, le prix et les charges devant toujours être évalués en argent. —Art. 1er de la loi du 16 juin 1824.—Il est observé ici que l'impôt foncier, quand il est mis à la charge du locataire ou fermier, doit être justifié par un extrait du rôle du percepteur, et, qu'à défaut de cet extrait, il doit être évalué par le receveur au quart du loyer ou fermage augmenté des autres charges.

2° Baux a vie. — Les baux faits pour la durée de l'existence d'une personne désignée doivent acquitter le droit de 5 0/0 sur dix fois le prix annuel, y compris les charges.— Loi du 22 frimaire an VII, art. 15, § 3 et art. 69, § 7, n° 2.

3° Baux a durée illimitée. — Pour les baux d'une durée illimitée ou faits sans expression de durée, le droit est de 5 0/0 sur vingt fois le prix annuel augmenté des charges. — Loi du 22 frimaire an VII, art. 15, § 3 et art. 69, § 7, n° 2.

83. Fractionnement. — Quand la durée d'un bail est de plus de trois ans, la loi de 1871 permet aux parties, lors de l'enregistrement, de requérir le fractionnement de la perception en autant de paiements égaux qu'il y a de périodes triennales. Le paiement des droits afférents à la première période est seule acquitté lors de l'enregistrement, et celui des périodes subséquentes doit être effectué dans le premier mois de l'année qui commence chaque période. Quand la durée du bail n'est pas exactement divisible en périodes triennales, le dernier paiement doit comprendre les droits afférents aux années supplémentaires (un an ou deux ans), et tous les autres s'appliquent exactement à des périodes triennales.

Cette faculté n'est pas seulement applicable aux baux écrits, elle s'applique également aux locations verbales d'immeubles ; mais elle ne profite qu'aux baux et locations d'une durée déterminée, et ne peut profiter à ceux faits à vie ou pour une durée illimitée.

84. Baux à périodes. — Les baux à périodes doivent être considérés au point de vue fiscal comme faits seulement pour la première période, et ne doivent, lors de leur enregistrement, supporter le droit que sur cette première période, sauf même la faculté de fractionnement si elle est elle-même supérieure à trois ans. Les droits afférents aux autres périodes deviennent exigibles dans le premier mois de l'année qui commencera chacune d'elles. — Art. 11 de la loi du 23 août 1871.

85. Pénalités. — Ainsi qu'il a déjà été dit précédemment n° 80, tout bail d'immeubles non enregistré dans le délai prescrit fait encourir au bailleur et au preneur, et personnellement à chacun d'eux, un droit en sus au minimum de 62 fr. 50. Toutefois, après l'expiration du délai de trois mois, alors qu'un droit en sus est définitivement encouru par le preneur, le bailleur a un délai supplémentaire d'un mois, pendant lequel il peut encore s'affranchir de l'amende en déposant son bail à l'enregistrement.

1° Remise des amendes. — De même que les amendes des locations verbales non déclarées, celles des baux non enregistrés ne peuvent être remises que par le Ministre des Finances, ou pour lui et par délégation par le Directeur général de l'enregistrement. La remise en est de même demandée au moyen de pétitions qu'on dépose aux bureaux où sont réclamées les amendes.

Quand le bailleur et le preneur ont encouru chacun une amende, ils peuvent demander la remise des deux amendes par une seule pétition.

2° Modèle de pétition. — « *Monsieur le Ministre. — Je « soussigné, A..., agissant tant en mon nom personnel qu'en « celui de M. B..., ai l'honneur de vous exposer ce qui suit :*

« *Le premier janvier dernier, j'ai fait avec M. B... un bail « sous signatures privées aux termes duquel je lui ai loué, « pour trois ans dudit jour, une maison située à X..., Grande-« Rue, n° 20, moyennant 500 francs par an.*

« *Sans aucune intention de fraude, nous avons tous deux « oublié, M. B... et moi, de faire engistrer notre bail en temps « utile, et avons encouru chacun une amende de 62 fr. 50.*

« *Je viens vous prier M. le Ministre, de bien vouloir, en « raison de notre bonne foi, nous accorder la remise de ces « amendes.*

« *Espérant que vous voudrez bien accueillir favorablement « ma demande, j'ai l'honneur d'être, Monsieur le Ministre, « votre très humble et très obéissant serviteur.*

« *X..., le premier juillet mil huit cent quatre-vingt-onze.* »

3° Remise de pétitions avant ou après paiement. — Les pétitions peuvent être faites soit avant, soit après le paiement des droits et amendes ; dans le premier cas, le contribuable paie, après la décision du Ministre, les sommes laissées à sa charge, et, dans le second, restitution lui est faite de la partie de l'amende dont la remise lui a été accordée.

86. Transcription. — Aux termes de l'article 2 de la loi du 23 mars 1855, on doit faire transcrire au bureau des hypothèques : 1° les baux d'une durée de plus de dix-huit ans ; 2° tout acte ou jugement constatant, même pour bail de moindre durée, quittance ou cession d'une somme équivalente à trois années de loyers ou fermages non échus. — L'article 3 de la même loi dispose que jusqu'à la transcription, les droits résultant de ces actes ne peuvent être opposés aux tiers qui ont des droits sur l'immeuble et qui les ont conservés en se conformant aux lois, et que les baux qui n'ont pas été transcrits ne peuvent jamais leur être opposés pour une durée de plus de dix-huit ans.

En conséquence de cette loi, il sera toujours prudent de faire transcrire les baux de plus de dix-huit ans et les actes portant quittance ou cession d'au moins trois années de fermages ou loyers non échus, quelle que soit dans ce cas la durée du bail.

Cette transcription sera faite moyennant, outre les droits de timbre et les salaires du conservateur, un droit fixe de 1 fr. 25 au profit du Trésor, en vertu de l'article 11 de la loi de 1855 précitée.

3me section. — CESSION DE BAIL. — SOUS-BAIL RÉSILIATION

87. Cession de bail. — La cession de bail est l'acte par lequel un locataire ou fermier cède à un tiers ses droits à un bail en cours d'exécution ou même à un bail non encore commencé. Le cédant prend le nom de locataire principal et le cessionnaire celui de sous-locataire.

1° Rédaction. — La cession de bail se fait verbalement ou par écrit. Pour faire une cession de bail par écrit, il suffit de rappeler le bail cédé en indiquant sommairement le nom du propriétaire, l'objet loué, la durée et le prix, et d'exprimer la date à laquelle doit commencer l'entrée en jouissance du nouveau locataire. Si la cession a été faite moyennant quelques conditions nouvelles non comprises au bail, ces conditions seront également exprimées.

2° Enregistrement. — La cession de bail faite soit verbalement, soit par écrit, est assujettie aux mêmes règles qu'un bail verbal ou écrit ; le locataire principal est tenu aux mêmes obligations que le bailleur lorsque la cession est verbale (V. n° 66), et la cession écrite doit être enregistrée dans les mêmes délais et aux mêmes droits que le bail écrit. (V. n° 80.)

Le droit d'enregistrement, toutefois, est liquidé sur le temps qui reste à courir à partir de l'entrée en jouissance du cessionnaire, et les parties peuvent, comme pour les baux, requérir le bénéfice du fractionnement.

88. Sous-bail. — On désigne particulièrement sous le nom de sous-bail la cession partielle d'un bail ou plutôt la cession de la jouissance d'une partie des objets compris au bail, le locataire principal conservant la jouissance du surplus des ces objets, soit pour en jouir par lui-même, soit pour les sous-louer encore à d'autres personnes.

De cette définition même il résulte que le sous-bail rentre dans la catégorie générale des cessions de baux, et que toutes les règles applicables à la cession de bail le sont également au sous-bail. (V. n° 87.)

89. Résiliation. — La résiliation d'un bail est l'acte par lequel le propriétaire et le locataire ou le locataire principal et son sous-locataire conviennent que le bail cessera à une époque déterminée antérieure à celle prévue dans le bail lui-même.

La résiliation de bail peut être verbale ou écrite ; elle n'est en fait qu'une rétrocession de jouissance par le locataire au propriétaire, c'est-à-dire une forme particulière de la cession, et se rédigera de la même manière (Voir n° 87), en énonçant naturellement la résiliation au lieu de la cession, et la date à partir de laquelle elle produira ses effets, ainsi que les conditions particulières auxquelles elle a pu être convenue.

1° Exemple. — « *Les soussignés A... et B... conviennent de* « *ce qui suit :*

« *Le bail consenti par A... à B..., suivant acte sous signatu-* « *res privées du premier janvier mil huit cent quatre-vingt-* « *cinq, d'uue maison située à X..., Grande-Rue n° 10, pour* « *neuf ans du quinze janvier mil huit cent quatre-vingt-cinq,* « *moyennant trois cents francs par an, prendra fin le quinze* « *janvier mil huit cent quatre-vingt-onze.*

« *Fait double à Sens le premier octobre mit huit cent qua-* « *tre-vingt-dix.* »

2° Congé. — Les baux à périodes portent souvent que le bail pourra cesser à des époques déterminées, à charge par celle des parties qui voudra le faire cesser, de prévenir l'autre un certain temps d'avance ; dans ce cas, la partie qui veut faire cesser le bail doit faire signifier à l'autre un congé par acte d'huissier. Toutefois, si les deux parties sont d'accord pour accepter la cessation du bail, elles peuvent éviter cette signification de congé en faisant entre elles un acte de résiliation, par exemple dans la forme rapportée au paragraphe qui précède.

3° Enregistrement. — La résiliation verbale ne doit être déclarée à l'enregistrement que lorsqu'elle s'applique à des immeubles précédemment loués suivant l'usage des lieux ; elle constitue alors une simple déclaration de forme ne donnant lieu à la perception d'aucun droit.

Il résulte de là que la résiliation, malgré son caractère translatif, ne doit pas être assimilée aux autres mutations de jouissance ou de propriété d'immeubles dont l'existence seule donne naissance à l'impôt; et, de même que la résiliation verbale n'est assujettie à aucun impôt, de même la résiliation écrite n'est pas assujettie à l'enregistrement dans un délai déterminé.

Si une résiliation écrite est présentée à la formalité, elle supportera, comme la cession de bail le droit de 0 fr. 25 0/0 sur le temps restant à courir, sans toutefois que ce droit puisse être supérieur à 3 fr. 75, chiffre qui, dans l'espèce, constitue un maximum de perception.

Chapitre III. — BAUX DIVERS

90. Division. — Indépendamment des baux ordinaires qui se rencontrent communément, il existe d'autres baux d'un usage moins fréquent, mais sur chacun desquels il convient cependant de dire quelques mots. Tels sont le bail à portion de fruits, le bail à cheptel, le bail à nourriture et le bail-vente.

1re section. — BAIL A PORTION DE FRUITS.

91. Droit civil. — Le bail à portion de fruits, qu'on appelle aussi bail à colonage ou à métairie, est celui dans lequel le locataire, qui prend le nom de colon partiaire ou métayer, au lieu de payer au bailleur une somme d'argent, lui abandonne une quotité déterminée (généralement la moitié) des fruits, des récoltes.

Il ne faut pas confondre le bail à portion de fruits avec celui dont le prix est seulement payable en nature. Par le premier, le bailleur et le preneur reçoivent une quotité déterminée des fruits qui forme pour chacun une quantité variable d'une année à une autre, selon l'importance de la récolte ; par le second, au contraire, le bailleur reçoit chaque année une quantité fixe et invariable de fruits, quelle que soit la récolte et quelle que soit la part devant rester au fermier, qui seule dans ce cas est variable.

Toutes les règles applicables aux autres baux régissent également les baux à portion de fruits, sauf que pour ceux ci, en vertu de l'article 1763 du Code civil dérogeant à l'article 1717 du même code, le fermier ne peut ni sous-louer, ni céder son bail, si la faculté ne lui en a été expressément accordée par le bail.

En tenant compte de cette différence, le bail à portion de fruits sera rédigé comme le bail ordinaire ; on stipulera seulement la livraison des fruits au lieu du paiement du prix, et on aura soin d'exprimer clairement toutes les conditions arrêtées pour le partage et la livraison de ces fruits.

92. Enregistrement. — Il résulte d'un arrêt de cassation du 8 février 1875, interprétatif de la loi du 23 août 1871, que les baux à portion de fruits doivent être enregistrés, ainsi que les autres baux, au droit de 0 fr. 25 0/0 sur le montant cumulé des années de fermage, le fermage étant dans ce cas représenté par l'évaluation en argent de la part de fruits et des charges qui doivent profiter au bailleur.

A la suite de cet arrêt, l'Administration a décidé (I. G. 2516 — 1) que ces baux, s'ils sont écrits, doivent être enregistrés dans la même délai que les autres baux, et s'ils sont verbaux, sont exempts de la déclaration et de la taxe établies par l'article 11 de la loi de 1871.

2e SECTION. — BAIL A CHEPTEL.

93. Droit civil. — Sans reproduire toutes les dispositions de la loi relatives au bail à cheptel, je vais en reproduire seulement les principales, de façon à faire ressortir surtout les différences entre les diverses espèces de cheptel. Les lecteurs qui voudront avoir des détails plus complets devront se reporter au texte du Code civil (art. 1800 à 1831), ou à un commentaire de ces articles.

Le bail à cheptel est un contrat par lequel l'une des parties donne à l'autre un fonds de bétail pour le garder, le nourrir et le soigner, sous les conditions convenues entre elles.

Il y a plusieurs sortes de cheptels : 1° le cheptel simple ou cheptel ordinaire; 2° le cheptel à moitié ; 3° le cheptel donné au fermier ou au colon partiaire ; 4° il y a encore une quatrième espèce de contrat improprement appelé cheptel.

1° Du cheptel simple. C. c. 1804 à 1817. — Le cheptel simple ou cheptel ordinaire est celui par lequel le bailleur fournit le fonds de bétail tout entier, pour en partager par moitié le croît et les laines (ou poil, crin, etc.) avec le preneur qui prend exclusivement les laitages, fumiers et labeurs, et supporte moitié de la perte lorsqu'elle est partielle, la perte totale étant à la charge du bailleur seul. (*Marcadé. — Du contrat de louage. — Résumé, n°* LVI *bis).*

Deux estimations se font au commencement et à la fin du bail. Lors de la seconde estimation, si elle est supérieure à la première, le bailleur peut prélever des bêtes de chaque espèce jusqu'à concurrence de la première estimation et l'excédant se partage; si la seconde estimation est inférieure à la première, le bailleur prend ce qui reste et le cheptelier doit lui tenir compte de moitié de la perte subie.

S'il n'y a pas de temps fixé par la convention pour la durée du cheptel, il est censé fait pour trois ans.

2° Du cheptel a moitié. — C. c. 1818 à 1820. — Le cheptel à moitié est celui dans lequel chacun des contractants fournit la moitié des bestiaux qui demeurent communs pour le profit ou pour la perte.

3° Du cheptel donné au fermier ou au colon partiaire. C. c. 1821 à 1830. — Le cheptel donné au fermier, qu'on appelle aussi cheptel de fer, est celui par lequel le propriétaire d'une ferme ou métairie donne à ferme avec elle les bestiaux y attachés, à condition qu'à l'expiration du bail le fermier laissera des bestiaux d'une valeur égale au montant de l'estimation de ceux qu'il aura reçus.

L'estimation du cheptel donné au fermier ne lui en transmet pas la propriété ; le cheptel, par le fait qu'il est attaché à la ferme, devient immeuble en vertu de l'article 522 du Code civil.

Si le bail à cheptel est consenti par un acte distinct du bail de la ferme, et que sa durée ne soit pas exprimée, il finira en même temps que le bail de la ferme.

4° Du cheptel improprement dit. C. c. 1831. — Ce contrat a pour objet une ou plusieurs vaches que le preneur s'oblige à loger, nourrir et soigner en nourrissant aussi leurs veaux jusqu'à l'âge de trois ou quatre semaines, et dont il garde les laitages et fumiers sans participer à la perte des vaches. (*Marcadé. — Du contrat de louage. — Résumé, n° LXIV*).

94. Rédaction. — Les baux à cheptel peuvent être faits verbalement ou par écrit.

Sauf le cas du cheptel donné par un propriétaire à son fermier ou colon partiaire, le bail à cheptel est, d'après ce qui prédède, un bail de meubles qui sera rédigé comme les baux ordinaires de meubles, en tenant compte toutefois des règles et conditions spéciales à chaque espèce (V. nos 64, 78 et 93). — Cependant, le bail à cheptel différera du bail ordinaire de meubles en ce que, sauf dans le cas du cheptel donné au fermier, il n'y sera pas stipulé de prix, le propriétaire étant désintéressé par une partie du produit et du croît.

1° Prix en argent. — Au lieu de partager en nature conformément à la loi le produit et le croît du cheptel, les parties peuvent convenir que le cheptelier paiera au bailleur une redevance en argent. Sauf le cas du cheptel donné au fermier, la convention ne constitue plus alors un bail à cheptel, mais un bail ordinaire de meubles.

Le bail à cheptel donné au fermier se trouve le plus souvent constaté dans l'acte même du bail de la ferme où la désignation et l'estimation du cheptel sont données à la suite de la désignation de la ferme ; et le tout (ferme et cheptel) est généralement affermé moyennant un seul prix. Si le bail à cheptel est consenti par acte séparé, il comprend alors la stipulation d'un prix particulier, à moins que celui du bail de la ferme n'ait déjà été calculé, en tenant compte de la valeur du cheptel.

95. Enregistrement. — Quand il constitue un bail de meubles, le cheptel, s'il est convenu verbalement, ne doit pas être déclaré à l'enregistrement, et, s'il est constaté par écrit, il n'est pas obligatoirement soumis à la formalité dans un délai déterminé. (V. n° 65).

Le cheptel donné au fermier ou colon partiaire doit seul être considéré comme un bail d'immeubles. S'il est compris dans le bail de la ferme ou de la métairie, il fait corps avec lui et est enregistré avec lui ; s'il fait l'objet d'un acte séparé, il doit être enregistré comme le serait un véritable bail d'immeubles. Comme un bail d'immeubles aussi, s'il est convenu verbalement, le cheptel devra être déclaré s'il est donné au fermier, et pourra ne pas l'être s'il est donné au colon partiaire (V. nos 66 et 92).

Le tarif est de 0 fr, 25 0/0. — Ce droit est perçu sur le montant de l'estimation du cheptel quand il n'y a pas de prix stipulé, et, quand un prix est stipulé, sur le montant cumulé des loyers pendant toute la durée du bail. — Art. 1er de la loi du 16 juin 1824 et 69, § 1, n° 2 de la loi du 22 frimaire an VII.

3ème SECTION. — BAIL A NOURRITURE.

96. Définition. — Le bail à nourriture est une convention par laquelle une personne s'engage à en nourrir une autre moyennant un prix fixé et pendant une durée également fixée.

97. Rédaction. — Il serait bien difficile de donner une règle très précise pour la rédaction des baux à nourriture dont les espèces peuvent varier à l'infini. Cependant, on peut dire d'une façon générale, qu'un bail à nourriture doit comprendre, outre les conditions spéciales à chaque cas particulier : — les noms des parties ; — l'objet du bail, sa durée et son prix — et qu'il doit, comme les autres baux, être fait double, être daté, approuvé et signé.

1° EXEMPLE. — « *Les soussignés A... et B... conviennent de* « *ce qui suit : — M. A... s'engage à loger dans sa maison,* « *nourrir à sa table, vêtir et entretenir de tous soins M. B...* « *pendant dix ans à partir de ce jour, moyennant cinquante* « *francs par mois payables d'avance le premier de chaque* « *mois, le premier paiement ayant été effectué aujourd'hui* « *même et dont quittance.*

« *Fait double à X..., le premier janvier mil huit cent qua-* « *tre-vingt-onze.* »

98. Enregistrement. — Le bail à nourriture, s'appliquant à un objet mobilier, ne doit pas être déclaré à l'enregistrement lorsqu'il est verbal et n'est pas assujetti à l'enregistrement dans un délai déterminé lorsqu'il est écrit. — Présenté à la formalité, il est comme les autres baux de biens meubles (V. n° 65) passible du droit de 0 fr. 25 0/0 si la durée est déterminée, et de celui de 2 fr. 50 0/0 si le bail est fait à vie ou pour une durée illimitée.

Si le prix est annuel, le droit de 0 fr. 25 est liquidé pour les baux à durée déterminée sur le montant cumulé des loyers pendant la durée du bail, et celui de 2 fr. 50 est liquidé pour les baux à vie ou à durée indéterminée sur dix ou vingt fois le prix annuel. — Si le prix est unique pour toute la durée, par exemple 1.500 francs pour trois ans ou 5.000 francs pour la vie de l'un des contractants, le droit de 0 fr. 25 0/0 dans le premier cas et celui de 2 fr. 50 0/0 dans le second sont liquidés sur ce prix.

1° Prix du bail ne consistant pas en argent. — Le prix du bail peut consister en d'autres valeurs qu'en argent, il peut consister, par exemple, en créances, en biens meubles ou immeubles cédés par le preneur au bailleur.

Dans ces divers cas, s'il résulte des circonstances que l'objet principal de la convention ne soit pas le bail à nourriture, mais la cession de créances, de meubles ou d'immeubles, l'acte devra être enregistré au tarif dû pour ces diverses cessions. (V. nos 132, 383, 387).

Si, par exemple, A... cède à B... tous ses immeubles évalués 20.000 francs, moyennant pour B... l'obligation de le loger, vêtir, nourrir et soigner pendant sa vie et jusqu'à son décès, ou même si, l'acte étant présenté différemment, B... s'engage à loger, vêtir, nourrir et soigner A... pendant sa vie, moyennant par celui-ci l'abandon d'immeubles évalués 20.000 francs, l'acte est réellement dans ce cas une vente d'immeubles dont le bail à nourriture n'est que le prix, et il doit être tarifé au taux des ventes d'immeubles de 6,875 0/0. (V. n° 387).

4me section. — BAUX PRODUISANT LES EFFETS DES VENTES.

99. Baux de mines, carrières, tourbières, etc. — Il est certains baux, tels que ceux des mines, carrières, tourbières, etc., qui transfèrent aux preneurs non-seulement la jouissance de la chose louée, mais encore la propriété réelle d'une partie de cette chose.

1° Rédaction. — La rédaction de ces baux se fera généralement de la même manière que celle des autres baux, sauf à ajouter, selon l'usage, certaines clauses particulières à chacun d'eux.

2° Enregistrement. — Au point de vue fiscal, ces baux, qui produisent d'ailleurs les effets de véritables ventes, sont tarifés au droit des ventes mobilières de 2 fr. 50 0/0 qui se perçoit, comme le droit de bail, sur le montant cumulé des prix à payer pendant toute la durée du bail. — Art. 69, § v, n° 1 de la loi du 22 frimaire an vii.

Il résulte de là que ces baux ne doivent pas être déclarés à l'enregistrement, s'ils sont verbaux, et ne sont pas assujettis à l'enregistrement dans un délai déterminé, s'ils sont écrits.

Bénéfice d'inventaire.

C. c. 793 à 810. -- C. pr. 986 à 996.

100. Droit civil. — La déclaration d'un héritier, qu'il entend ne prendre cette qualité que sous bénéfice d'inventaire, doit être faite au greffe du tribunal de première instance dans l'arrondissement duquel la succession s'est ouverte. C. c. 793.

Cette déclaration n'a d'effet qu'autant qu'elle est précédée ou suivie d'un inventaire fidèle et exact des biens de la succession, dans les formes réglées par les lois sur la procédure et dans les délais qui seront ci-après déterminés. C. c. 794.

L'héritier a trois mois pour faire inventaire, à compter du jour de l'ouverture de la succession. — Il a de plus, pour délibérer sur son acceptation ou sur sa renonciation, un délai de quarante jours, qui commencent à courir du jour de l'expiration des trois mois donnés pour faire inventaire, ou du jour de la clôture de l'inventaire s'il a été terminé avant les trois mois. C. c. 795.

L'effet du bénéfice d'inventaire est de donner à l'héritier l'avantage, — 1° de n'être tenu du paiement des dettes de la succession que jusqu'à concurrence de la valeur des biens qu'il a recueillis, même de pouvoir se décharger du paiement des dettes en abandonnant tous les biens de la succession aux créanciers et aux légataires; — 2° de ne pas confondre ses biens personnels avec ceux de la succession, et de conserver contre celle-ci le droit de réclamer le paiement de ses créances. C. c. 802.

101. Conséquences pratiques.—Les formalités du bénéfice d'inventaire constituent en fait des formalités judiciaires qui, pour être valables, doivent être faites très régulièrement. D'autre part, la confection obligée de l'inventaire nécessite l'intervention d'un notaire. Dans ces conditions, je conseille à toute personne, qui voudra accepter une succession sous bénéfice d'inventaire, de s'adresser à son notaire et de le charger de faire le nécessaire.

Bilan.

102. Droit civil. — Le bilan est l'état de situation que doit déposer au greffe du tribunal de commerce tout commerçant en état de cessation de paiement. Le dépôt du bilan est nécessaire aussi bien dans le cas d'une liquidation judiciaire que dans celui d'une faillite.

1° Liquidation judiciaire. — Tout commerçant qui cesse ses paiements peut obtenir, en se conformant aux dispositions de la loi du 4 mars 1889, le bénéfice de la liquidation judiciaire.

La liquidation judiciaire ne peut être ordonnée que sur requête présentée par le débiteur au tribunal de commerce de son domicile dans les quinze jours de la cessation de ses paiements. Le droit de demander cette liquidation appartient au débiteur assigné en déclaration de faillite pendant cette période.

La requête est accompagné *du bilan* et d'une liste indiquant le nom et le domicile de tous les créanciers. — Art. 1er et 2 de la loi du 4 mars 1889.

2° Faillite. — Tout commerçant qui cesse ses paiements est en état de faillite. C. com. 437.

Tout failli sera tenu, dans les quinze jours de la cessation de ses paiements, d'en faire la déclaration au greffe du tribunal de commerce de son domicile. Le jour de la cessation des paiements sera compris dans les quinze jours. — C. com., art. 438 modifié par l'article 23 de loi du 4 mars 1889.

La déclaration du failli devra être accompagnée du *dépôt du bilan,* ou contenir l'indication des motifs qui empêcheraient le failli de le déposer. C. com. 439.

La faillite est déclarée par jugement du tribunal de commerce rendu, soit sur la déclaration du failli, soit à la requête d'un ou plusieurs créanciers, soit d'office. C. com. art. 440.

103. Rédaction. — Le bilan doit contenir l'énumération et l'évaluation de tous les biens mobiliers et immobiliers du débiteur, l'état des dettes actives et passives, le tableau des profits et pertes, le tableau des dépenses ; il devra être certifié véritable, daté et signé par le débiteur. C. com. 439.

Le bilan peut être rédigé par le commerçant lui-même ou bien par les liquidateurs judiciaires ou les syndics en cas de faillite. Comme d'ailleurs l'intervention de ces derniers est toujours nécessaire, je conseille de leur en confier de préférence la rédaction, et je juge dès lors inutile d'en fournir aucun modèle.

104. Enregistrement et timbre. — Le bilan est affranchi du timbre et de l'enregistrement en vertu de l'article 10 de la loi du 26 janvier 1892.

Billet.

105. Définitions et division. — On appelle billet, dans la pratique, l'écrit par lequel une personne s'engage à payer à une autre personne une somme d'argent. — Les billets peuvent être faits par acte notarié ou par acte sous signature privée ; ils sont de deux sortes, les billets simples et les billets à ordre.

Le billet simple est celui qui est payable à la personne au profit de laquelle il est souscrit, et à elle seule ; le billet à ordre est celui qui est stipulé payable à une personne désignée ou à son ordre, c'est-à-dire à toute autre personne que celle-ci pourra elle-même désigner.

En même temps que ces deux espèces de billets, j'en étudierai deux autres qu'on peut classer dans la catégorie générale des billets ou plutôt des effets à ordre ; je veux parler de la lettre de change et du chèque.

La lettre de change, qui a beaucoup d'analogie avec le billet à ordre proprement dit, en diffère sur un point essentiel ; tandis que le billet à ordre est souscrit au profit du créancier par le débiteur *qui s'engage à payer*, la lettre de change est souscrite par le créancier qui prend le nom de tireur, et tirée par lui sur le débiteur qu'*il s'oblige à faire payer*.

Le chèque est un effet d'une nature particulière dont j'énoncerai plus loin les caractères spéciaux.

Ces principes étant établis, je vais diviser le sujet en cinq parties comprenant, la première les règles communes aux divers billets et effets à ordre le chèque excepté, et les autres les règles particulières à chacune des espèces indiquées.

1re SECTION. — RÈGLES COMMUNES.

106. Papier timbré. — Les billets faits sous signatures privées, qu'ils soient simples ou à ordre, et les lettres de change doivent être écrits sur papier au timbre proportionnel qu'on appelle communément papier à billets.

La valeur de ce papier augmente proportionnellement aux sommes qui font l'objet des billets, à raison de 0 fr. 05 par 100 francs ou fraction de 100 francs ; ainsi, un billet de 200 francs doit être écrit sur une feuille de 0 fr. 10, et un billet de 250 fr. sur une feuille de 0 fr. 15.

Au-dessus de 1,000 francs, il n'existe que des feuilles ou coupons correspondant aux sommes rondes de 1,000 en 1,000, telles que 2,000, 3,000, etc., jusqu'à 20,000 francs.

Il n'existe pas de feuilles pour les billets qui s'élèvent à plus de 1,000 francs et ne sont pas un multiple exact de 1,000; ainsi, un billet de 1,500 francs devrait être écrit sur un coupon de 1 franc bon pour un billet de 2,000 francs, mais il peut être écrit aussi sur un coupon de 0 fr. 50 bon pour un billet de 1,000 fr., sur lequel on appose un timbre mobile en représentation du droit afférent à la somme dont le billet excède un multiple de 1,000 francs, soit dans l'espèce un timbre de 0 fr. 25. (V. ci-après § 3.)

Aux termes de l'article 12 de la loi du 16 juin 1824, les billets ou obligations écrits sur papier timbré de dimension ne sont assujettis à aucune amende, si ce n'est dans le cas d'insuffisance du prix du timbre. Ainsi on pourrait faire actuellement un billet de 1200 fr. sur une feuille de 0 fr. 60, de 2400 fr. sur une feuille de 1 fr. 20, de 3600 fr. sur une feuille de 1 fr. 80.

1° Papier timbré a l'extraordinaire. — Les billets et lettres de change, au lieu d'être rédigés sur le papier débité par l'Administration, peuvent être rédigés sur des billets, formules ou vignettes imprimés sur papier non timbré, à la condition que ces formules soient timbrées à l'extraordinaire. Les personnes qui se servent de ces vignettes doivent, pour les faire timbrer, les déposer en blanc et avant leur emploi à l'enregistrement, et acquitter, lors de ce dépôt, le montant des droits de timbre d'après le tarif ci-dessus.

2° Timbres mobiles. — Les billets et lettres de change, faits sur des papiers non timbrés, peuvent encore être régulièrement timbrés au moyen de l'application de timbres mobiles.

Ces timbres se vendent dans les bureaux de l'Enregistrement et dans les débits auxiliaires des papiers timbrés, aux mêmes prix que les papiers à billets, c'est-à-dire à raison de 0 fr. 05 par 100 francs; il existe des timbres de 0 fr. 05, 0 fr. 10, 0 fr. 15, 0 fr. 20, 0 fr. 25, 0 fr. 30, 0 fr. 35, 0 fr. 40, 0 fr. 45, 0 fr. 50 pour les billets de 100, 200, ..., 900 et 1,000 francs, des timbres de 1 fr., 1 fr. 50, 2 fr., 2 fr. 50, et ainsi de 0 fr. 50 en 0 fr. 50 jusqu'à 10 francs, pour les billets de 2,000, 3,000 francs et autres de 1,000 en 1,000 jusqu'à 20,000 francs, et des timbres de 15 fr., 20 fr., 25 fr. et 30 fr. pour les effets de 30,000, 40,000, 50,000 et 60,000 francs.

Ces timbres sont apposés au recto du billet, à côté de la signature du souscripteur, et ils sont oblitérés par celui-ci au moment même de leur apposition au moyen de l'inscription à l'encre noire usuelle et à la place réservée à cet effet sur le timbre mobile : 1° du lieu où l'oblitération est opérée; 2° de la date (quantième, mois et millésime) à laquelle elle est effectuée ; 3° et de sa signature.

3° Billets de sommes ne correspondant pas exactement a la valeur des timbres. — On vient de voir qu'il n'existe ni papiers, ni timbres mobiles pour les billets qui s'élèvent à plus de 1,000 francs et ne sont pas des multiples exacts de 1,000; mais, en vertu de l'article 5 de la loi du 29 juillet 1881, il est permis d'acquitter le droit complémentaire au moyen de timbres mobiles qui peuvent être employés, quel que soit le papier ayant servi à la rédaction de l'effet, sans distinguer entre les coupons de la débite, les vignettes timbrées à l'extraordinaire ou les papiers déjà revêtus de timbres mobiles.

Ainsi, un billet de 3,500 francs, écrit sur un coupon de la débite de 1 fr. 50 (correspondant à 3,000 francs), sera régulier au moyen de l'apposition d'un timbre mobile de 0 fr. 25 (correspondant à 500 francs); de même, une lettre de change de 45,000 francs sera régulière au moyen de l'apposition de deux timbres mobiles, l'un de 20 francs (pour 40,000) et l'autre de 2 fr. 50 (pour 5,000 francs).

4° Visa dans les quinze jours de leur date des effets non timbrés ou timbrés insuffisamment. — Aux termes de l'article 2 de la loi du 5 juin 1850, celui qui reçoit du souscripteur un effet non timbré ou insuffisamment timbré, peut le faire viser pour timbre sans amende dans les quinze jours de sa date, ou avant l'échéance si cet effet a moins de quinze jours de date, et dans tous les cas avant toute négociation, moyennant un droit triple du droit ordinaire, c'est-à-dire de 0 fr. 15 par 100 francs qui s'ajoutera au montant de l'effet. Ce tarif de 0 fr. 15, successivement porté à 0 fr. 30 et 0 fr. 45 0/0, a été ramené à son taux primitif par l'article 1er de la loi du 22 décembre 1878.

5° Effets souscrits en dehors de France. — Les effets venant soit de l'Etranger, soit des îles et colonies dans lesquelles le timbre n'aurait pas été encore établi, et payables en France, seront, avant qu'ils puissent y être négociés, acceptés ou acquittés, soumis au timbre ou au visa pour timbre au tarif ordinaire. — Art. 3 de la loi du 5 juin 1850. — Ce droit de timbre pourra être acquitté au moyen d'un timbre mobile apposé dans la forme indiquée ci-dessus, § 2, par la personne qui, la première, en fera usage en France.

Les effets tirés de l'étranger sur l'étranger et circulant en France, sont assujettis à un droit de timbre de 0 fr. 50

par 2,000 francs ou par fraction de 2,000 fr. Ces effets pourront être valablement timbrés au moyen des timbres mobiles en usage en France; ces timbres seront employés à raison de leur quotité seulement et non des sommes qu'ils indiquent. — Art. 3 de la loi du 20 décembre 1872.

6° Pénalités. — Aux termes de l'article 4 de la loi du 5 juin 1850, en cas de rédaction d'effets de commerce (billets à ordre ou lettres de change) sur papier non timbré, le souscripteur, l'accepteur et le bénéficiaire ou premier endosseur de l'effet non timbré ou non visé pour timbre sont passibles chacun d'une amende de 7 fr. 50 0/0 du montant de l'effet. Si la contravention ne consiste que dans l'emploi d'un timbre inférieur à celui qui devait être employé, l'amende ne porte que sur la somme pour laquelle le droit de timbre n'a pas été payé. — Ainsi, en cas de contravention, il peut être prononcé trois amendes distinctes de 7 fr. 50 0/0 chacune, la première contre le souscripteur, la deuxième contre l'accepteur et la troisième contre le bénéficiaire ou premier endosseur. Toutefois, la nature même du billet à ordre s'opposant à ce qu'il puisse être accepté, il suit de là que cet effet ne peut donner ouverture qu'à deux amendes, l'une contre le souscripteur et l'autre contre le bénéficiaire. Garnier 7e édit. V° Effets de commerce nos 353, 354-357.

Ponr les billets simples ordinaires, ou obligations non négociables qui sont pures et simples, c'est-à-dire qui ne déguisent pas de véritables lettres de change, une seule amende de 7 fr. 50 0/0 est due par le souscripteur, et c'est seulement quand il y a eu cession, qu'il en est dû une seconde par le premier cessionnaire (le bénéficiaire). Les amendes exigibles sur les billets simples sont soumises à un minimum de 6 fr. 25. — Art. 19 et 21 de la loi du 24 mai 1834. — Garnier, loc. cit. n° 594 à 596.

7° Remise des amendes. — Les pénalités encourues d'après le paragraphe qui précède peuvent être remises par le Ministre des Finances, ou, pour lui et par délégation, par le Directeur général ou les Directeurs de l'Enregistrement.

La remise en est demandée par voie de pétition dans la forme indiquée à ce mot, n° 298.

2me section. — DU BILLET SIMPLE.

107. Droit civil. — Le billet simple dont j'ai donné la définition au n° 105 se désigne aussi et plus généralement, dans la pratique, sous le nom d'obligation ou reconnaissance.

Aux termes de l'article 1108 du Code civil, quatre conditions sont essentielles pour la validité d'une convention et par conséquent d'une obligation : 1° le consentement de celui qui s'oblige ; 2° sa capacité de contracter ; 3° un objet certain qui forme la matière de l'engagement ; 4° et une cause licite dans l'obligation.

Aux termes de l'article 1326 du même Code, le billet ou la promesse sous signature privée, par lequel une seule partie s'engage envers l'autre à lui payer une somme d'argent ou une chose appréciable, doit être écrit en entier de la main de celui qui le souscrit, ou du moins il faut qu'en outre de sa signature il ait écrit de sa main un « bon » ou un « approuvé » portant en toutes lettres la somme ou la quantité de la chose ; exception est faite pour le cas où l'acte émane de marchands, artisans, laboureurs, vignerons, gens de journée et de service.

108. Rédaction. — Par application des principes dont la relation précède, l'usage est de comprendre, dans un billet simple :

1° Les noms, professions et domicile du ou des souscripteurs ;

2° Les noms, profession et domicile du créancier ou bénéficiaire ;

3° Le montant de la somme due avec stipulation d'intérêts, si elle en est productive ;

4° La cause de la dette ;

5° Le terme et le lieu convenus pour le paiement ;

6° Le billet est daté et signé, et, quand il n'a pas été écrit de la main du souscripteur, la signature est précédée du « *bon pour la somme de...* », avec inscription de la somme en toutes lettres de l'écriture du souscripteur.

1° Exemple. — « *Je soussigné, A... Jean-Baptiste, cultiva-*
« *teur demeurant à X..., reconnais devoir à M. B... Nicolas,*
« *propriétaire à X..., la somme de mille francs pour prêt*
« *qu'il m'a fait aujourd'hui même, et je m'engage à lui rem-*
« *bourser cette somme, avec intérêts à cinq pour cent l'an, à*
« *son domicile, dans un an de ce jour.*

« *X.... le premier janvier mil huit cent quatre-vingt-onze.*

« *Bon pour la somme de mille francs.*

« *Signature A...* »

2° Débiteurs solidaires. — Un billet peut être souscrit par plusieurs débiteurs solidaires, par exemple par le mari et la femme ; il est alors rédigé de la manière suivante :

« *Les soussignés A... Jean-Baptiste, cultivateur à X..., et*
« *B.... Marie, sa femme demeurant avec lui et de lui dûment*

« *assistée et autorisée, reconnaissent devoir à M. C.... proprié-*
« *taire à X.... la somme de mille francs pour prêt qu'il leur à*
« *fait aujourd'hui même, et s'engagent conjointement et soli-*
« *dairement à lui rembourser cette somme avec intérêts à*
« *cinq pour cent l'an, à son domicile, dans un an de ce jour.*
« *X.... le premier janvier mil huit cent quatre-vingt-onze.* »

De la main du mari	*Bon pour la somme de mille francs et pour autorisation de ma femme.* *Signature.*	De la main de la femme	*Bon pour la somme de mille francs.* *Signature.*

Le billet est signé de tous les débiteurs, et chacun d'eux fait précéder sa signature du « *bon pour la somme de...* »

109. Enregistrement. — Les billets simples, reconnaissances et obligations de sommes ne sont pas soumis à l'enregistrement dans un délai déterminé, ils sont passibles d'un droit de 1 fr. 25 0/0.

3me SECTION. — DE LA LETTRE DE CHANGE.

C. com. 110 à 186.

110. Droit civil. — La lettre de change se désigne plus communément, dans la pratique, sous le nom de traite.

La lettre de change ou traite est tirée d'un lieu sur un autre. — Elle est datée. — Elle énonce la somme à payer, — l'époque et le lieu où le paiement doit s'effectuer, — la valeur fournie en espèces, en marchandises, en compte, ou de toute autre manière. — Elle est à l'ordre d'un tiers ou à l'ordre du tireur lui-même. C. com. 110.

1° Provision. — Une lettre de change ne peut être valablement tirée que s'il y a provision préalable.

Aux termes de l'article 116 du Code de commerce, il y a provision si, à l'échéance de la lettre de change, celui, sur qui elle est fournie, est redevable au tireur ou à celui pour le compte de qui elle est tirée d'une somme au moins égale au montant de la lettre de change.

2° Acceptation. — Une traite doit toujours être tirée après accord préalable entre le tireur et le tiré, et, d'après l'usage, le tireur prévient le tiré par une lettre ou avis de traite que le tiré est censé accepter, à défaut de réponse de sa part. Cette acceptation tacite, bien qu'imparfaite, supplée souvent dans la pratique à l'acceptation expresse.

Cependant, l'acceptation expresse est elle-même d'un usage assez fréquent ; elle est exprimée par le mot « *ac-*

cepté » inscrit sur la traite même par le tiré, et elle doit être signée; elle est en outre datée si la lettre est à un ou plusieurs jours ou mois de vue. C. com. 122.

Celui qui accepte une lettre de change contracte l'obligation d'en payer le montant. C com. 121.

3° ECHÉANCE. — Une lettre de change peut être tirée, — à vue, — à un ou plusieurs jours de vue, — à un ou plusieurs mois de vue, — à une ou plusieurs usances de vue, — à un ou plusieurs jours de date, — à un ou plusieurs mois de date, — à une ou plusieurs usances de date, — à jour fixe ou à jour déterminé, en foire. C. com. 129.

La lettre de change à vue est payable à sa présentation. C. com. 130.

Si l'échéance d'une lettre de change est à un jour férié légal, elle est payable la veille. C. com. 134.

4° ENDOSSEMENT. — La propriété de la lettre de change se transmet par la voie de l'endossement. C. com. 136.

L'endossement est daté, il exprime la valeur fournie. — Il énonce le nom de celui à l'ordre de qui il est passé. C. com. 137. (V. n° 110-1.)

5° GARANTIE SOLIDAIRE. — Tous ceux qui ont signé, accepté ou endossé une lettre de change sont tenus à la garantie solidaire envers le porteur. C. com. 140.

6° AVAL. — Le paiement d'une lettre de change, indépendamment de l'acceptation et de l'endossement, peut être garanti par un aval. C. com. 141.

Cette garantie est fournie par un tiers sur la lettre même ou par acte séparé. Le donneur d'aval est tenu solidairement et par les mêmes voies que les tireurs et endosseurs, sauf les conventions différentes des parties. C. com. 142.

L'aval est une sorte de cautionnement spécial aux lettres de change et, comme je le dirai tout à l'heure, aux billets à ordre; il est donné par un tiers qui n'est ni tireur, ni accepteur, ni endosseur, et diffère du cautionnement ordinaire en ce que le donneur d'aval est obligé solidairement, tandis que la caution ordinaire n'est tenue qu'à défaut du débiteur principal, si celui-ci ne satisfait pas lui-même à son obligation.

111. Rédaction. — D'après tout ce qui précède, une lettre de change pourra être rédigée de la manière suivante :

« *Paris, le premier janvier 1891.*

« *Au premier mars prochain, veuillez payer contre ce* « *mandat à mon ordre,* (ou bien *à M. X... ou à son ordre*),

« *la somme de mille francs, valeur en compte, suivant avis*
« *du quinze décembre dernier.* *Signature:* A...
« *A Monsieur B..., négociant à Melun.* »

1° ENDOSSEMENT. — L'endossement tient son nom de ce qu'il est inscrit au dos de l'effet. La lettre de change donnée ci-dessus comme exemple pourrait être endossée de la manière suivante :

« *Payez à l'ordre de M. Y... valeur en compte.* »
« *Paris, le 15 janvier 1891.* »

Cet endossement sera signé par le tireur A... si la traite est faite à son ordre, et par le bénéficiaire X... si elle est faite à l'ordre de celui-ci.

112. Enregistrement. — Les traites ou lettres de change ne sont pas sujettes à l'enregistrement dans un délai déterminé, toutefois elles doivent être enregistrées au plus tard avec le protêt qui en constate le non-paiement à l'échéance.

Le droit est de 0 fr. 625 0/0 (0 fr. 50 en principal), et s'applique à la lettre de change dans son ensemble, y compris l'acceptation, les endossements et avals qui peuvent s'y trouver.

1° AVAL PAR ACTE SÉPARÉ. — L'aval donné par acte séparé constitue un acte distinct de la traite, ayant son existence propre. Il doit être écrit sur papier timbré de dimension (v. n° 4-1), et, s'il est présenté à l'enregistrement, il supportera comme acte innommé le droit fixe de 3 fr. 75 (V. Rédact. v°. Effets de commerce n° 314.)

4me SECTION. — DU BILLET A ORDRE.

C. com. 187 et 188.

113. Droit civil. — Aux termes de l'article 188 du code de commerce le billet à ordre est daté; il énonce la somme à payer, le nom de celui à l'ordre de qui il est souscrit, l'époque à laquelle le paiement doit s'effectuer, la valeur qui a été fournie en espèces, en marchandises, en compte ou de toute autre manière.

Aux termes de l'article 187 du même code toutes les dispositions relatives aux lettres de change et concernant notamment l'échéance, l'endossement, la solidarité, l'aval, le paiement, sont applicables aux billets à ordre.

Il convient d'observer ici que les billets qui ne sont pas à ordre ne sont pas transmissibles par voie d'endossement, mais ne peuvent être cédés que dans la forme ordinaire des cessions de créances (V. n° 129).

114. Rédaction. — Un billet à ordre pourra être rédigé de la manière suivante :

« *Au premier mars prochain, je paierai à M. B... (*noms, « profession et domicile du créancier*) ou à son ordre la « somme de mille francs, valeur en marchandises, payable à « mon domicile.*

« *Nancy le dix janvier 1891.*

« *Signature et adresse du débiteur A...* »

1° Endossement. — Le billet à ordre pourra être endossé par le bénéficiaire dans la même forme qu'une lettre de change (V. 111-1.)

115. Enregistrement. — Le billet à ordre, de même que la lettre de change, doit être enregistré au plus tard avec le protêt qui constate le non paiement, et il est alors soumis comme elle au droit de 0 fr. 625 0/0.

5me section. — DU CHÈQUE.

116. Principes. — Pour donner une idée exacte et précise du chèque et des règles auxquelles il est soumis, je ne puis mieux faire que de citer le texte même des lois qui s'y rapportent.

Le chèque est un écrit qui, sous la forme d'un mandat de paiement, sert au tireur à effectuer le retrait à son profit ou au profit d'un tiers, de tout ou partie de fonds portés au crédit de son compte chez le tiré et disponibles. — Il est signé par le tireur et indique le lieu d'où il est émis. — La date du jour où il est tiré est inscrite en toutes lettres et de la main de celui qui a écrit le chèque (le millésime toutefois peut être écrit en chiffres).

Il ne peut être tiré qu'à vue. —Toutes stipulations entre le tireur, le bénéficiaire ou le tiré ayant pour objet de rendre le chèque payable autrement qu'à vue et à première réquisition, sont nulles de plein droit.

Il peut être souscrit au porteur ou au profit d'une personne dénommée. — Il peut être souscrit à ordre et transmis même par voie d'endossement en blanc.

Le chèque, même au porteur, est acquitté par celui qui le touche ; l'acquit est daté. — Art. 1er de la loi du 14 juin 1865 et 5 de celle du 19 février 1874.

Le chèque ne peut être tiré que sur un tiers ayant provision préalable, (c'est-à-dire réellement détenteur de fonds appartenant au tireur) ; il est payable à présentation. —

Le chèque peut être tiré d'un lieu sur un autre ou sur la même place. — Art. 2 et 3 de la loi du 14 juin 1865.

Les dispositions du Code de commerce relatives à la garantie solidaire du tireur et des endosseurs, au protêt et à l'exercice de l'action en garantie en matière de lettres de change sont applicables aux chèques. — Le porteur d'un chèque doit en réclamer le paiement dans le délai de cinq jours, y compris le jour de la date, si le chèque est tiré de la place sur laquelle il est payable, et dans le délai de huit jours, y compris le jour de la date, s'il est tiré d'un autre lieu. — Art. 4 et 5 de la loi du 14 juin 1865.

Le tireur qui émet un chèque sans date ou non daté en toutes lettres s'il s'agit d'un chèque de place à place, celui qui revêt un chèque d'une fausse date ou d'une fausse énonciation du lieu d'où il est tiré, est passible d'une amende de 7 fr. 50 0/0 de la somme pour laquelle le chèque est tiré, sans que cette amende puisse être inférieure à 125 fr. — La même amende est due personnellement et sans recours par le premier endosseur ou le porteur d'un chèque sans date ou non daté en toutes lettres s'il est tiré de place à place, ou portant une date postérieure à l'époque à laquelle il est endossé ou présenté. Cette amende est due en outre par celui qui paie ou reçoit en compensation un chèque sans date, ou irrégulièrement daté, ou présenté au paiement avant la date d'émission. — Celui qui émet un chèque sans provision préalable et disponible est passible de la même amende, sans préjudice des peines correctionnelles, s'il y a lieu. — Celui qui paie un chèque sans exiger qu'il soit acquitté, est passible personnellement et sans recours d'une amende de 62 fr. 50. — Art. 6 et 7 de la loi du 19 février 1874.

117. Rédaction. — Un chèque, d'après ce qui précède, pourra par exemple être rédigé de la manière suivante :

« *Payez à vue, à mon ordre (*ou bien *au porteur* ou bien
« *à l'ordre de M. X...) la somme de mille francs. — Paris,*
« *le quinze juillet 1891.*

« *Signature du tireur A...*

« *à M. B... (noms, profession et domicile du débiteur*
« *tiré.)* »

Comme on peut le voir, le chèque présente une grande analogie avec la lettre de change ; il en diffère, quant à la forme, notamment en ce qu'il ne doit pas énoncer de valeur fournie, en ce que la date doit être écrite en toutes lettres, et en ce qu'il n'est pas soumis aux mêmes droits de timbre.

118. Timbre. — Les chèques, d'abord exemptés de tout

droit de timbre par la loi de 1865, ont été tarifés au droit de 0 fr. 10 par l'article 18 de la loi du 23 août 1871. Ce tarif est resté en vigueur pour les chèques payables dans la place d'où ils ont été tirés; il a été porté à 0 fr. 20 pour les chèques de place à place par l'article 8 de la loi du 19 février 1874.

Les formules de chèques à 0 fr. 10 doivent toutes être timbrées à l'extraordinaire (article 18 de la loi du 23 août 1871), c'est-à-dire qu'elles doivent être déposées par celui qui veut en faire usage au bureau de l'enregistrement pour être revêtues de l'empreinte du timbre contre paiement des droits (V. n° 106-1).

Les formules à o fr. 20 peuvent être timbrées, soit à l'extraordinaire comme celle à 0 fr. 10 (art. 1 du décret du 22 mars 1875), soit en ajoutant un timbre à quittance de 0 fr. 10 aux formules déjà timbrées à l'extraordinaire à 0 fr. 10. — Art. 8 de la loi du 19 février 1874.

1° Pénalités. — Les chèques sur place non timbrés sont passibles de l'amende de 62 fr. 50 édictée par l'article 23 de la loi du 23 août 1871.

Les chèques de place à place non timbrés à 0 fr. 20 subissent les dispositions pénales des articles 4, 5, 6, 7 et 8 de la loi de 1850 édictées pour les effets de commerce (V. n° 106-6).

Toutes les dispositions législatives relatives aux chèques tirés de France sont applicables aux chèques tirés hors de France et payables en France; ces chèques pourront avant tout endossement en France être timbrés avec des timbres mobiles.

Si le chèque tiré hors de France n'a pas été timbré, le bénéficiaire, le premier endosseur, le porteur ou le tiré sont tenus sous peine de l'amende de 7 fr. 50 0/0 de le faire timbrer avant tout usage en France.

Si le chèque tiré hors de France n'est pas souscrit conformément aux prescriptions relatives à la forme du chèque, il est assujetti au droit de timbre des effets de commerce de 0 fr. 05 0/0; dans ce cas le bénéficiaire, le premier endosseur, le porteur ou le tiré sont tenus de le faire timbrer avant tout usage en France, sous peine d'une amende de 7 fr. 50 0/0. — Toutes les parties sont solidaires pour le recouvrement des droits et amendes. — Art. 9 de la loi du 19 février 1874.

119. Enregistrement. — Le chèque n'est pas soumis à l'enregistrement dans un délai déterminé; comme les lettres de change et les billets à ordre, il est passible du droit de 0 fr. 625 0/0.

Bornage

120. Définition. — Le bornage est une opération par laquelle, après mesurage (ou *arpentage*) d'une propriété, on plante des bornes déterminant deux à deux les lignes qui limitent cette propriété et en forment le périmètre.

Le procès-verbal de bornage est l'acte qui constate l'opération du bornage. Cet acte contient généralement le détail de l'opération telle qu'elle a été faite, c'est-à-dire d'abord l'arpentage (V. n° 55), puis la détermination exacte de l'emplacement des bornes plantées.

L'acte de bornage est généralement fait par un géomètre, mais il peut être fait par les parties elles-mêmes. Dans tous les cas, il doit être approuvé et signé par tous les propriétaires riverains de la propriété bornée, à moins qu'il ne soit fait par ordre de justice, ou par des arbitres.

Si le bornage est fait par ordre de justice, le jugement qui constate sa régularité remplace l'approbation des parties entre lesquelles il a été rendu.

S'il est fait par des arbitres nommés par un compromis comme il est dit au n° 48, il constitue une sentence arbitrale et oblige, sans qu'elles le signent, les parties, qui d'avance l'ont accepté par le compromis. V. nos 51 et 53.

121. Timbre et enregistrement. — Le procès-verbal de bornage doit être fait sur papier timbré de dimension à 0 fr. 60, 1 fr. 20, 1 fr. 80, 2 fr. 40 ou 3 fr. 60 ; il n'est pas soumis à la formalité de l'enregistrement dans un délai déterminé, il est passible, lors de la formalité, du droit de 3 fr. 75 quand il est fait par les parties ou quand il est préparé par un géomètre et approuvé par les parties, et des droits dont sont passibles les sentences arbitrales quand il est fait par des arbitres. (V. n° 54.)

C

Cautionnement. C. c. 2011 à 2043.

122. Droit civil. — Celui qui se rend caution d'une obligation, se soumet envers le créancier à satisfaire à cette obligation, si le débiteur n'y satisfait pas lui-même. C. c. 2011.

Le cautionnement peut être contracté pour une partie de

la dette seulement, et sous des conditions moins onéreuses. C. c. 2013.

On peut se rendre caution sans ordre de celui pour lequel on s'oblige, et même à son insu. On peut aussi se rendre caution, non seulement du débiteur principal, mais encore de celui qui l'a cautionné. C. c. 2014.

Le cautionnement ne se présume point ; il doit être exprès, et on ne peut pas l'étendre au delà des limites dans lesquelles il a été contracté. C. c. 2015.

La caution n'est obligée envers le créancier à le payer qu'à défaut du débiteur, qui doit être préalablement discuté dans ses biens, à moins que la caution n'ait renoncé au bénéfice de discussion, ou à moins qu'elle ne soit obligée solidairement avec le débiteur ; auquel cas l'effet de son engagement se règle par les principes établis pour les dettes solidaires. C. c. 2021.

La caution, qui a payé, a son recours contre le débiteur principal, soit que le cautionnement ait été donné au su ou à l'insu du débiteur. C. c. 2028. La caution qui a payé la dette est subrogée à tous les droits qu'avait le créancier contre le débiteur. C. c. 2029.

1° Conséquences. — Le cautionnement n'est autre chose que la garantie d'une dette préexistante ; par cette garantie, la caution s'engage à payer la dette d'un tiers, si ce tiers ne paie pas lui-même.

Il y a deux sortes de cautionnements, le cautionnement pur et simple et le cautionnement solidaire. — Le cautionnement pur et simple n'est autre que celui dont la définition précède, celui par lequel la caution n'entend s'engager que pour le cas où le débiteur ne pourrait pas se libérer. Le cautionnement solidaire au contraire est celui par lequel la caution, renonçant au bénéfice de discussion, s'engage solidairement avec le débiteur principal. Dans ce second cautionnement, le créancier peut s'adresser indifféremment au débiteur ou à la caution et, à son gré, poursuivre l'un ou l'autre.

On entend par bénéfice de discussion le droit qu'a la caution d'exiger avant de payer que tous les biens du débiteur soient saisis et vendus et que leur prix soit employé au paiement de la dette. La renonciation au bénéfice de discussion est par conséquent la renonciation à l'exercice de ce droit, et elle équivaut à l'engagement solidaire de la caution.

123. Rédaction. — La loi ne trace aucune règle particulière pour la rédaction du cautionnement ; mais de ce qui précède il résulte que la principale, sinon la seule préoccupation, dans la rédaction d'un cautionnement, doit être de bien préciser l'étendue de l'engagement de la caution, d'en déterminer exactement les limites, et d'indiquer surtout si cet engagement doit être solidaire.

Le cautionnement est nécessairement signé par la caution, mais il peut ne pas l'être ni par le débiteur principal ni par le créancier ; c'est même ainsi qu'il est fait le plus souvent dans la pratique.

1° Timbre. — Les cautionnements sont rédigés sur papier timbré de dimension à 0 fr. 60, 1 fr. 20 ou 1 fr. 80.

2° Exemples. — « *Je soussigné A..., propriétaire à X...,* « *déclare par les présentes me porter caution (*ou selon les « cas *caution solidaire) de M. B... négociant à X..., vis-à-vis* « *de M. C... rentier demeurant en ladite ville de X..., pour le* « *montant d'une obligation de mille francs souscrite par M.* « *B... envers M. C..., suivant acte reçu par Me N... notaire* « *à X... le premier janvier mil huit cent quatre-vingt-dix,* « *ladite somme exigible le premier janvier mil huit cent qua-* « *tre-vingt-quinze ; j'entends me porter caution pour le prin-* « *cipal de cette dette et seulement pour les intérêts à courir à* « *partir d'aujourd'hui jusqu'au jour de l'échéance, premier* « *janvier mil huit cent quatre-vingt-quinze.*

« *Fait à X..., le premier janvier mil huit cent quatre-vingt-* « *onze. Signature A...* »

« *Entre les soussignés : 1° A... propriétaire, 2° B... négo-* « *ciant, 3° et C... rentier, demeurant tous trois à X..., il a* « *été convenu ce qui suit :*

« *M. A... déclare par les présentes se porter caution de* « *M. B... vis-à-vis de M. C... pour le montant d'une obliga-* « *tion de mille francs souscrite par M. B... envers M. C...* « *suivant acte reçu par Me N... notaire à X... le premier jan-* « *vier mil huit cent quatre-vingt-dix, ladite somme exigible le* « *premier janvier mil huit cent quatre-vingt-qninze. M. A...* « *entend se porter caution pour le principal entier de cette* « *dette, mais seulement pour les intérêts à courir à partir* « *d'aujourd'hui jusqu'au jour de l'échéance premier janvier* « *mil huit cent quatre-vingt-quinze.*

« *Fait à X... le premier janvier mil huit cent quatre-vingt-* « *onze. Signatures A..., B..., C...* »

124. Enregistrement. — Le cautionnement étant la garantie d'une dette suppose nécessairement l'existence d'une dette principale.

Si la dette principale résulte d'un titre enregistré, le cautionnement est toujours passible du droit de 0 fr. 625 0/0, sans toutefois que ce droit puisse être supérieur à celui perçu sur l'obligation principale. — Art. 69, § 2 n° 8 de la loi du 22 frimaire an VII.

Si la dette principale ne résulte pas d'un titre enregistré, il faut distinguer : — Si le cautionnement est pur et simple, il est dû également 0 fr. 625 0/0 ; mais s'il est solidaire ou s'il emporte renonciation au bénéfice de discussion, il constitue le titre même d'une véritable obligation par la caution au créancier et il est alors passible du droit de 1 fr. 25 0/0. Garnier 7e édit. V° cautionnement n° 58.

1° Caution de Caution ou Certificateur de Caution. — De même qu'on peut cautionner le débiteur principal d'une dette, de même aussi on peut cautionner la caution elle-même ; celui qui cautionne en second porte le nom de certificateur de caution. C. c. 2014.

L'acte qui constate l'engagement d'un certificateur de caution donne ouverture à un droit fixe de 3 fr. 75.

2° Cautionnement des baux. — Par dérogation au tarif général les cautionnements des baux à ferme ou à loyer faits pour une durée limitée ne sont passibles que du droit de 0 fr. 125 0/0. — Loi du 16 juin 1824. Art. 1er.

Si par exemple dans un bail consenti par A... à B..., pour 9 ans, moyennant 1000 fr. par an, C... se porte caution vis-à-vis de A... pour l'exécution du bail, il sera dû, outre le droit de bail de 0 fr. 25 0/0 sur (1000 × 9 = 9000) de 22 fr. 50, celui de cautionnement de 0 fr. 125 sur la même somme, soit 11 fr. 25.

Cession de biens. C. c. 1265 à 1270.

125. Droit civil. — La cession de biens (qu'on appelle de préférence dans la pratique abandonnement) est l'abandon qu'un débiteur fait de tous ses biens à ses créanciers, lorsqu'il se trouve hors d'état de payer ses dettes. C. c. 1265.

La cession de biens est volontaire ou judiciaire. C. c. 1266.

La cession de biens volontaire est celle que les créanciers acceptent volontairement, et qui n'a d'effet que celui résultant des stipulations mêmes du contrat passé entre eux et le débiteur. C. c. 1267.

La cession judiciaire est un bénéfice que la loi accorde au débiteur malheureux et de bonne foi, auquel il est permis, pour avoir la liberté de sa personne, de faire en justice l'abandon de tous ses biens à ses créanciers, nonobstant toute stipulation contraire. C. c. 1268.

La cession judiciaire ne confère point la propriété aux

créanciers; elle leur donne seulement le droit de faire vendre les biens à leur profit, et d'en percevoir les revenus jusqu'à la vente. C. c. 1269.

1° CONSÉQUENCES. — L'abandonnement ou cession de biens judiciaire ne dessaisit jamais le débiteur de la propriété des biens abandonnés. — L'abandon volontaire, qui est toujours conventionnel, n'a d'effet que celui résultant des stipulations mêmes de la convention, c'est-à-dire qu'il emporte dessaissement et transmission des biens abandonnés si cette transmission est exprimée; si cette transmission n'est pas expressément stipulée, l'abandon volontaire ne confère pas non plus la propriété aux créanciers, mais elle ne leur donne qu'un droit de faire vendre et liquider semblable à celui que donnerait l'abandon judiciaire.

De plus, contrairement à l'abandon judiciaire qui produit ses effets vis à vis de tous les créanciers, l'abandon volontaire n'a d'effet que vis à vis des créanciers qui l'ont accepté.

L'abandon judiciaire ne pouvant se faire qu'en justice, comme son nom l'indique, (v. C. proc, art. 898 et suiv.) je n'en parlerai pas plus longuement, et, je ne m'occuperai dans ce qui va suivre que de l'abandon ou cession volontaire.

126. Rédaction. — La cession de biens peut-être rédigée dans des termes très simples et je vais d'ailleurs en donner plusieurs exemples. La principale préoccupation du rédacteur doit être, d'après ce qui précède, de savoir et d'exprimer clairement si la cession contient ou non dessaisissement du débiteur, et, dans le cas de l'affirmative, de relater d'une façon exacte et complète les conditions de la mutation qui en résulte.

1° TIMBRE. — Les cessions de biens sont rédigées sur papier timbré de dimension à 0 fr. 60, 1 fr. 20 ou 1 fr. 80.

2° EXEMPLES. — « *Les soussignés A..., B..., C..., D...,* « *tous créanciers de M. N... ci-après dénommé, d'une part,*

« *Et N... d'autre part,*

« *Ont arrêté ce qui suit :*

« *M. N... débiteur de MM. A..., B..., C..., D..., et ne pou-* « *vant se libérer vis-à-vis d'eux, leur cède, ce qu'ils acceptent,* « *tous ses biens présents, conformément à l'article 1265 du* « *code civil.*

« *Fait quintuple à X... le...* »

Mais quand les circonstances le permettent, il est préférable d'employer une forme différente et d'énoncer dans l'acte de cession 1° le détail des dettes qui motivent la cession ; 2° le détail et la consistance sommaires des biens abandonnés.

« *Les soussignés MM. A..., B..., C..., et D..., tous créan-*
« *ciers de M. N..., ci-après dénommé d'une part,*
« *Et M. N... fermier demeurant à X... d'autre part,*
« *Ont exposé et arrêté ce qui suit :*
« *M. N... est débiteur :*

« *1° Envers M. A... suivant acte passé devant Me P... notaire à X... le premier janvier mil mil huit cent quatre-vingt-cinq de la somme de trois mille francs, ci.*	3.000 »
« *2° Envers M. B... suivant acte passé devant le même notaire le premier juillet mil huit cent quatre-vingt-huit de deux mille francs, ci*	2.000 »
« *3° Envers M. C... suivant compte verbalement arrêté ce jour même de quatre mille cinq cents francs, ci*	4.500 »
« *4° Et envers M. D... suivant acte reçu par Me P... le premier janvier mil huit cent quatre-vingt-neuf de mille francs, ci*	1.000 »
« *5° Et en outre envers MM. A... et B..., des intérêts courus depuis le premier janvier dernier, les sommes dues à MM. C... et D... ne produisant pas d'intérêts*	mémoire
« *Au total, sauf mémoire, de dix mille cinq cents francs*	10.500 »

« *Se trouvant dans l'impossibilité d'acquitter ces différentes*
« *dettes, M. N... cède par ces présentes, en conformité de l'ar-*
« *ticle 1265 du code civil, à MM. A... B... C... et D... qui*
« *acceptent, tous les biens lui appartenant actuellement et*
« *consistant en 1° son mobilier meublant, 2° son matériel de*
« *culture et ses bestiaux, 3° et environ cinq hectares de terre*
« *en dix parcelles sur le territoire de la commune de X...*
« *Fait quintuple à X... le premier janvier mil huit cent*
« *quatre-vingt-onze.* »

3° Cession emportant dessaisissement. — Quand la cession volontaire emportera dessaisissement du cédant, ce dessaisissement devra être exprimé d'une manière précise et non équivoque. Dans ce cas l'acte deviendra une véritable vente ou dation en paiement, et devra être rédigé d'après les règles spéciales à ces actes (V. Cession de créances n° 130. Dation en paiement n° 164 et vente n° 386).

4° Dispositions indépendantes. — La cession volontaire, outre son objet principal, tel qu'il a été défini dans les développements qui précèdent, peut d'ailleurs contenir toutes les stipulations particulières qui conviennent aux parties selon les cas.

127. Enregistrement. — La cession de biens qui n'emporte pas dessaisissement du cédant n'est pas assujettie à l'enregistrement dans un délai déterminé, elle est passible du droit fixe de 9 fr. 38 (7 fr. 50 en principal).

La cession de biens qui emporte mutation doit être enregistrée dans le délai de trois mois si elle comprend des immeubles ou un fonds de commerce; elle est passible des divers droits de mutation selon la nature des biens cédés (V. cession de créances n° 132, dation en paiement n° 165, vente n°s 387, 396), et ces droits sont liquidés sur l'évaluation à faire des biens cédés et transmis, conformément à l'article 16 de la loi du 22 frimaire an VII.

1° Dispositions indépendantes. — Les dispositions indépendantes qui se trouvent dans les cessions de biens sont tarifées en outre selon leur nature.

128. Hypothèques. — La cession de biens qui emporte mutation et comprend des immeubles ou droits immobiliers doit être transcrite au bureau des hypothèques (V. n° 249).

Cession de créances. C. c. 1689 à 1695.

129. Droit civil. — Dans le transport d'une créance sur un tiers, la délivrance s'opère entre le cédant et le cessionnaire par la remise du titre C. c. 1689.

Le cessionnaire n'est saisi à l'égard des tiers que par la signification du transport faite au débiteur. Néanmoins le cessionnaire peut-être également saisi par l'acceptation du transport faite par le débiteur dans un acte authentique. C. c. 1690.

La vente ou cession d'une créance comprend les accessoires de la créance tels que caution, privilège et hypothèque. C. c. 1692.

Celui qui vend une créance ne répond de la solvabilité du débiteur que lorsqu'il s'y est engagé et jusqu'à concurrence seulement du prix qu'il a retiré de la créance. C. c. 1694.

Lorsqu'il a promis la garantie de la solvabilité du débiteur, cette promesse ne s'entend que de la solvabilité actuelle et ne s'étend pas au temps à venir si le cédant ne l'a pas expressément stipulé. C. c. 1695.

1° Conséquences. — Le transport ou la cession d'une

créance n'est autre chose que la vente de cette créance ; par conséquent les éléments de perfection de la cession de créances sont les mêmes que ceux de la vente : 1° une ou plusieurs créances faisant l'objet de la cession, *(res)*, 2° le consentement des contractants, cédant et cessionnaire *(consensus)*, 3° et le prix *(pretium)*.

On verra plus loin en matière de vente d'immeubles que la vente elle-même suffit à saisir l'acquéreur vis à vis du vendeur, mais que la transcription seule peut le saisir vis-à-vis des tiers ; de même pour la cession d'une créance, le cessionnaire ne peut être saisi vis à vis des tiers que par la signification de la cession faite au débiteur ou par l'acceptation de la cession par le débiteur dans un acte authentique (V. acceptation n° 24).

La cession d'une créance comprend les accessoires de cette créance tels que les privilèges et hypothèques, mais j'ai déjà dit (n° 3 § 2) que les cessions d'hypothèques ne peuvent être réalisées par actes sous signatures privées. — Il résulte de là qu'on ne peut céder par actes sous signatures privées que les créances chirographaires, c'est-à-dire non hypothécaires, et que la cession sous signatures privées des créances hypothécaires ne comprendrait pas les hypothèques les garantissant. Il faut donc avoir recours à un notaire chaque fois qu'on veut céder une créance hypothécaire avec l'hypothèque y attachée.

Il faut encore avoir recours au notaire quand on veut que la cession soit acceptée par le débiteur, puisque cette acceptation n'est valablement donnée que par acte authentique ; toutefois on pourrait faire une cession sous signatures privées, puis faire seulement une acceptation notariée. — A défaut d'acceptation authentique, on doit faire signifier la cession au débiteur par acte d'huissier.

130. Rédaction. — Une cession de créance doit être rédigée comme une vente et contenir : 1° les noms des contractants, 2° la désignation de la créance cédée et des garanties accessoires cédées avec elle, 3° la relation du titre en vertu duquel elle est due, s'il en existe un, 4° l'indication des intérêts dont elle est productive et l'époque de son exigibilité en principal et intérêts, 5° le prix de la cession et les conditions de son paiement généralement effectué comptant, 6° et les stipulations accessoires telles que les garanties du cédant relatives à la solvabilité actuelle ou future du débiteur, sur lesquelles il est toujours prudent de s'expliquer avec netteté, 7° la cession doit porter qu'elle a été faite en double, être approuvée et signée des contractants.

1° Timbre. — Les cessions de créances, sauf ce qui a été dit précédemment de l'endossement (n° 111-1), doivent être rédigées sur papier timbré de dimension à 0 fr. 60, 1 fr. 20 ou 1 fr. 80.

2° Exemple. — « *Les soussignés A... et B... conviennent* « *de ce qui suit:*

« *M. A... cède à M. B... qui accepte une créance de mille* « *francs actuellement exigible et à lui due par M. C... en vertu* « *d'un compte arrêté suivant acte sous signatures privées du* « *premier janvier mil huit cent quatre-vingt-huit, pour* « *M. B... avoir droit au principal de ladite créance et aux* « *intérêts à cinq pour cent dont elle est et sera productive à* « *partir de ce jour.*

« *Cette cession est faite moyennant pareille somme de mille* « *francs payée comptant par M. B... à M. A... qui le recon-* « *naît et en consent par les présentes bonne et valable quit-* « *tance. De plus cette cession est faite sans aucune garantie* « *par M. A... de la solvabilité actuelle et future de M. C...* (ou « bien *cette cession est faite avec garantie par M. A... de la* « *solvabilité actuelle et future de M. C... pendant un délai* « *de...*)

« *Fait double à X... le premier janvier 1891.* »

131. Acceptation ou Signification. — Ainsi que je l'ai déjà dit au n° 129, la cession de créances doit être acceptée par le débiteur cédé dans un acte authentique, mais cette acceptation peut être suppléée par une signification faite au débiteur. Cette signification ne peut être faite que par un huissier auquel il suffit de remettre l'acte de cession qui doit d'ailleurs être enregistré avant la signification. (V. acceptation n° 24).

132. Enregistrement. — Les cessions de créances ne sont pas assujetties à l'enregistrement dans un délai déterminé, mais il ne peut en être fait usage soit en justice, soit par acte public, par exemple pour la signification énoncée au numéro qui précède, sans qu'elles aient été préalablement enregistrées.

Les cessions de créances sont passibles du droit de 1 fr. 25 0/0; ce droit est de 2 fr. 50 0/0 sur les cessions de rentes perpétuelles ou viagères, et il n'est que de 0 fr. 625 0/0 quand les créances cédées dépendent d'une faillite ou d'une liquidation judiciaire.

1° Liquidation du droit. — Le droit de cession doit être liquidé non sur le prix de la cession, mais sur le montant de la créance cédée qui est souvent supérieur au prix;

ainsi la cession d'une créance de 1.000 fr. moyennant 800 fr. doit supporter le droit sur 1.000 fr. et non sur 800 fr. Il y a cependant exception pour le cas où le débiteur de la créance cédée est en faillite ; l'Administration accepte alors une évaluation du dividende que doit produire la faillite, sans que cette évaluation puisse d'ailleurs être inférieure au prix de la cession.

2° ACCEPTATION DU DÉBITEUR. — L'acceptation du débiteur cédé dans l'acte même de transport ne donne lieu à aucun droit ; cependant, quand la dette cédée est due verbalement ou en vertu d'un titre non enregistré, cette acceptation constitue une reconnaissance de la dette qui rend exigible le droit d'obligation de 1 fr. 25 0/0 indépendamment du droit de cession. Ainsi, A... cède à B... une créance de 1.000 francs due verbalement par C... qui intervient et accepte le transport, il est dû à 1 fr. 25 0/0 pour obligation 12.50, et pareille somme pour cession, ensemble 25 fr.

133. Prorogation de délai. — Les cessions de créances contiennent souvent des prorogations du délai d'exigibilité. (V. prorogation de délai n° 300.)

134. Cession en garantie. (*Voyez* **Gage** n° 223.)

Cession de droits litigieux.

C. c. 1699 à 1701.

135. Droit civil. — Une chose est censée litigieuse dès qu'il y a procès et contestation sur le fond du droit. C. c. 1700.

Celui contre lequel on a cédé un droit litigieux peut s'en faire tenir quitte par le cessionnaire, en lui remboursant le prix réel de la cession avec les frais et loyaux coûts, et avec les intérêts à compter du jour où le cessionnaire a payé le prix de la cession à lui faite. C. c. 1699.

La disposition portée en l'article 1699 cesse : — 1° dans le cas où la cession a été faite à un cohéritier ou copropriétaire du droit cédé ; — 2° lorsqu'elle a été faite à un créancier en paiement de ce qui lui est dû ; — 3° lorsqu'elle a été faite au possesseur de l'héritage sujet au droit litigieux. C. c. 1701.

136. Conséquences et Renvoi. — D'après l'article 1700 du Code civil, une chose est considérée comme litigieuse dès qu'il y a procès et contestation sur le fond du droit ; mais cette qualification de litigieuse ne fait pas perdre à la chose à laquelle elle s'applique sa nature propre, c'est-à-dire que si la chose litigieuse est une créance, un objet mobilier ou un immeuble, le droit litigieux sera lui-même un droit de créance, un droit mobilier ou immobilier.

La cession d'un droit litigieux constitue donc, selon les circonstances, une cession de créances, une vente de meubles ou une vente d'immeubles, et doit être réalisée d'après les règles énoncées sous ces divers mots auxquels il est renvoyé.

Dans toute cession de droit litigieux, il sera prudent toutefois de ne pas perdre de vue les dispositions des articles 1699 et 1701 précités du Code civil.

Cession de droits successifs.

C. c. 1696 à 1698.

137. Droit civil. — Celui qui vend une hérédité sans en spécifier en détail les objets, n'est tenu de garantir que sa qualité d'héritier. C. c. 1696.

S'il avait déjà profité des fruits de quelques fonds, ou reçu le montant de quelque créance appartenant à cette hérédité, ou vendu quelques effets de la succession, il est tenu de les rembourser à l'acquéreur, s'il ne les a expressément réservés lors de la vente C. c. 1697.

L'acquéreur doit, de son côté, rembourser au vendeur ce que celui-ci a payé pour les dettes et charges de la succession, et lui faire raison de tout ce dont il était créancier, s'il n'y a stipulation contraire. C. c. 1698.

On ne peut, même par contrat de mariage, renoncer à la succession d'une personne vivante, ni aliéner les droits éventuels qu'on peut avoir à cette succession. C. c. 791.

138. Conséquences pratiques. — La cession de droits successifs est la convention par laquelle une personne cède ou vend à une autre tout ou partie de ses droits dans une succession ouverte; elle n'est donc autre chose qu'une vente, et toutes les règles applicables à celle-ci lui sont également applicables. Je n'entrerai pas ici dans le détail des règles communes à la vente et à la cession de droits successifs pour lesquelles je renverrai le lecteur au mot « *Vente*, nos 385 et suivants »; mais je m'attacherai seulement, dans les développements qui vont suivre, à mettre en relief et étudier les caractères spéciaux à la cession de droits successifs.

D'après les articles 1697 et 1698 du Code civil, la cession

de droits successifs, quand elle est générale, c'est-à-dire telle qu'elle se présente le plus souvent, comprend tous les droits actifs et passifs dont le cédant a été saisi au moment même de l'ouverture de la succession, et tous ceux nés depuis ce moment jusqu'à celui de la cession; par conséquent, si le cédant a profité d'un objet quelconque de la succession, soit en fonds, soit en fruits, il en doit le rapport au cessionnaire, à moins de stipulation contraire; — de même si le cédant a payé une dette quelconque de la succession, cette dette doit lui être remboursée par le cessionnaire, à moins aussi de stipulation contraire; — de même enfin, si le cédant est débiteur ou créancier de la succession, il reste, après la cession comme avant, débiteur ou créancier, si le contraire n'est stipulé.

Le cessionnaire étant toujours tenu, sauf stipulation contraire, d'acquitter, en sus de son prix, le passif pouvant grever les droits dont il s'est rendu acquéreur, cette charge constitue une augmentation légale du prix et doit toujours être évaluée.

Enfin, il ne faut pas perdre de vue que l'article 791 du Code civil défend de faire aucun pacte sur la succession d'une personne vivante, et que la cession des droits éventuels à une succession non ouverte serait absolument nulle et sans valeur.

1° Diverses espèces de cessions. — Les cessions de droits successifs sont ou partielles ou totales. Un héritier peut céder : — 1° ses droits successifs dans un ou plusieurs objets déterminés; — 2° tous ses droits mobiliers; — 3° tous ses droits immobiliers; — 4° ou bien tous ses droits mobiliers et immobiliers.

139. Rédaction. — Toutes les cessions de droits successifs, qui sont de véritables ventes, se rédigent comme des ventes; toutefois, il faut avoir soin d'y faire toujours une évaluation du passif mis à la charge du cessionnaire en sus de son prix, et d'exprimer les conventions qui peuvent déroger aux dispositions des articles 1697 et 1698 du Code civil.

Je vais donner quelques exemples de rédaction, mais en me limitant aux cessions qui diffèrent des ventes ordinaires, renvoyant pour celles ci à ce que je dis au sujet des ventes proprement dites, nos 382, 386.

1° Timbre. — Les cessions de droits successifs doivent être rédigées sur papier timbré de dimension à 0 fr. 60, 1 fr. 20 ou 1 fr. 80.

2° EXEMPLES. — CESSION GÉNÉRALE ET SANS RÉSERVE.

« *Les soussignés A... et B... ont arrêté ce qui suit :*

« *M. A..., héritier pour un quart de M. D.... décédé à X...* « *le quinze mars mil huit cent quatre-vingt-onze, cède à* « *M. B... qui accepte, tous ses droits mobiliers et immobiliers* « *dans la succession dudit M. D..., moyennant le prix de deux* « *mille francs payé comptant et la charge d'acquitter le passif* « *grevant les droits cédés, ledit passif évalué à cinq cent* « *francs.*

« *Fait double à...* »

CESSION GÉNÉRALE AVEC RÉSERVE.

« *Les soussignés A... et B... ont arrêté ce qui suit :*

« *M. A..., héritier pour un quart de M. D.... décédé à X...* « *le quinze mars mil huit cent quatre-vingt-onze, cède par les* « *présentes à M. B... qui accepte, tous ses droits mobiliers et* « *immobiliers dans la succession dudit M. D..., moyennant* « *le prix de mille francs payé comptant.*

« *Les parties expliquent toutefois que la présente cession ne* « *comprendra que les droits du cédant dans les biens et valeurs* « *de la succession existant encore en nature à ce jour, réserve* « *étant faite au profit du cédant des sommes qu'il a encais-* « *sées antérieurement ainsi que de celles dont il était person-* « *nellement débiteur vis-à-vis de la succession et dont il sera* « *libéré jusqu'à concurrence de sa part héréditaire dans* « *lesdites sommes. Les parties conviennent encore que le ces-* « *sionnaire ne sera tenu de payer, en sus de son prix, que la* « *part du cédant dans le passif encore actuellement dû, celui* « *précédemment acquitté par le cédant restant à sa charge* « *personnelle.*

« *Le passif mis à la charge du cessionnaire est évalué à* « *cinq cents francs.* »

» *Fait double.....* »

CESSION PARTIELLE.

« *Les soussignés A... et B... ont arrêté ce qui suit :*

« *M. A..., héritier pour un quart de M. D... décédé à X...* « *le quinze mars mil huit cent quatre-vingt-onze, cède par les* « *présentes à M. B... qui accepte, tous ses droits dans le mobi-* « *lier meublant dépendant de la succession dudit M. D...,* « *moyennant le prix de mille francs payé comptant. — Les* « *parties conviennent que M. B... ne sera tenu, en sus de son* « *prix, au paiement d'aucune part du passif pouvant grever* « *la succession de M. D...*

« *Fait double....* »

140. Enregistrement. — Les cessions de droits successifs ne sont assujetties à l'enregistrement dans un délai déterminé, que lorsqu'elles s'appliquent, au moins partiellement, à des immeubles ou à des fonds de commerce ; le délai est dans ce cas de trois mois comme pour les ventes. (V. n°s 387 et 296.)

Les cessions sont tarifées selon la nature des biens auxquels elles s'appliquent, et les droits sont liquidés sur la part du cédant dans chaque nature de valeurs d'après le tarif suivant :

1° Il n'est rien dû sur le numéraire et les rentes sur l'Etat français, ni sur les titres au porteur des valeurs de bourse qui acquittent annuellement le droit de transmission de 0 fr. 20 0/0 établi par la loi du 23 juin 1857 (Garnier 7e édit. V° cession de droits successifs n° 15), à moins que ces titres et valeurs ne constituent à eux seuls toute l'hérédité, auquel cas il est dû le droit fixe de 3 fr. 75. Cependant, si dans ce dernier cas le prix de la cession était payable à terme, il semble que l'Administration serait fondée à percevoir sur ce prix le droit d'obligation de 1 fr. 25 0/0 ;

2° Il est dû le droit de 0 fr. 50 0/0 sur les titres nominatifs des valeurs de bourse autres que les fonds d'Etats ; (1)

3° Il est dû le droit de 0 fr. 625 0/0 sur les parts dans les sociétés ;

4° Le droit de 1 fr. 25 0/0 sur les créances ;

5° Celui de 2 fr. 50 0/0 sur le mobilier meublant et les rentes perpétuelles ou viagères ;

6° Et sur les immeubles celui de 5 0/0, ou de 6 fr. 875 0/0 selon que la vente est, ou non, faite à titre de licitation faisant cesser l'indivision. (V. n°s 265, 387.)

Mais, pour que ces divers tarifs soient applicables, il faut que les cessions comprennent le détail et l'estimation des biens de la succession, et notamment le détail estimatif article par article des objets mobiliers tels que les meubles meublants, ou tout au moins qu'elles se réfèrent à des actes comprenant ce détail. (V. vente n° 392.) A défaut de ces renseignements, le droit doit être perçu à raison de 2.50 sur les cessions de droits purement mobiliers, et à raison de 5 0/0 ou 6. 875 0/0 (selon qu'il y a licitation ou

(1) Les auteurs sur ce point ne sont pas d'accord. — (Garnier 7° édition V° cession de droits successifs n° 15) prétend qu'il n'est dû que le droit fixe de 3 fr. 75, le droit proportionnel devant être perçu par la Compagnie lors du transfert effectif. — Les Rédacteurs, tout en partageant personnellement cet avis, pensent que, conformément aux solutions de l'administration, la perception immédiate du droit proportionnel, sans être absolument juridique, est plus pratique et préférable. (V° actions et obligations n°s 395 à 397.)

vente) sur celles comprenant des droits immobiliers, ou à la fois des droits mobiliers et des droits immobiliers.

Pour éviter toute surprise lors de la perception des droits d'enregistrement, il sera toujours prudent, dans les cessions de droits successifs, de faire accompagner les détail et estimation des biens d'une ventilation du prix au moins pour chaque catégorie de valeurs qui doit supporter un tarif spécial. Si on n'a pas de renseignements suffisants sur la consistance de la succession, on fera deux actes, dont un pour la cession des droits mobiliers et un pour la cession des droits immobiliers. Certains tribunaux ont décidé, contrairement à l'avis de l'administration, que, dans le cas où la cession produit les effets d'une licitation faisant cesser l'indivision, les droits ne doivent plus être liquidés sur la part du cédant dans chaque nature de valeurs, mais être imputés de la façon la plus favorable aux parties, comme pour les soultes de partage. (V. nº 293-2.)— Garnier, 7ᵉ édition, vº *droits successifs* nº *48*, et R. P. nºˢ 4914 et 5543. — Rédact. *eodem* vº nºˢ 108 et 109.

141. Hypothèques. -- Toute cession de droits successifs immobiliers qui supporte à l'enregistrement le droit de 6 fr. 875 0/0 est susceptible d'être transcrite au Bureau des Hypothèques. (V. nºˢ 249 et suivants.)

Cheptel. *Voyez* **Bail**, nºˢ 93 et suivants.

Chèque. *Voyez* **Billet**, nº 116 et suivants.

142. Commerce (actes de). — D'après l'art. 22 de la loi du 11 juin 1859 les marchés et traités réputés actes de commerce par les art. 632, 633 et 634 nº 1 C. com., faits ou passés sous signatures privées et donnant lieu au droit proportionnel suivant l'art. 69 § 3 nº 1 et § 5 nº 1 de la loi du 22 frimaire an VII, sont enregistrés provisoirement moyennant un droit fixe de 3 fr. 75 et les autres droits fixes auxquels leurs dispositions peuvent donner ouverture d'après les lois en vigueur. Les droits proportionnels édictés par ledit article sont perçus lorsqu'un jugement portant condamnation, liquidation, collocation ou reconnaissance intervient sur ces marchés ou traités, ou qu'un acte public est fait ou rédigé en conséquence, mais seulement sur la partie du prix ou des sommes faisant l'objet soit de la condamnation, liquidation, collocation ou reconnaissance, soit des dispositions de l'acte public.

Communauté. *Voyez* **Mariage et Partage**, nºˢ 274, 276, 288.

Compensation. C. c. 1234 et 1289 à 1299.

143. Droit civil. — D'après l'article 1234 du Code civil, les obligations s'éteignent de différentes manières et notamment par la compensation.

Lorsque deux personnes se trouvent débitrices l'une envers l'autre, il s'opère entre elles une compensation qui éteint les deux dettes. C. c. 1289.

La compensation s'opère de plein droit par la seule force de la loi, même à l'insu des débiteurs ; les deux dettes s'éteignent réciproquement, à l'instant où elles se trouvent exister à la fois, jusqu'à concurrence de leurs quotités respectives. C. c. 1290.

La compensation n'a lieu qu'entre deux dettes qui ont également pour objet une somme d'argent, ou une certaine quantité de choses fongibles de la même espèce, et qui sont également liquides et exigibles. C. c. 1291.

1° Conséquences. — La compensation n'est autre chose que la double libération de deux personnes respectivement débitrices et créancières l'une de l'autre.

La compensation, d'après l'article 1290 du C. c., s'opère de plein droit par la seule force de la loi, elle n'a donc pas besoin en général d'être constatée par écrit. Toutefois, il est nombre de cas dans lesquels la rédaction d'un acte est au moins utile, soit pour parer à des difficultés ou contestations, soit pour étendre la compensation en dehors des cas prévus par la loi, c'est-à-dire pour établir une compensation conventionnelle en dehors des cas où se produit la compensation légale.

144. Rédaction. — Pour rédiger un acte de compensation, il suffit d'énoncer les deux dettes et de les déclarer compensées.

1° Timbre. — L'acte de compensation devra être rédigé sur papier timbré de dimension à 0 fr. 60, 1 fr. 20 ou 1 fr. 80.

2° Exemple. — « *Les soussignés A... et B... exposent et* « *arrêtent ce qui suit :*

« *M. A... est créancier de M. B... de mille francs, sui-* « *vant compte arrêté le quinze janvier mil huit cent quatre-* « *vingt-neuf, et M. B... est créancier de M. A... de neuf cents* « *francs pour solde de reconnaissanae sous signature privée* « *du premier juillet mil huit cent quatre-vingt-huit, ces deux* « *sommes non productives d'intérêts.*

« *Dans cette situation, MM. A... et B... déclarent ces deux* « *dettes compensées et définitivement éteintes jusqu'à concur-*

« *rence de neuf cents francs, montant de la plus faible, la* « *créance de M.* A... *contre M. B... subsistant seule pour la* « *différence de cent francs.*

« *Fait double.....* »

145. Enregistrement. — Les actes de compensation ne sont pas assujettis à l'enregistrement dans un délai déterminé ; ils sont passibles, lors de leur présentation à la formalité, du droit de 0 fr. 625 0/0, qui est liquidé sur le montant de l'une des créances compensées, et jusqu'à concurrence de la compensation établie. — Dans l'exemple cité au numéro qui précède, le droit serait perçu sur 900 francs. De plus dans cet exemple, à défaut de l'enregistrement de l'arrêté de compte du 15 janvier 1889, le reliquat de 100 fr. supporterait le droit d'obligation de 1 fr. 25 0/0.

Compromis. *Voyez* Arbitrage, n° 48.

Compte.

146. Division. — Je diviserai ce que j'ai à dire du compte en trois parties, en traitant séparément du compte courant, du compte d'administration et du compte du tutelle.

1re SECTION. — DU COMPTE COURANT.

147. Définition. — On appelle compte l'état des sommes que se doivent respectivement deux personnes, et reliquat de compte la somme dont, après toute compensation, l'une de ces personnes est constituée débitrice vis-à-vis de l'autre. Cette définition, qui s'applique à tous les comptes en général, est plus particulièrement exacte en ce qui concerne le compte courant.

148. Rédaction. — On ne peut donner des règles précises pour la rédaction d'un compte qui peut varier à l'infini selon la nature des éléments qui le composent ; cependant, on peut dire d'une façon générale que la tenue d'un compte courant consiste dans l'inscription des divers éléments du compte au fur et à mesure qu'ils se produisent, et que l'établissement ou plutôt l'arrêté du compte se compose des opérations suivantes : 1° réunion et totalisation sous deux paragraphes des sommes dues par la première personne à la seconde et de celles dues par celle-ci à la première ; — 2° soustraction du plus faible des deux totaux ainsi obtenus du plus fort, ou balance du compte, et établissement d'une différence qui constitue le reliquat du compte ; — 3° les parties doivent approuver le compte, indiquer si le reliquat est payé comptant, et en cas de non paiement immédiat, fixer les délais et conditions de son paiement.

Dans la pratique, dans le commerce par exemple, tous les comptes sont établis en deux colonnes, celle du *doit* ou *débit* et celle de l'*avoir* ou *crédit;* le comptable porte dans la première de ces colonnes les sommes qui lui sont dues ou dont il a fait la remise, et dans la seconde celles qui lui ont été remises ou dont il est débiteur, les deux colonnes remplaçant les deux paragraphes ci-dessus indiqués, et il peut ainsi écrire à la suite les uns des autres et dans l'ordre de leurs dates tous les éléments du compte (*débit* ou *crédit*), sauf à tirer hors ligne dans la colonne convenable.

1° TIMBRE. — En principe tout compte constitue un acte synallagmatique qui doit être établi sur papier timbré de dimension à 0 fr. 60, 1 fr. 20 ou 1 fr. 80 ; toutefois, si le compte se balance par un reliquat qui reste dû, et que l'objet principal de l'acte soit la reconnaissance de ce reliquat, il peut arriver exceptionnellement qu'on doive employer le papier proportionnel timbré à raison de 0 fr. 05 par cent francs.

2° EXEMPLE D'UN ARRÊTÉ DE COMPTE. — « *Les soussignés* « *A... banquier et B... négociant, tous deux demeurant à* « *X..., voulant se régler au sujet de tous comptes existant* « *entre eux à ce jour, ont exposé et arrêté ce qui suit :*

« *M. A... créancier de M. B..., établit son compte de la* « *manière suivante :*

COMPTE DE M. B...		*Avoir*	*Doit*
1889			
1er janvier.	Remise de fonds à M. B.		1.000 »
15 février..	id — —		500 »
1er mars....	Reçu de M. B... en divers effets de commerce	1.200 »	
1er juin......	Remise de fonds à M. B.		400 »
15 octobre..	Solde d'intérêts et frais divers		100 »
	Totaux......	1.200 »	2.000 »
	Balance.....	800 »	

« *M. B... ayant reconnu ce compte exact, les soussignés décla-* « *rent l'approuver dans toutes ses parties, et en fixent le reli-* « *quat en faveur de* M. *A... à la somme de huit cents francs,* « *que M. B... vient de lui payer présentement et dont quit-* « *tance.*

« *Fait double...* »

149. Enregistrement. — Les comptes ne sont nécessairement soumis à l'enregistrement que lorsqu'on doit en faire usage en justice ou dans un acte public, et ils doivent alors être enregistrés avant cet usage.

Un compte qui ne serait approuvé que par l'une des parties intéressées ne serait réellement qu'un projet de compte et ne serait passible que du droit fixe de 3 fr. 75, à moins que le signataire ne se reconnût débiteur d'un reliquat, auquel cas l'acte vaudrait comme reconnaissance et serait passible du droit de 1 fr. 25 0/0 sur ce reliquat.

Pour les arrêtés de comptes proprement dits, c'est-à-dire pour les comptes approuvés par les deux parties, il faut distinguer si les recettes balancent exactement les dépenses, ou bien s'il y a un reliquat, et dans ce dernier cas si le reliquat est ou non payé. — S'il y a balance exacte des recettes et des dépenses, il est dû 3 fr. 75, et dans le cas contraire, il est dû sur le reliquat le droit de 0 fr. 625 0/0 s'il est payé et celui de 1 fr. 25 0/0 s'il reste dû.

1° Paiements constatés dans le compte. — Il y a lieu de remarquer que les comptes établis entre particuliers respectivement créanciers et débiteurs l'un de l'autre constatent dans leur ensemble une série de conpensations successives. En règle générale, sauf des exceptions d'ailleurs rares et dans le détail desquelles je n'entrerai pas, ces compensations sont exemptes de tous droits.

2me section. — DU COMPTE D'ADMINISTRATION.

C. proc. 533.

150. Définition. — Le compte d'administration est l'état des recettes et dépenses faites par une personne pour le compte d'une autre.

Tels sont les comptes que rend un mandataire à son mandant, un tuteur à son pupille. La personne qui rend le compte s'appelle le « *rendant-compte* », celle qui le reçoit s'appelle « *l'oyant* ».

151. Rédaction. — Les comptes d'administration peuvent s'établir comme il a été dit précédemment au n° 148 en écrivant les recettes et les dépenses les unes à la suite des autres aux dates auxquelles elles ont été effectuées, et en tirant leurs chiffres hors ligne dans deux colonnes distinctes ; mais le plus généralement ils sont établis en deux chapitres ou paragraphes (celui des recettes et celui des dépenses) disposés l'un à la suite de l'autre, et suivis d'une balance faisant ressortir le reliquat.

1° Timbre. — Les comptes d'administration doivent être établis sur papier timbré de dimension à 0 fr. 60, 1 fr. 20 ou 1 fr. 80.

2° Exemple d'un Compte de mandataire. — « *Les sous-« signés A... et B... exposent et arrêtent ce qui suit :*

« *Suivant acte sous signature privée en date du premier « janvier mil huit cent quatre-vingt-huit, M. A..., proprié-« taire d'une maison située à Paris boulevard Voltaire « n° 15, a donné pouvoir à M. B... de louer les appartements « composant ladite maison, d'en toucher les loyers aux échéan-« ces et de payer toutes les contributions et charges quelcon-« ques grévant ladite maison, y compris les réparations de « toutes sortes pouvant devenir nécessaires.*

« *En conséquence de ce mandat M. B... a fait pour M. A... « diverses recettes et dépenses dont il établit le compte de la « manière suivante :*

§ 1er. — Recettes.

« 1er *avril* 1888, *loyer M*	500 »	1.400 »	
« — — *loyer N*	400 »		
« — — *loyer O*	300 »		
« — — *loyer P*	200 »		
« 1er *juillet* 1888, *mêmes loyers s'élevant ensemble à*		1.400 »	
« 1er *octobre* 1888 —		1.400 »	
« 1er *janvier* 1889 —		1.400 »	
« *Total des recettes*		5.600 »	

§ 2. — Dépenses.

« 1er *avril* 1888. *Traitement du concierge pendant « le* 1er *trimestre* 1888	250 »
« 25 *juin* 1888. *Contributions de* 1888	800 »
« 1er *juillet* 1888. *Traitement du concierge pendant « le* 2e *trimestre* 1888	250 »
« 10 *juillet* 1888. *Adressé par la poste à M. A* ...	1.000 »
« 15 *août* 1888. *Payé le mémoire de M. T. peintre.*	500 »
« 1er *octobre* 1888. *Traitement du concierge pen-« dant le* 3e *trimestre* 1888	250 »
« 1er *janvier* 1889. *Traitement du concierge pen-dant le* 4e *trimestre* 1888	250 »
« *Total des dépenses*	3.300 »

Balance.

« *Les recettes étant de*	5.600 »
« *Et les dépenses de*	3.300 »
« *Le reliquat du compte en faveur de M. A... « est de*	2.300 »

« *M. B... déclare affirmer le présent compte et M. A...*
« *déclare l'approuver dans toutes ses parties; en conséquence*
« *ils en fixent le reliquat à deux mille trois cents francs que*
« *M. B... a présentement remis à M. A... qui lui en donne*
« *décharge.*
« *Fait double.......* »

3° Justifications. — Tout rendant compte doit produire à l'appui de son compte et de chacun des articles de recette et dépense toutes pièces susceptibles de les justifier, telles par exemple que les quittances des paiements effectués.

152. Enregistrement. — Les comptes d'administration ne sont pas assujettis à l'enregistrement dans un délai déterminé; toutefois, ainsi qu'il a déjà été dit au n° 149, ils doivent être enregistrés avant qu'il en soit fait usage en justice ou par acte public.

Si les recettes et les dépenses se balancent exactement, il est dû 3 fr. 75; si le compte présente un reliquat immédiatement soldé, il est encore dû 3 fr. 75, et s'il présente un reliquat non soldé, il est dû le droit d'obligation de 1 fr. 25 0/0 sur ce reliquat.

3me section. — DU COMPTE DE TUTELLE.

C. c. 469 à 475.

153. Droit civil. — Tout tuteur est comptable de sa gestion lorsqu'elle finit. C. c. 469. — Le compte définitif de tutelle sera rendu aux dépens du mineur lorsqu'il aura atteint sa majorité ou obtenu son émancipation. Le tuteur en avancera les frais. — On y allouera au tuteur toutes dépenses suffisamment justifiées, et dont l'objet sera utile. C. c. 471.

Tout traité qui pourra intervenir entre le tuteur et le mineur devenu majeur sera nul, s'il n'a été précédé de la reddition d'un compte détaillé et de la remise des pièces justificatives; le tout constaté par un récépissé de l'oyant compte, dix jours au moins avant le traité. C. c. 472.

La somme à laquelle s'élèvera le reliquat dû par le tuteur, portera intérêts sans demande à compter de la clôture du compte. — Les intérêts de ce qui sera dû au tuteur par le mineur ne courront que du jour de la sommation de payer qui aura suivi la clôture du compte. C. c. 474.

1° Observations pratiques. — Le compte de tutelle n'est autre chose qu'un compte d'administration soumis à des règles spéciales; tout ce que j'ai dit du compte d'administration proprement dit lui est également applicable.

D'après l'article 472 du code civil, le compte de tutelle est une opération complexe comprenant nécessairement trois parties : 1° un projet de compte présenté par le rendant, 2° un récépissé de ce projet par l'oyant, 3° et un arrêté du compte ne pouvant suivre le récépissé qu'à dix jours au moins d'intervalle. — Les deux premières parties peuvent être comprises dans un seul acte ou dans deux actes distincts, et la troisième fait toujours nécessairement l'objet d'un acte particulier.

154. Rédaction. — La rédaction des comptes de tutelle n'est pas sensiblement différente de celle des autres comptes indiquée aux nos 148 et 151, toutefois le compte d'administration proprement dit, qui constitue la partie principale du compte de tutelle, au lieu d'y être résumé en deux paragraphes (recettes et dépenses), y est généralement divisé en autant de chapitres qu'il y a eu d'années de gestion, et chaque chapitre est divisé lui-même en deux parties (recettes et dépenses) suivies d'une balance, dont le résultat pour chaque chapitre constitue le premier article du chapitre suivant. De plus le projet de compte de tutelle doit contenir une récapitulation des biens et valeurs composant la fortune de l'oyant, et être accompagné de toutes les pièces justificatives tant des opérations de recette et dépense comprises au compte, que de la consistance de la fortune de l'oyant.

1° Timbre. — Le projet de compte, le récépissé s'il forme un acte séparé, et l'arrêté de compte doivent être écrits sur papier timbré de dimension à 0 fr. 60, 1 fr. 20 ou 1 fr. 80.

2° Exemple. — Je vais prendre pour exemple un compte simple et donner des formules pour les trois actes dont la réunion forme le compte définitif — projet, récépissé et arrêté.

Projet. — « *Je soussigné A..., nommé tuteur de Mlle B...*
« *par délibération de son conseil de famille réuni sous la pré-*
« *sidence de M. le Juge de Paix de X... le vingt décembre 1887,*
« *ayant exercé la tutelle depuis ledit jour vingt décembre*
« *1887 jusqu'au premier janvier 1890 jour de la majorité de*
« *Mlle B..., et voulant rendre le compte de mon administra-*
« *tion, ai établi ce compte ainsi qu'il suit :*

CHAPITRE Ier. — Année 1887.

« *Sans opérations.* »

CHAPITRE II. — Année 1888.

§ 1er. — RECETTES.

« 5 *janvier. Arrérages au* 1er *janvier de 1.200 fr.* « *de rente 3 0/0 sur l'État français*	300 »
« 5 *mars. Reçu de Me N... notaire à X... la somme* « *de 2.500 fr. montant des deniers comptants* « *existant au décès de M. B... père et du* « *produit net de la vente mobilière faite* « *après le décès de M. B... le 25 février* « *1888, le tout sous déduction des frais dus* « *audit Me N... et par lui retenus*	2.500 »
« 5 *avril. Arrérages au* 1er *avril de 1.300 fr. de* « *rente 3 0/0*	325 »
« 10 *mai. Encaissé la créance D... en principal et* « *intérêts*	1.025 »
« 5 *juillet. Arrérages au* 1er *juillet de 1.300 fr. de* « *rente 3 0/0*	325 »
« 5 *octobre. Arrérages au* 1er *octobre de 1.300 fr.* « *de rente 3 0/0*	325 »
« *Total des recettes*..........	4.800 »

§ 2. — DÉPENSES.

« 10 *mars. Acheté 100 fr. de rente 3 0/0 sur l'Etat* « *français moyennant, frais compris*.....	2.810 »
« 1er *juin. Payé pour droits de la succession de* « *M. B*............................	400 »
« 10 *juillet. Payé un semestre de la pension de* « *Mlle B... à l'institution de*	500 »
« 25 *décembre. Payé le second semestre de la même* « *pension*	500 »
Total des dépenses.......	4.210 »

BALANCE.

« *Les recettes de 1888 étant de*	4.800 »
« *Et les dépenses de*..........................	4.210 »
« *L'excédent des recettes en 1888 est de*.........	590 »

CHAPITRE III. — Année 1889.

§ 1er. — RECETTES.

« 1er *janvier. Excédent de recettes de 1888*				590 »
« 5 *janvier. Coupon de 1.300 fr. de rente 3 0/0* ..				325 »
« 1er *avril*	—	—	....	325 »
« 1er *juillet.*	—	—	....	325 »
« 1er *octobre.*	—	—	....	325 »
« *Total des recettes*....				1.890 »

§ 2. — Dépenses.

« 10 *janvier. Placé en un livret de caisse d'épargne* « *au nom de* Mlle *B*	800	»
« 2 *juillet. Premier semestre de la pension de* « Mlle *B*	500	»
« 25 *décembre. Second semestre de la même pen-* « *sion*	500	»
« *Total des dépenses*	1.800	»

Balance.

« *Les recettes de 1889 étant de*	1.890	»
« *Et les dépenses de*	1.800	»
« *L'excédent des recettes est de*	90	»

« *somme qui constitue le reliquat de mon compte d'adminis-* « *tration.*

« *J'affirme sincère et véritable le présent compte de tutelle* « *duquel il résulte que je suis débiteur vis-à-vis de* Mlle *B... de* « *la somme de quatre-vingt-dix francs, et je déclare que la* « *fortune de* Mlle *B... à ce jour comprend uniquement :*

« *1° Un titre à son nom de douze cent francs de rente* « *trois pour cent perpétuel sur l'Etat français ;*

« *2° Un titre également à son nom de cent francs de même* « *rente ;*

« *3° Une somme de huit cents francs en principal placée en* « *un livret de caisse d'épargne ;*

« *4° Et le reliquat de mon compte ci-dessus de quatre-vingt-* « *dix francs.*

« *Fait à X... le cinq janvier 1890.* »

Récépissé. — « *Je soussignée Jeanne B..., majeure depuis* « *le premier janvier courant, reconnais que M. A..., mon* « *tuteur, m'a remis aujourd'hui même le compte de sa tutelle* « *se soldant par un reliquat de quatre-vingt-dix francs à mon* « *profit et les pièces justificatives dudit compte au nombre de* « *dix.*

« *Fait à X... le cinq janvier 1890.* »

Si le projet et le récépissé sont faits sur la même feuille de papier, ils doivent être écrits en un seul contexte de manière à former ensemble un seul acte ; cet acte doit alors être fait en double et en porter la mention.

Arrêté de Compte. — « *Les soussignés M. A... et* Mlle « *Jeanne B... exposent et arrêtent ce qui suit :*

« *M. A..., nommé tuteur de* Mlle *B... par délibération de* « *son conseil de famille en date du vingt décembre mil huit* « *cent quatre-vingt-sept, a eu l'administration de la fortune*

« *de ladite demoiselle depuis ledit jour jusqu'au premier jan-*
« *vier dernier, jour de sa majorité. M. A... a présenté le*
« *compte de son administration suivant acte sous signature*
« *privée du cinq janvier dernier et Mlle B... a donné récépissé*
« *de ces compte et présentation suivant acte sous seing privé*
« *du même jour.*

« *Mlle B..., après avoir examiné ce compte dans tous ses*
« *détails ainsi que les pièces justificatives fournies à l'appui,*
« *déclare reconnaître exact ledit compte et l'approuver dans*
« *toutes ses parties.*

« *En conséquence les soussignés fixent le reliquat du compte*
« *à quatre-vingt-dix francs, que M. A... vient de remettre*
« *immédiatement à Mlle B..., et dont celle-ci lui consent bonne*
« *et valable décharge.*

« *M. A... a en outre remis à Mlle B..., qui lui en donne*
« *également décharge, deux titres de rente trois pour cent sur*
« *l'Etat français s'élevant ensemble à treize cents francs de*
« *rente annuelle, et un livret de caisse d'épargne au nom de*
« *ladite demoiselle B..., le tout représentant la fortune dont*
« *M. A... a eu l'administration.*

« *Fait double à X... le cinq février 1890.* »

155. Enregistrement.— Ce qui a été dit précédemment au n° 152 pour les comptes d'administration en général s'applique entièrement aux arrêtés des comptes de tutelle.

Les projets de comptes et les récépissés sont passibles du droit fixe de 3 fr. 75; il n'est dû qu'un seul droit s'ils ne forment ensemble qu'un seul acte, il en est dû deux s'ils forment deux actes distincts.

Concordat

156. — Le Concordat est le traité, l'arrangement que fait un débiteur failli ou liquidé judiciairement avec ses créanciers, dans les termes des articles 504 et suivants du Code de commerce.

Comme le concordat ne peut être consenti qu'au cours d'une procédure spéciale dont la loi règle les formes, il ne constitue pas un acte amiable proprement dit, et son étude ne rentre pas dans le cadre de ce traité. (V. Cession de biens nos 125 et suivants.)

Confusion

157. — D'après l'article 1234 du Code civil, les obligations s'éteignent de différentes manières, et notamment par la confusion.

Lorsque les qualités de créancier et de débiteur se réunissent dans la même personne, il se fait une confusion de droit qui éteint les deux créances. C. c. 1300.

La confusion se produisant lorsque les qualités de créancier et de débiteur se confondent dans la même personne, par exemple lorsque le débiteur est seul héritier du créancier ou inversement, il s'en suit que la confusion est toujours légale et jamais conventionnelle, puisqu'elle résulte d'un fait dont la loi a elle-même prévu et fixé les conséquences, et dont l'existence seule suffit à la produire.

Le plus souvent la confusion se produit sans être constatée par aucun acte, et elle ne peut d'ailleurs faire à elle seule l'objet d'un acte particulier; sa constatation incidente dans un acte contenant d'autres dispositions ne donne ouverture à aucun droit d'enregistrement.

Congé

158. — Si le bail a été fait sans écrit, l'une des parties ne pourra donner congé à l'autre qu'en observant les délais fixés par l'usage des lieux. C. c. 1736.

Le bail cesse de plein droit à l'expiration du terme fixé, lorsqu'il a été fait par écrit, sans qu'il soit nécessaire de donner congé. C. c. 1737.

Le congé est en fait l'expression par l'une des parties, propriétaire ou locataire, de sa volonté de faire cesser le bail à une époque où ce droit lui appartient. On a déja vu précédemment n° 89 2 l'utilité du congé pour les baux à périodes; il résulte de l'article 1737 du Code civil que le congé est encore nécessaire pour faire cesser les baux faits sans écrit.

Dans un cas comme dans l'autre, le congé doit être signifié par huissier, ou bien, si les deux parties sont d'accord, il peut être convenu par acte sous signatures privées dans la forme indiquée au n° 89 §§ 1 et 2.

Conseil de famille.

159. — Le conseil de famille est, comme son nom l'indique, un conseil ou réunion de parents et d'amis dont la mission est de donner son avis dans les cas fixés par la loi au sujet des affaires intéressant les mineurs et les interdits, et surtout de nommer des tuteurs et subrogés tuteurs à ces incapables.

Le conseil de famille est toujours présidé par le Juge de Paix, et c'est à lui ou à son greffier qu'il faut s'adresser chaque fois qu'il y a lieu de le convoquer.

Contrat de mariage. *Voyez* Mariage.

Crédit (ouverture de).

160. Observations pratiques. — L'ouverture de crédit est un contrat par lequel une personne s'engage à fournir des fonds à une autre, au fur et à mesure de ses besoins, jusqu'à concurrence d'une somme déterminée, et généralement aussi pendant un temps déterminé.

L'ouverture de crédit pure et simple peut se rédiger sous une forme quelconque et on peut dire que la définition même qui précède constitue à elle seule une formule de rédaction ; mais ce contrat, quand il est pur et simple, fait rarement l'objet d'un acte écrit et reste généralement verbal.

Le plus souvent l'acte d'ouverture de crédit est motivé par les garanties que le débiteur ou crédité fournit à son créancier ou créditeur. Ces garanties peuvent être de nature différente ; ou bien elles sont de nature immobilière comme l'antichrèse et l'hypothèque, ou bien elles sont de nature mobilière comme le cautionnement, la cession ou délégation en garantie et le gage ou nantissement.

Chacune de ces garanties constitue par elle-même une convention spéciale, qui peut être exprimée dans l'acte même d'ouverture de crédit ou bien faire l'objet d'un acte séparé. Toutes ces conventions sont traitées dans des chapitres spéciaux sous leurs noms propres et je n'en dirai ici rien de particulier, renvoyant le lecteur aux mots *antichrèse, hypothèque, cautionnement, délégation, gage* et faisant seulement observer que parmi ces garanties l'hypothèque seule ne peut pas être conférée par acte sous signatures privées.

Après cet exposé, il ne me reste à parler dans cet article que de l'ouverture de crédit pure et simple.

161. Rédaction. — Comme je l'ai dit tout à l'heure, la définition même de l'ouverture de crédit indique les éléments de sa constitution et de sa rédaction ; l'ouverture de crédit doit au moins comprendre, outre les clauses spéciales à chaque cas particulier, l'énonciation du montant du crédit, la durée de ce crédit s'il est limité, et enfin les conditions du remboursement.

1° Timbre. — Les actes d'ouverture de crédit doivent être écrits sur papier timbré de dimension à 0 fr. 60, 1 fr. 20 ou 1 fr. 80.

2° Exemple. — « *Les soussignés A... banquier à X... et « D... négociant demeurant également à X... conviennent de « ce qui suit :*

« *M. A... ouvre par les présentes à M. D... qui accepte, et « pour cinq ans de ce jour, un crédit de la somme de dix mille « francs, qu'il s'engage à verser audit M. D... au fur et à « mesure de ses besoins, soit par la remise directe de fonds, « soit par le paiement des billets souscrits par M. D... ou des « traites acceptées par lui, soit par l'escompte des billets et « lettres de change que M. D... passera et endossera à son « ordre.*

« *Les fonds avancés par M. A... à M. D... seront productifs d'intérets à six pour cent l'an qui se capitaliseront tous « les six mois et seront portés au débit du compte qu'ouvrira « M. A... à M. D...*

« *Le montant des effets de commerce qui seront passés en « recouvrement par M. D... à M. A..., sauf compte des non-« valeurs et déduction des frais ordinaires d'escompte, ainsi « que toutes les sommes versées par M. D... à M. A..., seront « portés par celui-ci au crédit de M. D...*

« *A l'expiration du délai de cinq ans pour lequel les pré-« sentes sont consenties, le compte de M. D... sera balancé, et « la somme dont il sera débiteur vis-à-vis de M. A... sera « payable dans le délai de six mois et par tiers tous les deux « mois avec intérêts à six pour cent l'an. Au cas où M. D... « serait par cette balance établi créancier de M. A..., le solde « du compte lui serait alors immédiatement payé.*

« *Fait double à X... le...* »

162. Enregistrement. — Les actes d'ouverture de crédit ne sont pas assujettis à l'enregistrement dans un délai déterminé ; il suffit qu'ils soient formalisés avant leur usage en justice ou par acte public.

Ils sont passibles du droit de 0 fr. 625 0/0 sur le montant du crédit ouvert, sauf à acquitter après réalisation un pareil droit de 0 fr, 625 0/0, que l'administration réclame quand la preuve de la réalisation du crédit parvient à sa connaissance, et qu'elle liquide sur la somme jusqu'à concurrence de laquelle le crédit est réalisé.

1° Garanties accessoires. — Les garanties fournies par le crédité lui-même dans l'acte de crédit ne donnent lieu à aucun droit particulier; celles promises dans l'acte de crédit, et fournies par acte séparé, ne donnent lieu dans ce second acte qu'au droit fixe de 3 fr. 75.

Le cautionnement, toujours fourni par un tiers, qu'il soit fourni dans l'acte de crédit ou dans un acte postérieur, ne doit supporter que le droit fixe de 3 fr. 75, sauf acquit, après réalisation du crédit, du droit proportionnel de 0 fr. 625 0/0, en même temps que de celui de 0 fr. 625 0/0 dû à l'occasion de la réalisation du crédit lui-même. — Garnier 7e édition. V° crédit n° 79.

D

Dation en paiement.

163. Définition. — La dation en paiement est la convention par laquelle un débiteur cède une chose à son créancier en paiement de sa dette ; elle est ainsi une sorte de vente différant seulement de la vente ordinaire, en ce qu'au lieu de donner naissance à une dette de l'acquéreur vis-à-vis du vendeur, elle produit l'extinction d'une dette du vendeur vis-à-vis de l'acquéreur.

Il résulte de là que la dation en paiement est en fait une cession ou plutôt une délégation de créances si elle s'applique à des créances, ou bien une vente de meubles ou d'immeubles si les objets cédés sont des meubles ou des immeubles.

164. Rédaction. — La dation en paiement doit être rédigée absolument comme les actes dont elle est l'équivalent, délégation ou vente (V. nos 170, 382, 386) ; cependant au lieu d'exprimer un prix comme dans la vente, on doit rappeler la dette du vendeur vis-à-vis de l'acquéreur ainsi que le titre dont elle résulte, et indiquer formellement la mesure (partielle ou totale) dans laquelle il s'en trouve libéré.

1° Timbre. — Les actes de dation en paiement doivent être écrits sur papier timbré de dimension à 0 fr. 60, 1 fr. 20 ou 1 fr. 80.

2° Exemple. — La dation en paiement rédigée comme une vente ou une délégation, selon les cas, pourra être terminée par exemple de la manière suivante :

«..... *Cette cession est consentie par M. A... à M. B... en*
« *paiement d'une somme de mille francs dont M. A... est débi-*
« *teur envers M. B... suivant acte passé devant Me N...*
« *notaire à X... le premier janvier mil huit cent quatre-vingt-*
« *cinq, et des intérêts à cinq pour cent de cette somme depuis*
« *le premier janvier dernier, de laquelle somme en principal*

« *et intérêts M. A... se trouvera au moyen des présentes*
« *définitivement quitte et libéré.*
« *Fait double à X... le...* »

Ou bien encore si la libération du cédant ne doit être que partielle on pourra dans l'exemple qui précède terminer ainsi :

« ..... *De laquelle somme M. A... se trouvera libéré pour*
« *tous les intérêts et pour six cents francs à valoir sur le prin-*
« *cipal, sa dette se trouvant ainsi réduite à quatre cents*
« *francs en principal productifs d'intérêts à cinq pour cent*
« *l'an à partir de ce jour.*
« *Fait double à X... le...* »

165. Enregistrement. — La dation en paiement n'est assujettie à l'enregistrement dans un délai déterminé que quand elle emporte cession d'immeubles ou de droits immobiliers, ou encore si elle contient cession d'un fonds de commerce; le délai est alors de trois mois. (V. nos 387, 396.)

Dans tous les autres cas, l'enregistrement n'est nécessaire qu'avant l'usage en justice ou par acte public.

Le tarif est celui de la convention à laquelle la dation en paiement peut être assimilée en raison de la nature des objets cédés; il est de 1 fr. 25 0/0 sur les créances, 2 fr. 50 0/0 sur les meubles ou droits mobiliers et les rentes perpétuelles ou viagères, et 6 fr. 875 0/0 sur les immeubles ou droits immobiliers, sauf cependant réduction de ce droit à 5 0/0 s'il s'agit d'une cession à titre de licitation faisant cesser l'indivision.

Décharge.

166. Définition. — Quand une personne rend compte à une autre de la gestion ou de l'administration qu'elle a eue de biens appartenant à celle-ci, ou d'opérations quelconques qu'elle a pu faire par exemple au titre de mandataire, ou encore qu'elle fait remise d'objets ou valeurs qui lui ont été antérieurement déposés, l'acte par lequel la personne, qui reçoit le compte, approuve les opérations faites en son nom et se reconnaît en possession des objets, sommes ou valeurs qu'elle avait confiés, constitue une décharge. — La décharge est générale quand elle s'applique par exemple à toutes les opérations d'un mandataire ; elle est spéciale quand elle s'applique à une ou plusieurs opérations bien déterminées.

167. Rédaction. — La décharge doit se rédiger simplement ; il suffit généralement d'indiquer d'une façon aussi précise que possible son objet et d'exprimer la décharge.

La décharge n'est pas un acte synallagmatique et n'a pas besoin d'être faite en double.

1° TIMBRE. — Au point de vue du timbre, il faut distinguer : — Les décharges, telles que celles données pour l'accomplissement d'un mandat, doivent être écrites sur papier timbré de dimension à 0 fr. 60 ou 1 fr. 20 ; les décharges pures et simples de sommes, valeurs, titres ou objets quelconques sont passibles seulement du droit de timbre à 0 fr. 10 (timbre à quittance), pourvu qu'elles ne contiennent aucune disposition étrangère à la décharge proprement dite. (V. n° 305).

2° EXEMPLE. — Décharge générale : « *Je soussigné A...*
« *reconnais que M. B..., mon mandataire suivant procura-*
« *tion passée devant Me N.... notaire à X... le premier juillet*
« *mil huit cent quatre-vingt-huit, m'a rendu bon et fidèle*
« *compte de toutes les opérations qu'il a faites pour moi en*
« *vertu de cette procuration, et lui en consens pleine et entière*
« *décharge.*

« *X... le premier juillet mil huit cent quatre-vingt-onze.*»
Sur papier de dimension de 0 fr. 60.

Décharge spéciale : « *Je soussigné A... reconnais que M.*
« *B..., huissier à X..., m'a remis la somme de huit cents*
« *francs, montant du produit net de la vente mobilière qu'il a*
« *faite pour mon compte le dix janvier dernier, et je lui en*
« *donne pleine et entière décharge.*

« *X.... le quinze février mil huit cent quatre-vingt-dix.* »
Sur papier ordinaire timbré à 0 fr. 10.

168. Enregistrement. — Les décharges ne sont pas assujetties à l'enregistrement dans un délai déterminé, mais la formalité devient nécessaire avant leur usage en justice ou par acte public.

Elle sont passibles du droit fixe de 3 fr. 75.

Délégation. C. c. 1271 à 1281.

169. Droit civil. — La novation s'opère de trois manières : 1° ..... ; 2° Lorsqu'un nouveau débiteur est substitué à l'ancien qui est déchargé par le créancier... C. c. 1271.

La délégation, par laquelle un débiteur donne au créancier un autre débiteur qui s'oblige envers le créancier, n'opère pas de novation, si le créancier n'a expressément déclaré qu'il entendait décharger son débiteur qui a fait la délégation. C. c. 1275.

Le créancier qui a déchargé le débiteur par qui a été faite la délégation, n'a point de recours contre ce débiteur si le délégué devient insolvable, à moins que l'acte n'en contienne une réserve expresse, ou que le délégué ne fût déjà en faillite ouverte, ou tombé en déconfiture au moment de la délégation. C. c. 1276.

1° OBSERVATIONS PRATIQUES. — Le code appelle délégation tout acte par lequel un débiteur donne à son créancier un débiteur nouveau, soit que le créancier prenne ce nouveau débiteur pour seul obligé à la place de l'ancien, soit qu'il le reçoive seulement pour coobligé et sans libérer le premier débiteur. (Marcadé, art. 1275, n° 773.)

En d'autres termes, la délégation est la cession ou plutôt la dation en paiement d'une créance par un débiteur à son créancier. (V. n° 163).

La délégation diffère de la cession, quant aux effets qu'elle produit, en ce que dans la cession c'est le créancier qui change, le débiteur restant le même, tandis que dans la délégation c'est le débiteur qui change, le créancier restant le même.

170. Rédaction. — Tout ce que j'ai dit de la cession au n° 130 est également applicable à la délégation, et j'estime, malgré que les avis des auteurs ne soient pas unanimes sur ce dernier point, que la signification à faire, à défaut d'acceptation authentique, au débiteur cédé en vertu de l'article 1690 du code civil, doit être faite aussi au débiteur délégué.

En outre des énonciations communes à la cession et à la délégation, celle-ci doit exprimer formellement si le créancier (le délégataire) entend décharger et libérer son premier débiteur (le déléguant) pour rester seulement créancier de son nouveau débiteur (le délégué) ; à défaut d'une mention spéciale à ce sujet, le débiteur déléguant reste tenu au cas où le délégué ne paie pas.

La délégation peut comprendre toutes sortes de créances et notamment des prix de vente ; ceux-ci peuvent être délégués dans l'acte de vente même ou dans un acte postérieur. Si un prix de vente n'est pas délégué dans l'acte même de vente, il devient une créance ordinaire et sa délégation par acte postérieur ne diffère en rien d'une délégation de créance. Je n'ai donc que deux exemples de rédaction à donner, celui d'une délégation pure et simple de créance, et celui d'une délégation de prix dans une vente.

En ce qui concerne les effets négociables, la délégation est remplacée par l'endossement. (V. n°s 110-4 et 111-1.)

1° TIMBRE. — Les actes de délégation doivent toujours être écrits sur papier timbré à 0 fr. 60 ou 1 fr. 20.

2° EXEMPLES. — Délégation de créance: « *Les soussignés A... et B... exposent et arrêtent ce qui suit :*

« *M. A... est débiteur de M. B..., suivant obligation devant*
« *Me X..., notaire à N..., du dix janvier mil huit cent quatre-*
« *vingt-huit, d'une somme de mille francs en principal, et de*
« *celle de cent francs pour deux ans d'intérêts à ce jour,*
« *ensemble onze cents francs.*

« *Pour se libérer de cette somme, M. A... cède et délègue à*
« *M. B..., qui accepte, pareille somme de onze cents francs à*
« *lui due par M. C..., suivant reconnaissance sous signature*
« *privée du dix janvier mil huit cent quatre-vingt-neuf, et les*
« *intérêts dont cette somme est productive à cinq pour cent*
« *l'an à partir d'aujourd'hui.*

« *Au moyen des présentes, M. B... libère définitivement*
« *M. A... de sa dette de onze cents francs, acceptant M. C...*
« *pour son seul débiteur à l'avenir.*

« *Fait double à N..., le dix janvier 1890.* »

Délégation de prix dans une vente : « *Les soussignés A...*
« *B... et C... arrêtent ce qui suit :*

« *M. A... vend par les présentes à M. B... qui accepte ...*
« *Cette vente est faite moyennant la somme de mille francs*
« *que M. B... s'engage à payer dans un délai de deux ans de*
« *ce jour, avec intérêts à cinq pour cent l'an à partir égale-*
« *ment de ce jour, au domicile et entre les mains de M. C... à*
« *qui délégation expresse en est faite par M. A..., en paie-*
« *ment de pareille somme à valoir sur celle de deux mille*
« *francs due par M. A.... à M. C..., suivant compte arrêté le*
« *premier janvier dernier.*

« *M. C... déclare accepter la présente délégation et donner*
« *par les présentes quittance définitive à M. A..., de mille*
« *francs, somme égale au montant de la délégation.*

« *Fait triple à X.... le quinze janvier 1890.* »

3° CRÉANCES HYPOTHÉCAIRES. — PRIX D'IMMEUBLES. — Dans tous les cas, la délégation d'une créance hypothécaire ou d'un prix d'immeubles ne pourrait, si elle était faite sous signatures privées, transporter au délégataire la garantie hypothécaire; cette garantie ne peut suivre la créance entre les mains du créancier que si la délégation est faite par acte notarié.

Il est donc absolument indispensable de recourir au ministère d'un notaire si l'on veut, en déléguant une créance, transporter en même temps les droits hypothécaires y attachés.

171. Acceptation ou signification. — J'ai dit au n° 170 que les règles tracées par l'article 1690 du Code civil au sujet de l'acceptation authentique des cessions de créances, et, à défaut de cette acceptation, au sujet de la signification à faire au débiteur cédé, me paraissent, malgré l'avis contraire de certains auteurs, également applicables en matière de délégation. Je pense cependant que ces règles ne s'appliquent qu'aux délégations de créances qui ne sont que des cessions d'une forme particulière, mais ne s'appliquent pas aux délégations de prix dans les ventes.

Aussi c'est à dessein que dans les exemples qui précèdent j'ai fait accepter la seconde délégation tant par le délégataire que par le délégué, tandis que la première n'est pas acceptée par le délégué. Celle-ci, pour être parfaite, devra être signifiée au débiteur (V. nº 24) ou être acceptée par lui dans un acte authentique ; celle-là, au contraire, me paraît parfaite par le concours simultané des trois parties en cause. (V. Boulanger, *Traité des Radiations,* nº 78.)

J'ajoute cependant que cet avis n'est pas partagé par tous les auteurs, et qu'il est toujours plus prudent de faire, comme en matière de transport de créances, soit une acceptation authentique, soit une signification au débiteur délégué.

172. Enregistrement. — La délégation n'est pas assujettie à l'enregistrement dans un délai déterminé, elle doit seulement être enregistrée avant qu'il en soit fait usage en justice ou par acte public.

La délégation de créances et la délégation de prix de ventes par acte séparé sont, comme la cession, passibles du droit de 1 fr. 25 0/0 sur le montant des créances déléguées, et de celui de 2 fr. 50 0/0 sur les rentes perpétuelles ou viagères, ou, par exception, du droit de 0 fr. 625 0/0 sur les créances dépendant de faillites ou de liquidation judiciaires déclarées.

Les délégations de prix dans les ventes ne donnent lieu par elles-mêmes à aucun droit, pourvu que le délégataire soit créancier du déléguant en vertu d'un titre enregistré ; quand le délégataire est créancier sans titre enregistré, il est dû le droit de 1 fr. 25 0/0 de reconnaissance de dette ou obligation sur le montant de sa créance.

1º Acceptation. — Contrairement à ce qui arrive pour les acceptations des transports (V. nº 132-2), les acceptations des délégations, quand elles sont comprises dans les actes mêmes de délégation, donnent lieu à la perception d'un droit fixe de 3 fr. 75. Ce droit est perçu sur l'acceptation du débiteur délégué dans la délégation de créance, et sur celle du créancier délégataire dans la délégation de prix. Toutefois, dans ce dernier cas, si le créancier délégataire n'avait pas de titre enregistré contre le déléguant, et qu'il fût perçu de ce chef le droit d'obligation de 1 fr. 25 0/0 comme il est dit ci-dessus, le droit de 3 fr. 75 ne devrait pas être perçu cumulativement sur l'acceptation du délégataire.

173. Délégation en garantie. — *Voyez* **Gage** n° 223.

Dépôt. C. c. 1915 à 1954.

174. Principes. — Le dépôt, en général, est un acte par lequel on reçoit la chose d'autrui, à la charge de la garder et de la restituer en nature. C. c. 1915. — Le dépôt proprement dit est un contrat essentiellement gratuit. C. c. 1917. — Il ne peut avoir pour objet que des choses mobilières. C. c. 1918. — Le dépôt volontaire doit être prouvé par écrit. La preuve testimoniale n'en est pas reçue pour valeur excédant cent cinquante francs. C. c. 1923.

175. Rédaction. — Le dépôt basé sur la confiance réciproque des contractants n'est généralement pas constaté par écrit. Cependant, l'article 1923 du Code civil disposant que le dépôt doit être constaté par écrit quand il s'agit de valeurs supérieures à 150 fr., la rédaction d'un acte de dépôt est, dans maintes circonstances, une précaution utile. Si le dépôt est pur et simple, et je ne m'occuperai ici que de celui-là, on peut le rédiger d'une manière très concise, sauf à énoncer toutefois les conventions particulières par lesquelles les parties entendraient déroger aux principes du droit commun posés dans les articles 1915 à 1954 du Code civil.

1° Timbre. — Les actes de dépôt doivent être écrits sur papier timbré de dimension à 0 fr. 60, 1 fr. 20 ou 1 fr. 80. — Les actes qui constatent le dépôt de sommes chez des particuliers sont assimilés à des reconnaissances ou billets et doivent être écrits sur papier proportionnel timbré à 0 fr. 05 par cent francs. (V. n° 106.)

2° Exemple. — « *Les soussignés A... et C... conviennent de* « *ce qui suit :*

« *M. A..., partant en voyage pour un temps indéterminé,* « *dépose par les présentes à M. C... qui consent à en demeurer* « *chargé pour les restituer à M. A... lors de son retour, les* « *objets et valeurs dont le détail suit : ... lesquels objets et* « *valeurs viennent d'être immédiatement remis par M. A... à* « *M. C... qui le reconnaît et en prend charge.*

« *Fait double à X..., le...* »

176 Enregistrement. — Les actes de dépôt faits en conformité de l'article 1915 du Code civil ne sont pas assujettis à l'enregistrement dans un délai déterminé ; présentés à la formalité, ils sont passibles du droit fixe de 3 fr. 75.

1° DÉPÔT DE SOMMES CHEZ LES PARTICULIERS. — Par exception au principe général qui a tarifé au droit de 3 fr. 75 les actes de dépôt en général, les reconnaissances de dépôt de sommes chez des particuliers sont tarifées au droit proportionnel de 1 fr. 25 0/0 par l'article 69, § 3, n° 3 de la loi du 22 frimaire an VII, comme les reconnaissances de dettes et billets. (V. n° 109.)

Désistement. C. Proc. 402, 403.

177. Définition. — Le désistement est l'acte par lequel une personne déclare renoncer à un droit quelconque pouvant résulter d'un commencement de procédure, d'un jugement, d'une convention ou même de la loi.

178. Rédaction. — Tout désistement doit être écrit sur papier timbré de dimension à 0 fr. 60 ou 1 fr. 20 et peut être rédigé, par exemple, de la manière suivante :

« *Je soussigné A... déclare par les présentes me désister de*
« *de l'instance introduite à ma requête contre M. C..., en vertu*
« *d'une assignation signifiée par exploit de Me H..., huissier*
« *à X...., en date du quinze mars dernier.*
« *X.... le dix juillet 1891.* »

1° ACCEPTATION ET SIGNIFICATION. — Le désistement, pour lier celui qui l'a consenti, doit être accepté par celui à qui il profite. — Si cette acceptation a lieu par acte séparé, elle pourra être rédigée par exemple de la manière suivante :

« *Je soussigné C... déclare accepter le désistement consenti*
« *suivant acte sous seing privé du dix juillet dernier par M. A...*
« *de l'instance introduite à sa requête contre moi, suivant*
« *exploit de Me H.... huissier à X..., en date du quinze mars*
« *dernier.*
« *X... le cinq août 1891.* »

Si, comme cela est préférable, cette acceptation a lieu dans l'acte même de désistement, celui-ci, dans son ensemble, constitue une transaction, doit être fait en double et peut être rédigé ainsi :

« *Les soussignés A... et C... arrêtent ce qui suit :*
« *M. A... déclare par les présentes se désister... et M. C...*
« *déclare accepter ce désistement.*
« *Fait double à X.... le...* »

Si le désistement et son acceptation sont faits par actes séparés, il est utile dans certains cas qu ils soient signifiés l'un et l'autre par actes d'huissiers.

179. Enregistrement. — Le désistement pur et simple n'est pas assujetti à l'enregistrement dans un délai déterminé; il est passible, lors de la formalité, du droit de 3 fr. 75.

Devis.

180. — On appelle généralement devis le détail de travaux à exécuter et de matériaux à fournir, comprenant en même temps les prix de ces travaux et matériaux. Les devis accompagnent généralement les marchés.

Ils doivent être écrits sur papier timbré de dimension à 0 fr. 60, 1 fr. 20, 1 fr. 80 ou 2 fr. 40, et supportent lors de leur enregistrement le droit fixe de 3 fr. 75, à moins qu'ils soient approuvés par les parties et constituent eux-mêmes des marchés. Dans ce cas ils sont enregistrés comme marchés au droit de 1 fr. 25 ou 2 fr. 50 0/0 selon les cas, ainsi qu'il est dit au n° 61.

Je ne donnerai ici aucune règle pour la rédaction des devis généralement dressés par des architectes, entrepreneurs ou ouvriers habitués à cette rédaction, et dont la forme peut varier à l'infini.

Donation. C. c. 893 à 1100.

181. Principes généraux. — Tous actes portant donation entre-vifs seront passés devant notaires dans la forme ordinaire des contrats, et il en restera minute, sous peine de nullité. C. c. 931.

Il résulte de cet article du code qu'aucune donation entre-vifs ne peut être faite par acte sous signatures privées ; toute personne qui voudra faire entre-vifs une donation valable devra donc s'adresser à son notaire.

Le mot « *donation entre-vifs* » est employé par opposition à celui de testament. A l'inverse de la donation, le testament peut être fait par acte sous signature privée. (V. n° 352).

La donation, ne pouvant être faite que par acte notarié, ne rentre pas dans le cadre de cet ouvrage ; je me bornerai à indiquer, à titre de renseignement, le tarif des droits perçus à l'enregistrement sur les diverses donations.

182. Tarif. — Les droits sont perçus sur l'évaluation en capital pour les valeurs mobilières; ils sont perçus pour les immeubles sur le revenu multiplié par 20 pour les immeubles urbains et par 25 pour les immeubles ruraux. On entend par immeubles ruraux tous ceux, bâtis ou non bâtis, qui sont principalement affectés à la culture, et par immeubles urbains tous ceux qui ne sont pas ruraux, quelle que soit d'ailleurs leur situation, à la ville ou à la campagne.

Au point de vue du tarif, les donations se divisent en trois catégories :

1° celles faites en ligne directe à titre de partage anticipé;

2° celles faites par contrat de mariage;

3° et celles faites hors contrat de mariage à tout autre titre qu'a celui de partage anticipé.

Les donations en ligne directe faites à titre de partage anticipé sont assujetties aux droits de 1 fr. 25 0/0 sur les meubles et valeurs mobilières et de 1 fr. 875 0/0 sur les immeubles.

Les autres donations sont tarifées comme il est indiqué au tableau qui suit :

DÉSIGNATION DE LA PARENTÉ		DONATIONS par Mariage	DONATIONS hors Mariage
En ligne directe, quel que soit le degré,	meubles ..	1,5625	3,125
	immeubles	3,4375	5, »
Entre époux....................	meubles ..	1,875	3,75
	immeubles	3,75	5,625
Entre frères et sœurs, oncles et tantes, neveux et nièces, parents des 2e et 3e degrés,	meubles et immeubles	5,625	8,125
Entre grands-oncles, grand'tantes, petits-neveux, petites-nièces et cousins germains, parents du 4e degré,	meubles et immeubles	6,25	8,75
Entre parents collatéraux du 5e au 12e degré inclusivement,	meubles et immeubles	6,875	10, »
Entre personnes non parentes,	meubles et immeubles	7,50	11,25

Les chiffres indiqués représentent le montant des droits par cent francs de capital.

Dot. *Voyez* **Mariage** n° 281.

Droits litigieux. *Voyez* **Cession de droits litigieux.**

Droits successifs. *Voyez* **Cession de droits successifs.**

E

Echange. C. c. 1702 à 1707.

183. Droit civil. — L'échange est un contrat par lequel les parties se donnent respectivement une chose pour une autre C. c. 1702. L'échange s'opère par le seul consentement, de la même manière que la vente C. c. 1703.

Le copermutant qui est évincé de la chose qu'il a reçue en échange, a le choix de conclure à des dommages-intérêts, ou de répéter sa chose. C. c. 1705. La rescision pour cause de lésion n'a pas lieu dans le contrat d'échange C. c. 1706. Toutes les autres règles prescrites pour le contrat de vente s'appliquent d'ailleurs à l'échange. C. c. 1707.

1° Observations pratiques. — L'échange est en quelque sorte une double vente dans laquelle chacun des contractants est à la fois acheteur et vendeur, et dans laquelle les prix se compensent, au moins jusqu'à concurrence du plus faible, de telle sorte qu'il est seulement utile d'énoncer la différence entre ces deux prix, s'il en existe une, différence qui porte le nom de soulte.

La loi elle-même déclare par les articles 1706 et 1707 du code, que toutes les règles applicables à la vente s'appliquent également à l'échange, à l'exception seulement de celles concernant la rescision pour cause de lésion. Je ne reproduirai pas toutes ces règles exposées au mot « *vente* » (nos 385 et suiv.), et je me bornerai à dire ici que, comme la vente, l'échange est parfait par le seul accord des parties tant au sujet des objets échangés, qu'au sujet du prix ou plutôt de la valeur de ces objets, et de la soulte si leur valeur est inégale.

184. Rédaction. — Les échanges peuvent avoir pour objet des meubles contre des meubles, des immeubles contre des immeubles, ou des meubles contre des immeubles; mais la rédaction est à peu près la même dans tous les cas, sauf toutefois la désignation des objets échangés, leur évaluation, et quand il y a lieu l'expression de la soulte. De même qu'une vente d'ailleurs, un échange peut valablement rester verbal.

En ce qui concerne la désignation des objets échangés et l'expression de la soulte, on procédera de la même manière que dans les ventes pour la désignation des objets vendus et l'expression du prix. (V. n° 386). Quant à l'évaluation, elle doit être faite en valeur vénale pour les valeurs et objets mobiliers et pour les immeubles échangés contre des meubles, et en revenu pour les immeubles échangés contre des immeubles. Dans tous les cas les deux lots de chaque échange sont évalués séparément.

1° TIMBRE. — Les échanges doivent toujours être rédigés sur papier timbré de dimension à 0 fr. 60, 1 fr. 20 ou 1 fr. 80.

2° EXEMPLES. — MEUBLES CONTRE MEUBLES. — « *Les soussignés A... et D... font par les présentes l'échange suivant :*

« *M. A... cède à M. D... son cheval blanc d'une valeur de mille francs et reçoit en contre-échange de M. D... un cheval noir d'une valeur de huit cents francs et une soulte de deux cents francs, que M. D... s'engage à payer entre les mains et au domicile de M. A... le premier janvier prochain sans intérêts jusque-là.*

« *Le présent échange est approuvé et accepté par chacun des contractants qui se reconnaissent respectivement en possession des objets par eux reçus en échange.*

« *Fait double à X... le...* »

IMMEUBLES CONTRE IMMEUBLES. — « *Les soussignés A... et D... font et arrêtent l'échange suivant :*

« *M. A... cède à M. D... qui accepte une petite maison d'habitation située à X..., Grande-Rue n° 15, lui provenant de la succession de son père Pierre A... décédé à X... le quinze janvier mil huit cent quatre-vingt-cinq, et dont il était seul héritier.*

« *M. D... cède en contre-échange à M. A... qui accepte un bâtiment situé à X..., rue Basse n° 20, comprenant un magasin et un hangar, et lui provenant de l'acquisition qu'il a faite de M. C..., suivant acte sous signatures privées du premier juillet mil huit cent quatre-vingt enregistré, moyennant un prix payé comptant et quittancé audit acte.*

« *Le présent échange est fait aux conditions suivantes :*

« *1° Les immeubles échangés sont cédés de part et d'autre tels qu'ils se trouvent, sans aucune garantie de leur bon ou mauvais état, les parties déclarant d'ailleurs bien les connaître.*

« *2° Les soussignés entreront en jouissance des immeubles échangés à partir de ce jour, et en paieront les impôts et primes d'assurances à partir du premier janvier prochain.*

« *3° Ils feront faire dans le plus bref délai possible la mutation cadastrale, déclareront également la mutation aux compagnies d'assurances près desquelles les immeubles sont*

« *assurés, et feront les avenants nécessaires près de ces com-*
« *pagnies.*

« *4° ils paieront chacun par moitié les frais des présentes.*

« *Pour la perception des droits d'enregistrement les bâti-*
« *ments échangés sont déclarés l'un et l'autre d'un revenu de*
« *cent francs, et l'échange est déclaré fait sans soulte.*

« *Fait double à X... le...* »

Meubles contre immeubles. — L'échange par lequel des meubles sont cédés contre des immeubles sera rédigé d'après les deux exemples qui précèdent, en prenant pour modèle le second de ces exemples, sauf à y insérer, dans les termes du premier, la désignation du lot composé de meubles, et l'évaluation en valeur vénale de chacun des lots.

185. Enregistrement. — L'échange de biens meubles n'est pas assujetti à l'enregistrement dans un délai déterminé, mais l'échange qui contient des immeubles, ne serait-ce que dans l'un des lots, doit, comme une vente et sous les mêmes peines, être enregistré dans les trois mois de sa date ou de l'entrée en jouissance, si celle-ci est antérieure à la date de l'acte. (V. n° 387).

1° Echange verbal. — L'échange verbal, s'il contient des immeubles, doit être déclaré au bureau de la situation des immeubles, comme une vente verbale. (V. n° 387).

2° Tarif. — Meubles contre meubles. — Cet échange est absolument semblable à la vente de meubles, sauf que le prix est remplacé par l'évaluation des objets échangés ; il est comme elle passible du droit de 2 fr. 50 0/0 sur la valeur de l'un des lots s'ils sont de valeur égale, ou sur la valeur du lot le plus fort s'ils sont de valeur inégale.

Meubles contre immeubles. — Cet échange, au point de vue fiscal, est considéré comme une vente d'immeubles, et tarifé au droit de 6 fr. 875 sur la valeur des immeubles ; si les meubles ont une valeur supérieure à celle des immeubles, la différence devra supporter le droit de vente mobilière à 2 fr. 50 0/0.

Immeubles contre immeubles. — L'échange d'immeubles, qui est l'échange proprement dit, est assujetti au droit de 4 fr. 375 0/0 ; si la valeur des lots est la même, ce droit est perçu sur l'évaluation de l'un quelconque des lots, et si la valeur des lots diffère, il est perçu sur l'évaluation du plus petit lot. Dans ce dernier cas le droit de vente d'immeubles à 6 fr. 875 0/0 est perçu sur la différence entre l'évaluation des deux lots, ou sur la soulte stipulée si celle-ci lui est supérieure.

3° LIQUIDATION DU DROIT. — J'ai dit au n° 184 que l'évaluation des immeubles échangés contre d'autres immeubles se fait en revenu ; ce revenu doit être multiplié par 20 pour les immeubles urbains et par 25 pour les immeubles ruraux, et le droit est liquidé sur la valeur ainsi obtenue. On appelle immeubles ruraux les terrains en culture de toute nature et les bâtiments ayant la culture et l'exploitation agricole pour affectation principale ; on appelle immeubles urbains tous les bâtiments autres que ceux affectés à la culture et certains terrains non plus affectés à la culture tels que les jardins et parcs d'agrément.

Je suppose par exemple l'échange d'un immeuble urbain d'un revenu de 100 fr. contre un immeuble rural d'un revenu de 60 fr. fait moyennant une soulte de 300 fr. à payer par celui qui cède l'immeuble rural, les droits seront calculés de la manière suivante :

Valeur de l'immeuble urbain.....	100×20=2.000 »
Valeur de l'immeuble rural.......	60×25=1.500 »
Différence supérieure à la soulte...........	500 »
Il serait dû 1° le droit d'échange à 4 fr. 375 0/0 sur 1,500 fr. soit..............................	65 625
2° et celui de vente à 6 fr. 875 sur la plus-value de 500 fr. soit........................	34 375
Au total cent francs.......................	100 »

4° ENREGISTREMENT TARDIF. — PÉNALITÉS. — Si un acte d'échange d'immeubles n'est pas enregistré dans le délai de trois mois, ou bien si un échange verbal d'immeubles n'est pas déclaré dans le même délai, les parties encourent les mêmes pénalités que pour les ventes d'immeubles non enregistrées ou déclarées, c'est-à-dire chacune un droit en sus qui ne peut être inférieur à 62 fr. 50. (V. n°s 387 et 387 § 2).

186. Immeubles ruraux. — La législation fiscale concernant les immeubles ruraux a été modifiée par une loi du 3 novembre 1884 dont le teneur suit :

Art. 1er. — A partir de la promulgation de la présente loi il ne sera perçu sur les échanges d'immeubles ruraux que 25 centimes par cent francs pour tout droit proportionnel d'enregistrement et de transcription, lorsque les immeubles échangés seront situés dans la même commune ou dans des communes limitrophes. — En dehors de ces limites, le tarif ainsi fixé ne sera applicable que si l'un des immeubles échangés est contigu aux propriétés de celui des échangistes qui le reçoit, et dans le cas seulement où ces immeubles auront été acquis par les contractants par acte enregistré depuis plus de deux ans ou recueillis par eux à titre héréditaire.

Art. 2. — Dans tous les cas le contrat d'échange renfermera l'indication de la contenance, du numéro, de la section, du lieudit, de la classe, de la nature et du revenu cadastral de chacun des immeubles échangés, et un extrait de la matrice cadastrale desdits biens, qui sera délivré gratuitement soit par le maire soit par le directeur des contributions directes, sera déposé au bureau lors de l'enregistrement.

Art. 3. — Le droit réglé par l'article 52 de la loi du 28 avril 1816 sera payé sur le montant de la soulte ou de la plus-value.

Il résulte de cette loi que les échanges d'immeubles ruraux, bâtis ou non bâtis, peuvent bénéficier du tarif réduit de 0 fr. 25 0/0 aux conditions suivantes : 1° il faut et il suffit qu'ils soient situés dans la même commune ou dans des communes limitrophes, 2° ou bien, s'ils ne sont situés ni dans la même commune ni dans des communes limitrophes, il faut que l'un au moins des immeubles échangés soit contigu aux propriétés de celui des échangistes qui le reçoit, et que les immeubles échangés aient été acquis par les contractants par actes enregistrés depuis plus de deux ans ou recueillis par eux à titre héréditaire. Si ces conditions sont remplies, l'échange bénéficiera du tarif réduit de 0 fr. 25 0/0, à la condition encore qu'il contienne toutes les énonciations prescrites par l'article 2 de la loi de 1884, et qu'il soit déposé au bureau de l'enregistrement lors de la formalité des extraits de la matrice cadastrale.

Enfin, de l'article 3 de la loi de 1884, il résulte que le droit de soulte doit être calculé, quand il y a lieu, à raison de 6 fr. 875 0/0.

1° Rédaction. — La rédaction des échanges qu'on voudra faire bénéficier de la loi de 1884 ne différera de celle des échanges ordinaires, que par les mentions qu'ils devront contenir tant pour les énonciations cadastrales prescrites que pour la justification de la propriété et de la contiguïté des immeubles s'ils sont situés dans des communes différentes et non limitrophes.

2° Exemple. — « *Les soussignés A... et B... arrêtent les* « *conventions suivantes :*

« *M. A... cède à M. B... qui accepte, vingt ares de pré,*

« lieudit les Pâtures, commune de S..., lui appartenant en « qualité de seul héritier de son père Paul A..., décédé « à S... le.....

« M. B... cède en contre-échange à M. A..., qui accepte, « vingt-cinq ares de terre, lieudit les Longues-Raies, commune « de T..., lui appartenant par suite de l'acquisition qu'il en a « faite de M. C... suivant acte sous signatures privées du deux « janvier mil huit cent quatre-vingt, enregistré le vingt du « même mois.

« Les parties déclarent que la parcelle cédée par M. A... « à M. B... est portée au cadastre de la commune de S... pour « une contenance de vingt et un ares, sous le n° 45 de la sec- « tion B, lieudit les Pâtures, et qu'elle y est classée dans la « deuxième classe, en nature de pré, avec un revenu cadastral « de trois francs, et que celle cédée par M. B... à M. A... est « portée au cadastre de la commune de T... pour une conte- « nance de vingt-quatre ares, sous le n° 30 de la section A, « lieudit les Longues-Raies, et qu'elle y est classée dans la « troisième classe, en nature de terre, avec un revenu de trois « francs vingt centimes, ainsi que le tout est justifié par les « extraits cadastraux qui seront déposés à l'Enregistrement « avec les présentes. — Elles déclarent en outre que la parcelle « cédée par M. B... à M. A... tient du nord et du levant à une « pièce de terre appartenant audit M. A..., du midi à la « rivière et du couchant à plusieurs.

« Les contractants entreront en jouissance des immeubles « échangés et en paieront les contributions à partir de ce jour ; « ils paieront chacun par moitié les frais des présentes.

« Le présent échange est fait sans soulte, et les immeubles « échangés sont déclarés l'un et l'autre d'un revenu annuel de « vingt francs.

« Fait double à X... le premier janvier 1891. »

187. Echange d'usufruit et de nue-propriété. — Les échanges d'usufruit et de nue-propriété se font comme les échanges de toute propriété, toutefois il ne faut pas oublier d'y indiquer qu'on ne cède que l'usufruit ou la nue-propriété des objets échangés.

Ces échanges supportent les mêmes droits que les autres, mais les évaluations sur lesquelles les droits sont perçus y sont soumises à des règles particulières.

L'usufruit s'évalue toujours à la moitié de la toute propriété, c'est-à-dire pour les immeubles que le revenu de l'usufruit, qui est le même que celui de la toute propriété, n'est multiplié que par 10 et 12,5 au lieu de 20 et 25.

La nue-propriété s'évalue, comme l'usufruit, à moitié de la toute propriété, lorsqu'elle a supporté, lors du démembrement de la toute propriété ou lors d'une mutation postérieure, un droit de mutation sur la valeur de la toute propriété ; et dans tous les autres cas, elle s'évalue comme la toute propriété. Il est donc toujours utile, pour les nues-propriétés, d'en indiquer l'origine en remontant jusqu'au démembrement. (V. n° 350).

1° Exemples. — Je suppose que A... cède à B... l'usufruit d'une maison d'un revenu de 200 fr., et que B... cède à A... en contre-échange la nue-propriété d'une autre maison lui appartenant en toute propriété et dont il se réserve l'usufruit, d'un pareil revenu de 200 fr. — l'usufruit de la première maison sera évalué à .... 200×10=2.000
et la nue-propriété de la seconde à ...... 200×20=4.000
le droit d'échange sera dû sur le plus petit lot (2.000), et malgré que l'échange soit fait sans soulte, le droit de soulte sera perçu sur la différence de valeur (4,000—2,000=2,000).

Je suppose encore que A... cède à B... l'usufruit d'une maison d'un revenu de 200 fr. et reçoive en contre-échange la nue-propriété d'une autre maison d'un pareil revenu de 200 fr., celle-ci recueillie par B... dans la succession d'un oncle décédé en léguant à sa veuve encore existante l'usufruit de tous ses biens ; dans ce cas, B... ayant dû acquitter après le décès de son oncle un droit de mutation sur la valeur de la toute propriété (V. n° 350), la nue-propriété qu'il cède ne sera évaluée qu'au denier dix à 200×10=2,000, comme l'usufruit reçu par lui et il sera dû seulement le droit d'échange sur 2,000 fr. sans aucun droit de soulte.

188. Formalités hypothécaires. — Il y a lieu de remplir, à la suite des échanges d'immeubles, les mêmes formalités hypothécaires qu'à la suite des ventes. (V. n° 388.) J'ajoute, en raison de ce que l'échange se rapproche particulièrement d'une vente dont le prix serait payé comptant, qu'il peut être utile de s'assurer, avant même la réalisation du contrat, de la situation hypothécaire de l'immeuble dont on doit devenir propriétaire. (V. n°s 253 et 256).

Effets de commerce. *Voyez* Billet.

Emancipation C. c. 476 à 487.

189. — Le mineur non marié pourra être émancipé par son père, ou à défaut de père par sa mère, lorsqu'il aura atteint l'âge de 15 ans révolus. Cette émancipation s'opèrera par la seule déclaration du père ou de la mère reçue par le juge de paix assisté de son greffier. C. c. 477.

Le mineur resté sans père ni mère pourra aussi, mais seulement à l'âge de 18 ans accomplis, être émancipé si le conseil de famille l'en juge capable. En ce cas, l'émancipation résultera de la délibération du conseil de famille qui l'aura autorisée et de la déclaration que le juge de paix, comme président du conseil de famille, aura faite dans le même acte, que le mineur est émancipé. C. c. 478.

L'émancipation confère au mineur le droit de faire tous les actes d'administration concernant ses biens, mais ne lui donne pas le droit de les aliéner. (V. C. c. 481.)

D'après les articles 477 et 478 du Code civil, l'émancipation ne peut avoir lieu qu'avec le concours du juge de paix ; c'est donc à lui ou à son greffier qu'il faudra s'adresser pour l'obtenir.

Endossement. *Voyez* Billet, n° 110-4.

Enfant.

190. — L'enfant légitime est l'enfant conçu pendant le mariage qui, d'après l'article 312 du Code civil, a pour père le mari.

L'enfant naturel est celui qui, étant né hors mariage, c'est-à-dire de personnes non mariées ensemble, n'est ni incestueux ni adultérin. L'enfant naturel peut être reconnu et même légitimé par ses pére et mère. (V. n°s 206 et 207).

L'enfant adultérin est celui qui est né de deux personnes dont l'une au moins est mariée, mais qui ne sont pas mariées ensemble.

L'enfant incestueux est celui qui est né de deux personnes non mariées ensemble, et qui, en raison de leur parenté ou alliance, ne pouvaient pas se marier ensemble.

Les enfants adultérins ne peuvent être ni reconnus ni légitimés; cependant, un enfant né d'un père marié et d'une mère célibataire pourrait être reconnu comme enfant naturel de celle-ci. Les enfants incestueux ne peuvent pas être reconnus ; mais, quand ils ne sont pas en même temps adultérins, ils peuvent être légitimés par le mariage que leurs père et mère peuvent contracter avec l'autorisation du chef de l'Etat.

Etat civil. C. c. 34 à 101.

191. Division. — Les actes de l'état civil proprement dits sont au nombre de trois : l'acte de naissance, l'acte de mariage et l'acte de décès; toutefois, il existe un quatrième acte que je classerai aussi sous cette dénomination générale, c'est l'acte de publication précédant le mariage.

En outre de ces actes principaux, il existe encore ceux de reconnaissance et légitimation d'enfants naturels, et les transcriptions et mentions des actes et décisions judiciaires rectifiant ou modifiant l'état civil, par exemple les transcriptions des jugements et arrêts qui prononcent le divorce.

Les règles tracées par la loi au sujet de la rédaction des actes de l'état civil sont très complètes et très précises, et je ne peux mieux faire que de suivre, dans cet article, la division même du Code; toutefois, je diviserai en deux parties, actes de publication et actes de mariage, le chapitre unique du Code qui traite de ces deux actes sous un seul titre, et j'ajouterai un paragraphe spécial pour les actes de reconnaissance et légitimation et pour les transcriptions et mentions. Enfin, pour terminer, j'examinerai les règles qui régissent les actes de l'état civil au point de vue du timbre et de l'enregistrement. Cet article se trouvera ainsi divisé en sept parties comprenant : — la première, les règles communes à tous les actes de l'état civil; — les seconde, troisième, quatrième et cinquième, celles spéciales aux actes de naissance, de publication, de mariage et de décès, — la sixième, celles relatives aux reconnaissances et légitimations, transcriptions et mentions, — et la septième tout ce qui concerne le timbre et l'enregistrement.

1re SECTION. — DISPOSITIONS GÉNÉRALES.

192. Droit civil. — Les actes de l'état civil énonceront l'année, le jour et l'heure où ils seront reçus, les prénoms, noms, âges, professions et domiciles de tous ceux qui y seront dénommés. C. c. art. 34.

Les officiers de l'état civil ne pourront rien insérer dans les actes de l'état civil qu'ils recevront, soit par note, soit par énonciation quelconque, que ce qui doit être déclaré par les comparants. C. c. art. 35.

Dans les cas où les parties intéressées ne seront point obligées de comparaître en personne, elles pourront se faire représenter par un fondé de procuration spéciale et authentique. C. c. art. 36.

Les témoins produits aux actes de l'état civil devront être âgés de vingt-et-un ans au moins, parents ou autres sans distinction de sexe; et ils seront choisis par les personnes intéressées. Toutefois, le mari et la femme ne pourront être témoins ensemble dans le même acte. C. c. 37.

L'officier de l'état civil donnera lecture des actes aux parties comparantes, ou à leur fondé de procuration, et aux témoins. — Il y sera fait mention de l'accomplissement de cette formalité. C. c. 38.

Ces actes seront signés par l'officier de l'état civil, par les comparants et les témoins ; ou mention sera faite de la cause qui empêchera les comparants et les témoins de signer. C. c. 39.

Les actes de l'état civil seront inscrits dans chaque commune sur un ou plusieurs registres tenus doubles. C. c. 40.

Les registres seront cotés par première et dernière, et paraphés sur chaque feuille par le président du Tribunal de première instance ou par le juge qui le remplacera. C. c. 41.

Les actes seront inscrits sur les registres de suite sans aucun blanc. — Les ratures et les renvois seront approuvés et signés de la même manière que le corps de l'acte. Il n'y sera rien écrit par abréviation, et aucune date ne sera mise en chiffres. C. c. 42.

Les registres seront clos et arrêtés par l'officier de l'état civil, à la fin de chaque année ; et dans le mois, l'un des doubles sera déposé aux archives de la commune, l'autre au greffe du tribunal de première instance. C. c. 43.

Les procurations et les autres pièces, qui doivent demeurer annexées aux actes de l'état civil, seront déposées, après qu'elles auront été paraphées par la personne qui les aura produites et par l'officier de l'état civil, au greffe du tribunal avec le double des registres dont le dépôt doit avoir lieu audit greffe. C. c. 44.

Toute personne pourra se faire délivrer par les dépositaires des registres de l'état civil des extraits de ces registres. Les extraits délivrés conformes aux registres, et légalisés par le président du Tribunal de première instance ou par le juge qui le remplacera, feront foi jusqu'à l'inscription de faux. C. c. 45.

193. Observations pratiques. — Les règles qui précèdent sont énoncées avec une clarté qui rend tout commentaire inutile. Le rédacteur devra bien se pénétrer de leurs prescriptions et de celles dont l'énoncé va suivre, de façon à insérer dans les actes tout ce que la loi demande, mais rien de plus. J'appellerai notamment l'attention de mes lecteurs sur l'article 35 qui défend d'insérer dans les actes autre chose que ce qui doit être déclaré.

2me SECTION. — DES ACTES DE NAISSANCE.

194. Droit civil. — Les déclarations de naissance seront faites dans les trois jours de l'accouchement à l'officier de l'état civil du lieu : l'enfant lui sera présenté. C. c. 55.

La naissance de l'enfant sera déclarée par le père, ou, à défaut du père, par les docteurs en médecine ou en chirurgie, sages-femmes, officiers de santé ou autres personnes qui auront assisté à l'accouchement; et, lorsque la mère sera accouchée hors de son domicile, par la personne chez qui elle sera accouchée. — L'acte de naissance sera rédigé de suite en présence de deux témoins. C. c. 56.

L'acte de naissance énoncera le jour, l'heure et le lieu de la naissance, le sexe de l'enfant, et les prénoms qui lui seront donnés, les prénoms, noms, profession et domicile des père et mère, et ceux des témoins. C. c. 57.

195. Observations pratiques. — L'article 55 du Code civil exige que l'enfant soit présenté à l'officier de l'état civil, l'acte de naissance doit donc mentionner cette présentation pour justifier qu'il a été satisfait à la loi ; toutefois, la présentation effective est généralement suppléée dans la pratique par un certificat du médecin accoucheur. — Dans le cas de la présentation d'un enfant mort-né, l'officier de l'état civil ne doit pas dresser d'acte de naissance, mais seulement un acte de décès. (V. n° 204.)

L'article 56 dispose que l'enfant sera déclaré par le père, mais cette obligation n'existe que pour le père légitime ; la déclaration est facultative pour le père naturel, et elle ne peut être faite par le père incestueux ou adultérin, à moins que celui-ci ne déclare comme étranger et non comme père.

L'article 57 prescrit d'énoncer notamment les noms, profession et domicile des père et mère, mais, comme dans le cas de l'article 56, cette prescription ne vise que les père et mère légitimes. En ce qui concerne les père et mère adultérins ou incestueux, cette mention ne peut et ne doit jamais être faite ; en ce qui concerne les père et mère naturels elle n'est pas nécessaire, et, comme la reconnaissance doit être volontaire, cette mention ne devrait jamais être faite que sur la déclaration formelle des père et mère eux-mêmes ou de leur mandataire authentique, quand l'acte doit contenir reconnaissance de l'enfant naturel. Dans tous les cas, l'indication des nom et prénoms de la mère naturelle peut être inscrite si elle est déclarée volontairement, mais il semble qu'elle ne doit jamais être exigée par l'officier de l'état civil, comme cela se fait quelquefois dans la pratique. (*Mourlon*, n° 287.)

196. Rédaction. — Je vais donner deux exemples pour la rédaction des actes de naissance légitime et naturelle.

1° Acte de naissance d'un enfant légitime. — « *L'an*
« *mil huit cent quatre-vingt-onze, le premier septembre à une*
« *heure du soir, devant nous Pierre Durand, maire de la com-*
« *mune de X..., département du Loiret, officier de l'état civil,*
« *a comparu Armand Robin, âgé de trente ans, instituteur*
« *demeurant à X..., lequel, assisté de Louis Gobin, âgé de cin-*
« *quante ans, propriétaire et aïeul maternel de l'enfant*
« *ci-après nommé, et de Jules Minard, âgé de soixante ans,*
« *instituteur en retraite, tous deux également domiciliés à X...,*
« *nous a présenté un enfant du sexe masculin, né en cette*
« *commune, en son domicile, hier trente et un août à six*
« *heures du soir, de lui comparant et de Camille-Louise Gobin*
« *âgée de vingt-cinq ans, sa femme, sans profession demeurant*
« *avec lui, et auquel enfant il a donné les prénoms de Pierre-*
« *Jacques — et le père et les témoins ont signé avec nous le*
« *présent acte après lecture à eux faite.* »

2° Acte de naissance d'un enfant naturel. — « *L'an mil*
« *huit cent quatre-vingt-onze, le premier septembre à midi,*
« *par devant nous Jean-Pierre N..., adjoint au maire de la*
« *ville de Joigny (Yonne), remplissant par délégation les*
« *fonctions d'officier de l'état civil, a comparu demoiselle*
« *Constance B..., âgée de quarante ans, sage-femme demeurant*
« *à Joigny Grande-Rue numéro dix, laquelle, assistée de Jules-*
« *Ernest J... âgé de cinquante ans, bijoutier à Joigny rue*
« *Basse numéro quinze, et de Joseph M... âgé de quarante ans,*
« *limonadier demeurant aussi à Joiguy rue Basse numéro*
« *deux, nous a présenté un enfant du sexe masculin, né en*
« *cette ville au domicile de la comparante, hier trente et un*
« *août à cinq heures du soir, de père et mère inconnus* (ou
« bien *d'Eugénie P..., âgée de vingt-cinq ans, manouvrière,*
« *célibataire demeurant à Joigny rue de Paris numéro quatre,*
« *et de père inconnu), et auquel enfant elle a donné les noms*
« *d'Alphonse-Eugène, et la comparante et les témoins ont*
« *signé avec nous le présent acte après lecture à eux faite.* »

3me section — DES ACTES DE PUBLICATION.

197. Droit civil. — Avant la célébration du mariage, l'officier de l'état civil fera deux publications, à huit jours d'intervalle, un jour de dimanche, devant la porte de la maison commune. Ces publications et l'acte qui en sera dressé énonceront les prénoms, noms, professions et domiciles des futurs époux, leur qualité de majeurs ou de mineurs et les prénoms, noms, professions et domiciles de leurs pères et mères. Cet acte énoncera en outre les jours, lieux et heures où les publications auront été faites : il sera inscrit sur un seul registre qui sera coté et paraphé comme il est dit en l'article 41, et déposé à la fin de chaque année au greffe du tribunal de l'arrondissement. C. c. 63.

Un extrait de l'acte de publication sera et restera affiché à la porte de la maison commune, pendant les huit jours d'intervalle de l'une à l'autre publication. Le mariage ne pourra être célébré avant le troisième jour, depuis et non compris celui de la seconde publication. C. c. 64.

Si le mariage n'a pas été célébré dans l'année à compter de l'expiration du délai des publications, il ne pourra plus être célébré qu'après que de nouvelles publications auront été faites dans la forme ci-dessus prescrite. C. c. 65.

Les actes d'opposition au mariage seront signés sur l'original et sur la copie par les opposants ou par leurs fondés de procuration spéciale et authentique ; ils seront signifiés, avec la copie de la procuration, à la personne ou au domicile des parties, et à l'officier de l'état civil qui mettra son visa sur l'original. C. c. 66.

L'officier de l'état civil fera sans délai une mention sommaire des oppositions sur le registre des publications ; il fera aussi mention, en marge de l'inscription desdites oppositions, des jugements et des actes de mainlevée dont expédition lui aura été remise. C. c. 67.

Si les publications ont été faites dans plusieurs communes, les parties remettront un certificat délivré par l'officier de l'état civil de chaque commune constatant qu'il n'existe pas d'opposition. C. c. 69.

Les deux publications ordonnées par l'article 63 seront faites à la municipalité du lieu où chacune des parties contractantes aura son domicile. C. c. 166.

Néanmoins si le domicile actuel n'est établi que par six mois de résidence, les publications seront faites en outre à la municipalité du dernier domicile. C. c. 167.

Si les parties contractantes, ou l'une d'elles, sont, relativement au mariage, sous la puissance d'autrui, les publications seront encore faites à la municipalité du domicile de ceux sous la puissance desquels elles se trouvent. C. c. 168.

198. Observations pratiques. — A la différence des registres de l'état civil proprement dits, celui des publications est tenu simple ; ce registre reçoit, outre l'inscription des actes de publication, la mention des oppositions à mariage et de leurs mainlevées. — Les actes de publication se rédigent d'après leurs règles propres énoncées au n° 197 qui précède sans égard aux dispositions générales énoncées au n° 192.

Les publications doivent être faites 1° dans toutes les communes où le mariage peut être célébré, 2° et dans celles où sont domiciliées les personnes sous la puissance desquelles les parties ou l'une d'elles se trouvent encore relativement au mariage.

Il résulte des articles 74 et 165 du code civil que le mariage peut être célébré soit au domicile ordinaire de l'une ou de l'autre des parties, soit dans la commune où l'une ou l'autre a au moins six mois de résidence, encore qu'elle n'y ait point son domicile réel. De ce chef le nombre des publications nécessaires peut être porté à quatre, chacun des futurs pouvant avoir un domicile et une résidence dans des localités différentes. (Voy. Mourlon 574).

Les personnes sous la puissance desquelles les parties se trouvent encore relativement au mariage sont celles qui ont droit d'empêcher le mariage en refusant leur consentement, et auxquelles les futurs sont tenus de demander conseil en vertu de l'article 151 du code civil, c'est-à-dire les pères et mères des futurs ou leurs aïeuls lorsque les pères et mères sont décédés, ou encore leur conseil de famille lorsque les futurs n'ont point d'ascendants et qu'ils sont mineurs de 21 ans. C. c. 160. Marcadé art. 168 n° 578.

199. Rédaction. — L'acte de publication peut être rédigé de la manière suivante :

« *L'an mil huit cent quatre-vingt-onze, le dimanche six* « *septembre, à l'heure de midi, nous Désiré R... adjoint au* « *maire de la ville de X... (Lot), remplissant par délégation* « *les fonctions d'officier de l'état civil, après nous être trans-* « *porté devant la principale porte de la maison commune, avons* « *annoncé et publié pour la première fois* (ou pour la seconde « fois) *qu'il y a promesse de mariage entre Jules A..., sans* « *profession, demeurant à X... rue de la République numéro* « *dix, fils majeur de Jean-Baptiste A... et Marie-Louise B...* « *sa femme, propriétaires, demeurant ensemble également* « *à X... rue de la République numéro dix, et Jeanne-Fran-* « *çoise D..., fille mineure de Jules D... rentier et Louise F...* « *sa femme, avec lesquels elle est domiciliée à Y... (Lot).* — « *Laquelle publication lue à haute et intelligible voix a été de* « *suite affichée par extrait à la porte de la maison commune.* « *De tout quoi nous avons rédigé le présent acte que nous avons* « *signé.* »

4me SECTION. — DES ACTES DE MARIAGE.

200. Droit civil. — Le mariage sera célébré dans la commune où l'un des deux époux aura son domicile. Ce domicile, quant au mariage, s'établira par six mois d'habitation continue dans la même commune. C. c. 74.

En cas d'opposition, l'officier de l'état civil ne pourra célébrer le mariage avant qu'on lui en ait remis la mainlevée ; s'il n'y a pas d'opposition, il en sera fait mention dans l'acte de mariage. Si les publications ont été faites dans plusieurs communes, les parties remettront un certificat délivré par l'officier de l'état civil de chaque commune, constatant qu'il n'existe point d'opposition. C. c. 68 et 69.

L'officier de l'état civil se fera remettre l'acte de naissance de chacun des futurs époux. Cet acte ne devra pas avoir été délivré depuis plus de trois mois s'il a été délivré en France, et depuis plus de six mois s'il a été délivré dans une colonie ou un consulat. Celui des époux qui serait dans l'impossibilité de se le procurer pourra le suppléer en rapportant un acte de notoriété délivré par le juge de paix du lieu de sa naissance, ou par celui de son domicile. C. c. Art. 70 modifié par l'article 5 de la loi du 17 août 1897.

L'acte authentique du consentement des père et mère, ou aïeuls et aïeules, ou, à leur défaut, celui de la famille, contiendra les prénoms, noms, professions et domiciles du futur époux et de tous ceux qui auront concouru à l'acte, ainsi que leur degré de parenté. Hors le cas prévu par l'article 160 (c'est-à-dire celui ou le consentement est donné par le Conseil de famille), cet acte de consentement pourra être donné, soit devant un notaire, soit devant l'officier de l'état civil du domicile de l'ascendant, et, à l'étranger, devant les agents diplomatiques ou consulaires français. — C. c. Art. 73 modifié par l'art. 1 de la loi du 20 juin 1896. — Si les ascendants dont le consentement serait nécessaire sonts morts ou dans l'impossibilité de manifester leur volonté, les futurs doivent en justifier ; ils justifient des décès par les expéditions des actes qui en ont été dressés. Toutefois il n'est pas nécessaire de produire les actes de décès des pères et mères des futurs mariés lorsque les aïeuls ou aïeules pour la branche à laquelle ils appartiennent attestent ces décès ; et, dans ce cas, il doit être fait mention de leur attestation dans l'acte de mariage. — Si les ascendants dont le consentement ou conseil est requis sont décédés, et si l'on est dans l'impossibilité de produire l'acte de décès ou la preuve de leur absence, faute de connaître leur dernier domicile, il sera procédé au mariage des majeurs sur leur déclaration à serment que le lieu du décès et celui du dernier domicile de leurs ascendants leur sont inconnus. — Cette déclaration doit être certifiée aussi par serment des quatre témoins de l'acte de mariage, lesquels affirment que, quoi qu'ils connaissent les futurs époux, ils ignorent le lieu du décès de leurs ascendants et de leur dernier domicile. Les officiers de l'état civil doivent faire mention, dans l'acte de mariage, desdites déclarations. C. c. Art. 155 complété par l'art. 5 de la loi du 20 juin 1896.

Le jour désigné par les parties après les délais des publications, l'officier de l'état civil, dans la maison commune, en présence de quatre témoins parents ou non parents, fera lecture aux parties des pièces ci-dessus mentionnées, relatives à leur état et aux formalités du mariage, et du chapitre VI du titre du mariage sur les droits et devoirs respectifs des époux. — Il interpellera les futurs époux ainsi que les personnes qui autorisent le mariage, si elles sont présentes, d'avoir à déclarer s'il a été fait un contrat de mariage, et, dans le cas de l'affirmative, la date de ce contrat ainsi que les nom et lieu de résidence du notaire qui l'aura reçu. — Il recevra de chaque partie, l'une après l'autre, la déclaration qu'elles veulent se prendre pour mari et femme; il prononcera au nom de la loi qu'elles sont unies par le mariage, et il en dressera acte sur le champ. C. c. 75.

On énoncera dans l'acte de mariage, — 1° les prénoms, noms, professions, âges, lieu de naissance et domiciles des époux ; — 2° s'ils sont majeurs ou mineurs ; — 3° les prénoms, noms, professions et domiciles des pères et mères ; — 4° le consentement des pères et mères, aïeuls et aïeules, et celui de la famille dans le cas où ils sont requis ; — 5° les actes respectueux s'il en a été fait ; — 6° les publications dans les divers domiciles ; — 7° les oppositions s'il y en a eu et leur mainlevée, ou la mention qu'il n'y a point eu d'opposition ; — 8° la déclaration des contractants de se prendre pour époux et le prononcé de leur union par l'officier public ; — 9° les prénoms, noms, âges, professions et domiciles des témoins, et leur déclaration s'ils sont parents ou alliés des parties, de quel côté et à quel degré ; — 10° la déclaration faite sur l'interpellation prescrite par l'article précédent, qu'il a été ou qu'il n'a pas été fait de contrat de mariage, et, autant que possible, la date du contrat s'il existe, ainsi que les nom et lieu de résidence du notaire qui l'aura reçu ; le tout à peine contre l'officier de l'état civil de l'amende fixée par l'article 50. Il sera fait mention de la célébration du mariage en marge de l'acte de naissance des époux. C. c. article 76 complété par l'article 2 de la loi du 17 août 1897.

201. Observations pratiques. — J'ai limité l'exposé qui précède aux articles intéressant la rédaction même de l'acte de mariage, pour le surplus le lecteur se reportera au code lui-même ou à ses commentaires.

L'article 70 prescrit à l'officier de l'état civil de se faire remettre l'acte de naissance de chacun des futurs époux, mais si les futurs sont nés dans la commune où le mariage est célébré, il suffit à l'officier de l'état civil de se reporter aux minutes des actes de naissance conservés dans les archives de la commune.

Les futurs doivent encore produire les actes de décès de leurs auteurs et aïeuls dont le consentement, s'ils avaient existé, aurait été nécessaire à la célébration de leur mariage, sauf toutefois l'exception prévue au nº 200. De même que pour leurs actes de naissance, cette production sera inutile lorsque les actes auront été dressés et seront conservés à la mairie de la commune où le mariage est célébré.

1º CONSENTEMENT. — Enfin le mariage doit être célébré en présence des pères, mères et aïeuls dont le consentement est exigé (V. C. c. 148 à 160), ou bien, dans le cas de leur absence, les futurs doivent produire leur consentement authentique, c'est-à-dire passé devant un notaire ou devant l'officier de l'état civil du domicile de l'ascendant consentant, ou encore à l'étranger devant les agents diplomatiques ou consulaires français (V. nº 200).

Ce consentement doit être fait sur papier timbré à 0 fr. 60 et enregistré au droit de 3 fr. 75 ; cependant, quand il doit servir au mariage d'indigents, il peut être visé pour timbre et enregistré gratis aux conditions exprimées au nº 210-4. Le ministre des finances a décidé le 9 février 1898 que les consentements à mariage peuvent être enregistrés dans tous les bureaux compétents pour l'enregistrement des actes sous signatures privées. (V. Supplément à tous les codes de Roy nº 1303).

L'acte de consentement doit contenir notamment les noms, prénoms, professions et domiciles des deux futurs époux — ainsi un consentement donné par un père à son fils de se marier avec une femme non dénommée ne serait pas valable — et il doit être reçu par le notaire ou par l'officier de l'état civil en présence de deux témoins, ceux-ci, comme il a déjà été dit, devant avoir au moins 21 ans accomplis, et pouvant être de l'un ou l'autre sexe, sans toutefois que le mari et la femme puissent être témoins dans le même acte.

Cet acte peut, par exemple, être rédigé de la manière suivante : — « *Par devant nous* (nom et prénoms) *maire et* « *officier de l'état civil de la commune de ..., arrondissement* « *de ..., département de ...*,

« *A comparu Monsieur* (ou *Madame*) (nom, prénoms,
« profession et domicile) *connu de nous,*
« *Lequel a, par ces présentes, déclaré consentir au mariage*
« *que Monsieur* (nom, prénoms, profession et domicile) *son*
« *fils* (ou *petit-fils*) *se propose de contracter avec Mademoiselle*
« (ou *Madame*) (nom, prénoms, profession et domicile)
« *Dont acte fait et passé en la mairie de ..., l'an mil huit*
« *cent quatre vingt dix huit le ...*
« *En présence de* 1° (nom, prénoms et profession du
« 1er témoin) *et* 2° (nom, prénoms et profession du
« 2e témoin) *tous deux domiciliés dans cette commune, témoins*
« *instrumentaires.*
« *Et, lecture faite, le comparant a signé avec les témoins et*
« *l'officier de l'état civil.*
« Ou bien *et, lecture faite, les témoins ont seuls signé avec*
« *l'officier de l'état civil, le comparant, requis de signer, ayant*
« *déclaré ne savoir le faire.* »

202. Rédaction. — « *L'an mil huit cent quatre vingt-neuf,*
« *le trois septembre à dix heures du matin, devant nous*
« *François M..., maire de la commune de X... (Somme), offi-*
« *cier de l'état civil, ont comparu publiquement en la maison*
« *commune M. Jean-Louis A... âgé de vingt-six ans, industriel*
« *demeurant avec ses père et mère à Amiens, Grande-Rue*
« *numéro dix, et né audit lieu le premier septembre mil huit*
« *cent soixante trois, ainsi que cela résulte de son acte de nais-*
« *sance qu'il nous a produit, fils majeur de M. Pierre A...*
« *âgé de soixante ans, industriel, et de Mme Marie-Louise B...,*
« *sa femme âgée de cinquante ans, tous deux ci-dessus domi-*
« *ciliés, présents et consentant au mariage de leur fils,* (ou
« bien *non présents, mais ayant donné leur consentement au*
« *mariage de leur fils suivant acte passé devant Me N...*
« *notaire à Amiens le vingt août dernier ci-annexé), et*
« *Mlle Louise-Henriette D... âgée de vingt-deux ans, sans pro-*
« *fession, demeurant à X... chez ses père et mère, née en cette*
« *commune le six août mil huit cent soixante-sept, fille*
« *majeure de M. Georges D... âgé de cinquante ans, proprié-*
« *taire, et de Mme Jeanne-Claire F..., sa femme âgée de qua-*
« *rante-cinq ans, demeurant à X..., tous deux présents et*
« *consentant au mariage de leur fille, lesquels nous ont requis*
« *de procéder à la célébration de leur mariage dont les publi-*
« *cations ont été faites en cette commune et en la ville d'Amiens*
« *les dimanches vingt et un et vingt-huit juillet dernier.*
« *Aucune opposition ne nous ayant été signifiée, non plus qu'à*
« *l'officier de l'état-civil de la ville d'Amiens, ainsi que le*
« *constate le certificat ci-annexé de ce magistrat, nous avons*
« *fait droit à leur réquisition; en conséquence nous avons*

« *donné lecture des actes de publication et du certificat de non-*
« *opposition, des actes de naissance des futurs époux* (si les
« père et mère du futur sont absents *du consentement des*
« *père et mère du futur) et du chapitre six du titre du mariage*
« *sur les droits et devoirs respectifs des époux. Sur notre*
« *interpellation, les futurs époux et les personnes présentes*
« *autorisant leur mariage nous ont déclaré qu'un contrat*
« *réglant les conditions civiles de leur union a été reçu par*
« *Me P... notaire à X... le vingt-cinq août dernier. Enfin*
« *nous avons demandé au futur époux et à la future épouse*
« *s'ils veulent se prendre pour mari et femme, et, chacun d'eux*
« *ayant répondu affirmativement, nous avons en conséquence*
« *déclaré au nom de la loi que M. Jean-Louis A... et Mlle Louise-*
« *Henriette D... sont unis par le mariage.*

« *De tout quoi nous avons rédigé acte en présence de*
« *MM. Edouard S... âgé de cinquante ans, négociant et Louis-*
« *Alexandre T... âgé de quarante-cinq ans, propriétaire, tous*
« *deux domiciliés à X..., amis de l'époux, et de MM. Fran-*
« *çois U... et Pierre V... tous deux âgés de soixante ans et*
« *propriétaires à X..., amis de l'épouse. — Et il en a été*
« *donné lecture aux parties et aux témoins qui ont signé avec*
« *nous.* »

Il convient d'observer que dans le cas où les futurs produisent d'autres actes et notamment les actes de décès de leurs auteurs et aïeuls, ainsi qu'il a été dit au n° 201, lecture en est donnée par l'officier de l'état civil et cette lecture est mentionnée en l'acte de mariage comme pour les actes de naissance des futurs.

5me SECTION. — DES ACTES DE DÉCÈS.

203. Droit civil. — Aucune inhumation ne sera faite sans une autorisation sur papier libre et sans frais de l'officier de l'état civil, qui ne pourra la délivrer qu'après s'être transporté auprès de la personne décédée pour s'assurer du décès, et que vingt-quatre heures après le décès, hors les cas prévus par les réglements de police. C. c. 77.

L'acte de décès sera dressé par l'officier de l'état civil, sur la déclaration de deux témoins. Ces témoins seront, s'il est possible, les deux plus proches parents ou voisins, ou, lorsqu'une personne sera décédée hors de son domicile, la personne chez laquelle elle sera décédée, et un parent ou autre. C. c. 78.

L'acte de décès contiendra les prénoms, nom, âge, profession et domicile de la personne décédée ; les prénoms et nom de l'autre époux, si la personne décédée était mariée ou veuve ; les prénoms, noms, âges, professions et domiciles des déclarants, et, s'ils sont parents, leur degré de parenté. Le même acte contiendra de plus, autant qu'on pourra le savoir, les prénoms, noms, profession et domicile des père et mère du décédé, et le lieu de sa naissance. C. c. 79.

Dans tous les cas de mort violente, ou dans les prisons et maisons de réclusion, ou d'exécution à mort, il ne sera fait sur les registres aucune mention de ces circonstances, et les actes de décès seront simplement rédigés dans les formes prescrites par l'article 79. C. c. 85.

204. Observations pratiques. — L'article 77 du Code prescrit à l'officier de l'état civil de se transporter auprès de la personne décédée pour s'assurer du décès ; toutefois l'usage s'est établi que l'officier de l'état civil se fasse remplacer par un médecin qui constate le décès en un certificat remis à l'officier de l'état civil par les déclarants, et d'après lequel est établi l'acte de décès.

Un cas de décès assez fréquent, et cependant non prévu par le Code, est celui d'un enfant mort-né ou décédé avant que sa naissance ait été déclarée. Un décret du 4 juillet 1806 défend dans ce cas à l'officier de l'état civil d'exprimer si l'enfant est décédé ou mort-né, et lui prescrit d'exprimer seulement que l'enfant lui a été présenté « *sans vie* » et de recevoir les déclarations des témoins sur les prénoms, noms, qualités et demeure des père et mère et sur l'époque précise de la naissance. Cet acte doit être inscrit à sa date sur les registres de décès. (Voy. Marcadé, art. 87, n° 275).

205. Rédaction. — « *L'an mil huit cent quatre-vingt-onze,* « *le quatre septembre à dix heures du matin, par devant nous* « *Ernest B..., maire, officier de l'état civil de la ville de S...* « *(Jura), ont comparu messieurs Pierre-Henri C... âgé de* « *trente-quatre ans, huissier, et Charles-Etienne D... âgé de* « *trente ans, greffier de paix, tous les deux domiciliés à S...,* « *le premier beau-frère et le second ami du décédé, lesquels* « *nous ont déclaré que Pierre-Jacques-Henri F... âgé de trente-* « *cinq ans, en son vivant notaire à S..., né à Besançon le* « *quinze juin mil huit cent cinquante six, fils de Joseph-* « *Étienne F... rentier demeurant à Besançon, et de défunte* « *Anne-Julie H..., et époux de Jeanne-Léonie L... âgée de* « *trente ans, est décédé hier à onze heures du matin en son* « *domicile à S..., Grande-Rue numéro quinze, où nous nous* « *sommes transporté et assuré de ce décès, et ont les comparants* « *signé avec nous le présent acte après que lecture leur en a été* « *faite.* »

6me SECTION. — RECONNAISSANCES ET LÉGITIMATIONS, TRANSCRIPTIONS ET MENTIONS.

206. Reconnaissances. — L'acte de reconnaissance d'un enfant sera inscrit sur les registres, à sa date; il en sera fait mention en marge de l'acte de naissance, s'il en existe un. C. c. 62.

La reconnaissance d'un enfant naturel sera faite par un acte authentique lorsqu'elle ne l'aura pas été dans son acte de naissance. C. c. 334.

Cette reconnaissance ne pourra avoir lieu au profit des enfants nés d'un commerce incestueux ou adultérin. C. c. 335.

La reconnaissance du père, sans l'indication et l'aveu de la mère, n'a d'effet qu'à l'égard du père. C. c. 336.

1° OBSERVATIONS PRATIQUES. — La reconnaissance d'un enfant naturel, lorsqu'elle n'a pas été faite dans l'acte de naissance, peut avoir lieu soit par déclaration faite à l'officier de l'état civil et inscrite à sa date au registre des actes de naissance, soit par acte authentique; mais dans ce dernier cas elle doit être transcrite sur les registres de l'état civil. (Voy. Marcadé, art. 62, n° 269.) Elle ne peut, dans aucun cas, résulter d'un acte sous signatures privées.

De l'article 336 il résulte que la reconnaissance est spéciale au père ou à la mère qui la fait, et qu'elle n'a d'effet vis à vis des deux qu'à la condition qu'elle émane de tous les deux ou qu'elle réunisse au moins, avec la reconnaissance du père, l'indication et l'aveu de la mère.

J'ai déjà dit au n° 195 qu'on ne peut reconnaître les enfants adultérins ou incestueux.

2° RÉDACTION. — « *L'an mil huit cent quatre-vingt-onze, le* « *cinq septembre, à deux heures du soir, devant nous Jules D. .* « *adjoint au maire de la ville de Semur (Côte-d'Or), remplis-* « *sant par délégation les fonctions d'officier de l'état civil, a* « *comparu mademoiselle Eugénie Jardin âgée de vingt huit* « *ans, célibataire, manouvrière demeurant à Semur, Grande-* « *Rue numéro deux, laquelle, assistée de messieurs Henri* « *Ernest Destre âgé de cinquante ans et Eugène Guyot âgé de* « *quarante ans, tous deux employés de commerce demeurant à* « *Semur, nous a déclaré qu'elle reconnaît être la mère d'un* « *enfant du sexe masculin né à Semur le trente juin mil huit* « *cent quatre-vingt-dix et inscrit le lendemain au registre des* « *naissances de la mairie de cette ville, numéro cent cinq, sous* « *les noms de Pierre Eugène et comme fils de père et de mère* « *inconnus* (ou bien *comme fils de la comparante et de père*

« *inconnu), de quoi nous avons dressé le présent acte que la* « *comparante et les témoins ont signé avec nous après que* « *lecture leur en a été faite.* »

L'acte de reconnaissance doit être mentionné en marge de l'acte de naissance. (V. n° 209.)

207. Légitimations. — Les enfants nés hors mariage, autres que ceux nés d'un commerce incestueux ou adultérin, pourront être légitimés par le mariage subséquent de leurs père et mère, lorsque ceux-ci les auront légalement reconnus avant leur mariage, ou qu'ils les reconnaîtront dans l'acte même de célébration. Il sera fait mention de la légitimation en marge de l'acte de naissance de l'enfant légitimé. C. c. art. 331 complété par l'art. 3 de la loi du 17 août 1897.

La légitimation peut avoir lieu même en faveur des enfants décédés qui ont laissé des descendants; et, dans ce cas, elle profite à ces descendants. C. c. 332.

Les enfants légitimés par le mariage subséquent auront les mêmes droits que s'ils étaient nés de ce mariage. C. c. 333.

1° Observations pratiques. — Lorsque l'enfant naturel n'a pas été reconnu antérieurement, le mariage, pour produire la légitimation de l'enfant, doit contenir sa reconnaissance formelle par le père et la mère.

Lorsque l'enfant naturel a été reconnu par ses père et mère avant leur mariage, le fait seul du mariage suffit à produire de plein droit sa légitimation, sans même que celle-ci ait besoin d'être exprimée dans l'acte de mariage; il est cependant préférable de la mentionner expressément.

La légitimation devra, comme la reconnaissance, être mentionnée en marge de l'acte de naissance.

2° Rédaction. — Dans l'exemple donné au n° 202, une légitimation non précédée d'une reconnaissance antérieure pourrait être exprimée de la manière suivante, après la déclaration relative à l'existence d'un contrat de mariage: « ..... *Les comparants nous ont en même temps déclaré qu'ils* « *reconnaissent expressément et entendent légitimer par leur* « *mariage un enfant du sexe féminin, né à X... le deux jan-* « *vier mil huit cent quatre-vingt-sept, inscrit le trois du même* « *mois au registre des naissances de la mairie de cette commune,* « *numéro deux dudit registre, sous les noms de Marie-Louise,* « *comme fille de père et mère inconnus* (ou bien *comme fille* « *de Louise-Henriette D..., comparante, et de père inconnu).* »

208. Transcriptions. — La loi prescrit dans certains cas la transcription d'actes de l'état civil, notamment par les articles 60, 61, 80, 82, 87, 98 du Code. Cette transcription est encore nécessaire pour les jugements de rectification d'état civil en vertu de l'article 101, pour les arrêts d'adoption en vertu de l'article 359 et pour les jugements et arrêts de divorce en vertu de la loi du 18 avril 1886.

La transcription se fait en copiant littéralement l'acte à transcrire qu'on fait précéder par exemple de la mention suivante ; « *L'an...., le...., a été transcrit l'acte dont la teneur suit :....* »

209. Mentions. — La loi prescrit également certaines mentions à faire en marge de certains actes, certaines références à établir d'un acte à un autre.

Telles sont, par exemple, la mention de la célébration du mariage en marge de l'acte de naissance de chacun des époux (V. nº 200 in fine), les mentions des reconnaissances et légitimations à faire en marge des actes de naissance des enfants naturels reconnus ou légitimés, C. c. art. 63 et 331, les mentions des jugements de rectification et de divorce en marge des actes rectifiés et des mariages dissous, et les mentions relatives à l'enregistrement des actes susceptibles de cette formalité. V. nº 211.

La mention d'un acte de reconnaissance en marge de l'acte de naissance de l'enfant reconnu peut être faite, par exemple, de la manière suivante : « *Par acte passé à la*
« *mairie de ..... le ...* (date en toutes lettres) *X...* (nom et
« prénoms du père) *et* (s'il y a lieu) *Y...* (nom et prénoms
« de la mère) *ont* (ou *a*) *reconnu pour leur* (ou *son fils*) (ou
« *sa fille*) *l'enfant dont la naissance est constatée ci-contre.*
« *Dont mention faite par nous, officier de l'état civil* (ou
« *greffier du tribunal*) *soussigné, le ...* »

Ou encore ainsi qu'il suit :

« *Par acte en date du ... passé devant* (indiquer les noms
« et qualités de l'officier public qui a reçu l'acte) *et trans-*
« *crit le ... à la mairie de ... X...* la suite comme ci-dessus.

La mention d'un acte de légitimation en marge de l'acte de naissance peut se faire à peu près dans les mêmes termes :

« *Dans l'acte de leur mariage célébré à la mairie de ... le ...*
« *X... et Y...* (noms et prénoms des époux) *ont reconnu et*
« *légitimé par suite de leur union l'enfant dont la naissance*
« *est constatée ci-contre — Dont mention faite par nous offi-*
« *cier de l'état civil* (ou *greffier du tribunal*) *soussigné, le...* »

D'après l'article 49 du Code civil, modifié par l'article 1er de la loi du 17 août 1897, dans tous les cas où la mention d'un acte relatif à l'état civil doit avoir lieu en marge d'un acte déjà inscrit, cette mention est faite d'office par l'officier de l'état civil qui a dressé ou transcrit l'acte donnant lieu à mention, et dans les trois jours, sur les registres qu'il détient. — Dans le même délai, cet officier de l'état civil doit adresser un avis au Procureur de la République de son arrondissement, et celui-ci doit veiller à ce que la mention soit faite d'une façon uniforme sur les registres existant dans les archives des communes ou des greffes ou dans tous autres dépôts publics.

7me SECTION. — TIMBRE ET ENREGISTREMENT.

210. Timbre. — Les actes de l'état civil sont inscrits sur des registres en papier timbré dont le prix est à la charge des communes.

Les expéditions des actes de l'état civil doivent toutes être rédigées sur papier timbré à 1 fr. 80 la feuille, et chaque feuille ne peut servir qu'à l'expédition d'un seul acte ; cette règle, cependant, comporte quelques exceptions dont j'indiquerai plus loin les principales.

Les certificats et les extraits de publication doivent être également sur papier timbré, mais ils peuvent être seulement sur timbre à 0 fr. 60 la feuille, à moins pour les extraits qu'ils ne soient delivrés dans la forme des expéditions, auquel cas ils doivent être écrits sur papier à 1 fr. 80.

1° TIMBRES MOBILES. — Dans beaucoup de mairies on se sert, pour les expéditions des actes de l'état civil, de formules imprimées, qui sont timbrées au moyen de timbres mobiles apposés avant leur emploi ; ces timbres ne peuvent être apposés que par les Receveurs de l'Enregistrement. Certaines mairies se servent aussi de papiers timbrés à l'extraordinaire, ainsi qu'il a été dit déjà pour les billets ne 108-1. (V. 369-2).

2° EXEMPTION. — Sont exempts du timbre les extraits ou expéditions des actes de l'état civil qui se délivrent à une administration ou à un fonctionnaire public, à condition qu'il y soit fait mention de cette destination. — Art. 16 de la loi du 13 brumaire an VII.

3° VISA POUR TIMBRE EN DEBET. — Sont écrites sur des feuilles de papier visées pour timbre en debet par le Receveur de l'Enregistrement les expéditions délivrées à une personne assistée judiciairement ; le visa du Receveur mentionne, dans ce cas, la date de la décision qui a admis à l'assistance, et les actes ainsi délivrés n'ont d'effet que pour le procès à l'occasion duquel l'assistance a été accordée. — Loi du 22 janvier 1851, art. 14.

4° Visa pour timbre gratis. — Les expéditions des actes de l'état civil nécessaires au mariage des indigents, à la légitimation de leurs enfants naturels et au retrait de ces enfants déposés dans les hospices, sont visées pour timbre gratis par les Receveurs de l'Enregistrement, à condition qu'elles contiennent mention de leur destination. — Loi du 10 décembre 1850, art. 4 et 7.

Sont admises au bénéfice de cette loi les personnes qui justifient d'un certificat d'indigence à elles délivré par le commissaire de police ou par le maire dans les communes où il n'existe pas de commissaire, sur le vu d'un extrait du rôle des contributions constatant que les parties intéressées paient moins de 10 francs, ou d'un certificat du percepteur de leur commune portant qu'elle ne sont pas imposées. — Loi du 10 décembre 1850, art. 6.

211. Enregistrement. — Les actes de naissance, publication, mariage et décès reçus par les officiers de l'état civil, ainsi que les expéditions et extraits qui en sont délivrés sont exempts de la formalité de l'enregistrement en vertu de l'article 70, § 3, n° 8 de la loi du 22 frimaire an VII.

Les actes de mariage ou autres contenant reconnaissance d'enfants naturels, et celles des transcriptions des jugements de divorce doivent seuls être enregistrés. — L'enregistrement doit être requis sur la première expédition par l'officier de l'état civil qui la délivre, et la relation de l'enregistrement doit être mentionnée par lui en marge de l'acte expédié. (V. n° 209 *in fine*). En effet, le droit d'enregistrement n'est dû que sur la première expédition, et s'il est délivré ultérieurement d'autres expéditions, l'officier de l'état civil doit y comprendre la relation de l'enregistrement, de façon à éviter l'acquit de nouveaux droits.

1° Exceptions. — Les exceptions prévues pour le timbre aux paragraphes 2, 3 et 4 du numéro précédent, sont également applicables pour l'enregistrement et aux mêmes conditions.

2° Tarif. — Les reconnaissances d'enfants naturels par actes de mariage sont passibles du droit fixe de 3 fr. 75.

Les reconnaissances d'enfants naturels faites autrement que par actes de mariage sont passibles du droit fixe de 9 fr. 38.

Les actes de naissance mentionnant la reconnaissance ou la légitimation ont été longtemps enregistrés comme les actes de reconnaissance eux-mêmes aux droits de 3 fr. 75 et 9 fr. 38. Ils ne le sont plus depuis une solution rendue par l'administration de l'Enregistrement le 8 mai 1891. J. E. n° 24349.

La première expédition de la transcription d'un jugement de divorce, ou de l'acte de mariage modifié par la mention marginale du divorce, est passible du droit de 187 fr. 50. Toutefois, ce droit n'est dû que si le procès de divorce s'est terminé en première instance et n'a pas donné lieu à un arrêt d'appel ; dans le cas contraire, c'est-à-dire s'il y a eu arrêt de la Cour d'appel, l'expédition de la transcription n'a pas besoin d'être enregistrée. — Lois du 28 juillet 1884 et du 18 avril 1886.

Etat de lieux.

212. Définition. — Droit civil. — On appelle état de lieux l'acte qui indique et fait connaître, pour les immeubles bâtis, la situation et l'état bon ou mauvais des différentes parties de ces immeubles, et pour ceux non bâtis, notamment pour les terres, leur situation de culture.

L'état de lieux désigne le plus souvent, dans la pratique, l'acte que font le bailleur et le preneur pour compléter un bail et constater l'état d'entretien ou de culture des immeubles loués.

Les articles 1730 et 1731 du Code contiennent, en effet, les dispositions suivantes : — S'il a été fait un état des lieux entre le bailleur et le preneur, celui-ci doit rendre la chose telle qu'il l'a reçue suivant cet état, excepté ce qui a péri ou a été dégradé par vétusté ou force majeure. C. c. 1730. — S'il n'a pas été fait d'état des lieux, le preneur est présumé les avoir reçus en bon état de réparations locatives, et doit les rendre tels, sauf la preuve contraire. C. c. 1731.

1° CONSÉQUENCES. — D'après ce qui précède, l'état des lieux a surtout pour objet de constater le mauvais état de ce qui est défectueux, et il est généralement inutile d'y décrire ce qui est en bon état. Cependant, il doit être suffisamment détaillé pour qu'on puisse juger ultérieurement, si les détériorations qui viennent à se produire proviennent de la vétusté ou de la faute du locataire, et apprécier, le cas échéant, le dommage dont le locataire doit réparation.

L'état des lieux est fait surtout dans l'intérêt du locataire, puisqu'à son défaut, celui-ci, d'après l'art. 1731, est présumé avoir tout reçu en bon état.

Les parties peuvent dresser elles-mêmes les états des lieux sans avoir de connaissances spéciales, en s'attachant surtout à constater la situation de tout ce qui est en mauvais état ; mais s'il s'agit d'une affaire d'une certaine importance, on fera bien d'en confier le soin à des hommes spéciaux, architectes ou entrepreneurs.

213. Enregistrement et timbre. — Les états des lieux doivent être écrits sur papier timbré de dimension à 0 fr. 60, 1 fr. 20 ou 1 fr. 80; ils ne sont pas assujettis à l'enregistrement dans un délai déterminé, et sont passibles du droit fixe de 3 fr. 75 lorsque leur enregistrement est requis.

Etats d'inscriptions hypothécaires.

Voyez **Hypothèques,** n° 252.

Experts. — Expertise.

214. Définition.— On nomme experts des individus choisis par plusieurs personnes ou par justice, pour examiner une affaire litigieuse et fournir leur avis sur la solution à intervenir. L'expertise est l'acte dans lequel les experts expriment l'avis qui leur est demandé.

En rapprochant cette définition de celle donnée au n° 39 des arbitres et de l'arbitage, on voit que, tandis que les arbitres sont chargés de régler définitivement une affaire, de rendre un jugement, les experts sont seulement chargés de fournir un avis pour éclairer la justice ou faciliter un arrangement amiable.

Sauf cette différence importante, l'expertise et l'arbitrage se ressemblent assez; l'une et l'autre comprennent deux parties, la nomination des arbitres ou experts et le procès-verbal d'arbitrage ou d'expertise.

215. Rédaction. Comme le compromis (V. n° 49), l'acte de nomination des experts indiquera les noms des experts, l'objet du litige et la mission confiée aux experts. Comme le procès-verbal d'arbitrage (V. n° 53), le procès-verbal d'expertise présentera un compte rendu des opérations des experts ; mais, au lieu de se terminer par un jugement, par une sentence, il se terminera par l'expression de l'avis des experts sur la solution qui leur paraît la meilleure.

Ce rapprochement et les exemples de rédaction déjà donnés aux nos 49-2 et 52-2, me paraissent rendre inutiles de nouveaux exemples.

216. Timbre et enregistrement. — Le procès-verbal de nomination des experts et le procès-verbal d'expertise doivent, l'un et l'autre, être écrits sur papier timbré de dimension à 0 fr. 60, 1 fr. 20 ou 1 fr. 80: ils ne sont pas assujettis à l'enregistrement dans un délai déterminé et sont l'un et l'autre passibles du droit fixe de 3 fr. 75 quand leur enregistrement est requis.

F

Facture.

217. Définition. — On appelle facture l'écrit constatant une fourniture de marchandises faite par un commerçant, avec le détail des quantités et des prix de ces marchandises.

218. Facture signée par le vendeur et l'acheteur. — Il peut arriver qu'une facture soit signée par le vendeur et l'acheteur ; elle a alors tous les caractères et renferme tous les éléments d'une vente d'objets mobiliers, et doit être considérée comme telle au point de vue du timbre et de l'enregistrement, sans distinction entre le cas où le montant de la facture est payé et quittancé et celui où il reste dû. Dans ce cas donc la facture doit être écrite sur papier timbré de dimension à 0 fr. 60 ou 1 fr. 20, et si elle est présentée à l'enregistrement, elle est passible du droit de 2 fr. 50 0/0. (V. Vente n° 383.)

219. Facture signée par l'acquéreur seul. — Ce cas, d'ailleurs très rare dans la pratique, ne peut guère se présenter que quand l'acheteur, reconnaissant l'exactitude de la facture, s'engage à en payer le montant. Dans ce cas, la facture disparaît devant la reconnaissance de dette, qui rend exigible le droit proportionnel de timbre à raison de 0 fr. 05 0/0, et en cas d'enregistrement, le droit proportionnel de 1 fr. 25 0/0. (V. n° 109.)

220. Facture signée par le vendeur seul ou non signée. — Le plus souvent, la facture n'est signée que du vendeur, ou même n'est pas signée du tout ; dans ces deux cas, la facture peut être écrite sur papier non timbré, mais elle devrait être soumise au visa pour timbre (de 0 fr. 60 ou 1 fr. 20 selon la dimension), avant tout usage ou production en justice, en vertu de l'article 30 de la loi du 13 brumaire an VII ; en cas d'enregistrement, elle est formalisée au droit fixe de 3 fr. 75.

1° Facture acquittée. — Aux termes de l'article 18 de la loi du 23 août 1871, toute facture acquittée doit être revêtue du timbre spécial à 0 fr. 10 appelé communément timbre à quittance (V. n° 305). Il n'y a d'exception que pour les factures de dix francs et au-dessous.

2° Acquit non signé. — Le droit de timbre de 0 fr. 10 est dû sur tous les titres signés ou *non signés* qui emportent libération ; il est donc dû sur les factures *même non signées* quand elles sont revêtues d'une mention quelconque établissant la libération du débiteur.

3° Facture et acquit datés différemment et signés séparément. — Quand une facture établie à une date et signée à cette date par le vendeur est ensuite revêtue d'un acquit signé à une date différente, cet acte doit supporter le droit de 0 fr. 10 pour l'acquit, et le droit de timbre (de 0 fr. 60 ou 1 fr. 20 selon la dimension) pour la facture ; le droit de 0 fr. 10 doit alors être acquitté au moment où l'acquit est inscrit, et le droit de 0 fr. 60 ou 1 fr. 20 peut n'être acquitté qu'avant l'usage en justice et dans le cas seulement où cet usage devient nécessaire, comme il est dit ci-dessus.

La facture acquittée qui ne contient qu'une signature du vendeur (celle de l'acquit), n'est assujettie qu'au droit de 0 fr. 10.

4° Enregistrement. — L'enregistrement des factures, comme je l'ai déjà dit, ne devient utile qu'au cas où il en est fait usage en justice, et avant cet usage. J'ai dit précédemment les droits auxquels sont assujetties les factures non acquittées; j'ajoute que les factures acquittées, sauf ce qui a été dit au n° 218, sont passibles du droit de quittance de 0 fr. 625 0/0.

Faillite

221. — J'ai parlé, aux nos 102 et suivants, du bilan qui peut être fait par le failli lui-même par acte sous signature privée ; mais la faillite, de même qu'elle ne peut être déclarée que par jugement, ne peut aussi être suivie que judiciairement. Je n'ai donc pas à en parler ici.

Fonds de commerce.

222. — Les fonds de commerce sont par leur nature des valeurs mobilières, et pendant longtemps leurs mutations ont été soumises aux règles générales concernant les mutations mobilières. Toute transmission de fonds de commerce constatée par acte sous signatures privées ne devait pas nécessairement être enregistrée dans un délai déterminé, et toute transmission faite sans acte n'était pas assujettie à la formalité de la déclaration.

Mais cette situation a été complètement modifiée par la loi du 28 février 1872, qui assimile les mutations de propriété des fonds de commerce ou de clientèles aux mutations de propriété d'immeubles.

Comme celles-ci, celles-là peuvent se produire par décès ou entre-vifs, et les mutations entre-vifs sont à titre gratuit ou à titre onéreux. — Les mutations par décès sont soumises aux règles des successions concernant les valeurs mobilières. (V. nos 326 et suivants.) — Les mutations entre-vifs à titre gratuit, c'est-à-dire les donations ne peuvent pas se réaliser par actes sous signatures privées (V. no 181). — Je n'aurai donc à étudier particulièrement que les mutations entre-vifs à titre onéreux, c'est-à-dire celles qui résultent de ventes ou d'échanges.

D'après la loi de 1872, les actes sous signatures privées constatant les mutations de cette dernière catégorie doivent être enregistrés dans les trois mois de leur date, et, à défaut d'actes les constatant, ces mutations doivent être déclarées à l'enregistrement dans les trois mois de l'entrée en jouissance.

Je parlerai au mot vente (nos 394 et suivants) des ventes de fonds de commerce; quant aux échanges, je n'en dirai rien de particulier, si ce n'est qu'un échange de fonds de commerce (convention d'ailleurs très rare dans la pratique) peut se faire comme un échange d'autres biens (V. no 184), sauf à remplacer les conditions spéciales aux échanges et ventes d'immeubles par celles qui peuvent être spéciales aux échanges et ventes de fonds de commerce.

G

Gage. C. c. 2071 à 2084.

223. Droit civil. — Le nantissement est un contrat par lequel un débiteur remet une chose à son créancier pour sûreté de sa dette. C. c. 2071. — Le nantissement d'une chose mobilière s'appelle gage; — celui d'une chose immobilière s'appelle antichrèse. C. c. 2072. (V. no 40.)

Le gage confère au créancier le droit de se faire payer sur la chose qui en est l'objet, par privilège et préférence aux autres créanciers. C. c. 2073.

Ce privilège n'a lieu qu'autant qu'il y a un acte public ou sous seing privé, dûment enregistré, contenant la déclaration de la somme due, ainsi que l'espèce et la nature des choses remises en gage, ou un état annexé de leurs qualité, poids et mesures. — La rédaction de l'acte par écrit et son enregistrement ne sont néanmoins prescrits qu'en matière excédant la valeur de cent cinquante francs. C. c. 2074. — Le privilège énoncé en l'article précédent ne s'établit sur les meubles incorporels, tels que les créances mobilières, que par acte public ou sous seing privé aussi enregistré et signifié au débiteur de la créance donnée en gage. Tout nantissement d'un fonds de commerce devra, à peine de nullité vis à vis des tiers, être inscrit sur un registre public tenu au greffe du tribunal de commerce dans le ressort duquel le fonds est exploité. C. c. art. 2075 complété par la loi du 1er mars 1898. — Dans tous les cas le privilège ne subsiste sur le gage qu'autant que ce gage a été mis et est resté en la possession du créancier, ou d'un tiers convenu entre les parties. C. c. 2076.

Le gage peut être donné par un tiers pour le débiteur. C. c. 2077.

Le créancier ne peut, à défaut de paiement, disposer du gage, sauf à lui à faire ordonner en justice que ce gage lui demeurera en paiement et jusqu'à due concurrence, d'après une estimation faite par experts, ou qu'il sera vendu aux enchères. Toute clause qui autoriserait le créancier à s'approprier le gage ou à en disposer sans les formalités ci-dessus est nulle. C. c. 2078. — S'il s'agit d'une créance donnée en gage, et que cette créance porte intérêts, le créancier impute ces intérêts sur ceux qui peuvent lui être dus. Si la dette, pour sûreté de laquelle la créance a été donnée en gage, ne porte point elle-même intérêts, l'imputation se fait sur le capital de la dette. C. c. 2081.

Le débiteur ne peut, à moins que le détenteur du gage n'en abuse, en réclamer la restitution qu'après avoir entièrement payé, tant en principal qu'intérêts et frais, la dette pour sûreté de laquelle le gage a été donné. C. c. 2082.

1° Observations pratiques. — Des articles 2074, 2075 et 2076, il résulte : 1° que le gage doit être constaté par acte enregistré, excepté quand il porte sur des objets mobiliers corporels garantissant une créance inférieure à 150 francs; 2° que le gage des meubles incorporels doit être signifié au débiteur, la validité d'une acceptation même authentique de celui-ci pouvant être contestée (V. n° 225) ; 3° qu'il faut, dans tous les cas, que le gage ait été mis en la possession du créancier ou d'un tiers convenu, sauf cependant en ce qui concerne les fonds de commerce qui restent en la possession de leurs propriétaires réels, mais dont le nantissement est inscrit au greffe du tribunal de commerce sur un registre spécial.

Le gage confère au créancier, sur les meubles et valeurs mobilières, un privilège assez semblable à celui qui résulte de l'hypothèque vis-à-vis des immeubles ; il ne transmet pas au créancier la propriété de l'objet donné en gage, mais lui donne seulement le droit de se le faire attribuer en paiement par justice, ou de le faire vendre et d'exercer son privilège sur le prix.

Le gage des meubles incorporels donne au créancier le droit de toucher les intérêts, mais non celui de toucher le principal ; ce dernier droit ne pourrait exister au profit du créancier qu'en vertu d'une convention expresse, et le créancier ne pourrait l'exercer qu'à titre de mandataire et à charge de rendre compte. S'il arrivait que le contrat conférât au créancier un droit absolu de toucher le principal pour son compte et en imputation jusqu'à due concurrence sur sa créance personnelle, cette clause suffirait à en changer la nature. Du moment qu'il y aurait cession de propriété, il n'y aurait plus gage, mais délégation. (V. n° 169.)

224. Rédaction. — Le contrat de gage doit comprendre, outre l'accord des contractants : 1° la déclaration de la somme due, c'est-à-dire de la créance qu'il s'agit de garantir ; 2° et la désignation des objets donnés en gage avec un détail suffisamment précis pour que leur conservation en nature par le créancier soit assurée.

D'après un arrêt de la Cour de cassation du 13 janvier 1862, le contrat de gage est un acte synallagmatique imparfait qui ne doit pas nécessairement être fait en double ; cependant cette jurisprudence n'est pas absolument fixée, et comme il est toujours utile d'ailleurs à chacun des contractants de posséder un titre de la convention, il sera toujours prudent de rédiger le contrat en double, et de l'exprimer par la mention ordinaire « *fait double. . .* »

1° Timbre. — Les actes de gage doivent être écrits sur papier timbré de dimension à 0 fr. 60, 1 fr. 20 ou 1 fr. 80.

2° Exemple. — « *Les soussignés A... et B... arrêtent ce qui* « *suit :*

« *M. A..., étant débiteur, vis-à-vis de M. B..., d'une somme*

« *de mille francs en vertu d'une reconnaissance sous signature*
« *privée du premier janvier mil huit cent quatre-vingt-huit,*
« *enregistrée à X... le quinze mars dernier, et voulant donner*
« *à M. B... une garantie de sa dette, a par les présentes cédé*
« *audit M. B... qui accepte, à titre de gage et nantissement, une*
« *créance de huit cents francs à lui due par M. C... suivant*
« *acte sous seing privé du quinze juillet dernier, pour ledit*
« *M. B... exercer les droits résultant à son profit des articles 2073*
« *et suivants du Code civil — M. B... se reconnaît en posses-*
« *sion du titre de la créance C... que vient de lui remettre à*
« *l'instant M. A...*
« *Fait double à X... le premier août 1890.* »

225. Signification ou acceptation. — L'acte de gage, quand le gage porte sur une créance, après avoir été enregistré, doit être signifié par huissier au débiteur cédé en garantie. Dans l'exemple ci-dessus, la signification devrait être faite au débiteur C. . . . Toutefois, d'après l'avis général mais non unanime des auteurs, la signification peut être suppléée par une acceptation du débiteur faite conformément à l'article 1690 du Code civil soit dans l'acte même de gage, soit par un acte séparé, mais dans tous les cas par acte authentique c'est-à-dire notarié.

Il ne faut donc pas perdre de vue qu'un nantissement de créance valablement fait par acte sous seings privés ne peut, à défaut de signification, être accepté que par acte notarié, et que même la validité de cette acceptation peut être contestée.

226. Enregistrement. — Le gage n'est pas soumis à l'enregistrement dans un délai déterminé ; mais le créancier a tout intérêt à faire remplir le plus tôt possible cette formalité, puisqu'elle constitue une des conditions de la validité même du contrat, et qu'elle doit toujours d'ailleurs précéder la signification.

1° Gage fourni dans l'acte même d'obligation. — Le gage fourni par l'emprunteur dans l'acte même d'obligation ne donne lieu à aucun droit particulier ; le droit d'obligation est seul dû sur l'acte dans son ensemble.

2° Gage fourni par acte postérieur. — Lorque le gage est fourni par un acte postérieur à l'obligation, il faut distinguer. — Si l'obligation qu'il s'agit de garantir résulte d'un acte enregistré, il n'est dû qu'un droit fixe de 3 fr. 75 ; si elle ne résulte pas d'un acte enregistré, l'énonciation de la dette, qui doit être comprise en l'acte de gage, en constitue la reconnaissance et devient, au regard du fisc, comme un acte même d'obligation qui est enregistré au droit dû selon la nature de la dette, généralement 1 fr. 25 0/0.

3° Gage fourni par un tiers. — Lorsque le gage est fourni par une autre personne que le débiteur, soit dans l'acte d'obligation, soit dans un acte postérieur, il est toujours dû le droit de 0 fr. 625 0/0 sur le montant de la créance garantie ou sur celui du gage s'il est de valeur inférieure.

227. Du gage commercial. — On vient de voir que le gage doit être constaté par écrit enregistré, que les objets donnés en gage doivent être remis en la possession effective du créancier, et, quand le gage comprend des meubles incorporels, que signification doit en être faite au débiteur.

En matière commerciale, l'accomplissement de toutes ces formalités aurait été souvent gênant, et le législateur a pris des dispositions spéciales dérogeant à celles du Code civil. L'article 2084 de ce Code porte, en effet, que les dispositions des articles précédents (2071 à 2083) ne sont pas applicables aux matières de commerce à l'égard desquelles on suit les lois et réglements qui les concernent.

Voici quelles sont ces dispositions spéciales :

Le gage constitué soit par un commerçant, soit par un individu non commerçant pour un acte de commerce, se constate à l'égard des tiers comme à l'égard des parties contractantes, conformément à l'article 109 du Code de commerce. (V. ci-dessous.) — Le gage, à l'égard des valeurs négociables, peut aussi être établi par un endossement régulier indiquant que les valeurs ont été remises en garantie. — A l'égard des actions, des parts d'intérêt et des obligations nominatives des sociétés financières, industrielles, commerciales ou civiles, dont la transmission s'opère par un transfert sur les registres de la société, le gage peut également être établi par un transfert à titre de garantie inscrit sur lesdits registres. — Il n'est pas dérogé aux dispositions de l'article 2075 du Code civil en ce qui concerne les créances mobilières, dont le cessionnaire ne peut être saisi à l'égard des tiers que par la signification du transport faite au débiteur. — Les effets de commerce donnés en gage sont recouvrables par le créancier gagiste. C. com. 91.

Dans tous les cas, le privilège ne subsiste sur le gage, qu'autant que ce gage a été mis et est resté en la possession du créancier ou d'un tiers convenu entre les parties, C. com. 92, sauf ce qui a été dit pour les fonds de commerce. A défaut de paiement à l'échéance, le créancier peut, huit jours après une simple signification faite au débiteur et au tiers bailleur de gage, s'il y en a un, faire procéder à la vente publique des objets donnés en gage. C. com. 93.

Les achats et les ventes (et les gages v. art. 91 ci-dessus) se constatent, — par actes publics, — par actes sous signatures privées, — par le bordereau ou arrêté d'un agent de change ou courtier, dûment signé par les parties; — par une facture acceptée, — par la correspondance, — par les livres des parties, — par la preuve testimoniale dans le cas où le tribunal croira devoir l'admettre. C. com. 109.

1° Observations pratiques. — Des dispositions dont l'exposé précède il résulte : 1° que le gage commercial peut se constater dans la même forme que le gage civil, mais qu'il peut se constater aussi de toutes les manières prévues en l'article 109 du Code de commerce;

2° Qu'en outre de tous ces modes de constatation, la loi permet de constater le gage des valeurs négociables par un endossement indiquant la remise en garantie, et celui de certaines actions et autres valeurs par un transfert en garantie;

3° Enfin que la loi fait retour au droit commun quant au gage des créances non négociables, pour lequel il faut, en matière commerciale, remplir les mêmes formalités qu'en matière civile.

H

Hypothèques. C. c. 2092 à 2203.

228. Définition. — L'hypothèque est un droit réel sur les immeubles affectés à l'acquittement d'une obligation. — Elle est de sa nature indivisible, et subsiste en entier sur tous les immeubles affectés, sur chacun et sur chaque portion de ces immeubles. — Elle les suit dans quelques mains qu'ils passent. C. c. 2114.

L'hypothèque, comme on le voit par cette définition, a une grande ressemblance avec le gage, l'un et l'autre assurant au créancier un droit de préférence sur le prix de l'objet hypothéqué ou gagé, mais elle en diffère aussi sous un rapport essentiel. Le gage, en effet, ne confère qu'un droit *personnel*, tandis que l'hypothèque constitue un droit *réel*; c'est-à-dire que le droit qui résulte du gage ne peut être exercé par le créancier qu'au moyen d'une action dirigée contre la *personne* du débiteur, tandis que le droit qui résulte de l'hypothèque peut être exercé sur les immeubles hypothéqués et permet au créancier de les suivre dans quelques mains qu'ils se trouvent, de sorte qu'en vertu même du *droit de suite*, l'action du créancier est en fait dirigée *contre les immeubles* eux-mêmes, puisque la personne qui les possède peut être tout à fait étrangère à la dette.

229. Division. — Me plaçant au point de vue surtout pratique, je diviserai la matière des hypothèques en trois parties dans lesquelles je traiterai des inscriptions, des transcriptions et des états hypothécaires; je subdiviserai chacune de ces parties de manière à en rendre l'exposé et l'enchaînement plus clair, et je ferai suivre le tout d'un résumé et de quelques conseils.

1° FAILLITES. — Je ne dirai rien des règles résultant de la législation spéciale aux faillites, ces règles constituant au point de vue général où je me suis placé, un droit d'exception pour l'étude duquel je renverrai mes lecteurs aux ouvrages plus spéciaux.

1re PARTIE. — DES INSCRIPTIONS.

CHAPITRE Ier. — DE LA CONSTITUTION DE L'HYPOTHÈQUE.

230. Dispositions générales. — L'hypothèque n'a lieu que dans les cas et suivant les formes autorisées par la loi. C. c. 2115. — Elle est ou légale, ou judiciaire, ou conventionnelle. C. c. 2116.

L'hypothèque légale est celle qui résulte de la loi. — L'hypothèque judiciaire est celle qui résulte des jugements ou actes judiciaires. — L'hypothèque conventionnelle est celle qui dépend des conventions et de la forme extérieure des actes et des contrats. C. c. 2117.

Sont seuls susceptibles d'hypothèques : — 1° les biens immobiliers qui sont dans le commerce, et leurs accessoires réputés immeubles ; — 2° l'usufruit des mêmes biens et accessoires pendant le temps de sa durée. C. c. 2118. — Les meubles n'ont pas de suite par hypothèque. C. c. 2119.

1° Observations. — L'hypothèque légale résulte de la loi seule ; elle prend naissance dans les cas prévus par la loi dont on verra plus loin l'énumération (n° 231), et elle existe sans qu'il y ait besoin d'un titre ou d'une convention quelconque pour la conférer. Au contraire, les hypothèques judiciaire ou conventionnelle ne peuvent exister qu'en vertu d'un titre, jugement ou convention.

Les hypothèques ne peuvent frapper que les biens immeubles et leurs accessoires réputés immeubles ; les biens meubles ne peuvent pas être hypothéqués, ils sont seulement susceptibles d'être donnés en gage (n° 223).

231. Des hypothèques légales. — Les droits et créances auxquels l'hypothèque légale est attribuée sont : — ceux des femmes mariées sur les biens de leur mari ; — ceux des mineurs et interdits sur les biens de leur tuteur ; — ceux de l'Etat, des communes et des établissements publics sur les biens des receveurs et administrateurs-comptables. C. c. 2121.

Le créancier qui a une hypothèque légale peut exercer son droit sur tous les immeubles appartenant à son débiteur, et sur ceux qui pourront lui appartenir dans la suite, sous les modifications qui seront ci-après exprimées. C. c. 2122.

1° Observations. — Laissant de côté la troisième catégorie des hypothèques légales peu intéressante pour les lecteurs auxquels je m'adresse, on peut dire qu'en fait il y a deux hypothèques légales, celle de la femme mariée sur les biens de son mari, et celle du mineur ou de l'interdit sur les biens de son tuteur.

L'hypothèque légale, par la seule force de la loi, existe au profit de toutes les femmes mariées et de tous les mineurs et interdits, mais elle n'existe qu'à leur profit ; elle prend naissance comme il est dit ci-après au n° 240.

L'hypothèque légale grève tous les biens du débiteur, tant ceux qui lui appartiennent au moment où elle prend naissance que ceux qui deviennent ensuite sa propriété avant que l'hypothèque soit éteinte ; en d'autres termes, l'hypothèque légale grève tous les biens présents et à venir du débiteur.

232. Des hypothèques judiciaires. — L'hypothèque judiciaire résulte des jugements, soit contradictoires, soit par défaut, définitifs ou provisoires, en faveur de celui qui les a obtenus. Elle résulte aussi des reconnaissances ou vérifications faites en jugement des signatures apposées à un acte obligatoire sous seing privé. — Elle peut s'exercer sur les immeubles actuels du débiteur et sur ceux qu'il pourra acquérir, sauf aussi les modifications qui seront ci-après exprimées. — Les décisions arbitrales n'emportent hypothèque qu'autant qu'elles sont revêtues de l'ordonnance judiciaire d'exécution (V. n° 53). — L'hypothèque ne peut pareillement résulter des jugements rendus en pays étrangers, qu'autant qu'ils ont été déclarés exécutoires par un tribunal français, sans préjudice des dispositions contraires qui peuvent être dans les lois politiques ou dans les traités. C. c. 2123.

1° Observations. — L'hypothèque judiciaire, de même que l'hypothèque légale, frappe tous les biens présents et à venir du débiteur ; toutefois, comme on le verra plus loin, tandis que l'hypothèque légale produit ses effets à partir du moment même où la loi fixe sa naissance, l'hypothèque judiciaire ne produit les siens qu'à partir de son inscription.

233. Des hypothèques conventionnelles.—Les hypothèques conventionnelles ne peuvent être consenties que par ceux qui ont la capacité d'aliéner les immeubles qu'ils y soumettent. C. c. 2124.

Ceux qui n'ont sur l'immeuble qu'un droit suspendu par une condition ou résoluble dans certains cas, ou sujet à rescision, ne peuvent consentir qu'une hypothèque soumise aux mêmes conditions ou à la même rescision. C. c. 2125.

L'hypothèque conventionnelle ne peut être consentie que par acte passé en forme authentique devant deux notaires ou devant un notaire et deux témoins. C. c. 2127.

Il n'y a d'hypothèque conventionnelle valable que celle qui, soit dans le titre authentique constitutif de la créance, soit dans un acte authentique postérieur, déclare spécialement la nature et la situation de chacun des immeubles actuellement appartenant au débiteur, sur lesquels il consent l'hypothèque de la créance. Chacun de tous ses biens présents peut être nominativement soumis à l'hypothèque. — Les biens à venir ne peuvent pas être hypothéqués. C. c. 2129.

Néanmoins, si les biens présents et libres du débiteur sont insuffisants pour la sûreté de la créance, il peut, en exprimant cette insuffisance, consentir que chacun des biens qu'il acquerra par la suite, y demeure affecté à mesure des acquisitions. C. c. 2130.

L'hypothèque conventionnelle n'est valable qu'autant que la somme pour laquelle elle est consentie est certaine et déterminée par l'acte; si la créance résultant de l'obligation est conditionnelle pour son existence, ou indéterminée dans sa valeur, le créancier ne pourra requérir l'inscription, dont il sera parlé ci-après, que jusqu'à concurrence d'une valeur estimative par lui déclarée expressément, et que le débiteur aura droit de faire réduire, s'il y a lieu. C. c. 2132.

L'hypothèque acquise s'étend à toutes les améliorations survenues à l'immeuble hypothéqué. C. c. 2133.

1° Observations. — Pour consentir une hypothèque, il faut être capable d'aliéner; ainsi la femme mariée et non séparée de corps ne peut hypothéquer ses immeubles qu'avec le consentement de son mari, sauf même les restrictions spéciales au régime dotal (C. c. 1554), et les biens des mineurs et interdits ne peuvent être hypothéqués qu'avec l'autorisation de justice.

L'article 2125 n'est qu'une application particulière du principe général en vertu duquel on ne peut céder des droits plus étendus que ceux que l'on a soi-même. Par exemple, si l'acquéreur d'un immeuble, après avoir conféré une hypothèque sur cet immeuble, venait à être évincé par suite de l'exercice de l'action résolutoire de son vendeur, la résolution de la vente emporterait la résolution de l'hypothèque consentie par cet acquéreur évincé.

L'hypothèque conventionnelle, comme on le sait déjà, ne peut être consentie que par acte notarié. (V. n° 3, § 2.)

A l'inverse de l'hypothèque légale et de l'hypothèque judiciaire, qui frappent tous les immeubles présents et à venir du débiteur, l'hypothèque conventionnelle ne frappe que les immeubles présents spécialement affectés par la convention; il est donc absolument nécessaire, pour déterminer l'étendue de l'inscription, que la convention contienne le détail, la nature et la situation des immeubles hypothéqués, et la loi a fait de cette mention détaillée une condition de la validité de l'hypothèque.

Les biens à venir ne peuvent être affectés conventionnellement, qu'autant que le débiteur possède des biens présents, et que ces biens présents sont reconnus et déclarés insuffisants dans l'acte même d'obligation. Ces biens ne sont grevés toutefois qu'au fur et à mesure des acquisitions, et l'hypothèque ne peut être conservée, en ce qui les concerne, que par de nouvelles inscriptions prises après chaque acquisition.

Enfin l'hypothèque doit garantir une créance certaine et déterminée ; si, par exemple, une hypothèque était consentie pour garantir une pension alimentaire en nature dont la valeur est indéterminée, il faudrait déclarer la valeur qui paraîtrait nécessaire pour assurer le service de cette pension et requérir inscription pour cette valeur.

Chapitre II. — DE LA CONSERVATION DE L'HYPOTHÈQUE.

234. Dispositions générales. — J'ai dit au chapitre précédent que l'hypothèque légale produit ses effets par la seule force de la loi et en vertu même de son existence, sans avoir besoin d'être inscrite; comme on le verra au n° 239, il arrive cependant un moment où son inscription devient nécessaire. — L'hypothèque judiciaire et l'hypothèque conventionnelle n'ont d'effet, au contraire, qu'à partir de leur inscription. On peut donc dire d'une manière générale que les hypothèques se conservent par leur inscription.

Les inscriptions se font au bureau de la conservation des hypothèques, dans l'arrondissement duquel sont situés les biens soumis à l'hypothèque. Le requérant dépose, avec son titre, deux bordereaux comme il est dit au nos 235 et 236 ci-après, et le conservateur, après avoir fait mention sur son registre du contenu aux bordereaux, remet au requérant tant le titre communiqué que l'un des bordereaux, au pied duquel il certifie avoir fait l'inscription. (V. C. c. 2146 et 2150.)

Les inscriptions ne peuvent être prises à chaque conservation que sur les biens de son arrondissement; et si les biens sont situés dans plusieurs arrondissements, les hypothèques doivent être inscrites dans la conservation de chacun de ces arrondissements.

1° Inscriptions a prendre dans plusieurs bureaux. — Les frais d'inscription comprennent, comme on le verra au n° 258, outre divers droits de timbre et les salaires peu importants du conservateur, un droit de 1 fr. 25 par mille francs sur le montant de la somme inscrite. Si une inscription doit être prise dans plusieurs bureaux, les droits de timbre et les salaires des conservateurs sont dus dans chaque bureau, mais le droit de 1 fr. 25 0/00 n'est dû qu'une fois. Pour ne payer ce droit qu'une fois, le requérant dépose au bureau où il requiert sa première inscription, en outre des deux bordereaux prescrits, autant de bordereaux qu'il y a de bureaux où il doit encore prendre inscription ; le conservateur rend au requérant tous ces derniers bordereaux revêtus, moyennant 0 fr. 25 par chacun, d'une mention constatant le paiement effectué, et l'un de ces bordereaux est produit à chacune des conservations où l'hypothèque est inscrite.

235. Inscription des hypothèques conventionnelles ou judicaires. — Pour opérer l'inscription, le créancier représente, soit par lui-même, soit par un tiers, au conservateur des hypothèques, l'original en brevet ou une expédition authentique du jugement ou de l'acte qui donne naissance au privilège ou à l'hypothèque. Il y joint deux bordereaux écrits sur papier timbré dont l'un peut être porté sur l'expédition du titre, et qui contiennent : — 1° les nom, prénoms, domicile du créancier, sa profession s'il en a une, et l'élection d'un domicile pour lui dans un lieu quelconque de l'arrondissement du bureau ; — 2° les nom, prénoms, domicile du débiteur, sa profession, s'il en a une connue, ou une désignation individuelle et spéciale telle que le conservateur puisse reconnaître et distinguer dans tous les cas l'individu grevé d'hypothèque ; — 3° la date et la nature du titre ; — 4° le montant du capital des créances exprimées dans le titre ou évaluées par l'inscrivant pour les rentes et prestations ou pour les droits éventuels, conditionnels ou indéterminés dans les cas où cette évaluation est ordonnée ; comme aussi le montant des accessoires de ces capitaux et l'époque de l'exigibilité ; — 5° l'indication de l'espèce et de la situation des biens sur lesquels il entend conserver son privilège ou son hypothèque. — Cette dernière disposition n'est pas nécessaire dans le cas des hypothèques légales ou judiciaires ; à défaut de convention, une seule inscription pour ces hypothèques frappe tous les immeubles compris dans l'arrondissement du bureau. C. c. 2148.

Les inscriptions à faire sur les biens d'une personne décédée pourront être faites sous la simple désignation du défunt, ainsi qu'il est dit au n° 2 de l'article précédent. C. c. 2149.

1° Observations. — Pour prendre inscription, il faut représenter au conservateur le titre ou l'expédition du titre qui a conféré l'hypothèque, et y joindre deux bordereaux rédigés sur papier timbré à 0 fr. 60, 1 fr. 20 ou 1 fr. 80 dans la forme qui vient d'être indiquée.

L'hypothèque conserve la créance en principal et accessoires ; ceux-ci doivent donc être énoncés en outre du principal. Les accessoires d'une créance sont les intérêts et les frais ; toutefois, on doit entendre par là les intérêts échus avant l'inscription quand ils n'ont pas été payés et les frais faits également avant l'inscription quand ils ont été avancés par le créancier. En effet, les intérêts postérieurs sont garantis en vertu de l'article 2151 (V. n° 240), et les frais postérieurs, tels que ceux de poursuite et d'exécution, jouissent eux-mêmes d'un privilège spécial. Cependant, la pratique s'est généralement établie d'énoncer dans les bordereaux que l'inscription est requise pour les intérêts à échoir, et pour les frais éventuels qu'on évalue approximativement.

2° EXEMPLE D'UN BORDEREAU D'HYPOTHÈQUE CONVENTIONNELLE.

« *Inscription d'hypothèque conventionnelle est requise au* « *Bureau des Hypothèques d'Epernay (Marne), au profit de* « *Pierre-Jean-Baptiste Quantin propriétaire à Reims, rue de* « *Paris n° 15, pour qui domicile est élu en l'étude de Me A...* « *huissier à Epernay, — contre Etienne Michel Couteau culti-* « *vateur à Sézanne (Marne), ayant précédemment demeuré à* « *Barbonne, — en vertu d'un acte reçu par Me N... notaire à* « *Sézanne le quinze janvier mil huit cent quatre-vingt-seize,* « *contenant obligation hypothécaire par le sieur Couteau au* « *profit du sieur Quantin requérant, d'une somme de deux* « *mille francs en principal exigible le quinze janvier mil huit* « *cent quatre-vingt-dix-neuf, et productive d'intérêts à cinq* « *pour cent l'an payables le quinze janvier de chaque année et* « *pour la première fois le quinze janvier mil huit cent quatre-* « *vingt-dix-sept.*

« *Pour sûreté 1° de ladite somme principale de deux mille* « *francs*....................................	2.000 »
« *2° Des intérêts conservés par la loi*	mémoire
« *3° Et, s'il y a lieu, des frais de mise à exécution évalués cinq cents francs*................	500 »
« *Au total, sauf mémoire, pour sûreté de deux* « *mille cinq cents francs*....................	2.500 »

(Il faudrait indiquer séparément, le cas échéant, les intérêts échus et les frais faits, tels que ceux de l'acte d'obligation, quand ils sont avancés par le créancier.)

« *Sur 1° une maison de culture avec toutes ses aisances et* « *dépendances, située à Sézanne, rue Basse n° 15, section A,* « *n° 98 du plan cadastral.*

« *2° Et les immeubles dont le détail suit, tous situés sur le* « *territoire de la commune de Sézanne.*

« *65,24 terre, les Basses-Terres, section B, n° 150.*

« *15,07 vigne, les Longues-Raies, section B, n° 175.*

« *42,21 pré, les Grands-Prés, section D, n° 200.*
« *25,07 bois, les Sapinières, section F, n° 198.* »

(On indiquera autant que possible les numéros et sections du plan cadastral des immeubles dans les titres et dans les bordereaux).

Les bordereaux d'inscription n'ont pas besoin d'être signés.

3° Exemple d'un bordereau d'hypothèque judiciaire.

« *Inscription d'hypothèque judiciaire est requise au Bureau* « *des Hypothèques d'Epernay (Marne), au profit de Pierre-* « *Jean-Baptiste Quantin propriétaire à Reims (Marne), rue de* « *Paris n° 15, pour qui domicile est élu en l'étude de Me Allais* « *huissier à Epernay, — contre Etienne Michel Couteau cul-* « *tivateur à Sézanne (Marne), — en vertu d'un jugement* « *rendu le quinze-janvier mil huit cent quatre-vingt-seize par* « *le tribunal de première instance d'Epernay et portant con-* « *damnation dudit sieur Couteau à payer au sieur Quantin* « *requérant une somme de deux mille francs en principal,* « *avec intérêts à cinq pour cent l'an à partir du premier jan-* « *vier mil huit cent quatre-vingt-quinze, ladite somme actuel-* « *lement exigible.*

« *Pour sûreté de 1° ladite somme principale de deux mille* « *francs*....................................	2.000 »
« *2° Un an d'intérêts échus s'élevant à cent* « *francs*....................................	100 »
« *3° Les intérêts à échoir tels que de droit*.....	mémoire
« *4° Les frais de l'instance mis par le jugement* « *du quinze janvier mil huit cent quatre-vingt-seize* « *à la charge du sieur Couteau et s'élevant à trois* « *cents francs*....................................	300 »
« *5° Et les frais de mise à exécution, s'il y a* « *lieu, évalués cinq cents francs*...............	500 »
« *Au total, sauf mémoire, deux mille neuf cents* « *francs*....................................	2.900 »

« *Sur tous les biens présents et à venir que ledit sieur* « *Quantin possède ou possèdera dans l'étendue de l'arrondis-* « *sement d'Epernay.* »

236. Inscription des hypothèques légales. — Les droits d'hypothèque purement légale de l'Etat, des communes et des établissements publics sur les biens des comptables, ceux des mineurs ou interdits sur les tuteurs, des femmes mariées sur leurs époux, seront inscrits sur la représentation de deux bordereaux contenant seulement : — 1° les nom, prénoms, profession et domicile réel du créancier, et le domicile qui sera par lui ou pour lui élu dans l'arrondissement ; — 2° les nom, prénoms, profession, domicile ou désignation précise du débiteur ; — 3° la nature des droits à conserver, et le montant de leur valeur quant aux objets déterminés, sans être tenu de le fixer quant à ceux qui sont conditionnels, éventuels ou indéterminés. C. c. 2153.

1° OBSERVATIONS. — L'inscription d'une hypothèque légale se fait plus simplement que celle d'une hypothèque judiciaire ou conventionnelle. D'abord, le requérant est dispensé de produire aucun titre et n'est pas tenu non plus d'en faire l'énonciation dans ses bordereaux, l'hypothèque légale ayant son titre dans la loi même comme l'indique son nom ; ensuite, les bordereaux ne doivent pas nécessairement comprendre une évaluation de la créance à conserver, quand cette créance est indéterminée. Enfin, l'hypothèque légale frappant comme l'hypothèque judiciaire tous les immeubles présents et à venir du débiteur, la désignation détaillée de ces immeubles n'est pas nécessaire dans les bordereaux.

2° EXEMPLE. — « *Inscription d'hypothèque légale est requise* « *au Bureau des Hypothèques d'Epernay (Marne), au profit* « *de Pierre-Jean-Baptiste Quantin mineur de vingt ans, sans* « *profession, demeurant de fait à Reims, rue de Paris n° 15,* « *mais domicilié de droit chez son tuteur ci-après nommé, et* « *pour lequel domicile est élu en l'étude de Me X... avoué à* « *Epernay, — contre Etienne Michel Couteau cultivateur à* « *Sézanne (Marne), en sa qualité de tuteur datif du mineur* « *Quantin depuis le premier juillet mil huit cent quatre-vingt-* « *quinze, — pour sûreté de toutes les sommes non actuellement* « *liquidées que le sieur Couteau, en sadite qualité, peut ou* « *pourra devoir audit mineur Quantin, en principal, intérêts* « *et frais — sur tous les biens présents et à venir que le sieur* « *Couteau possède ou possédera dans l'étendue de l'arrondis-* « *sement d'Epernay.* »

237. Hypothèques à la fois conventionnelles et légales. — Il arrive assez souvent qu'un créancier a en même temps des droits d'hypothèque conventionnelle et légale, par exemple des droits d'hypothèque conventionnelle contre deux époux, et des droits d'hypothèque légale contre le mari seul, comme étant subrogé aux droits de la femme.

Cette double hypothèque peut faire l'objet d'une seule inscription au moyen d'un bordereau rédigé de la manière suivante :

« *Inscription est requise au Bureau des Hypothèques* « *d'Epernay (Marne), au profit de Madeleine-Anne Cotrat*

« *célibataire, rentière demeurant à Troyes (Aube), rue Thiers*
« *n° 20, pour laquelle domicile est élu en l'étude de Me R...*
« *notaire à Epernay.*

« *1° D'hypothèque conventionnelle contre Joseph-Blaise*
« *Rousseau, messager à Sézanne, et Clémence Millet sa femme*
« *demeurant avec lui;*

« *2° Et d'hypothèque légale contre le sieur Rousseau seul.*

« *En vertu d'un acte reçu par Me R... notaire à Sézanne*
« *le premier juillet mil huit cent quatre-vingt-seize enregistré,*
« *contenant : 1° obligation solidaire par les sieur et dame*
« *Rousseau, au profit de la requérante, d'une somme de mille*
« *francs exigible en une seule fois dans dix ans du jour de*
« *l'acte, et productive à partir dudit jour d'intérêts à cinq pour*
« *cent l'an, payables le premier juillet de chaque année;*
« *2° affectation hypothécaire par lesdits sieur et dame Rousseau;*
« *3° et subrogation jusqu'à due concurrence, par la dame*
« *Rousseau de la demoiselle Cotrat requérante dans tous les*
« *effets de son hypothèque légale contre son mari,*

« *Et en vertu de la loi,*

« *Pour sûreté de 1° ladite somme de mille francs en prin-*
« *cipal* .... 1.000 »

« *2° Les intérêts conservés par la loi*.......... mémoire

« *3° Les frais de mise à exécution, s'il y a lieu,*
« *évalués cinq cent francs*..................... 500 »

« *Au total, sauf mémoire, quinze cents francs*. 1.500 »

« *Sur 1° en ce qui concerne l'hypothèque conventionnelle,*
« *une maison située à Sézanne, Grande-Rue n° 15, avec toutes*
« *ses aisances et dépendances;*

« *2° Et, en ce qui concerne l'hypothèque légale, tous les biens*
« *présents et à venir du sieur Rousseau, qu'il possède ou pos-*
« *sédera dans l'étendue de l'arrondissement d'Epernay,* (ajouter
« si l'on veut) *ceux aliénés antérieurement à l'acte d'obliga-*
« *tion du premier juillet mil huit cent quatre-vingt-seize étant*
« *formellement exclus.* »

238. Renouvellements d'inscriptions. — Les inscriptions conservent l'hypothèque et le privilège pendant dix années à compter du jour de leur date ; leur effet cesse, si ces inscriptions n'ont été renouvelées avant l'expiration de ce délai. C. c. 2154.

1° Observations. — Les inscriptions ne sont valables que pour dix ans ; passé ce délai, elles n'ont plus d'effet. On dit alors qu'elles sont périmées ou qu'elles sont atteintes par la péremption.

Pour éviter la péremption décennale, les créanciers hypothécaires doivent, avant l'expiration du délai de dix ans, renouveler leur inscription ; et ce renouvellement fait en temps utile a pour effet de faire conserver à l'hypothèque le rang de la première inscription. Une inscription renouvelée tardivement ne pourrait, comme une inscription nouvelle, prendre rang qu'après les inscriptions prises antérieurement à la date du renouvellement.

L'inscription de renouvellement peut-être requise sans production du titre. — Un bordereau de renouvellement se rédige comme celui d'une inscription nouvelle, sauf qu'il indique que l'inscription est requise en renouvellement d'une ou de plusieurs inscriptions antérieures, et, le cas échéant, qu'elle vaudra en outre comme inscription nouvelle à sa date pour les accessoires qui peuvent ne pas être garantis par la première inscription, tels que les intérêts échus ou les frais faits entre la date des deux inscriptions.

2° Exemple. — « *Inscription d'hypothèque conventionnelle* « *est requise...* (copier entièrement le bordereau de l'ins- « cription à renouveler, ledit bordereau rédigé d'après les « exemples donnés aux numéros précédents et ajouter la « mention suivante). *La présente inscription est requise en* « *renouvellement de celle prise le...., volume... numéro....,* « (date, volume et numéro de la première inscription) ».

Si l'inscription en renouvellement ne doit rien garantir en outre de ce que garantit la première inscription, on se conformera exactement aux indications qui précèdent ; dans le cas contraire le détail des sommes conservées pourra être modifié et la mention finale complétée, le tout par exemple de la manière suivante :

« *Pour sûreté : 1° de la dite somme de mille francs en prin-* « *cipal*	1.000 »
« *2° de trois ans d'intérêts échus au quinze jan-* « *vier mil huit cent quatre-vingt-dix-sept, soit cent* « *cinquante francs*	150 »
« *3° des intérêts à échoir*	mémoire
« *4° et de tous les frais à faire, s'il y a lieu, éva-* « *lués cinq cent francs*	500 »
« *Total, sauf mémoire, seize cent cinquante* « *francs*	1.650 »

« *La présente inscription est requise pour valoir tant comme* « *inscription nouvelle à sa date, qu'en renouvellement de celle* « *prise le... volume... numéro....* »

3° Crédit foncier. — Par exception au principe général, les inscriptions prises au profit de la société du Crédit foncier de France sont dispensées, pendant la durée du prêt, du renouvellement décennal. — Art. 47 du décret du 28 février 1852.

239. Par qui sont requises les inscriptions. — L'article 2148 du code civil (V. n° 235) dit en termes formels que le créancier représente soit par lui-même, *soit par un tiers*, au conservateur des hypothèques les pièces nécessaires ; on peut donc dire d'une façon générale que l'inscription peut être requise par le créancier ou par toute autre personne agissant en son nom.

Toutefois l'article 2148 est surtout applicable aux hypothèques conventionnelles et judiciaires. En ce qui concerne les hypothèques légales, les articles 2136 à 2139 chargent du soin de leur inscription en premier lieu les maris et les tuteurs et à défaut de ceux-ci les subrogés-tuteurs, puis le Procureur de la République près le Tribunal de première instance du domicile des maris et tuteurs ou du lieu de la situation des biens ; enfin ils donnent le droit de prendre cette inscription aux parents du mari ou de la femme et aux parents ou amis des mineurs.

Mais il faut remarquer que les articles 2136 à 2139 ne s'appliquent qu'aux inscriptions à prendre pendant le mariage ou pendant la tutelle ; après la dissolution du mariage ou la cessation de la tutelle, la femme ou ses représentants d'une part, et le mineur devenu majeur d'autre part, ont qualité pour prendre eux-mêmes l'inscription de leur hypothèque légale et ils doivent le faire alors dans le délai d'un an en vertu de l'article 8 de la loi du 23 mars 1855 ainsi conçu : — Si la veuve, le mineur devenu majeur, l'interdit relevé de l'interdiction, leurs héritiers ou ayant cause, n'ont pas pris inscription dans l'année qui suit la dissolution du mariage ou la cessation de la tutelle, leur hypothèque ne date à l'égard des tiers que du jour des inscriptions prises ultérieurement.

Inversement l'hypothèque légale inscrite dans le délai voulu rétroagit à la date même où la loi fixe sa naissance (V. n° 240).

En fait, les bordereaux des inscriptions des hypothèques légales, judiciaires ou conventionnelles ne devant jamais être nécessairement signés des requérants, sont acceptés dans les bureaux d'hypothèques, quelle que soit la personne qui les présente, pourvu que ces bordereaux soient réguliers et accompagnés, lorsqu'il y a lieu, de pièces régulières, et que le coût des formalités soit consigné d'avance.

Chapitre III. — DES EFFETS DE L'HYPOTHÈQUE.

240. Des effets entre créanciers. — Entre les créanciers, l'hypothèque, soit légale, soit judiciaire, soit conventionnelle, n'a de rang que du jour de l'inscription prise par le créancier sur les registres du conservateur dans la forme et de la manière prescrite par la loi, sauf les exceptions portées en l'article 2135 au sujet de l'hypothèque légale. C. c. 2134. — Tous les créanciers inscrits le même jour exercent en concurrence une hypothèque de la même date, sans distinction entre l'inscription du matin et celle du soir, quand cette différence serait marquée par le Conservateur C. c. 2147.

L'hypothèque existe, indépendamment de toute inscription, — 1° au profit des mineurs et interdits sur les immeubles appartenant à leur tuteur, à raison de sa gestion, du jour de l'acceptation de la tutelle ; — 2° au profit des femmes pour raison de leurs dot et conventions matrimoniales sur les immeubles de leur mari, et à compter du jour du mariage. — La femme n'a hypothèque pour les sommes dotales qui proviennent de successions à elle échues ou de donations à elle faites pendant le mariage, qu'à compter de l'ouverture des successions ou du jour que les donations ont eu leur effet. — Elle n'a hypothèque pour l'indemnité des dettes qu'elle a contractées avec son mari, et pour le remploi de ses propres aliénés, qu'à compter du jour de l'obligation ou de la vente. C. c. 2135.

Le créancier privilégié dont le titre a été inscrit ou transcrit, ou le créancier hypothécaire inscrit pour un capital produisant intérêts ou arrérages, a droit d'être colloqué pour trois années seulement au même rang que le principal ; sans préjudice des inscriptions particulières à prendre, portant hypothèque à compter de leur date, pour les arrérages autres que ceux conservés par la transcription ou l'inscription primitive. C. c. art. 2151, modifié par la loi du 17 juin 1893.

Les inscriptions conservent l'hypothèque et le privilège pendant dix années à compter du jour de leur date ; leur effet cesse si ces inscriptions n'ont été renouvelées avant l'expiration de ce délai. C. c. 2154.

1° Observations pratiques. — En principe l'hypothèque légale, judiciaire ou conventionnelle ne produit d'effet qu'à partir de son inscription, et elle prend rang du jour même de cette inscription. Cette règle générale comporte toutefois une exception importante, celle consacrée par l'article 2135 au sujet de l'hypothèque légale. Cette hypothèque prend rang à la date où la loi fixe sa naissance, pourvu qu'elle soit inscrite au plus tard dans les délais indiqués au n° 239 (un an après la dissolution du mariage ou la cessation de la tutelle).

L'inscription prise pour sureté d'un capital productif d'intérêts ne conserve que trois ans d'intérêts. Quand les intérêts sont dus depuis plus de trois ans, ils ne cessent pas de constituer une créance hypothécaire, mais ils ne sont plus entièrement garantis par l'inscription qui garanti le principal ; ils peuvent alors faire l'objet d'une nouvelle inscription qui prend rang à sa date. Ainsi je suppose que A... soit créancier hypothécaire de B... au 1er janvier 1891 d'un capital de 10,000 fr. et de 1,500 fr. pour trois années d'intérêts, ce capital de 10,000 fr. et ses accessoires étant garantis par une inscription du 5 janvier 1888 ; A... pourra prendre en 1891 une seconde inscription pour les 1,500 d'intérêts échus et non payés ; et si B... se libère dans le courant de 1893, A... devra toucher en vertu et au rang de sa première inscription son capital en entier plus les intérêts de trois ans, et en vertu et au rang de sa seconde inscription les intérêts antérieurs qu'elle garantit. Il convient de remarquer toutefois que les intérêts des créances se prescrivent par cinq ans en vertu de l'article 2277 du code civil, et qu'il est toujours très imprudent de laisser accumuler des intérêts pendant plus de cinq ans.

Enfin en ce qui concerne même le principal, l'inscription n'a d'effet que pendant dix ans, avant l'expiration desquels elle doit être renouvelée. (V. n° 238.)

241. Des effets vis à vis des tiers. — Du droit de suite. — Les créanciers ayant privilège ou hypothèque inscrite sur un immeuble, le suivent en quelques mains qu'il passe, pour être colloqués et payés suivant l'ordre de leurs créances ou inscriptions. C. c. 2166.

Si le tiers détenteur ne remplit pas les formalités qui seront ci-après établies pour purger sa propriété, il demeure, par l'effet seul des inscriptions, obligé comme détenteur à toutes les dettes hypothécaires, et jouit des termes et délais accordés au débiteur ordinaire. C. c. 2167. — Le tiers détenteur est tenu, dans le même cas, ou de payer tous les intérêts et capitaux exigibles, à quelque somme qu'ils puissent monter, ou de délaisser l'immeuble hypothéqué sans aucune réserve. C. c. 2168. — Faute par le tiers détenteur de satisfaire pleinement à l'une de ces obligations, chaque créancier hypothécaire a droit de faire vendre sur lui l'immeuble hypothéqué, trente jours après commandement fait au débiteur originaire, et sommation faite au tiers détenteur de payer la dette exigible ou de délaisser l'héritage. C. c. 2169.

Le tiers détenteur qui a payé la dette hypothécaire, ou délaissé l'immeuble hypothéqué, ou subi l'expropriation de cet immeuble, a le recours en garantie tel que de droit contre le débiteur principal. C. c. 2178.

1° OBSERVATIONS. — L'article 2166 consacre le principe du droit de suite qui caractérise surtout l'hypothèque; en vertu de ce droit, l'hypothèque suit l'immeuble dans toutes ses mutations et confère au créancier le droit d'être colloqué sur son prix au rang de son inscription.

L'acquéreur d'un immeuble hypothéqué est tenu de payer toutes les dettes hypothécaires le grevant ou de délaisser l'immeuble; à défaut de paiement ou de délaissement, il peut être exproprié. Mais ces prescriptions ne visent, comme le dit l'article 2167, que le tiers détenteur qui ne remplit pas les formalités de purge. On verra plus loin (nos 249 et suivants) quelles sont ces formalités.

CHAPITRE IV. — DES RADIATIONS, RÉDUCTIONS ET CESSIONS D'HYPOTHÈQUES ET DE LEUR EXTINCTION.

242. Des radiations, réductions et cessions. — Les inscriptions sont rayées du consentement des parties intéressées et ayant capacité à cet effet, ou en vertu d un jugement en dernier ressort ou passé en force de chose jugée. — Dans l'un et l'autre cas, ceux qui requièrent la radiation déposent du bureau du Conservateur l'expédition de l'acte authentique portant consentement, ou celle du jugement C. c. 2157 et 2158.

Les radiations ou réductions des hypothèques ne peuvent ainsi résulter que d'actes notariés ou de jugements; les actes qui les contiennent prennent le nom de mainlevées.

On a déjà vu au n° 129 que les cessions et subrogations d'hypothèques, toujours consenties amiablement, ne peuvent être consenties que par actes notariés.

Les radiations d'inscriptions, les réductions et subrogations sont faites par les Conservateurs sur la production par les parties des pièces justificatives. Les Conservateurs délivrent, si les parties le demandent, des certificats constatant ces opérations.

243. De l'extinction des hypothèques. — L'hypothèque et la créance qu'elle garantit peuvent ne pas toujours coexister.

L'hypothèque étant l'accessoire de la créance, son existence est bien subordonnée à celle de la créance sans laquelle elle ne peut exister; mais inversement la créance peut exister sans hypothèque.

L'article 2180 du code civil prévoit pour l'hypothèque elle-même quatre causes d'extinction. — La première est l'extinction de l'obligation principale; dans ce cas la créance disparaissant, soit par suite de paiement, soit pour toute autre cause, tous ses accessoires doivent s'éteindre avec elle. — La seconde est la renonciation du créancier à l'hypothèque ; dans ce cas le créancier devient simple créancier chirographaire. — La troisième est l'accomplissement des formalités et conditions prescrites aux tiers détenteurs pour purger les biens par eux acquis; cette conséquence est toute naturelle puisque la purge a justement pour objet de dégrever l'immeuble entre les mains du tiers détenteur. — La quatrième enfin est la prescription. Je ferai au sujet de cette quatrième et dernière cause d'extinction une très importante réflexion sur laquelle j'appelle toute l'attention de mes lecteurs.

Quand l'immeuble hypothéqué reste aux mains du débiteur, la prescription de l'hypothèque n'est acquise à celui-ci qu'au même moment où se trouve acquise celle de la créance, dont l'hypothèque n'est que l'accessoire, c'est-à-dire généralement par un délai de 30 ans. — Mais quand l'immeuble hypothéqué est aliéné par le débiteur et passe entre les mains d'un tiers-détenteur, la situation est bien différente. L'article 2180 du code civil déclare que dans ce cas la prescription de l'hypothèque est acquise, non plus au débiteur, mais au tiers-détenteur, par le temps réglé pour la prescription de la propriété à son profit, et l'article 2265 dispose que celui qui acquiert de bonne foi et par juste titre un immeuble, en prescrit la propriété par dix ans si le véritable propriétaire habite dans le ressort de la cour d'appel dans l'étendue de laquelle l'immeuble est situé, et par vingt ans s'il est domicilié hors dudit ressort.

Il résulte de la combinaison des deux articles 2180 et 2265 que l'hypothèque peut dans certains cas se prescrire par dix ou vingt ans. Ainsi je suppose que A... soit créancier de B... pour 10.000 fr. garantis par une hypothèque inscrite le 10 janvier 1880, et que l'immeuble hypothéqué soit vendu à C... acquéreur de bonne foi par acte transcrit le 10 janvier 1882, l'hypothèque de A... pourrait être prescrite le 10 janvier 1892, malgré le renouvellement qu'il aurait pu faire de son inscription en temps utile c'est-à-dire avant le 10 janvier 1890, et sa créance deviendrait alors une simple créance chirographaire.

Il est donc très important pour tous les créanciers hypothécaires de surveiller les mutations qui peuvent se produire des immeubles hypothéqués en garantie de leurs créances, de façon à empêcher la prescription qui pourrait se produire après dix ans. Cette prescription peut d'ailleurs être interrompue par une reconnaissance de l'hypothèque obtenue amiablement du tiers-détenteur, ou bien, en cas de refus, à lui demandée judiciairement, auquel cas il est indispensable de recourir au ministère des avoués. — Marcadé art. 2166 n° 1126, art. 2173 n° 1184 et art. 2180 n° 1255. — Amiaud, étude sur la prescription de l'hypothèque par le tiers-détenteur. — Cour de Bordeaux, arrêt du 12 mai 1879.

CHAPITRE V. — DES PRIVILÈGES.

244. Principes généraux. — Le privilège est un droit que la qualité de la créance donne à un créancier d'être préféré aux autres créanciers, même hypothécaires. C. c. 2095. — Entre les créanciers privilégiés, la préférence se règle par les différentes qualités des privilèges. C. c. 2096. — Les créanciers privilégiés qui sont dans le même rang sont payés par concurrence. C. 2097.

Les privilèges peuvent être sur les meubles ou sur les immeubles. C. c. 2099. Les articles 2101 et 2102 énoncent les différents privilèges généraux et spéciaux sur les meubles et l'article 2103 énonce les privilèges sur les immeubles ; les articles 2104 et 2105 disposent que les privilèges généraux qui s'étendent sur les meubles (frais de justice, frais funéraires. frais de dernière maladie, etc.) s'étendent également sur les immeubles, et que ces privilèges, dans le cas où ils sont en concurrence avec des privilèges spéciaux sur les immeubles, passent avant ces derniers.

Je ne m'occuperai particulièrement ici que des privilèges spéciaux sur les immeubles, les privilèges généraux étant dispensés d'inscription.

245. Des privilèges sur les immeubles. — Les créanciers privilégiés sur les immeubles sont : — 1° le vendeur sur l'immeuble vendu, pour le paiement du prix ; s'il y a plusieurs ventes successives dont le prix soit dû en tout ou partie, le premier vendeur est préféré au second, le deuxième au troisième et ainsi de suite ; — 2° ceux qui ont fourni les deniers pour l'acquisition d'un immeuble, pourvu qu'il soit authentiquement constaté par l'acte d'emprunt que la somme était destinée à cet emploi, et par la quittance du vendeur que ce paiement a été fait des deniers empruntés; — 3° les cohéritiers sur les immeubles de la succession pour la garantie des partages faits entre eux et des soultes ou retours de lots; — 4° les architectes, entrepreneurs, maçons et autres ouvriers employés pour édifier, reconstruire ou réparer des bâtiments, canaux ou autres ouvrages quelconques, pourvu néanmoins que, par un expert nommé d'office par le tribunal de première instance dans le ressort duquel les bâtiments sont situés, il ait été dressé préalablement un procès-verbal, à l'effet de constater l'état des lieux relativement aux ouvrages que le propriétaire déclarera avoir dessein de faire, et que les ouvrages aient été, dans les six mois au plus de leur perfection, reçus par un expert également nommé d'office; — mais le montant du privilège ne peut excéder les valeurs constatées par le second procès-verbal, et il se réduit à la plus-value existante à l'époque de l'aliénation de l'immeuble et résultant des travaux qui y ont été faits; — 5° ceux, qui ont prêté les deniers pour payer ou rembourser les ouvriers, jouissent du même privilège, pourvu que cet emploi soit authentiquement constaté par l'acte d'emprunt et par la quittance des ouvriers, ainsi qu'il a été dit ci-dessus pour ceux qui ont prêté les deniers pour l'acquisition d'un immeuble. C. c. 2103.

Les privilèges spéciaux sur les immeubles sont au nombre de cinq. — Celui désigné sous le n° 4e au profit des entrepreneurs, architectes et ouvriers, est d'une application peu fréquente et je n'en dirai rien de particulier, d'autant plus que l'étude des formalités qu'il occasionne m'entraînerait à des développements hors de proportion avec ce rapide exposé. — Les deuxième et cinquième ne peuvent exister au profit des bailleurs de fonds qu'en vertu d'actes authentiques, à l'exclusion des actes sous signatures privées; ils se confondent d'ailleurs avec les premier et troisième. Je n'ai donc à m'occuper que de ces deux derniers, le privilège du vendeur et celui du copartageant.

1° Conservation des privilèges par l'inscription. — J'ai dit tout à l'heure (n° 244) que les privilèges généraux sur les immeubles sont dispensés de l'inscription; cette dispense résulte de l'article 2107 du Code civil. D'après l'article 2106, au contraire, les privilèges spéciaux sur les immeubles ne produisent d'effet entre les créanciers qu'autant qu'il sont rendus publics par leur inscription sur les registres des conservateurs des hypothèques.

246. Privilège du vendeur. — Le privilège existe au profit du vendeur pour le paiement de son prix par le seul fait de la vente, soit qu'elle résulte d'un acte authentique, soit qu'elle résulte d'un acte sous signatures privées ; il appartient également à l'échangiste pour le paiement de la soulte quand il y en a une.

Si l'acquéreur d'un immeuble le revend avant de s'être libéré de son prix, le privilège du vendeur assurera à celui-ci un droit de préférence sur le prix, mais à la condition que ce privilège ait été inscrit dans les 45 jours de la vente, ou encore après ces 45 jours mais avant la transcription de la revente.

La forme de l'inscription du privilège du vendeur est déterminée par l'art. 2108 ainsi conçu : — Le vendeur privilégié conserve son privilège par la transcription du titre qui a transféré la propriété à l'acquéreur, et qui constate que la totalité ou partie du prix lui est due, à l'effet de quoi la transcription du contrat faite par l'acquéreur vaudra inscription pour le vendeur et pour le prêteur qui lui aura fourni les deniers payés et qui sera subrogé aux droits du vendeur par le même contrat : sera néanmoins le conservateur des hypothèques tenu, sous peine de tous dommages-intérêts envers les tiers, de faire d'office l'inscription sur son registre des créances résultant de l'acte translatif de propriété tant en faveur du vendeur qu'en faveur des prêteurs, qui pourront aussi faire faire, si elle ne l'a été, la transcription du contrat de vente, à l'effet d'acquérir l'inscription de ce qui leur est dû sur le prix.

Le vendeur n'a donc pas à requérir l'inscription de son privilège, et il lui suffit que son titre transcrit.

La jurisprudence actuelle décide même que le renouvellement décennal de l'inscription d'office n'est pas nécessaire pour la conservation du privilège, tant que l'immeuble n'est pas sorti des mains du premier acquéreur ; mais pour parer à toute éventualité, il est prudent et je conseille de toujours renouveler les inscriptions d'office.

En ce qui concerne les prêteurs dont les deniers ont servi au paiement du prix de la vente, l'article 2103 dispose (V. n° 245) que leur privilège ne peut résulter que d'un acte notarié, et, d'après l'article 2108 rapporté ci-dessus, leur inscription doit également être prise d'office par le conservateur lorsque le paiement est constaté dans l'acte de vente; mais le renouvellement des inscriptions est, comme pour les vendeurs, fait à leur diligence.

Dans l'un et l'autre cas l'inscription sera renouvelée, comme l'inscription de l'hypothèque, sur la production au conservateur d'un bordereau rédigé en double et sur papier timbré. (V. n° 238).

1° EXEMPLE DE RENOUVELLEMENT. — « *Inscription est* « *requise au Bureau des Hypothèques de Tonnerre, au profit* « *de Jean-Pierre A..., propriétaire à Dié, pour qui domicile est* « *élu en l'étude de Me B... avoué à Tonnerre,*

« *Contre Ernest-Joseph C..., cultivateur à Vezannes, — en* « *vertu d'un acte passé devant Me D..., notaire à Tonnerre* « *le premier mars mil huit cent quatre-vingt, contenant vente* « *par M. A... au profit de M. C... de l'immeuble ci-après dési-* « *gné, moyennant mille francs actuellement exigibles et pro-* « *ductifs d'intérêts à cinq pour cent l'an, payables le premier* « *mars de chaque année,*

« *Pour sûreté 1° de ladite somme de mille francs en principal*	1.000 »
« 2° *des intérêts de droit*	mémoire
« 3° *des frais de mise à exécution, s'il y a lieu, évalués*	500 »
« *Au total, pour sûreté de quinze cents francs, sauf mémoire*	1.500 »

« *Sur quarante-cinq ares de terre, lieu dit la Grande-Pièce,* « *situés sur le territoire de la commune de Vezannes, Section C* « *n° 188 du plan cadastral.*

« *La présente inscription est requise en renouvellement de* « *celle prise le... Vol... n°...* »

247. Privilège du copartageant. — Le privilège du copartageant garantit le partage lui-même et toute inégalité qui peut se produire, par exemple en cas d'éviction d'un copartageant ; il garantit le paiement des soultes de partage et les prix de licitation, pourvu bien entendu que le partage et la licitation comprennent des immeubles.

Le privilège du copartageant doit toujours être inscrit, et ne peut s'exercer qu'à cette condition ; voici, d'après l'article 2109 du Code, les règles de son inscription. — Le cohéritier ou copartageant conserve son privilège sur les biens de chaque lot ou sur le bien licité, pour les soulte et retour de lots, ou pour le prix de la licitation, par l'inscription faite à sa diligence dans soixante jours à dater de l'acte de partage ou de l'adjudication par licitation ; durant lequel temps aucune hypothèque ne peut avoir lieu sur le bien chargé de soulte ou adjugé par licitation, au préjudice du créancier de la soulte ou du prix.

Ainsi, contrairement à ce qui se passe pour le privilège du vendeur, celui du copartageant est inscrit à la diligence de celui-ci, qui, *a fortiori*, se trouve tenu de surveiller le renouvellement de l'inscription. Le copartageant a un délai de 60 jours pour prendre inscription; cependant, si l'immeuble était revendu par acte transcrit dans l'intervalle de ces 60 jours, le privilège, en vertu de l'article 6 de la loi du 23 mars 1855, devrait être inscrit dans le délai de 45 jours pour conserver à la fois le droit de suite et le droit de préférence, et, s'il n'était inscrit qu'après ce délai de 45 jours mais avant l'expiration du délai de 60 jours, il ne conserverait plus que le droit de préférence.

En raison de cette éventualité, il sera toujours prudent de faire inscrire le privilège du copartageant dans le délai de 45 jours. — Pont, nº 318.

Ce privilège est inscrit comme une hypothèque conventionnelle sur la remise au conservateur de deux bordereaux accompagnés du titre. (V. nº 235).

1º Exemple d'un bordereau d'inscription. — « *Inscription* « *de privilège de copartageant est requise au Bureau des* « *Hypothèques de Troyes,*

« *Au profit de Paul-Emile A... négociant à Barberey près* « *Troyes, pour lequel domicile est élu en l'étude de Mᵉ D...,* « *avoué à Troyes,*

« *Contre Louis-Ernest B....... cultivateur à Lusigny* « *(Aube),*

« *En vertu d'un acte reçu par Mᵉ C..., notaire à Troyes,* « *le trente septembre mil huit cent quatre-vingt-onze* (ou « bien *en vertu d'un acte sous signatures privées en date* « *à Troyes du. . . . ., enregistré le. . . . .*), *contenant par-* « *tage entre MM. A... et B..., des immeubles dépendant de la* « *succession de M. Pierre-Eugène D..., leur oncle décédé, dont* « *ils étaient les seuls héritiers chacun pour moitié, et stipula-* « *tion, en raison de la plus-value du lot de M. B..., d'une* « *soulte de cinq mille francs payable par celui-ci à M. A... en* « *une seule fois le premier octobre mil huit cent quatre-vingt-* « *quatorze, avec intérêts à cinq pour cent l'an payables eux-* « *mêmes le premier octobre de chaque année.*

« *Pour sûreté 1º de ladite somme principale de cinq mille* « *francs* . . . . 5.000 »

« *2º des intérêts de droit* . . . . mémoire

« *3º des frais de mise à exécution, s'il* « *y a lieu, évalués* . . . . 500 »

« *Au total, sauf mémoire, cinq mille cinq cents* « *francs* . . . . 5.500 »

« *Sur tous les immeubles composant, en vertu dudit par-* « *tage, le lot dudit M. B..., et consistant en la ferme de la* « *Tuilerie, qui comprend des bâtiments d'habitation et d'ex-* « *ploitation avec vingt hectares de terre en une seule pièce*

« *autour des bâtiments, le tout situé sur le territoire de la* « *commune de Lusigny.* »

248. Règles communes aux privilèges et aux hypothèques. — Renvoi. — Les règles spéciales à la constitution et à la conservation des privilèges étant ainsi établies, j'ajouterai seulement que tout ce que j'ai dit précédemment (nos 240 à 243) de l'effet des hypothèques, de leurs subrogation, cession, réduction, radiation ou extinction, est également applicable aux privilèges. Le lecteur voudra donc bien se reporter aux règles précédemment énoncées.

2me PARTIE. — DE LA TRANSCRIPTION.

249. Utilité de la transcription. — Les contrats translatifs de la propriété d'immeubles ou de droits réels immobiliers, que les tiers détenteurs voudront purger de privilèges et hypothèques, seront transcrits en entier par le conservateur des hypothèques dans l'arrondissement duquel les biens sont situés. — Cette transcription se fera sur un registre à ce destiné et le conservateur sera tenu d'en donner reconnaissance au requérant. C. c. 2181.

La simple transcription des titres translatifs de propriété sur les registres du conservateur ne purge pas les hypothèques et privilèges établis sur l'immeuble. — Le vendeur ne transmet à l'acquéreur que la propriété et les droits qu'il avait lui-même sur la chose vendue ; il les transmet sous l'affectation des mêmes privilèges et hypothèques dont il était chargé. C. c. 2182.

Ces dispositions du Code civil sont complétées par les articles 3 et 6 de la loi du 23 mars 1855 ainsi conçus : — Jusqu'à la transcription, les droits résultant des actes et jugements énoncés aux articles précédents ne peuvent être opposés aux tiers qui ont des droits sur l'immeuble et qui les ont conservés en se conformant aux lois. Les baux qui n'ont pas été transcrits ne peuvent jamais leur être opposés pour une durée de plus de dix-huit ans. (Art. 3). — A partir de la transcription, les créanciers privilégiés ou ayant hypothèque ne peuvent prendre utilement inscription sur le précédent propriétaire. Néanmoins le vendeur et le copartageant peuvent utilement inscrire les privilèges à eux conférés par les articles 2108 et 2109 du Code dans les 45 jours de l'acte de vente ou de partage, nonobstant toute transcription d'actes faits dans ce délai. — Art. 6.

De l'ensemble de cette législation il résulte que la transcription constitue le premier acte préparatoire de la purge, mais qu'elle ne la produit pas à elle seule. Elle a seulement pour effets de conférer réellement la propriété à l'acquéreur et d'empêcher que de nouvelles inscriptions puissent la grever du chef du vendeur. — Ainsi, je suppose que A... vende un immeuble à B... qui paie son prix et néglige de faire transcrire son acte, puis que A..., de mauvaise foi, revende cet immeuble à C... qui fait transcrire son contrat avant que B... n'ait fait transcrire le sien ; il arrivera que C... sera le véritable propriétaire, et que B... n'aura aucun droit de propriété ni privilège sur l'immeuble acheté et payé par lui. — Je suppose encore dans le même cas, que A..., au lieu de revendre son immeuble à C..., constitue une hypothèque au profit de celui-ci qui prend inscription avant la transcription de B..., l'inscription de C... suivra l'immeuble entre les mains de B... qui en sera tenu hypothécairement.

Ainsi la transcription, malgré qu'elle ne produise par la purge, a déjà des effets considérables ; elle assure la propriété à l'acquéreur, et s'oppose à ce que le vendeur puisse encore conférer aucune hypothèque. Aussi, dans la plupart des cas, on se contente de cette formalité, sans purger, surtout quand les charges de l'immeuble sont bien connues, et qu'elles sont inférieures au prix. — L'acquéreur peut d'ailleurs connaître les charges qui grèvent son nouvel immeuble en demandant au conservateur un état sur transcription. (V. n° 253-1). — La transcription est effectuée sur le simple dépôt au Bureau des Hypothèques de l'acte susceptible d'être transcrit s'il est fait sous signatures privées, et de sa grosse ou expédition s'il est notarié. Rigoureusement, ce dépôt devrait être accompagné d'une réquisition de transcription écrite sur papier libre, mais dans la pratique cette réquisition n'est pas exigée.

On va voir maintenant comment on doit procéder quand la transcription est ou paraît insuffisante, et qu'on veut purger.

Sous ce rapport, il faut envisager distinctement d'une part les hypothèques inscrites et les privilèges, et d'autre part les hypothèques légales non inscrites ; la loi établit deux procédures selon qu'il s'agit de celles-ci ou de ceux-là.

250. Purge des hypothèques inscrites et des priviléges. — Si le nouveau propriétaire veut se garantir de l'effet des poursuites autorisées contre lui, il est tenu, soit avant les poursuites, soit dans le mois au plus tard à compter de la première sommation qui lui est faite, de notifier aux créanciers, aux domiciles par eux élus dans leurs inscriptions : — 1° extrait de son titre . . . . ; 2° extrait de la transcription du titre . . . .

Lorsque le nouveau propriétaire a fait cette notification dans le délai fixé, tout créancier inscrit peut faire surenchère, à la condition que cette surenchère sera signifiée au nouveau propriétaire au plus tard dans les 40 jours de la notification faite par celui-ci, en ajoutant à ce délai un jour par cinq myriamètres de distance entre le domicile élu et le domicile réel de chaque créancier requérant.

En cas de surenchère, l'immeuble est revendu judiciairement; et, à défaut de surenchère dans le délai indiqué, la valeur de l'immeuble demeure définitivement fixée au prix stipulé dans le contrat, et le nouveau propriétaire est libéré de tous les privilèges et hypothèques en payant ledit prix aux créanciers, soit amiablement, soit par voie d'ordre, ou en le déposant à la Caisse des consignations.

Telles sont les règles qui résultent de l'ensemble des articles 2183 à 2186 du Code civil. Comme on le voit, après la transcription, la purge est continuée par la notification aux créanciers inscrits; cette notification se fait par le ministère d'un huissier, mais comme sa préparation est souvent délicate, on agira prudemment en en confiant le soin à un avoué.

J'ajoute que pour les ventes faites par actes notariés, la purge est toujours faite par les soins des notaires.

251. Purge des hypothèques légales non inscrites. — Les acquéreurs d'immeubles appartenant à des maris ou à des tuteurs, lorsqu'il n'existe sur ces immeubles aucune inscription à raison de la gestion du tuteur ou des reprises de la femme, peuvent purger les hypothèques qui existeraient sur les biens par eux acquis, en se conformant aux dispositions suivantes.

Ces acquéreurs déposent copie dûment collationnée de leur contrat d'acquisition au greffe du tribunal civil du lieu de la situation des biens, et certifient ce dépôt par acte signifié tant à la femme ou au subrogé-tuteur qu'au procureur de la République près le tribunal. — Extrait de ce contrat reste ensuite affiché dans l'auditoire du Tribunal pendant deux mois, temps pendant lequel les femmes, les maris, tuteurs. subrogés-tuteurs, mineurs, interdits, parents ou amis, et le Procureur de la République sont reçus à requérir, s'il y a lieu, et à faire prendre, au Bureau du conservateur des Hypothèques, des inscriptions qui produiront leur effet dans les termes de l'article 2135 du C. c., étant observé que les bénéficiaires des hypothèques légales non inscrites, femmes mariées, mineurs et interdits ou leurs représentants, peuvent faire surenchère pendant le même délai. — Pont, nº 1418. Rép. Defrénois, nº 1980.

— Si, dans le cours des deux mois de l'exposition du contrat, il n'a été pris aucune inscription du chef des femmes, mineurs ou interdits, les immeubles passent à l'acquéreur sans aucune charge du chef de ces incapables. Si au contraire des inscriptions ont été prises, ce que l'on connaît par la levée d'un état spécial à la conservation des hypothèques, ces inscriptions concourent selon leur rang (en tenant compte de leur effet rétroactif) avec les autres inscriptions pouvant exister, et l'acquéreur, s'il ne peut obtenir amiablement la mainlevée des unes et des autres en payant son prix aux ayant droit, est obligé de faire ouvrir un ordre.

Ainsi peuvent se résumer les principes généraux résultant des articles 2193 à 2195 du Code civil et 772 du Code de procédure. Comme on le voit, la purge des hypothèques légales non inscrites ne peut également se faire qu'avec le concours des officiers ministériels ; elle est faite par les soins des notaires pour les contrats passés devant eux, il est prudent de la confier aux avoués pour les actes faits sous signatures privées.

J'ajoute encore que la meilleure pratique paraît être, quand on fait les deux purges, de commencer par la purge des hypothèques occultes ou tout au moins de la faire marcher de pair avec la purge des hypothèques ordinaires.

Enfin, il convient d'observer qu'un avis du Conseil d'Etat, en date du 1er juin 1807, statuant pour les cas où, soit la femme ou ceux qui la représentent, soit le subrogé-tuteur ne seraient pas connus de l'acquéreur, dispose — « qu'il sera nécessaire et qu'il suffira, pour remplacer la signification qui doit leur être faite aux termes de l'article 2194, en premier lieu, que, dans la signification à faire au Procureur de la République, l'acquéreur déclare que ceux du chef desquels il pourrait être formé des inscriptions pour raison d'hypothèques légales existant indépendemment de l'inscription, n'étant pas connus, il fera publier ladite signification dans les formes prescrites par l'article 696 du Code de Procédure ; en second lieu, que l'acquéreur fasse cette publication dans ladite forme de l'article 696 du Code de procédure, ou que, s'il n'y avait pas de journal dans le département, l'acquéreur se fasse délivrer par le Procureur de la République un certificat portant qu'il n'en existe pas. » — Paul Pont, article 2193, nº 1404.

1º Hypothèque légale de la femme. — En ce qui concerne l'hypothèque légale de la femme, la purge peut être suppléée par le concours de la femme à la vente ou sa renonciation ultérieure, pourvu que ces concours ou renonciation aient lieu par acte authentique.

L'article unique de la loi du 13 février 1889 dispose en effet notamment : — que la renonciation par la femme à son hypothèque légale au profit de l'acquéreur d'immeubles grevés de cette hypothèque en emporte l'extinction et vaut purge à partir soit de la transcription de l'acte d'aliénation, si la renonciation y est contenue, soit de la mention faite en marge de la transcription de l'acte d'aliénation, si la renonciation a été consentie par acte authentique distinct, — mais que, dans tous les cas, cette renonciation n'est valable et ne produit les effets ci-dessus que si elle est contenue dans un acte authentique, c'est-à-dire notarié.

3me PARTIE. — DES ÉTATS HYPOTHÉCAIRES

252. Publicité des hypothèques. — Les conservateurs des hypothèques sont tenus de délivrer à tous ceux qui le requièrent, copie des actes transcrits sur leurs registres et celle des inscriptions subsistantes, ou certificat qu'il n'en existe aucune. C. c. 2196.

Le conservateur, lorsqu'il en est requis, délivre, sous sa responsabilité, l'état spécial ou général des transcriptions et mentions. — Art. 5 de la loi du 23 mars 1855.

Les deux dispositions qui précèdent consacrent la publicité des hypothèques, en obligeant les conservateurs à délivrer des copies de leurs registres à tous ceux qui leur en font la réquisition. Les copies ainsi délivrées prennent le nom d'états, qu'on appelle, selon les cas, états d'inscriptions, de transcriptions ou de saisies.

253. Etats d'inscriptions. — Les états d'inscriptions sont de beaucoup les plus fréquents et sont de plusieurs sortes. — Tantôt on aura besoin de connaître les inscriptions prises contre une personne dénommée et on demandera un état *individuel,* tantôt on aura besoin de connaître les inscriptions grevant un immeuble désigné, et on demandera un état *sur immeuble;* dans certains cas, on aura besoin de connaître la totalité des charges qui grèvent une personne ou un immeuble, et on demandera un état *général,* dans d'autres enfin on voudra seulement connaître une partie de ces charges et on demandera un état *partiel.*

1° ETATS SUR TRANSCRIPTIONS. — Quand l'état sur un immeuble désigné est requis après la transcription de l'acte constatant la mutation de cet immeuble, il prend le nom d'état sur transcription. L'état sur transcription a généralement pour but de préparer la purge, ou tout au moins de permettre d'apprécier son utilité, et doit, pour être complet, comprendre toutes les inscriptions grevant l'immeuble tant du chef du vendeur que de celui des précédents propriétaires ; cependant, le requérant peut, lorsqu'il le juge convenable, limiter sa réquisition aux inscriptions qui grèvent soit du chef du vendeur, soit du chef de tels ou tels des anciens propriétaires qu'il désigne.

On voit combien il est utile pour un acquéreur de connaître les précédents propriétaires de l'immeuble qu'il achète, puisque ces divers propriétaires ont pu successivement consentir des hypothèques qui, en vertu du droit de suite, ont accompagné l'immeuble jusque dans les mains de cet acquéreur ; je dirai donc déjà ici qu'il est toujours prudent, dans un acte de mutation d'immeubles, d'établir l'origine de la propriété en rappelant toutes les mutations qui se sont produites et tous les propriétaires qui ont possédé pendant les trente dernières années (*temps nécessaire pour la prescription*), de façon que l'acquéreur possède les éléments d'un état sur transcription complet.

254. Etats de transcriptions. — On a vu au n° 249 que la transcription seule transmet la propriété, dessaisit le vendeur et saisit l'acquéreur ; or, il se présente maintes circonstances dans lesquelles il peut être utile de savoir si une personne avec laquelle on veut contracter, par exemple, est bien propriétaire de certains immeubles ou ne les a pas au contraire aliénés. Un état des transcriptions fournira dans ce cas les renseignements utiles.

Comme l'état des inscriptions, celui des transcriptions pourra être général ou partiel ; il pourra par exemple comprendre toutes les transcriptions au nom d'une personne dénommée, ou une partie bien définie de ces transcriptions, comme celles des actes d'acquisition ou celles des actes d'aliénation.

1° ÉTAT DES MENTIONS DE RÉSOLUTION, NULLITÉ OU RESCISION. — D'après l'article 4 de la loi du 23 mars 1855, tout jugement prononçant la résolution, nullité ou rescision d'un acte transcrit doit, dans le mois à dater du jour où il a acquis l'autorité de la chose jugée, être mentionné en marge de la transcription faite sur le registre. — De là résulte dans certains cas la nécessité de demander, en outre de l'état des transcriptions, celui des mentions de résolution, nullité ou rescision.

255. Etats des transcriptions de saisies. — Il peut enfin arriver qu'un propriétaire, sans avoir aliéné sa propriété et sans en avoir été dessaisi par la transcription, ait perdu le droit d'en disposer par suite de saisie; mais, aux termes de l'article 678 du Code de procédure, toute saisie immobilière doit être transcrite, et on pourra encore connaître cette situation par l'état des transcriptions des saisies.

256. Réquisition. — Les états dont la nomenclature précède sont demandés aux conservateurs par des réquisitions écrites sur papier libre et dont je vais donner plusieurs formules. D'après cette nomenclature les états qu'on peut demander sont : 1° ceux des inscriptions, 2° ceux des transcriptions, 3° ceux des mentions de résolution, nullité ou rescision, 4° et ceux des transcriptions des saisies. Selon les cas, on peut demander ou tous ces états ou seulement un ou plusieurs d'entre eux ; cependant le troisième ne pourra jamais être délivré sans le second, et l'état des saisies, malgré qu'il puisse être requis isolément, accompagnera le plus souvent celui des transcriptions ou des inscriptions. De plus il y a lieu d'observer que la pratique paraît admettre la demande et la délivrance d'*états succincts* des inscriptions et des transcriptions, lesdits états limités à certaines indications spéciales. Garnier R. P. n° 8518.

Quand il n'existe aucune inscription, transcription, mention ou saisie, les conservateurs satisfont aux réquisitions en délivrant des certificats négatifs.

1° Etats individuels. — « *Je soussigné Charles A... propriétaire à X..., requiers M. le Conservateur des hypothèques au bureau de Y... de me délivrer l'état des inscriptions hypothécaires ayant à ce jour une existence légale contre M. Jean-Pierre-Joseph B..., cultivateur à Z...*

« *Y... le cinq octobre 1896. Signé A...* »

« *Je soussigné... requiers M. le Conservateur des hypothèques... de me délivrer l'état des inscriptions prises depuis le premier janvier mil huit cent quatre-vingt-huit pour celles ordinaires et à toutes dates pour celles du Crédit foncier jusqu'à la date d'hier inclusivement, contre M. Jean-Pierre-Joseph B... cultivateur, et Mme Marie-Louise C... sa femme, demeurant ensemble à Z...*

« *Y... le cinq octobre 1896.* »

« *Je soussigné... de me délivrer l'état des inscriptions ayant à ce jour une existence légale contre M. Jules-Ernest B... propriétaire à Z..., et grevant une maison située en ladite ville de Z..., rue Grande n° 5.*

« *Y... le...* »

2° ETATS SUR TRANSCRIPTIONS. — « *Je soussigné Charles A...,*
« *propriétaire à X..., requiers M. le Conservateur des hypo-*
« *thèques au bureau de Y... 1° d'opérer la transcription d'un*
« *acte sous signatures privées du quinze septembre dernier,*
« *enregistré à Y... le vingt du même mois, contenant vente*
« *par M. Pierre-Ernest B... négociant à Y... à mon profit,*
« *d'immeubles situés sur le territoire de la commune de X...,*
« *2° et de me délivrer le lendemain de cette transcription l'état*
« *des inscriptions grevant lesdits immeubles du chef du ven-*
« *deur et de tous les anciens propriétaires désignés audit acte,*
« *ainsi que du chef des anciens propriétaires que peuvent*
« *révéler tous actes transcrits.*
« *Y... le cinq octobre 1896.* »

« *Je soussigné..., 2° et de me délivrer le lendemain de cette*
« *transcription l'état des inscriptions grevant lesdits immeu-*
« *bles du chef du vendeur et de tous les anciens propriétaires*
« *désignés audit acte* — ou bien, *grevant lesdits immeubles du*
« *chef du vendeur et du chef de M. D... l'un des précédents*
« *propriétaires, et de leur chef seulement, tous les autres pré-*
« *cédents propriétaires étant exceptés* — ou bien, *grevant*
« *lesdits immeubles du chef du vendeur seulement.* »

Il appartiendra au requérant d'apprécier l'étendue qu'il convient de donner à sa réquisition, en ayant soin de ne pas perdre de vue, le cas échéant, l'exception signalée au profit du Crédit foncier (n° 238-3), et en raison de laquelle il peut convenir d'augmenter cette étendue.

3° ETATS DES TRANSCRIPTIONS, MENTIONS ET TRANSCRIPTIONS DE SAISIES. — « *Je soussigné A... Jean-Baptiste, proprié-*
« *taire à X..., requiers M. le Conservateur des Hypothèques*
« *au bureau de X... de me délivrer l'état des transcriptions*
« *opérées à son bureau aux noms de M. Louis-Henri B... pro-*
» *priétaire et de Mme Julie-Clémence C... sa femme, demeurant*
« *tous deux à X...*
« *X... le...* »

« *Je soussigné... de me délivrer l'état des transcriptions des*
« *actes d'aliénation* (ou bien selon le cas, *des actes d'acqui-*
« *sition) opérées à son bureau postérieurement au premier*
« *janvier mil huit cent... et jusqu'à ce jour exclusivement au*
« *nom de M. Louis-Henri B... propriétaire à X...* »

Selon les cas, on pourra ajouter : « *et celui des mentions*
« *des jugements de résolution, nullité ou rescision opérées en*
« *marge desdites transcriptions en vertu de la loi du vingt-*
« *trois mars mil huit cent cinquante-cinq.* »

« *Je soussigné... de me délivrer l'état des transcriptions de*
« *saisies et dénonciations de saisies existant jusqu'à ce jour*

« *exclusivement contre M. Louis-Henri B..., propriétaire*
« *à X...* »

« *Je soussigné..... de me délivrer un état contenant les*
« *transcriptions opérées depuis le premier janvier mil huit*
« *cent... jusqu'à ce jour exclusivement, les mentions des juge-*
« *ments de résolution, nullité ou rescision et les transcriptions*
« *de saisies opérées pendant le même temps, le tout en ce qui*
« *concerne M. Louis-Henri B... cultivateur à N...* »

4° ETATS COMPLETS COMPRENANT INSCRIPTIONS, SAISIES, TRANSCRIPTIONS ET MENTIONS. — Comme pour les états des inscriptions je diviserai ces états en deux catégories, les états individuels et les états sur transcription.

A. — Etats individuels. — *Je soussigné... de me délivrer sur M. Louis-Henri B... propriétaire demeurant à X...*

1° l'état des inscriptions hypothécaires ayant à ce jour une existence légale.

2° l'état des saisies,

3° l'état par extraits depuis le 1er janvier 1856 des transcriptions d'actes de mutation et des mentions prescrites par l'article 4 de la loi du 23 mars 1855.

X... le... »

B. — Etats sur transcriptions. — *Le soussigné dépose, à l'effet d'être transcrite, l'expédition d'un contrat passé devant Me X... notaire à... le 15 septembre dernier, contenant vente par M. Pierre-Ernest B... négociant à Y... au profit de M. Louis-Henri C... propriétaire à Y... d'immeubles situés sur le territoire de la commune de Y..., et requiert après transcription :*

1° Du chef de... (V. n° 256-2) l'état des inscriptions ayant une existence légale au jour de la transcription de ce contrat, y compris l'inscription d'office,

2° du chef de... (V. n° 256-2) l'état des saisies et dénonciations de saisies,

3° et du chef de... (V. n° 256-2) l'état depuis le 1er janvier 1856 des transcriptions d'actes de vente ou de donation et des mutations prescrites par la loi du 23 mars 1855.

« *X... le...* »

Comme je l'ai déjà dit, il appartiendra au requérant d'apprécier dans tous les cas l'étendue qu'il convient de donner à sa réquisition, en ayant soin de ne pas perdre de vue, le cas échéant, l'exception signalée au profit du Crédit foncier.

RÉSUMÉ.

257. Conseils pratiques. — Avant de terminer l'étude de cette importante matière des hypothèques, je vais résumer les points principaux qui doivent fixer particulièrement l'attention de mes lecteurs, et en déduire quelques conseils pratiques.

Reprenant ma première division en trois parties — inscriptions, transcriptions et états — je dirai : 1° que les inscriptions intéressent particulièrement les créanciers hypothécaires et privilégiés, à cause de leurs créances qu'elles doivent garantir; 2° que les transcriptions intéressent surtout les acquéreurs et nouveaux possesseurs d'immeubles, parce qu'elles sont nécessaires à la transmission et à la garantie de leur propriété; 3° et enfin que la publicité des hypothèques peut intéresser tout le monde, chacun pouvant avoir affaire à des propriétaires fonciers, et avoir besoin de recourir à cette publicité.

1° Inscriptions. — L'hypothèque conventionnelle ne peut résulter que d'un acte notarié; le privilège du vendeur et celui du copartageant, pour ne parler ici que des privilèges les plus fréquents dans la pratique, peuvent résulter d'actes sous signatures privées aussi bien que d'actes notariés.

Le créancier hypothécaire doit faire inscrire son hypothèque, qui n'a d'effet que du jour où elle a été inscrite, sauf ce qui a été dit de l'hypothèque légale ; le copartageant doit de même faire inscrire son privilège, mais le vendeur conserve le sien par la transcription de son titre et par l'inscription d'office que le conservateur est obligé de prendre lors de la transcription. Les créanciers et les copartageants doivent tous renouveler leurs inscriptions tous les dix ans, sans même attendre que les dix années soient complètement révolues ; les vendeurs agissent sagement en faisant de même.

Enfin les créanciers hypothécaires et privilégiés doivent surveiller les mutations des immeubles grevés à leur profit ; et, pour éviter la prescription de leur hypothèque ou privilège, ils doivent faire en sorte d'obtenir, en cas de mutation de ces immeubles, une reconnaissance du tiers acquéreur, ou, s'ils n'obtiennent cette reconnaissance à l'amiable, la faire prononcer judiciairement.

2° Transcriptions. — La transcription seule dessaisit l'ancien propriétaire et saisit le nouveau ; elle transmet à celui-ci la propriété réelle de l'immeuble acquis, et elle fait obstacle à ce que l'ancien propriétaire puisse encore grever cet immeuble. De plus elle constitue le premier acte de la purge, formalité qui permet à l'acquéreur de biens grevés pour des sommes même supérieures à son prix, d'obtenir le dégrèvement des immeubles acquis en payant seulement ce prix.

Tous les actes emportant mutation d'immeubles ou de droits immobiliers doivent être transcrits, la transcription étant une condition de la mutation; cependant en pratique beaucoup d'actes de mutation ne le sont pas, et le défaut de transcription peut avoir de très grands inconvénients dès que les affaires ont une certaine importance.

3° ETATS HYPOTHÉCAIRES. — La publicité des hypothèques permet de connaître notamment :

1° Au moyen des états individuels, les inscriptions qui grèvent une personne dénommée ou encore celles qui grèvent un immeuble désigné du chef d'une personne dénommée ;

2° Au moyen des états sur transcription, les charges qui grèvent un immeuble lors de la vente de cet immeuble ;

3° Au moyen des états des transcriptions et des mentions de résolution, nullité ou rescision, les immeubles qui sont entrés dans le patrimoine d'un individu et ceux qui en sont sortis par actes transcrits ou mentionnés ;

4° Et enfin au moyen des états des saisies, les immeubles dont un propriétaire a perdu la libre disposition.

258. Durée et frais des formalités. — Les formalités hypothécaires sont toutes et toujours accomplies à la date où elles sont requises, mais, à l'inverse de ce qui est possible à l'enregistrement, elles ne peuvent être accomplies séance tenante. Pour parer aux inconvénients que pourrait avoir la délivrance tardive des états, il est d'usage que le conservateur donne verbalement aux requérants, lors de leur réquisition, les renseignements qui leur sont utiles ; mais ces renseignements verbaux ne peuvent dans aucun cas suppléer les états qui doivent toujours être délivrés.

Les frais des formalités sont payables d'avance; et, comme le montant exact ne peut alors en être connu, le conservateur demande une provision en rapport avec l'importance de la formalité, sauf à régler lors de la remise des pièces.

Ces frais comprennent des droits de timbre et d'hypothèques perçus au profit du trésor, et les salaires du conservateur. Pour les inscriptions il est dû : 1° plusieurs droits fixes s'élevant ensemble à 2 fr. 04, quelles que soient la longueur et l'importance de l'inscription, 2° la valeur du timbre employé à la formalité, 3° un droit de 1 fr. 25 par mille francs sur le montant de l'inscription. Pour les transcriptions il est dû : 1° plusieurs droits fixes s'élevant ensemble à 2 fr. 29 (1), 2° la valeur du timbre employé à la

(1) Ces droits ne s'élèvent qu'à 1 fr. 04 au lieu de 2 fr. 29 pour la transcription des échanges de biens ruraux enregistrés au droit de 0 fr. 25 0/0 V. n° 186.

formalité, 3° un droit de 0 fr. 50 par rôle de registre employé à la transcription. — Pour les états des inscriptions, il est dû, outre le prix du timbre employé à l'état, un droit d'un franc par chaque inscription et par chaque personne sur laquelle il est certifié négativement.

I

Indivision (Convention d')

259. — La convention d'indivision est celle par laquelle des propriétaires indivis conviennent de rester dans l'indivision. D'après l'article 815 du Code civil, cette convention ne peut être obligatoire au delà de cinq ans, mais elle peut être renouvelée. V. n° 283.

Inscription. *Voyez* **Hypothèques** n°s 230 et suivants.

Inventaire.

260. Définition. — L'inventaire est l'acte qui contient le détail des meubles, biens et valeurs et la description des titres et papiers, dont la connaissance est nécessaire à l'établissement des forces et charges d'une situation, à une liquidation, par exemple à la liquidation d'une succession, d'une communauté.

L'inventaire, souvent utile, est indispensable pour l'héritier qui veut profiter du bénéfice d'inventaire, (V. n° 100) ; il doit toujours être fait par un notaire, sauf dans le cas de faillite où il est procédé par les syndics en vertu de l'article 479 du code de commerce.

261. Quand y a-t-il lieu de faire inventaire ? — Les principales circonstances dans lesquelles il y a lieu de faire inventaire sont les suivantes :

1° Tutelle. — D'après l'article 451 du code civil le tuteur doit, dans les dix jours qui suivent celui de sa nomination dûment connue de lui, requérir la levée des scellés s'ils ont été apposés et faire procéder à l'inventaire des biens du mineur, en présence du subrogé-tuteur.

2° Usufruit. — D'après l'article 600 du code civil, l'usufruitier ne peut entrer en jouissance qu'après avoir fait dresser en présence du propriétaire, ou lui dûment appelé, un inventaire des meubles et un état des immeubles sujets à l'usufruit.

3° Successions. — L'inventaire est utile pour constater la consistance des successions échues à des incapables, mineurs, interdits et femmes mariées n'ayant pas l'administration de leurs biens. La loi en fait une obligation pour le conjoint et l'administration des domaines qui prétendent droit à une succession, à défaut de parents du défunt au degré successible. C. c. 769.

4° Exécuteur testamentaire. — L'article 1031 fait une obligation à l'exécuteur testamentaire de faire l'inventaire des biens de la succession en présence de l'héritier présomptif, ou lui dûment appelé.

5° Communauté. — D'après les articles 1414 et 1504 du code civil, l'inventaire est très utile et souvent nécessaire pour constater la consistance des valeurs mobilières qui échoient pendant le mariage aux époux mariés sous le régime de la communauté réduite aux acquêts, et pour établir, en ce qui concerne les époux mariés sous le régime de la communauté légale et recueillant des successions en partie mobilières et en partie immobilières, dans quelle proportion le passif de ces successions doit tomber à la charge de la communauté et à la charge de l'époux héritier.

6° Renonciation a communauté. — D'après l'article 1456 du code civil la femme survivante qui veut conserver la faculté de renoncer à la communauté, doit, dans les trois mois du jour du décès de son mari, faire faire un inventaire fidèle et exact de tous les biens de la communauté, contradictoirement avec les héritiers du mari, ou eux dûment appelés.

De même il y a encore obligation de faire inventaire pour la femme survivante qui veut, sans renoncer à la communauté, conserver, conformément à l'art. 1483 du code civil, le droit de ne payer les dettes de la communauté que jusqu'à concurrence de son émolument.

262. Inventaire des commerçants. — Aux termes de l'article 9 du code de commerce, tout commerçant est tenu de faire tous les ans, sous seing privé, un inventaire de ses effets mobiliers et immobiliers et de ses dettes actives et passives, et de le copier année par année sur un registre spécial à ce destiné.

L'inventaire annuel d'un commerçant doit comprendre : 1° l'établissement d'une masse active composée de tous les biens et valeurs, marchandises et créances par lui possédés; 2° l'établissement d'une masse passive composée de toutes les sommes dues par lui à quelque titre que ce soit; 3° une balance de ces deux masses; 4° et la comparaison de cette balance avec celle de l'année précédente, qui fait ressortir le bénéfice ou la perte de l'année.

1° Exemple d'un inventaire simple au 1er janvier 1891 :

1° Actif. —	Fonds de commerce et matériel	4.000	»
	Marchandises	16.000	»
	Créances commerciales	5.000	»
	Valeurs en portefeuille	1.500	»
	Espèces en caisse	2.500	»
	Total	29.000	»
2° Passif. —	Dû à divers	10.000	»
3° Balance. —	L'actif est de	29.000	»
	Le passif est de	10.000	»
	L'actif net est de	19.000	»
4° Résultat de l'année. —	L'actif net au 1er janvier 1891 est de	19.000	»
	Il était au 1er janvier 1890 de	15.000	»
	Les bénéfices de l'année sont de	4.000	»

L

Legs. *Voyez* Testament.

Lettre de change. *Voyez* Billet, nos 110 et suivants.

Licitation.

263. Définition. — La licitation est l'acte par lequel plusieurs personnes, possédant indivisément un même bien, attribuent ce bien à l'une d'elles, à charge par celle-ci de payer aux autres une somme déterminée en représentation de leur part.

Au point de vue pratique, la licitation est réellement une cession, une vente de parts indivises, au moyen de laquelle une propriété, jusque-là dans l'indivision entre plusieurs propriétaires, devient pour le tout la propriété d'un seul.

Ainsi une maison, appartenant par tiers à A..., B... et C.., comme seuls héritiers de leur père commun, sera licitée au profit de A... par la cession que lui feront B... et C... des deux tiers indivis leur appartenant dans cette maison ; en effet A..., déjà propriétaire de son chef d'un tiers et acquéreur des deux autres tiers, devient bien par cette cession seul propriétaire de la totalité de la maison.

Au point de vue doctrinal, et malgré la ressemblance que je signale, la licitation n'est pas considérée comme une vente ; elle est assimilée au partage, et le cohéritier acquéreur par licitation d'un bien de succession est censé avoir recueilli par succession, seul et dès le décès, la totalité de ce bien en vertu de l'article 883 du code civil.

264. Rédaction. — En raison de la définition qui précède, la licitation se rédigera exactement comme une vente, sauf à faire précéder la désignation des objets vendus de l'expression de la part réellement cédée dans ces objets. On trouvera donc au mot « *vente* », nos 382 et 386, tous les renseignements utiles.

265. Enregistrement. — Le droit fiscal, d'accord en cela avec le droit civil, assimile la licitation au partage avec soulte ; l'acte de licitation doit être enregistré dans le délai de trois mois quand il a pour objet des immeubles ou des droits immobiliers, et il est passible sur la valeur des parts acquises du droit de 1 fr. 25, 2 fr. 50 ou 5 0/0 selon qu'il s'agit de créances, objets mobiliers ou immeubles.

En ce qui concerne les licitations comprenant des meubles et des immeubles, je prie le lecteur de se reporter à ce que j'ai déjà dit no 140 *(in fine)*.

1o Formalités hypothécaires. — La licitation d'immeubles, à l'inverse de la vente proprement dite, n'est pas susceptible d'être transcrite. Toutefois, pour qu'il en soit ainsi, il faut : 1o qu'il y ait indivision entre les contractants pour la totalité des immeubles licités ; 2o que l'indivision résulte d'un titre commun ; 3o que la licitation fasse cesser complètement cette indivision.

Le droit de 5 0/0 perçu à l'enregistrement, lorsque ces conditions sont réunies, diffère du droit de vente ordinaire du montant du droit de transcription de 1 fr. 875 0/0 compris dans celui-ci.

A défaut de la réunion des trois conditions que je viens d'indiquer, la licitation est susceptible d'être transcrite et passible, lors de son enregistrement, du droit de 6 fr. 875 0/0 comme une vente ordinaire.

Mais bien qu'une licitation immobilière ne soit pas susceptible d'être transcrite, puisqu'elle ne constitue en fait qu'un partage, il y a lieu pour le vendeur colicitant, s'il ne reçoit pas son prix comptant, de faire inscrire son privilège de copartageant comme il a été dit au n° 247.

Liquidation.

266. — On a vu précédemment au n° 260 que l'inventaire est l'acte qui contient tous les renseignements nécessaires à l'établissement des forces et charges d'une situation ; la liquidation est l'acte qui établit cette situation et qui en précise le résultat précédemment incertain. C'est dans ce sens qu'on dit liquidation de communauté, de succession, de société.

La liquidation détermine généralement aussi les droits de chacune des parties intéressées dans l'actif liquidé, et elle est ainsi le préliminaire nécessaire du partage. En fait, la liquidation et le partage existent rarement l'un sans l'autre, et leur réunion forme l'acte complexe que dans la pratique on appelle tantôt liquidation, tantôt partage. Je réunirai sous ce dernier mot (n° 283 et suivants) tout ce que j'ai à dire tant de la liquidation que du partage.

Liquidation judiciaire (*Voyez* Bilan, n° 102).

M

Mainlevée.

267. Principes. — La mainlevée est l'acte par lequel une personne se désiste de tout ou partie des droits résultant à son profit d'une hypothèque, d'une saisie, d'une signification quelconque.

La mainlevée d'une hypothèque, comme tous les actes concernant les hypothèques, doit nécessairement être consentie par acte notarié ; et il en est de même de la mainlevée d'une saisie immobilière transcrite. La mainlevée d'une signification, d'une opposition ou d'une saisie non transcrite peut être donnée par acte sous signature privée ; elle peut être rédigée simplement, par exemple de la manière suivante :

1° Exemple de rédaction. — « *Je soussigné A..., créancier*

« *de M. B..., déclare donner mainlevée entière et définitive de*
« *la saisie immobilière que j'ai fait pratiquer sur ledit M. B...*
« *par exploit de M. H..., huissier à X..., en date du premier*
« *octobre dernier, ladite saisie non transcrite. — Fait à X...*
« *le dix octobre 1891.* »

268. Timbre et Enregistrement. — Les mainlevées autres que les mainlevées d'hypothèques, c'est-à-dire celles qui sont valablement faites sous signatures privées, doivent être écrites sur papier timbré de dimension à 0 fr. 60 ou 1 fr. 20; elles ne sont pas assujetties à l'enregistrement dans un délai déterminé et sont passibles, lorsque leur enregistrement est requis, du droit fixe de 3 fr. 75.

Mandat C. c. 1984 à 2010.

269. Droit civil. — Le mandat ou procuration est un acte par lequel une personne donne à une autre le pouvoir de faire quelque chose pour elle et en son nom. — Le contrat ne se forme que par l'acceptation du mandataire. C. c. 1984.

Le mandat peut être donné ou par acte public ou par écrit sous seing privé, même par lettre. Il peut aussi être donné verbalement. L'acceptation du mandat peut n'être que tacite et résulter de l'exécution qui lui a été donnée par le mandataire. C. c. 1985.

Le mandat est ou spécial et pour une affaire ou certaines affaires seulement, ou général et pour toutes les affaires du mandant. C. c. 1987.

Le mandat conçu en termes généraux n'embrasse que les actes d'administration. — S'il s'agit d'aliéner ou d'hypothéquer ou de quelque autre acte de propriété, le mandat doit être exprès. C. c. 1988.

Le mandat est gratuit, s'il n'y a convention contraire. C. c. 1986. — Tout mandataire est tenu de rendre compte de sa gestion, et de faire raison au mandant de tout ce qu'il a reçu en vertu de sa procuration. C. c. 1993. — Le mandant doit rembourser au mandataire les avances et frais que celui-ci a faits pour l'exécution du mandat, et lui payer ses salaires lorsqu'il en a été promis. C. c. 1999.

1° Observations. — Celui qui donne le mandat s'appelle mandant, celui qui le reçoit prend le nom de mandataire. Bien que le mandat puisse être donné par acte sous signature privée, il est un certain nombre de cas où il doit nécessairement être donné par acte notarié. Il en est ainsi notamment des procurations données pour consentir une hypothèque, pour la céder ou en donner mainlevée, et pour consentir une donation ou l'accepter. (V. n° 3, § 2.) — La procuration est spéciale ou générale. Dans le premier cas, le mandant doit énoncer d'une façon précise l'opération ou les opérations pour lesquelles il entend donner mandat; dans le second, il convient d'indiquer au moins d'une façon générale les principales opérations que pourra faire le mandataire en tant qu'actes d'administration, et il est nécessaire d'exprimer formellement le pouvoir d'aliéner ou hypothéquer, quand le mandat le comporte.

270. Rédaction. — La rédaction d'une procuration dépend de l'objet pour lequel elle est donnée; elle n'est assujettie à aucune règle, et il suffit que l'objet de la procuration soit énoncé clairement. Je vais en donner plusieurs exemples.

1° TIMBRE. — Toutes les procurations doivent être écrites sur papier timbré de dimension à 0 fr. 60 ou 1 fr. 20.

2° EXEMPLES. — Procuration spéciale pour louer une maison : « *Je soussigné A..., propriétaire à X..., donne par les* « *présentes pouvoir à M. B..., propriétaire à X..., de, pour* « *moi et en mon nom, louer pour une durée de neuf ans, aux* « *prix et conditions que bon lui semblera, la maison que je* « *possède à X..., Grande-Rue n° 20. — X... le quinze* « *octobre 1891.* »

Procuration spéciale pour toucher : « *Je soussigné A...,* « *propriétaire à X..., donne par les présentes pouvoir à M. B...,* « *huissier à X..., de pour moi et en mon nom toucher de M. C...,* « *négociant à N..., la somme de mille francs qu'il me doit en* « *vertu d'une reconnaissance sous signature privée du premier* « *janvier 1885 et tous intérêts courus depuis le premier jan-* « *vier 1889, de toutes sommes reçues donner quittance, et, à* « *défaut de paiement, exercer toutes poursuites utiles dans les* « *formes et devant les tribunaux qu'il conviendra, au besoin* « *saisir après jugement, mobilièrement et même immobilière-* « *ment. — Fait à X... le quinze octobre 1891.* »

Procuration spéciale pour déclaration de locations verbales. (Voir n° 68, § 1.)

Procuration spéciale pour déclaration de succession. (Voir n° 343, § 1.)

Procuration générale : « *Je soussigné A..., propriétaire* « *à X..., constitue pour mon mandataire général M. B...,* « *avocat à X..., auquel je donne pouvoir de pour moi et en* « *mon nom : — gérer et administrer tant activement que pas-* « *sivement tous mes biens et affaires; procéder à l'établissement* « *de tous comptes avec tous débiteurs, en fixer les reliquats et*

« *les recevoir ; toucher toutes créances et tous loyers, revenus,*
« *coupons et arrérages de rentes et valeurs et en général toutes*
« *les sommes qui peuvent m'être dues pour quelque cause que*
« *ce soit en principal, intérêts, frais et accessoires ; payer*
« *également toutes sommes dont je puis être ou devenir débi-*
« *teur ; en cas de contestation ou à défaut de paiement, faire*
« *toutes poursuites et diligences nécessaires, en conséquence*
« *citer et comparaître devant tous juges de paix et tribunaux*
« *et exercer toutes poursuites jusqu'à l'entière exécution des*
« *débiteurs ; de toutes sommes reçues donner quittance et*
« *décharge, faire mainlevée de toutes saisies et oppositions, me*
« *désister de tous droits* (sauf les droits d'hypothèque qui
« ne peuvent être consentis, modifiés ou abandonnés que
« par acte notarié et par un mandataire authentique), *remet-*
« *tre tous titres et pièces et en retirer décharge ; — passer,*
« *résilier ou renouveler tous baux aux prix, charges et condi-*
« *tions qu'il lui plaira, donner congé aux locataires en retard et*
« *les poursuivre ainsi qu'il avisera ; — vendre et échanger tous*
« *les biens meubles et immeubles que je possède en quelque endroit*
« *qu'ils soient situés et en toucher les prix ; — accepter tous*
« *les legs qui pourraient m'être faits* (les donations ne
« peuvent être acceptées que par des mandataires authen-
« tiques) ; *recueillir toutes les successions qui pourront*
« *m'échoir, faire apposer les scellés, s'il y a lieu, sur les effets*
« *provenant desdites successions, en faire faire l'inventaire s'il*
« *le juge à propos, les accepter purement et simplement ou*
« *sous bénéfice d'inventaire et même y renoncer ; procéder à*
« *tous partages de biens indivis ; toucher toutes sommes à pro-*
« *venir desdits legs et successions ; faire emploi comme il*
« *jugera convenable de toutes les sommes qu'il aura touchées ;*
« *— emprunter en mon nom en cas de besoin et de telle per-*
« *sonne qu'il lui plaira jusqu'à concurrence de dix mille francs*
« *moyennant intérêts à quatre pour cent l'an ; — intenter*
« *toutes actions pour quelque cause que ce soit, défendre à*
« *celles qui seraient introduites contre moi, constituer tels*
« *avoués et avocats qu'il lui plaira, transiger, traiter et com-*
« *promettre ainsi qu'il avisera ;*

« *Aux effets ci-dessus signer tous actes et procès-verbaux,*
« *substituer, élire domicile et généralement faire tout ce que*
« *les circonstances exigeront, promettant l'avoir pour agréable.*
« *— Fait à X... le quinze octobre 1891.* »

3° Faculté de substituer. — La substitution est l'acte par lequel un mandataire met une tierce-personne en ses lieu et place pour l'accomplissement du mandat. La faculté de substituer n'existe pas de plein droit pour le mandataire ; quand elle est laissée au mandataire, elle doit être exprimée dans le mandat. L'article 1994 du Code civil dispose en effet que le mandataire répond de celui qu'il s'est substitué dans la gestion : 1° quand il n'a pas reçu le pouvoir de se substituer quelqu'un ; 2° quand ce pouvoir lui a été conféré sans désignation d'une personne, et que celle dont il a fait choix était notoirement incapable ou insolvable.

L'exemple donné ci-dessus d'un mandat général contient le pouvoir de substituer; cette faculté peut d'une façon générale être exprimée de la manière suivante : « *je sous-* « *signé......donne pouvoir, avec faculté de substituer, à M...* »

4° Substitution. — La substitution se rédige absolument comme la procuration, sauf à remplacer la formule initiale « *je soussigné ... donne par les présentes pouvoir à M...* » par la suivante : « *Je soussigné ... mandataire, avec faculté* « *de substitution, de M. A...* (nom, profession et domicile « du mandant) *suivant procuration sous signature privée en* « *date à X... du....., déclare par les présentes me substituer* « *M. B... pour l'accomplissement dudit mandat, et lui trans-* « *mettre les pouvoirs à moi conférés par M. A... à l'effet de...* »

Si la substitution doit rester jointe à la procuration, on peut la rédiger plus simplement en disant : « *Je sous-* « *signé... mandataire, avec faculté de substitution, de M. A...* « *suivant procuration .... ci-jointe, déclare par les pré-* « *sentes me substituer M. B... pour l'accomplissement dudit* « *mandat* » sans reproduire l'objet du mandat.

5° Procuration en blanc. — On peut dans une procuration laisser en blanc le nom du mandataire, et le remplir seulement lorsqu'il en est fait usage.

271. Enregistrement. — Les procurations ne sont pas sujettes à l'enregistrement dans un délai déterminé; elles sont passibles lors de leur présentation à la formalité du droit fixe de 3 fr. 75. Les substitutions sont passibles du même droit.

272. Fin du mandat. — Le mandat finit par la révocation du mandataire, par la renonciation de celui-ci au mandat, par la mort, l'interdiction ou la déconfiture, soit du mandant, soit du mandataire. C. c. 2003.

La révocation du mandataire peut se faire au moyen de la notification de cette révocation à lui faite par ministère d'huissier à la requête du mandant; la renonciation du mandataire peut également se faire au moyen de la notification de cette renonciation faite par ministère d'huissier à la requête du mandataire.

Marché. *Voyez* **Louage d'ouvrage,** n° 59.

Mariage. C. c. 1387 à 1581.

273. Objet de cet article. — Au point de vue du droit, le mariage peut être envisagé sous deux aspects différents. D'une part, sa célébration est constatée par l'acte qu'en dresse l'officier de l'état civil et qu'on appelle *acte de mariage;* d'autre part le mariage produit une association d'intérêts qui est régie par un acte dressé préalablement à sa célébration et qu'on appelle *contrat de mariage,* ou, à défaut de cet acte, par la loi.

J'ai parlé précédemment de l'acte de mariage (V. Etat-civil, n° 200), je vais dire ici quelques mots du contrat de mariage.

Le contrat de mariage ne pouvant se faire que par acte notarié, il ne rentre pas dans le cadre de cet ouvrage de traiter ce sujet avec tous les développements qu'il pourrait comporter; je veux seulement passer en revue les divers régimes auxquels peut être soumise l'association conjugale de façon à permettre à mes lecteurs de faire, le cas échéant, entre ces divers régimes un choix raisonné et motivé.

274. Absence de contrat. — Communauté légale. C. c. 1400 à 1496. — A défaut de contrat de mariage, les époux sont soumis au régime de la communauté légale, c'est-à-dire de la communauté telle qu'elle est définie par la loi.

Sous le régime de la communauté légale, tous les biens mobiliers apportés pas les futurs époux lors du mariage ou qui leur échoient pendant le mariage à titre de succession ou donation, si le donateur n'a pas exprimé la volonté contraire, tombent en communauté et appartiennent par moitié à chaque époux; il en est de même de tous les biens meubles et immeubles acquis pendant le mariage. Chacun des époux, sous ce régime, reste seulement propriétaire des immeubles par lui possédés au jour du mariage ou à lui échus pendant le mariage par donation et succession, et, lorsque le donateur l'a expressément stipulé, des biens meubles qui lui ont été donnés pendant le mariage.

Le mari ne peut aliéner ou hypothéquer les immeubles propres à la femme qu'avec le consentement de celle-ci.

275. Existence d'un contrat. — Le contrat doit toujours précéder la célébration du mariage, après laquelle il ne peut plus recevoir aucune modification; il ne peut être fait que par acte notarié.

Les différents régimes qu'on peut adopter par contrat de mariage sont : 1° le régime de la communauté qu'on appelle alors « conventionnelle » parce qu'elle est établie par convention ; — 2° le régime exclusif de communauté ; — 3° celui de la séparation de biens ; — 4° et le régime dotal.

276. Communauté conventionnelle. — On peut, par contrat de mariage, adopter purement et simplement le régime de la communauté légale, tel qu'il est défini par la loi (V. n° 274), ou modifier ce régime selon que la loi le permet.

Parmi les modifications autorisées les principales sont : 1° la réduction de la communauté aux acquêts ; 2° la stipulation d'un préciput ou du partage de la communauté par parts inégales ; 3° l'établissement d'une communauté universelle.

Sous le régime de la communauté conventionnelle, légale ou modifiée, le mari a seul l'administration de tous les biens de la femme et peut exercer seul toutes les actions mobilières et possessoires de celle-ci ; il ne peut aliéner ou hypothéquer les immeubles de la femme qu'avec son consentement, mais il peut aliéner seul ses capitaux mobiliers.

1° Communauté réduite aux acquêts. — Sous le régime de la communauté réduite aux acquêts, les époux sont censés exclure de la communauté et les dettes de chacun d'eux actuelles et futures, et leur mobilier respectif présent et futur. A la dissolution du mariage, chaque époux reprend ce qu'il a apporté (meubles et immeubles), et le partage se borne aux acquisitions faites en commun qu'on appelle les acquêts, c'est-à-dire aux bénéfices de la communauté. (V. C. c. 1498 et ci-après n° 288).

Si par exemple deux époux se marient apportant le mari 10.000 fr. et la femme 15.000 fr., et qu'à la dissolution du mariage les valeurs de la communauté, dans lesquelles les deux apports ont été confondus, s'élèvent à 50.000 »

On devra de ce chiffre déduire l'apport de la femme........................ 15.000 »

Et celui du mari.............. 10.000 »

Ensemble.............. 25.000 » 25.000 »

Et partager seulement le surplus.......... 25.000 »

Dont moitié à chaque époux est de........ 12.500 »

De sorte que la femme ou ses représentants auront 15.000+12.500=27.500 fr. et le mari ou ses représentants 10.000+12.5000=22.500 fr.

2° Préciput. — Parts inégales. — On peut stipuler que l'époux survivant aura droit à un préciput, c'est-à-dire à un prélèvement sur les bénéfices de communauté avant leur partage ; on peut stipuler aussi que la masse partageable, après les prélèvements autorisés des époux (V. n°288), sera partagée entre eux ou leurs représentants par portions inégales, ou même appartiendra entièrement à l'un deux.

Si par exemple, dans le cas prévu au paragraphe précédent, la communauté était dissoute par la mort du mari, et qu'il fût stipulé que l'époux survivant dût avoir droit à un préciput de 1.000 fr. et aux deux tiers des bénéfices de communauté, le dernier tiers seulement devant appartenir aux héritiers du prémourant, on ferait le calcul suivant :

Actif brut de communauté		50.000 »
Apport de la femme	15.000 »	25.000 »
Apport du mari	10.000 »	
Bénéfices de communauté		25.000 »
Préciput de la femme survivante		1.000 »
Il reste à partager		24.000 »
Dont un tiers à la succession du mari		8.000 »
Et deux tiers à la femme survivante		16.000 »
La femme aurait droit à :		
1° La reprise de son apport		15.000 »
2° Son préciput		1.000 »
3° Sa part de communauté		16.000 »
Ensemble à		32.000 »
Et la succession du mari aurait droit à :		
1° La reprise de son apport		10.000 »
2° Sa part de communauté		8.000 »
Ensemble à		18.000 »

3° Communauté universelle. — L'article 1526 dispose que les époux peuvent établir par contrat de mariage une communauté universelle de leurs biens tant meubles qu'immeubles, présents et à venir, ou de tous leurs biens présents seulement, ou de tous leurs biens à venir seulement.

Ce régime est un régime d'exception, qui ne convient qu'à des situations en quelque sorte exceptionnelles, et il est d'une application très rare.

277. Régime exclusif de communauté. — Les époux peuvent déclarer dans leur contrat qu'ils se marient sans communauté. Dans ce cas, le mari n'a qu'un droit d'administration sur tous les biens meubles ou immeubles de sa femme ; il est comme un usufruitier des biens de sa femme, il en perçoit tous les fruits et les revenus, mais il ne peut les aliéner seul.

On peut convenir sous ce régime que la femme touchera seule et sur ses simples quittances une partie de ses revenus dont elle aura la libre disposition.

Tous les bénéfices et économies faits pendant le mariage appartiennent au mari seul, à l'exception seulement de ceux que pourrait faire la femme sur la partie de ses revenus qu'elle se serait réservée. (Voy. C. c. 1530 et suivants).

278. Séparation de biens. — Sous ce régime la femme conserve l'entière administration de ses biens meubles et immeubles et la jouissance libre de ses revenus. Chacun des époux contribue aux charges du mariage dans la proportion convenue au contrat ; à défaut de convention spéciale, la femme contribue à ces charges jusqu'à concurrence du tiers de ses revenus.

La femme peut disposer de son mobilier ; mais elle ne peut aliéner ses immeubles sans le consentement du mari.

Chacun des époux profite des économies qu'il peut personnellement réaliser. (V. C. c. 1546 à 1539).

1° Séparation de corps. — Quand la séparation de biens est la conséquence de la séparation de corps, la femme recouvre le plein exercice de sa capacité civile, sans avoir besoin de recourir à l'autorisation de son mari ou de justice, même pour l'aliénation de ses immeubles, en vertu de l'article 3 de la loi du 6 février 1893 modifiant l'article 311 du Code civil.

279. Régime dotal. — Le régime dotal peut régir soit la totalité, soit seulement une partie des biens de la femme ; mais, dans ce dernier cas, le contrat doit formellement spécifier les biens qui ne sont pas frappés de dotalité et qui prennent le nom de paraphernaux.

La femme a la libre administration de ses biens paraphernaux, comme si elle était mariée sous le régime de la séparation de biens ; mais l'administration des biens dotaux appartient au mari qui en touche seul les revenus, sauf pour la part que peut s'en être réservée la femme, comme sous le régime exclusif de communauté.

Les immeubles dotaux ne peuvent être aliénés qu'exceptionnellement dans les cas et dans les formes prévus par la loi. — Cette règle qui pose le principe de l'inaliénabilité des immeubles dotaux est la caractéristique principale du régime dotal.

Pour les meubles, les auteurs sont divisés sur le point de savoir s'ils peuvent être aliénés par le mari ; cette question d'ailleurs n'a pas dans la pratique l'importance qu'on pourrait lui supposer, car, lorsque des capitaux mobiliers sont soumis au régime dotal, il y a généralement obligation de faire emploi des deniers à en provenir.

Tous les bénéfices et économies du mariage appartiennent au mari seul, sauf ceux qu'a pu faire la femme sur les revenus par elle réservés. (Voy. C. c. 1540 et suivants.)

1° Régime dotal modifié par une société d'acquêts. — Le régime dotal peut être modifié et combiné avec celui de la communauté. On peut, aux termes de l'article 1581 du Code civil, en se soumettant au régime dotal, stipuler une communauté d'acquêts en vertu de laquelle tous les bénéfices faits pendant le mariage dépendent de cette communauté, et sont partagés entre les époux ou leurs représentants par moitié ou dans la proportion convenue.

280. Du choix d'un régime. — Le mari conserve sous tous les régimes la complète administration et la libre disposition de tous ses biens meubles et immeubles. La femme, au contraire, perd toujours le droit d'aliéner ses biens et le plus souvent aussi celui de les administrer; sous le régime de la séparation de biens, elle conserve cependant le droit d'aliéner ses biens meubles et d'administrer ses immeubles.

Le choix d'un régime intéresse le mari à cause des droits plus ou moins étendus qu'il aura sur les biens de sa femme, et celle-ci à cause des garanties plus ou moins complètes que lui offre chaque régime pour la conservation de ses biens personnels.

Le choix d'un régime intéresse encore les deux époux quant au sort des bénéfices qui seront faits pendant le mariage. C'est cette dernière considération surtout qui a généralisé le régime de la communauté, aujourd'hui le plus répandu, et sous lequel les bénéfices du mariage sont partagés entre les époux.

281. Constitution et imputation de dots. — Après avoir passé en revue les différents régimes sous lesquels on peut se marier, je crois utile d'appeler l'attention sur les différentes manières dont les dots peuvent être constituées.

Les dots constituées aux époux par leurs père et mère peuvent être constituées par ceux-ci par portions égales ou inégales; elles peuvent être constituées par préciput ou en avancement d'hoirie.

Dans la pratique, les dots sont le plus souvent constituées en avancement d'hoirie et imputables sur les successions des donateurs, soit par moitié sur chacune d'elles, soit pour la totalité sur la succession du prémourant. Il importe de bien connaître la portée de ces dernières expressions qu'un exemple fera facilement saisir.

Deux époux mariés sous le régime de la communauté, et possédant ensemble 100.000 fr., dotent leur enfant commun de 20.000 fr. en avancement d'hoirie ; qu'arrivera-t-il au décès du premier mourant des donateurs, époque à laquelle ils possèdent encore 80.000 fr. ? — Si la dot est imputable par moitié sur la succession de chacun des donateurs, l'époux survivant et l'enfant prendront chacun moitié des 80.000 fr. ou 40.000 fr. ; et si, au contraire, la dot est entièrement imputable sur la succession du prémourant des donateurs, l'époux survivant aura droit à 50.000 fr., tandis que l'enfant aura droit seulement à 30.000 fr. somme qui, ajoutée à sa dot de 20.000 fr., représente la moitié s'élevant à 50.000 fr. de la fortune commune. Ainsi, d'un cas à l'autre, il y a pour l'époux survivant une différence de 10.000 fr., c'est-à-dire de la moitié de la dot constituée. (Voir l'exemple du nº 291-2).

Les père et mère, qui, en établissant leurs enfants, s'imposent souvent de lourds sacrifices, ont généralement le désir d'assurer au survivant d'entre eux la conservation de la plus grande partie de leur fortune commune ; ils ne doivent pas perdre de vue les conséquences que je viens de signaler, et, s'ils veulent se dessaisir le moins possible au décès de l'un d'eux, ils agiront sagement en dotant leurs enfants de valeurs entièrement imputables sur la succession du prémourant d'entre eux. Cette imputation peut d'ailleurs être convenue aussi bien lorsque la dot est fournie en biens propres à l'un quelconque des époux donateurs, que lorsqu'elle est fournie avec des biens de communauté.

N

Nantissement. *Voyez* Gage.

Nue-Propriété.

282. — La propriété est le droit de jouir et disposer des choses de la manière la plus absolue, pourvu qu'on n'en fasse pas un usage prohibé par les lois et par les réglements. C. c. 544. — L'usufruit est le droit de jouir des choses dont un autre a la propriété, comme le propriétaire lui-même, mais à la charge d'en conserver la substance. C. c. 578.

L'usufruit est un démembrement de la propriété, et ce qui reste de celle-ci, après le détachement de l'usufruit, constitue la nue-propriété ; au décès de l'usufruitier, l'usufruit se réunit à la nue-propriété pour reconstituer une toute propriété, et le nu-propriétaire devient un propriétaire ordinaire.

Il n'y a pas d'indivision entre l'usufruitier et le nu-propriétaire. (V. Partage, n° 294 et Echange, n° 187.) L'usufruit et la nue-propriété d'un bien constituent deux valeurs distinctes dont chacune peut, comme une toute propriété, faire l'objet de toutes les conventions, d'après les règles particulières à chacune d'elles ; on peut par exemple échanger, acheter ou vendre un usufruit ou une nue-propriété.

O

Obligation. *Voyez* Billet.

P

Papier timbré. *Voyez* Timbre.

Partage.

283. Définition. — L'indivision est l'état d'une chose possédée en commun par plusieurs personnes, sans qu'aucune d'elles ait dans cette chose une part déterminée autrement que par une quotité, une fraction. Tel est l'état d'un immeuble qui appartient à quatre propriétaires à chacun pour un quart, sans que la part de chacun soit délimitée et définie autrement que par la fraction 1/4. On dit d'une chose qu'elle est indivise quand elle est dans l'indivision entre plusieurs propriétaires ; on dit également de plusieurs propriétaires qu'ils sont indivis ou dans l'indivision quand il possèdent indivisément un même bien.

Le partage est l'acte par lequel des propriétaires indivis sortent de l'indivision.

Lorsque chacun des ayants-droit reçoit en nature toute sa part des objets indivis, le partage est pur et simple; lorsqu'au contraire tous les objets à partager sont attribués à un seul ou à plusieurs indivisément, à charge de payer aux autres une somme en argent représentative de leur part, il y a licitation. (V. n° 263.) Enfin, lorsque par suite d'une attribution effective mais inégale des biens, l'inégalité est compensée par des sommes payées ou à payer aux attributaires des lots les plus faibles par ceux des lots les plus forts, il y a partage avec soulte. Le partage avec soulte tient ainsi le milieu entre le partage pur et simple et la licitation, se rapprochant plus ou moins de l'un ou de l'autre selon les cas.

J'ai parlé précédemment de la licitation (n°s 263 et suivants); je parlerai seulement ici du partage avec ou sans soulte.

284. Éléments du partage. — Le partage, d'après la signification qu'on donne à ce mot dans la pratique et la définition que je viens d'en donner, est une opération complexe qui, pour être complète, doit comprendre : — 1° l'établissement de la masse active des biens indivis avec l'évaluation de chacun d'eux ; — 2° l'établissement de la masse passive, c'est-à-dire le détail et le montant de toutes les dettes grevant les biens indivis ; — 3° la balance des masses active et passive faisant ressortir l'actif net partageable ; — 4° l'établissement des droits des parties ; — 5° l'affectation au passif et les attributions.

Ces diverses opérations, dans leur ensemble, constituent plus qu'un partage ; ainsi que je l'ai dit déjà (n° 266), elles constituent à la fois une liquidation et un partage qui, au lieu de se trouver réunis en un seul tout, pourraient exister séparément, et dans certains cas du reste forment effectivement deux actes distincts, les quatre premières parties constituant la liquidation, et la cinquième constituant réellement à elle seule le partage. Mais je ne signale cette distinction que pour la forme, et, d'accord avec la pratique, je n'en tiendrai aucun compte dans la suite de cet article, admettant au contraire que le tout est nécessaire pour constituer le partage.

Je vais donner quelques détails sur chacune des cinq opérations dans lesquelles je viens de décomposer le partage; mais je dois d'abord faire observer qu'il est d'usage, dans la rédaction d'un partage, de rappeler sous un certain nombre d'observations préliminaires toutes les circonstances et tous les faits dont la connaissance est nécessaire pour fixer les divers éléments du partage. Ce n'est qu'après cet exposé qu'on procède aux différentes opérations dont je vais donner le détail.

1° Etablissement de la masse active. — Pour établir la

masse active, on fait le détail de toutes les valeurs qui doivent la composer, on arrête les créances en principal et intérêts au jour où doit cesser l'indivision, et on donne une évaluation à tous les biens qui en sont susceptibles tels que le mobilier meublant et les immeubles. Enfin, on doit avoir soin de comprendre dans cette masse toutes les sommes dont les parties peuvent se trouver elles-mêmes débitrices, soit à titre de rapport, soit à tout autre titre.

2° Etablissement de la masse passive. — Pour composer la masse passive, on fera également le détail et le total de toutes les sommes dues à tous titres et qui sont à la charge de l'indivision, et on arrêtera également au jour de la cessation de l'indivision, ou bien au jour où le passif pourra être réglé, les intérêts des sommes qui en sont productives.

3° Balance de l'actif et du passif. — La balance résultera d'une simple soustraction; en retranchant le montant de la masse passive de celui de la masse active, on aura comme différence le montant net des valeurs à partager.

4° Fixation des droits des parties. — Quand les droits des parties sont les mêmes, cette opération du partage consiste uniquement dans la division de l'actif net partageable par le nombre des copartageants. Mais les parties peuvent à divers titres avoir des droits inégaux; des héritiers par exemple peuvent être en même temps légataires ou même être créanciers ou débiteurs de la succession de leur auteur : alors on établit ce qui revient à chacune des parties en tenant compte des circonstances qui augmentent ou diminuent ses droits, c'est-à-dire en ajoutant à la part de chacune les sommes dont elle est légataire ou créancière, et qui doivent figurer à la masse passive, et en diminuant de cette part les sommes dont elle est débitrice, et qui doivent figurer à la masse active.

5° Attributions. — Affectation au passif. — L'opération des attributions constitue à elle seule le partage proprement dit; on peut y procéder de deux manières, soit en faisant des lots qu'on tire ensuite au sort, soit, si on est d'accord, en attribuant immédiatement à chaque copartageant des valeurs biens déterminées jusqu'à concurrence du montant de ses droits.

Entre ces deux procédés, je conseillerai toujours de choisir celui de la formation des lots et du tirage au sort, lorsqu'il sera possible. On pourra généralement l'employer si les droits de toutes les parties sont égaux, et on pourra y recourir encore si les droits ne présentent que de légères différences, sauf dans ce cas à égaliser d'abord par des prélèvements ceux qui ont les droits les plus élevés. Mais si les droits des parties présentent de trop grandes différences, il peut arriver que le mode d'attribution directe soit seul possible. Quel que soit d'ailleurs le mode employé pour la composition des lots, leur attribution doit remplir exactement chaque partie de tous ses droits.

Comme complément des attributions, et pour régler complètement le sort des valeurs et biens indivis, on doit désigner, pour une somme égale au montant du passif, des valeurs qui seront réalisées et employées à son acquit ; de plus, pour éviter toute complication lorsque ces valeurs ne doivent pas être d'une réalisation immédiate, on donne généralement pouvoir à l'une des parties de procéder seule tant à cette réalisation qu'à l'acquit du passif.

Mais au lieu de procéder comme je viens de dire, de ne partager réellement que l'actif net et d'affecter des valeurs à l'acquit du passif, on peut procéder différemment et partager l'actif brut, en laissant le passif à la charge personnelle des copartageants, proportionnellement à leurs droits. Ce procédé est surtout pratiqué lorsque la masse à partager comprend uniquement des immeubles ou des valeurs que les parties tiennent à conserver.

285. Différentes espèces de partages. — Le partage a le plus souvent pour objet une succession, une communauté ou une société ; dans tous les cas, il est soumis à certaines règles générales et communes, mais il est en outre, selon l'objet auquel il s'applique, soumis à quelques règles spéciales sur lesquelles certains développements seront utiles.

Après avoir esquissé dans les numéros qui précèdent les grandes lignes du partage, de manière à en faire bien saisir la nature et le but, j'énoncerai successivement : — 1° quelques principes généraux communs à tous les partages, et que j'ai exclus des premières définitions pour ne pas nuire à leur clarté ; — 2° les règles spéciales au partage d'une succession ; — 3° celles particulières au partage d'une communauté ; — 4° et enfin celles auxquelles est soumis le partage d'une société.

286. Principes généraux communs à tous les partages. — Nul ne peut être contraint à demeurer dans l'indivision. On peut cependant convenir de suspendre le partage pendant un temps limité ; cette convention ne peut être obligatoire au delà de cinq ans, mais elle peut être renouvelée. (V. C. c. 815 et Indivision n° 259.)

Si tous les copartageants sont majeurs, maîtres de leurs

droits, présents et d'accord, ils peuvent procéder au partage dans la forme et par tel acte qu'ils jugent convenable. (V. C. c. 819.) Le partage peut alors être fait sous signatures privées ou même rester verbal; mais le partage verbal peut présenter des inconvénients, surtout quand il comprend des immeubles. — Dans tous les autres cas, s'il y a désaccord entre les parties, ou si l'une d'elles est mineure, incapable ou absente, la loi prescrit de procéder judiciairement. — Le mari peut, sans le concours de sa femme, provoquer le partage des objets meubles ou immeubles à elle échus qui tombent dans la communauté; à l'égard des objets qui ne tombent pas en communauté, le mari ne peut en provoquer le partage sans le concours de sa femme. (V. C. c. 818.)

Si certains objets meubles ou immeubles ne peuvent pas se partager commodément, on peut les attribuer à un ou indivisément à plusieurs des ayants-droit à charge par les attributaires de payer une soulte à leurs copartageants, ou procéder à leur licitation. Cette licitation peut être faite entre les parties amiablement par acte sous signatures privées, ou devant un notaire choisi par elles. (V. C. c. 827.)

L'estimation des objets à partager ainsi que la formation des lots sont faites par les copartageants ou par l'un d'eux si les parties sont d'accord ; en cas de désaccord, les parties peuvent confier cette mission à des experts choisis par elles, dont elles s'engagent d'avance à accepter le travail. (V. C. c. 825 et 834.) Dans le partage des immeubles, on doit éviter autant que possible de morceler les héritages et de diviser les exploitations, et il convient de faire entrer dans chaque lot, s'il se peut, la même quantité de meubles, d'immeubles, de droits ou de créances de même nature et valeur. (V. C. c. 832.) L'inégalité des lots en nature se compense par un retour en argent ou soulte. (V. C. c. 833.) — Les règles établies pour la division des masses à partager sont également observées dans la subdivision à faire entre les souches copartageantes. C. c. 836.

Après le partage, remise doit être faite à chacun des copartageants des titres particuliers aux objets qui lui seront échus. (V. C. c. 842).

1° Paiement des dettes. — Les copartageants contribuent entre eux au paiement des dettes et charges, chacun dans la proportion de ses droits à la masse, le légataire à titre universel étant sous ce rapport complètement assimilé à un héritier. Dans une succession échue par quart à quatre héritiers par exemple, chaque héritier ayant droit à un quart de l'actif est tenu au paiement d'un quart du passif.

Du reste, si on procède ainsi qu'il a été dit au n° 284-5, en faisant une affectation de valeurs pour le paiement du passif, la contribution personnelle des copartageants au paiement de ce passif devient sans intérêt.

2° Effets du partage. — Chaque cohéritier est censé avoir succédé seul et immédiatement à tous les effets compris dans son lot ou à lui échus sur licitation, et n'avoir jamais eu la propriété des autres effets de la succession. C. c. 883. — Le partage, quel que soit son objet, a un effet rétroactif au jour où a commencé l'indivision, jour à partir duquel les copartageants sont censés avoir toujours été seuls propriétaires des objets à eux attribués.

Les copartageants, à moins de convention contraire, demeurent respectivement garants les uns envers les autres des troubles et évictions, mais seulement de ceux qui procèdent d'une cause antérieure au partage. (V. C. c. 884.) — Les partages peuvent être rescindés pour cause de violence ou de dol ; il peut y avoir lieu aussi à rescision, lorsque l'un des cohéritiers établit à son préjudice une lésion de plus du quart. (V. C. c. 887).

3° Mention de valeurs et titres étrangers. — Je rappellerai particulièrement, à propos du partage, l'interdiction déjà signalée (n° 9, § 1er) de mentionner des titres étrangers non timbrés ou insuffisamment timbrés et l'obligation de les faire régulariser de ce chef avant d'en faire usage.

287. Partage de succession. — En ce qui concerne le partage des successions, comme je n'étudierai que plus loin (V. Succession nos 329 et suiv.) les règles de la dévolution héréditaire, je ne vois qu'une question importante méritant certains développements, c'est celle des rapports. C. c. 829, 830 et 843 à 869.

1° Rapports. — Tout héritier, même bénéficiaire, venant à une succession, doit rapporter à ses cohéritiers tout ce qu'il a reçu du défunt par donation entre-vifs, directement ou indirectement ; il ne peut retenir les dons à lui faits par le défunt, à moins qu'ils ne lui aient été faits expressément par préciput et hors part, ou avec dispense de rapport.

Les legs faits à un héritier sont réputés faits par préciput et hors part, à moins que le testateur n'ait exprimé la volonté contraire, auquel cas le légataire ne peut réclamer son legs qu'en moins prenant.

Les dons faits par préciput ou avec dispense de rapport ne peuvent être retenus ni les legs réclamés par l'héritier venant à partage que jusqu'à concurrence de la quotité disponible : l'excédent est sujet à rapport (V. n° 308). C. c. art. 843 et 844 modifiés par la loi du 24 mars 1898.

Le rapport est dû de ce qui a été employé pour l'établissement d'un des cohéritiers ou pour le paiement de ses dettes. Les frais de nourriture, d'entretien, d'éducation, d'apprentissage, les frais ordinaires d'équipement, ceux de noces et présents d'usage ne doivent pas être rapportés.

L'immeuble qui a péri par cas fortuit et sans la faute du donataire n'est pas sujet à rapport; les fruits et les intérêts des choses sujettes à rapport ne sont dus qu'à compter du jour de l'ouverture de la succession.

Le rapport ne se fait qu'à la succession du donateur, et il n'est dû que par le cohéritier à son cohéritier; il n'est pas dû aux légataires ni aux créanciers de la succession.

Le rapport des immeubles se fait en nature ou en moins prenant. Quand il se fait en moins prenant, il est de la valeur de l'immeuble à l'ouverture de la succession, sauf qu'il doit être tenu compte au donataire des impenses qui ont amélioré la chose et augmenté sa valeur, et de celles qu'il a dû faire pour la conservation de la chose encore qu'elles ne l'eussent point améliorée, et que le donataire de son côté doit tenir compte des dégradations et détériorations qui ont pu diminuer par sa faute la valeur de l'objet rapporté. Lorsque le rapport se fait en nature, les biens qui en font l'objet se réunissent à la masse de la succession francs et quittes de toutes charges créées par le donataire.

Le rapport du mobilier se fait en moins prenant pour sa valeur lors de la donation.

288. Partage de communauté. — Les partages de communauté se distinguent des partages de succession par une opération qui leur est propre et qui est souvent délicate : cette opération consiste dans la liquidation des reprises et récompenses de chacun des époux vis-à-vis de la communauté.

Pendant le mariage, la communauté a généralement l'occasion d'encaisser des sommes dues personnellement aux époux, ou de payer des sommes dues par eux personnellement. Ces recettes et ces dépenses donnent lieu à des comptes particuliers entre la communauté et les époux, chacun de ceux-ci étant tenu en général à indemniser la communauté des sommes payées pour lui, et celle-là devant indemniser les époux des sommes encaissées pour eux. Les indemnités dues par les époux à la communauté s'appellent récompenses, celles dues par la communauté aux époux s'appellent reprises.

1° Récompenses. — Comme première opération du partage de communauté, la loi ordonne le rapport par chacun des époux des récompenses dont ils sont débiteurs envers la communauté, et elle pose en principe que chaque époux doit récompense toutes les fois qu'il a tiré un profit personnel des biens de la communauté, disant que cette récompense doit être du montant de la somme effectivement sortie de la communauté. Les époux doivent notamment récompense des sommes payées par la communauté pour l'acquit de leurs dettes personnelles autres que les dettes mobilières sous le régime de la communauté légale, et des sommes et valeurs fournies par la communauté pour l'acquit des dots constituées par eux à leurs enfants. (V. C. c. 1468). Le survivant doit aussi récompense de la valeur au jour du décès de son conjoint des rentes viagères ou temporaires constituées à son profit avec des deniers de communauté.

2° Reprises. — Sur la masse des biens augmentée des rapports, chaque époux prélève, outre ses biens personnels qui ne sont pas entrés en communauté ou leur valeur représentative : 1° le prix de ses immeubles qui ont pu être aliénés, 2° les indemnités qui lui sont dues par la communauté. (V. C. c. 1470.)

Ces indemnités, qui sont la représentation d'objets mobiliers ou de valeurs mobilières dont a profité la communauté s'appliquent, sous le régime de la communauté légale, aux objets échus aux époux pendant le mariage en vertu de donations stipulant leur exclusion de la communauté, et, sous le régime de la communauté conventionnelle, à tous les objets et valeurs exclus de la communauté, tels que les apports en mariage, les constitutions de dots et les biens recueillis par successions ou donations.

Les reprises de la femme s'exercent avant celles du mari, et, en cas d'insuffisance des biens de la communauté, elles s'exercent sur les biens personnels du mari.

3° Compensation des reprises et des récompenses. — Les reprises et les récompenses de chaque époux se compensent de plein droit et légalement jusqu'à due concurrence; aussi dans le pratique, au lieu de rapporter à la masse les récompenses et de retrancher ensuite les reprises, on tient compte de la compensation légale qui se produit et après avoir liquidé les reprises et les récompenses, on ne s'occupe pour chaque époux que de leur différence qu'on retranche de la masse si les reprises sont supérieures aux récompenses et qu'on lui ajoute si au contraire les récompenses sont supérieures aux reprises.

Ce procédé permet d'arriver plus simplement au résultat qui n'en éprouve aucun changement du reste.

4° Paiement des dettes. — Au point de vue du paiement des dettes, le partage de communauté présente encore une différence avec le partage de succession. Tandis en effet que dans une succession tous les héritiers, à moins qu'ils n'aient accepté sous bénéfice d'inventaire, sont tenus au paiement du passif, même lorsqu'il est supérieur à l'actif, pareille obligation n'existe que pour le mari lors du règlement d'une communauté.

En ce qui concerne la femme, l'article 1483 du code civil dispose qu'elle n'est tenue au paiement du passif que jusqu'à concurrence de son émolument, c'est-à-dire jusqu'à concurrence de ce qu'elle retire de la communauté en plus de ses reprises. Toutefois la femme ne peut invoquer le bénéfice de l'article 1483 qu'à la condition d'avoir fait inventaire.

5° Renonciation par la femme. — Tout ce que je viens de dire du partage de communauté n'est applicable que lorsque la femme ou ses héritiers ont accepté la communauté. S'ils ont au contraire renoncé, il n'y a plus matière à partage ; en effet, par suite de cette renonciation, tous les biens de communauté deviennent la propriété personnelle et exclusive du mari ou de ses représentants, et la femme ou ses héritiers n'ont plus contre le mari qu'une créance égale au montant de leurs reprises.

289. Partage de communauté et succession. — Quand une communauté a été dissoute par la mort de l'un des époux, son partage est généralement accompagné de celui de la succession de l'époux décédé.

Dans ce cas, le partage proprement dit doit être précédé d'une double liquidation de la communauté et de la succession : on commence par liquider la communauté, puis, quand on connaît les droits de chaque époux dans la communauté, on comprend ceux de l'époux décédé sous le premier article de la masse active de la succession, et la liquidation de celle-ci fournit les droits des héritiers tant dans la communauté que dans la succession. Les droits des parties étant ainsi établis, on procède ensuite aux attributions comme dans les autres partages.

1° Partages des successions d'époux mariés sous un régime autre que celui de la communauté. — En dehors du régime de la communauté, le patrimoine de chaque époux reste indépendant de celui de son conjoint, et la succession de chaque époux se liquide séparément comme celle d'un célibataire, sauf à tenir compte des créances que peuvent avoir les deux époux l'un contre l'autre.

2° Régime dotal avec société d'acquêts. — Sous ce régime la liquidation se fera comme sous le régime de la communauté d'acquêts ordinaire, en considérant comme propres de la femme tous les biens soumis au régime dotal.

290. Partage de société. — Outre les règles qui lui sont communes avec le partage de succession (C. c. 1872,) le partage de société a cela de commun avec le partage de communauté qu'il doit, comme lui, être précédé d'un prélèvement par chacun des associés des valeurs par lui apportées en société ou de valeurs égales. Ce n'est que ce qui reste après ce prélèvement qui est réellement soumis au partage et doit être réparti dans la proportion convenue.

291. Rédaction.— Après tout ce qui précède, il me suffira, au point de vue spécial de la rédaction, de donner un seul exemple, celui du cas très fréquent d'ailleurs d'un partage de communauté et succession, dans lequel il sera facile à mes lecteurs de trouver les formules qui leur seront utiles selon les circonstances.

Toutefois, cet exemple d'un partage complet étant donné spécialement au point de vue du cadre qui, sauf quelques modifications de détail, pourra presque toujours être utilisé, je le ferai suivre de plusieurs autres exemples dans lesquels je ne donnerai qu'un résumé du travail de liquidation et partage proprement dit, de façon à guider mes lecteurs dans le règlement des situations les plus fréquentes.

1° Timbre. — Tous les partages doivent êtres rédigés sur papier timbré de dimension à 0 fr. 60, 1 fr. 20 ou 1 fr. 80.

2° Exemple. — Liquidation et partage 1° d'une communauté dissoute par la mort de l'un des époux, 2° et de la succession de l'époux prédécédé échue à deux enfants (1).

« *Les soussignés 1° Mme Marie-Jeanne Bage, propriétaire à* « *Provins (Seine-et-Marne), veuve de M. Pierre-Ernest Paton,*

« *2° M. Joseph-Alexandre Paton négociant à Bray-sur-* « *Seine,*

« *3° Et Mme Juliette-Eugénie Paton, épouse dûment assistée* « *et autorisée de M. Jean-Pierre Cardon rentier à Provins,*

« *Tous majeurs et maîtres de leurs droits, voulant procéder* « *amiablement au partage des biens et valeurs dépendant tant*

(1) Depuis la loi du 9 mars 1891, l'époux survivant a un droit d'usufruit sur la succession de son conjoint prédécédé. (V. ci-après nos 291-3 et 337.)

« *de la communauté des époux Paton-Bage que de la succes-*
« *sion de M. Paton, ont exposé et arrêté ce qui suit :*

I. Exposé.

« 1re observation. — Mariage des époux Paton-Bage. — « *M. et Mme Paton se sont mariés à la mairie de la ville de* « *Provins le dix janvier mil huit cent-cinquante, après avoir* « *réglé les conditions civiles de leur mariage par un contrat* « *passé devant Me T.... notaire en ladite ville le huit du même* « *mois.*

« *Il résulte notamment de ce contrat : — 1° que les époux* « *Paton ont adopté le régime de la communauté réduite aux* « *acquêts et exclu de leur communauté tous leurs biens pré-* « *sents et à venir ; — 2° que M. Paton a apporté en mariage* « *divers objets mobiliers et créances d'un recouvrement certain* « *pour une valeur alors justifiée de trois mille francs, mais* « *que cet apport était grevé d'un passif de cinq cents francs,* « *et que ses père et mère lui ont constitué en dot une somme* « *de quinze mille francs payable dans les deux ans du mariage* « *et une maison située à Provins, Grande-Rue, n° 20, — 3° que* « *Mme Paton s'est personnellement constitué en dot une somme* « *de quarante mille francs en mobilier meublant et bonnes* « *créances, le tout lui provenant des successions de ses père et* « *mère alors décédés, et que son apport était grevé d'un passif* « *de deux mille cinq cents francs ; — 4° qu'il a été stipulé en* « *faveur du survivant des époux un préciput de deux mille* « *francs en mobilier ou argent, et pour chacun des époux ou* « *ses représentants le droit de reprendre, également à titre de* « *préciput, le mobilier et les effets personnels desdits époux tels* « *qu'ils existeraient à la dissolution du mariage ; — 5° et enfin* « *que M. Paton a fait donation à sa femme, pour le cas où elle* « *lui survivrait, d'une somme de trois mille francs à prendre* « *sur les plus clairs deniers de sa succession.*

« *Les soussignés déclarent et reconnaissent que les apports* « *et constitutions de dots mobiliers des deux époux sont* « *entrés dans la communauté qui en doit indemnité, que la* « *maison donnée au futur existe en nature et n'est pas* « *louée, et que le passif grevant les apports des deux époux* « *a été entièrement acquitté par la communauté à laquelle* « *il en est dû récompense.*

« 2e observation. — Propres de M. Paton. — *Au cours du* « *mariage M. Paton a recueilli les successions de M. et Mme* « *Paton-Ralu ses père et mère décédés à Provins, le mari le* « *premier décembre mil huit-cent cinquante-neuf et la femme* « *le premier novembre mil huit cent-soixante, et dont il était* « *héritier pour moitié ; il a recueilli également le bénéfice d'une*

« *donation faite à lui et à son frère par sa mère suivant acte* « *passé par-devant Me N... notaire à Provins le premier juillet* « *mil huit cent soixante.*

« *La succession de M. Paton père a été liquidée aux termes* « *de l'acte précité du premier juillet mil huit cent soixante;* « *aux termes de cet acte, Mme Paton-Ralu, après avoir établi* « *avec ses deux fils la liquidation de la communauté d'entre* « *elle et son mari, a fait donation à ses deux enfants de tous* « *ses droits dans cette communauté et de tous les biens lui* « *appartenant en propre, à charge par les donataires de lui* « *servir pendant sa vie une pension annuelle de dix-huit cents* « *francs, puis, comme condition de cette donation, MM. Paton* « *fils ont immédiatement partagé en deux lots égaux tous les* « *biens leur appartenant tant comme héritiers de leur père* « *que comme donataires de leur mère, et il a été attribué à* « *M. Paton Pierre-Ernest,* de cujus, *diverses créances s'éle-* « *vant ensemble à dix mille francs et une ferme, appelée la* « *ferme de Belle-Assise, située sur le territoire de la commune* « *de Provins.*

« *La succession de Mme Paton mère comprenait uniquement* « *un petit mobilier et le prorata couru à son décès des arré-* « *rages de sa pension viagère; ces valeurs ont servi exactement* « *à acquitter les frais occasionnés par son décès, de sorte que* « *M. Paton n'a réellement rien recueilli dans la succession de* « *sa mère.*

« *Les soussignés déclarent et reconnaissent que les dix* « *mille francs de créances attribués à M. Paton par le par-* « *tage dont la relation précède ont été entièrement touchés* « *par la communauté, et que la succession doit en exercer la* « *reprise; ils déclarent en outre que la ferme attribuée à* « *M. Paton par ledit partage existe encore en nature, sauf* « *une pièce de terre de deux hectares vendue à M. A... de* « *Provins suivant acte sous signatures privées du dix mai* « *mil huit cent quatre-vingt-huit, enregistré à Provins le* « *quinze du même mois, moyennant quatre mille francs* « *encore dus avec intérêts à cinq pour cent l'an à partir du* « *dix mai mil huit cent quatre-vingt-neuf, — et qu'il a été* « *fait à cette ferme pendant le mariage des constructions et* « *impenses pour une somme de cinq mille francs dont la* « *succession doit récompense à la communauté, — qu'il a* « *été payé aussi par la communauté pour les frais de l'acte* « *du premier juillet mil huit cent soixante une somme de six* « *cents francs dont la succession doit également récompense,* « *— enfin que la ferme de Belle-Assise est actuellement* « *affermée, suivant acte sous signatures privées du dix* « *octobre mil huit cent quatre-vingt-cinq enregistré à*

« *Provins le vingt-cinq du même mois, à un sieur Jean*
« *Chabert, pour douze ans du onze novembre mil huit cent*
« *quatre-vingt-cinq, moyennant par an douze cents francs*
« *payables le onze novembre de chaque année et pour la*
« *première fois le onze novembre mil huit cent quatre-vingt-*
« *six, et que lors du décès de M. Paton il était dû seulement*
« *par M. Chabert le fermage en cours depuis le onze*
« *novembre mil huit cent quatre-vingt-huit.*

« 3e OBSERVATION. — Propres de Mme Paton. — *Au cours*
« *du mariage, Mme Paton a seulement recueilli la succession*
« *de son oncle M. Pierre-Théodore Bage décédé à Provins le*
« *dix mai mil huit cent soixante-cinq, et n'a recueilli le bénéfice*
« *d'aucun legs ni donation.*

« *M. Pierre-Théodore Bage est décédé laissant sa veuve*
« *Mme Eugénie Jarlat pour commune en biens et Mme Paton*
« *pour seule héritière; la communauté Bage-Jarlat a été par-*
« *tagée entre Mmes Bage et Paton suivant acte sous signatures*
« *privées du dix octobre mil huit cent soixante-cinq, aux termes*
« *duquel il a été attribué à Mme Paton pour la remplir de ses*
« *droits, déduction faite de tout passif et de tous frais, 1° du*
« *mobilier meublant pour une valeur de* .... 1.000 »

« *2° Une créance hypothécaire résultant d'obli-*
« *gation passée devant Me N..., notaire à Provins*
« *le dix mai mil huit cent soixante-trois, et dûe par*
« *un sieur Formé Adolphe de Villenauxe* .... 10.000 »

« *3° Cinq cents francs pour intérêts de la créance*
« *Formé au jour du décès de M. Bage* .... 500 »

« *4° Et une maison située à Provins, Grande-*
« *Rue n° 24* .... mémoire

« *Soit au total, sauf mémoire, onze mille cinq*
« *cents francs* .... 11.500 »

« *Les soussignés déclarent et reconnaissent que le mobilier*
« *meublant et les intérêts Formé, compris sous les nos 1 et 3*
« *de l'attribution qui précède, sont entrés en communauté et*
« *que Mme Paton doit exercer de ce chef une reprise de quinze*
« *cents francs, que la créance Formé est toujours dûe en prin-*
« *cipal et doit être reprise en nature par Mme Paton, et qu'il*
« *n'est actuellement dû pour intérêts de cette créance que le*
« *terme en cours depuis le dix mai mil huit cent quatre-vingt-*
« *neuf, — enfin que la maison attribuée à Mme Papon a été*
« *vendue à un sieur Papin Alexandre suivant acte passé*
« *devant Me N... notaire à Provins le premier juin mil huit*
« *cent soixante-neuf, moyennant un prix de douze mille*
« *francs payé comptant aux termes dudit acte et dont*
« *Mme Paton doit exercer la reprise.*

« 4e OBSERVATION. — Etablissement des enfants Paton. « — *M. Paton fils et Mme Cardon ont été dotés par leurs père « et mère, chacun d'une somme égale de dix mille francs, aux « termes de leurs contrats de mariage passés devant Me N..., « celui de M. Paton fils le quinze février mil huit cent quatre- « vingt, et celui de Mme Cardon le dix-huit mars mil huit cent « quatre-vingt-trois; ces deux dots ont été payées pendant le « mariage, mais la dot de M. Paton fils a été stipulée imputable « en entier sur la succession du prémourant des donateurs, « tandis que celle de Mme Cardon a été stipulée imputable par « moitié sur la succession de chacun d'eux.*

« *Il résulte de là que la succession de M. Paton doit « récompense à la communauté de dix mille francs pour « la totalité de la dot constituée à M. Paton fils, et de cinq « mille francs pour la moitié de la dot constituée à Mme Car- « don, tandis que Mme Paton doit seulement récompense de « cinq mille francs pour moitié de la dot de Mme Cardon, « — et que M. Paton fils doit rapporter dix mille francs à « la succession de son père, tandis que Mme Cardon ne doit « rapporter que cinq mille francs, mais par contre que plus « tard Mme Cardon devra rapporter encore cinq mille francs « à la succession de sa mère, tandis que M. Paton fils ne « devra aucun rapport à cette succession.*

« 5e OBSERVATION. — Décès de M. Paton. — *M. Paton « Pierre-Ernest est décédé en son domicile à Provins le dix « novembre mil huit cent quatre-vingt-neuf, laissant sa veuve « Mme Paton-Bage pour commune en biens et ses deux enfants « M. Paton et Mme Cardon pour seuls héritiers chacun par « moitié; M. Paton n'a pas fait d'autre disposition à cause de « mort que la donation de trois mille francs faite par contrat « de mariage au profit de sa femme.*

« *Aucun inventaire n'a été dressé après son décès, et les « soussignés, pour suppléer au défaut d'inventaire, ont con- « signé sous les deux observations suivantes les déclarations « nécessaires pour, avec celles déjà faites au cours des pré- « sentes, établir la consistance des communauté et succession.*

« 6e OBSERVATION. — Déclarations actives. — *Il dépendait « de la communauté Paton-Bage au jour du décès de M. Paton, « outre les intérêts et loyers des biens propres aux époux « Paton,*

« *1° Une somme en deniers comptants de trois mille quatre « cent cinquante francs,*

« *2° Un mobilier meublant que les parties d'un commun « accord ont estimé amiablement d'une valeur de quatre mille « huit cents francs,*

« *3° Un titre au porteur de trois mille francs de rente trois*
« *pour cent perpétuel sur l'Etat français dont les arrérages*
« *ont été touchés avant le décès jusques et y compris le coupon*
« *à l'échéance du premier octobre mil huit cent quatre-vingt-*
« *neuf,*

« *4° Et deux maisons situées à Provins, Grande-Rue nos 2*
« *et 4, toutes deux achetées par les époux Paton pendant leur*
« *mariage, moyennant des prix depuis longtemps payés, aux*
« *termes de deux actes sous signatures privées des premier*
« *janvier mil huit cent cinquante-quatre et premier décembre*
« *mil huit cent cinquante-cinq, tous deux enregistrés. Ces deux*
« *maisons n'étaient pas habitées au moment du décès; elles ont*
« *été louées depuis lors en vertu de baux qu'il est inutile de*
« *rappeler, et sont estimées par les parties, la première douze*
« *mille francs et la seconde onze mille francs.*

« 7e OBSERVATION. — Déclarations passives. — *Il était dû*
« *par la communauté au jour du décès de M. Paton diverses*
« *sommes dont les soussignés ont jugé inutile d'établir le*
« *détail, et s'élevant ensemble à dix neuf cent cinquante francs.*

« *Il est dû par la succession de M. Paton les frais funéraires*
« *occasionnés par son décès et s'élevant à huit cent soixante-*
« *quinze francs.*

II. PARTAGE.

« *Cet exposé terminé, les soussignés ont divisé leur travail*
« *de liquidation et partage en cinq parties comprenant :*

« *La première la liquidation des reprises des époux Paton,*

« *La deuxième l'établissement des masses active et passive de*
« *communauté et leur balance,*

« *La troisième l'établissement des masses active et passive de*
« *succession et leur balance,*

« *La quatrième la fixation des droits des parties,*

« *La cinquième les attributions et l'affectation au paiement*
« *du passif;*

« *Étant observé que la jouissance divise est fixée au jour du*
« *décès de M. Paton et que tous les intérêts et fermages ont été*
« *arrêtés à cette date.*

« 1re PARTIE. — Liquidation des reprises. — Reprises de
« Mme Paton. — *Les reprises de Mme Paton consistent :*

« *1° celles en nature uniquement, outre son mobilier personnel*
« *qu'elle a repris à titre de préciput, dans la créance Formé*
« *de dix mille francs recueillie par elle dans la succession de*
« *M. Pierre-Théodore Bage, son oncle (3e observation).*

« 2° *et celles en deniers dans :*

« 1° *Son apport en mariage s'élevant comme il est dit sous « la première observation à la somme de* .... 40.000 »

« 2° *Les valeurs mobilières entrées en communauté parmi celles lui provenant de la succession « de M. Pierre-Théodore Bage (3e observation)*.. 1.500 »

« 3° *Le prix de la vente Papin (même observation)*.................................. 12.000 »

« *Au total cinquante-trois mille cinq cents « francs*.. 53.500 »

« *Mais Mme Paton doit récompense à la communauté de :*

« 1° *La somme de deux mille cinq cents francs « montant du passif grevant son apport en mariage et acquitté par la communauté (1re observation) ci*...................... 2.500 »

« 2° *La somme de cinq mille francs « égale à la moitié de la dot constituée « à Mme Cardon (4e observation)*.... 5.000 »

« *Ensemble sept mille cinq cents « francs*.............................. 7.500 » 7.500 »

« *Ce qui réduit le montant net de ses reprises à « quarante-six mille francs* .... 46.000 »

« Reprises de la succession de M. Paton. — *Les reprises « de la succession de M. Paton consistent : 1° celles en nature, « outre le mobilier personnel à M. Paton repris par ses enfants « à titre de préciput, dans la maison sise à Provins, Grande-Rue no 20, qui lui a été constituée en dot par ses père et « mère (1re observation), la ferme de Belle-Assise à lui attribuée par le partage du premier juillet mil huit cent soixante « (2e observation), et la somme de quatre mille francs encore « due par M. A... pour prix d'immeubles (2e observation).*

« 2° *et celles en deniers dans :*

« 1° *Son apport mobilier en mariage s'élevant comme il est « dit sous la première observation à*........... 3.000 »

« 2° *La somme de quinze mille francs qui lui a « été constituée en dot (même observation)*...... 15.000 »

« 3° *La somme de dix mille francs montant des « valeurs mobilières attribuées à M. Paton par « l'acte du premier juillet mil huit cent soixante et « entrées en communauté (2e observation)* ..... 10.000 »

« *Au total vingt-huit mille francs* .... 28.000 »

« *Mais la succession de M. Paton doit récompense de :*

« 1° *La somme de cinq cents francs montant du*

A Reporter.... 28.000 »

Report....		28.000 »
« *passif grevant son apport en mariage (1re obser-* « *vation)*	500 »	
« 2° *Celle de cinq mille francs* « *montant des impenses faites à ses* « *immeubles propres (2e observation)*	5.000 »	
« 3° *Celle de six cents francs mon-* « *tant des frais de l'acte du premier* « *juillet mil huit cent soixante (même* « *observation.)*	600 »	
« 4° *Celle de dix mille francs mon-* « *tant de la totalité de la dot de* « *M. Paton fils entièrement impu-* « *table sur la successiou de M. Paton* « *père (4e observation)*	10.000 »	
« 5° *Et celle de cinq mille francs* « *représentant la moitié de la dot de* « *Mme Cardon, ladite dot imputable* « *par moitié sur chacune des succes-* « *sions de M. et Mme Paton (4e obser-* « *vation)*	5.000 »	
« *Au total vingt-et-un mille cent* « *francs*	21.100 »	21.100 »
« *Ce qui réduit le montant net des reprises à* « *six mille neuf cents francs*		6.900 »

« 2e PARTIE. — Etablissement et balance des masses « active et passive de communauté.

« Masse active. — *La masse active de communauté se* « *compose des biens et valeurs dont le détail suit :*

« 1° *Deniers comptants existant au décès de M. Paton* « *(6e observation)*	3.450 »
« 2° *Mobilier meublant estimé en bloc (6e obser-* « *vation)*	4.800 »
« 3° *Intérêts au décès de M. Paton de la créance* « *Formé propre à Mme Paton (3e observation)*	250 »
« 4° *Intérêts au décès de la créance A..., propre* « *à M. Paton (2e observation)*	100 »
« 5° *Fermages courus au décès de la ferme de* « *Belle-Assise propre à M. Paton (2e observation)*	1.200 »
« 6° *Valeur, d'après le cours de la bourse au* « *jour du décès,, de trois mille francs de rente* « *trois pour cent sur l'Etat français (6e observa-* « *tion*	87.175 »
« 7° *Maison sise à Provins, Grande-Rue n° 2* « *(6e observation)*	12.000 »
A reporter......	108.975 »

Report......	108.975 »
« 8° *Maison sise à Provins, Grande-Rue n° 4* « *(6° observation)*	11.000 »
« *Au total cent dix-neuf mille neuf cent soixante-* « *quinze francs*	119.975 »

« Masse passive. — *La masse passive de communauté* « *comprend :*

« 1° *Les sommes dues à divers s'élevant à dix-neuf cent* « *cinquante francs (6° observation)*	1.950 »
« 2° *Les reprises de M*me *Paton liquidées ci-* « *dessus (1re partie) à*..........................	46.000 »
« 3° *Et celles de la succession de M. Paton* « *liquidées à*............................	6.900 »
« *Au total cinquante-quatre mille huit cent* « *cinquante francs*............................	54.850 »

« Balance. — *Les valeurs composant la masse active de* « *communauté s'élèvent ensemble à*........«....	119.975 »
« *Et la masse passive s'élève à*.............	54.850 »
« *L'actif net de communauté s'élève à soixante-* « *cinq mille cent vingt-cinq francs*............	65.125 »
« *Sur quoi prélevant le préciput de Mme veuve* « *Paton (1re observation)*...................	2.000 »
« *Il reste à partager*	63.125 »
« *Dont moitié pour chaque époux ou sa succes-* « *sion est de trente-et-un mille cinq cent soixante-* « *deux francs cinquante centimes*.............	1/2 31.562 50

« 3e PARTIE. — Etablissement et balance des masses « active et passive de succession.

« Masse active. — *La masse active de succession se compose* « *des biens et valeurs dont le détail suit :*

« 1° *Reprises de la succession contre la communauté* « *(1re partie)*..........................	6.900 »
« 2° *Part de la succession dans les bénéfices de* « *communauté (2e partie)*...................	31.562 50
« 3° *Prix de vente dû par M. A... (2e observa-* « *tion)*..................................	4.000 »
« 4° *Maison sise à Provins, Grande-Rue n° 20,* « *estimée par les soussignés (1re observation)*...	15.000 »
« 5° *La ferme de Belle-Assise estimée par les* « *soussignés (2e observation)*................	30.000 »
« 6° *Le rapport dû par M. Paton fils de la tota-* « *lité de sa dot (4e observation)*..............	10.000 »
A reporter......	97.462 50

Report...... 97.462 50
« 7. *Et le rapport dû par Mme Cardon de la*
« *moitié de sa dot (4e observation)*............ 5.000 »

« *Au total cent deux mille quatre cent soixante-*
« *deux francs cinquante centimes*............. 102.462 50

« Masse passive. — *La masse passive de succession com-*
« *prend :*
« 1. *Les frais funéraires après le décès de M. Paton s'élevant*
« *à huit cent soixante-quinze francs (6e observa-*
« *tion)*..................................... 875 »
« 2. *Et la somme de trois mille francs, montant*
« *de la donation faite par M. Paton à sa femme*
« *aux termes de son contrat de mariage (1re obser-*
« *vation)*................................ 3.000 »

« *Au total trois mille huit cent soixante-quinze*
« *francs*.................................... 3.875 »

« Balance. — *Les valeurs composant la masse active de la*
« *succession s'élèvent ensemble à*.............. 102.462 50
« *Et la masse passive s'élève à*............. 3.875 »

« *Par suite l'actif net partageable est de*...... 98.587 50
« *Dont moitié pour chaque hértier est de*
« *quarante-neuf mille deux cent quatre-vingt-* 1/2
« *treize francs soixante-quinze centimes*........ 49.293 75

« 4e PARTIE. — Fixation des droits des parties.
« *Mme Paton a droit, outre ses reprises en nature, à :*
« 1. *Ses reprises en deniers s'élevant à*....... 46.000 »
« 2. *Son préciput*.......................... 2.000 »
« 3. *Sa moitié des bénéfices de communauté*... 31.562 50
« 4. *Et la somme de trois mille francs à elle*
« *donnée par son mari*..................... 3.000 »

« *Au total à quatre-vingt-deux mille cinq cent*
« *soixante-deux francs cinquante centimes*...... 82.562 50
« *M. Paton fils a droit à la moitié de l'actif*
« *de la succession soit*........... 49.293 75
« *Sur quoi imputant son rapport*
« *de*.......................... 10.000 »

« *Il lui reste à recevoir*......... 39.293 75 — 39.293 75
« *Mme Cardon a droit à la moitié de l'actif de*
« *la succession*................. 49.293 75
« *Sur quoi imputant son rapport*
« *de*........................... 5.000 »

« *Il lui reste à recevoir*......... 44.293 75 — 44.293 75

« *Les parties ont droit ensemble à*........... 166.150 »

Report...... 166.150 »

« *Somme qui représente exactement la réunion*
« *de :*

« 1. *L'actif de communauté qui s'élève*
« *à*........................... 119.975 »

« 2. *Et les valeurs réelles de*
« *succession consistant en :*
« *Créance A*......... 4.000 »
« *Maison à Provins,*
« *Grande-Rue, nº 20.* 15.000 » } 49.000 »
« *Ferme de Belle-*
« *Assise*............ 30.000 »

« *Au total*.................. 168.975 »

« *Sous déduction du passif*
« *réel s'élevant :*
« *Pour la communauté*
« *à*................ 1.950 »
« *Et pour la succession* } 2.825 »
« *à*................ 875 »

« *Valeur égale*.............. 166.150 »

« 5ᵉ PARTIE. — Attributions et affectation au paiement
» du passif. — *Pour remplir Mme veuve Paton de ses droits*
« *qui s'élèvent à la somme de*................ 82.562 50

« *Ses enfants lui attribuent ce qu'elle*
accepte :
« 1. *Le mobilier meublant pour une valeur*
« *de*......................... 4.800 »
« 2. *Les intérêts de la créance*
« *Formé,*...................... 250 »
« 3. *Deux mille sept cents francs*
« *de rente trois pour cent pour*
« *une valeur de*................. 78.457 50

« *Au total*.................. 83.507 50

« *Mais cette somme étant supé-*
« *rieure à ses droits, Mme Paton*
« *versera pour l'acquit du passif,*
« *comme il est dit ci-après, une*
« *somme de*.................... 945 »

« *De sorte qu'il lui restera somme*
« *égale à ses droits*.............. 82.562 50
« *Pour remplir M. Paton fils du montant de ses droits qui*

« *s'élèvent, déduction faite de son rapport, à la somme*
« *de* 39.293 75

« *M*mes *Paton et Cardon lui attribuent ce qu'il*
« *accepte :*

« 1. *A prendre sur les deniers comptants la*
« *somme de*.................... 576 25

« 2. *Trois cents francs de rente*
« *trois pour cent pour une valeur*
« *de* 8.717 50

« 3. *La ferme de Belle-Assise*
« *pour sa valeur de*............. 30.000 »

« *Total égal à ses droits*........ 39.293 75

« *Pour remplir M*me *Cardon du montant de ses droits qui*
« *s'élèvent, déduction faite de son rapport, à la somme*
« *de* 44.293 75

« *M*me *Paton et M. Paton fils lui attribuent*
« *ce qu'elle accepte :*

« 1. *A prendre sur les deniers comptants la*
« *somme de* 993 75

« 2. *Principal de la créance*
« *A* .... 4.000 »
« *et intérêts de la*
« *même somme*..... 100 » } 4.100 »

« 3. *Fermages Chabert*........ 1.200 »

« 4. *Les deux maisons sises à*
« *Provins n*os *2 et 4 de la Grande-*
« *Rue*.......................... 23.000 »

« 5. *La maison sise à Provins,*
« *Grande-Rue n*o *20*............. 15.000 »

« *Total égal à ses droits* 44.293 75

« *Enfin pour faire face au passif qui s'élève à* 2.825 »

« *Les parties affectent :*

« 1. *La somme payée à titre de soulte par*
« *M*me *Paton mère*............... 945 »

« 2. *Et celle restant libre sur*
« *les deniers comptants de*........ 1.880 »

« *Total égal au passif* .... 2.825 »

« *Les attributions et affectation qui précèdent peuvent*
« *d'ailleurs être résumées dans le tableau suivant :*

DÉSIGNATION DES VALEURS		Montant des attributions faites à Mme Paton	M. Paton	Mme Cardon	Affectation au passif
De Communauté					
Deniers comptants..	3.450 »		576 25	993 75	1.880 »
Mobilier meublant ..	4.800 »	4.800 »			
Intérêts Formé	250 »	250 »			
Intérêts A..........	100 »			100 »	
Fermages Chabert...	1.200 »			1.200 »	
3.000 fr. rente 3 0/0..	87.175 »	78.457 50	8.717 50		
2 maisons nos 2 et 4..	23.000 »			23.000 »	
De Succession					
Créance A..........	4.000 »			4.000 »	
Maison n° 20........	15.000 »			15.000 »	
Ferme de Belle-Assise	30.000 »		30.000 »		
		83.507 50			
Soulte...........		945 »			945 »
Totaux		82.562 50	39.293 75	44.293 75	2.825 »
Égalité........	168.975 »	168.975 »			

CONDITIONS DU PARTAGE.

« *Les copartageants auront la jouissance divise des biens* « *partagés à partir rétroactivement du jour du décès de* « *M. Paton, et les attributaires des immeubles en paieront les* « *impôts et primes d'assurances à partir du premier janvier* « *prochain.*

« *Chacun des copartageants se reconnaît en possession des* « *valeurs à lui attribuées et des titres les concernant.*

« *En outre le présent partage est fait aux conditions et sous* « *les garanties qui résultent de la loi.*

« *Fait en triple original à Provins, le quinze décembre mil* « *huit cent quatre-vingt-dix.* »

3° LOI DU 9 MARS 1891. — USUFRUIT DE L'ÉPOUX SURVIVANT. La loi du 9 mars 1891 a apporté un changement assez important à la dévolution héréditaire, en conférant à l'époux survivant un droit d'usufruit sur la succession de son conjoint prédécédé. (V. n° 337.)

Dans l'exemple qui précède, cette loi n'était pas applicable, le décès étant supposé de 1889 ; d'ailleurs il arrive souvent dans la pratique, ou que l'époux survivant renonce à cet usufruit légal, ou que cet usufruit est converti en une rente viagère servie par les héritiers du défunt, et on opère alors comme je viens de le faire, sans tenir compte de l'usufruit. Mon exemple pourra donc être utilisé, tel qu'il précède, dans un grand nombre de cas.

En lui supposant applicable la loi de 1891, voici comment devraient être établis les droits de la veuve Paton dans la succession de son mari :

L'actif de la succession de M. Paton, y compris les rapports des enfants (1), s'élève à	102.462 50
Le passif est de	875 »
Et l'actif net est de	101.587 50
La veuve a droit à l'usufruit du quart, soit de	25.396 87
sur quoi imputant la valeur de la donation à elle faite de 3,000 fr. en toute propriété, qui peut dans l'espèce correspondre à l'usufruit d'environ 6,000 fr., mais qu'on pourrait évaluer plus ou moins selon l'âge et la santé de l'usufruitier	6.000 »
Il reste, soumise à son usufruit, une valeur de	19.396 87

En représentation de cet usufruit, on peut attribuer soit la jouissance de biens d'égale valeur dont les enfants n'auraient plus que la nue-propriété, soit, en ne changeant rien aux attributions, une rente viagère.

292. Exemples de divers partages. — 1° PARTAGE DE LA SUCCESSION DE M. A..., ENTRE M..., N... ET O SES TROIS HÉRITIERS, CHACUN POUR UN TIERS.

Masse active : La masse active de succession se compose de deniers comptants	4.415 »
mobilier meublant	2.500 »
créance B	265 »
créance C	315 »
créance D	845 »
10 parcelles de terre valant ensemble	1.660 »
Total de la masse active	10.000 »
Masse passive : La masse passive comprend uniquement diverses dettes courantes s'élevant à	1.000 »
Balance : L'actif net est ainsi de	9.000 »
Droits des parties : Chacun des héritiers a droit à un tiers de l'actif net ou	3.000 »

Affectation au passif et attributions : On peut affecter au paiement du passif pareille somme de mille francs à prendre sur les deniers comptants, et du surplus de la

(1) Mais non compris, pour simplifier, la valeur des effets personnels du défunt.

masse composer trois lots égaux qui seront ensuite tirés au sort et attribués, par exemple, le premier à M..., le second à N... et le troisième à O..., ainsi que le tout peut être résumé dans le tableau établi ci-dessous :

DÉSIGNATION DES VALEURS		Attributions faites à M.	N.	O.	Affectation au passif
Deniers comptants .	4.415 »	1.340 »	1.840 »	235 »	1.000 »
Mobilier meublant .	2.500 »			2.500 »	
Créance B.........	265 »			265 »	
» C.........	315 »		315 »		
» D.	845 »		845 »		
Immeubles	1.660 »	1.660 »			
Totaux.......	10.000 »	3.000 »	3.000 »	3.000 »	1.000 »

2° Partage de la communauté des époux A... entre M. A..., époux survivant et Mme B..., fille unique des époux A... et seule héritière de Mme A ..

Reprises de Mme A... — La succession de Mme A... a des reprises à exercer contre la communauté pour une somme de.. 2.000 »

Mais elle doit des récompenses pour une somme de.................................. 10.000 »

Et l'excédent des récompenses est de....... 8.000 »

Reprises de M. A... — M. A... a des reprises à exercer contre la communauté pour un chiffre de cinq mille francs et ne doit aucune récompense à la communauté 5.000 »

Liquidation et partage de la communauté. — L'actif de communauté comprend, outre des valeurs réelles s'élevant à.. 24.000 »

les récompenses dues par la succession de Mme A.. 8.000 »

et s'élève ainsi à .... 32.000 »

Le passif de communauté comprend uniquement les reprises de M. A... qui s'élèvent à .. 5.000 »

De sorte que l'actif partageable est seulement de.. 27.000 »

dont la moitié pour chaque époux est de..... 13.500 »

Mme B... a droit à 13500 — 8000 = 5500

Et M. A... a droit à 13500 + 5000 = 18500

Total égal à celui des valeurs réelles................. 24000

3° Partage de communauté et succession. — En reprenant l'exemple donné au n° 291, et en supposant, pour le simplifier, que les enfants n'aient reçu aucune constitution de dot, la liquidation produirait les chiffres suivants :

Reprises des époux. — 1° celles de Mme Paton, ci.. 53.500 »
Récompenses de Mme Paton 7.500 — 5.000 = 2.500 »
Excédent des reprises...... 51.000 »

2° Reprises de M. Paton.................... 28.000 »
Récompenses de M. Paton 21.100 — 15.000 = 6.100 »
Excédent des reprises...... 21.900 »

Liquidation de la communauté. — La masse active de communauté s'élève à........................ 119.975 »
La masse passive comprend des sommes dues à divers pour............... 1.950 »
Les reprises de Mme Paton ...... 51.000 »
Les reprises de M. Paton........ 21.900 »
Au total.......... 74.850 » 74.850 »

et l'actif net de communauté s'élève à........ 45.125 »
Le préciput de Mme Paton étant de......... 2.000 »
Il reste à partager............ 43.125 »
dont moitié est de.......................... 21.562 50

Liquidation de la succession. — La masse active de succession comprend :
1° Les reprises de M. Paton .... 21.900 »
2° Moitié des bénéfices de communauté 21.562 50
3° Valeurs réelles de succession :
4.000 + 15.000 + 30.000 = 49.000 »
Au total......... 92.462 50

La masse passive comprend les frais funéraires.......................... 875 »
Et le montant de la donation faite par M. Paton à sa femme.......... 3.000 »
Au total......... 3.875 » 3.875 »

et l'actif net de succession s'élève à.......... 88.587 50
dont moitié pour chaque enfant est de....... 44.293 75

Droits des parties. — Mme veuve Paton a droit sur l'ensemble des valeurs de communauté et succession à ses reprises qui s'élèvent à........................ 51.000 »
son préciput................................ 2.000 »
moitié des bénéfices de communauté 21.562 50
et la somme à elle donnée par son mari...... 3.000 »
Total............... 77.562 50

M. Paton fils a droit à moitié de l'actif de succession			44.293 75
Et Mme Cardon à pareille somme ou			44.293 75
Les parties ont droit ensemble à			166.150 »
Représentés par l'actif de communauté ci		119.975 »	
Et les valeurs réelles de succession		49.000 »	
Ensemble		168.975 »	
Le tout diminué du passif réel de communauté	1.950 »		
et de celui de succession.	875 »		
Ensemble.	2.825 »	2.825 »	
Total égal		166.150 »	

En supposant encore applicable dans ce cas la loi du 9 mars 1891, comme je l'ai déjà fait au n° 291-3, les calculs qui précèdent devraient être modifiés de la manière suivante :

L actif de succession est de	92.462 50
Le passif de	875 »
Et l'actif net de	91.587 50
Dont pour la veuve un quart en usufruit est de	1/4 22.896 87
Sur quoi, imputant la donation en toute propriété de 3.000 fr. que j'évalue comme l'usufruit de	6.000 »
(mais qu'on pourrait évaluer plus ou moins selon l'âge et la santé de l'époux survivant), il reste à la veuve un usufruit de	16.896 88
revenant en nue-propriété à chacun des enfants pour moitié ou	8.448 44

4° Partage de Société. — Je suppose que A... et B... aient été associés pour la gestion d'une maison de commerce pendant dix ans, depuis le 1er janvier 1880 jusqu'au 1er janvier 1890, que A... ait apporté en société 20.000 fr. et B... 30.000 fr., et que les bénéfices doivent être partagés par moitié, enfin que A... et B... aient versé en compte-courant dans la caisse de la société, le premier 10.000 fr. et le second 5.000 fr., et que ces sommes leur soient dues avec intérêts depuis le 1er janvier 1889.

J'admets que l'actif de la Société s'élève à		100.000 »
et que le passif comprenne :		
1. Des sommes dues à divers	15.000 »	
A reporter	15.000 »	100.000 »

Report......		15.000 »	100.000 »
2· Les apports des associés,			
celui de A..................		20.000 »	
celui de B..................		30.000 »	
3· La somme due à A... :			
principal........	10.000 »	10.600 »	
intérêts.........	600 »		
4· Et la somme due à B... :			
principal........	5.000 »	5.300 »	
intérêts.........	300 »		
Au total..............		80.900 »	80.900 »

L'actif net composé des bénéfices de la Société est de....................................	19.100 »
Dont moitié pour chaque associé est de.....	9.550 »

Il devra être affecté une somme ou valeur de quinze mille francs pour l'acquit du passif et il reviendra aux associés :

1· à A..., son apport..........	20.000 »	40.150 »
sa créance..........	10.600 »	
1/2 des bénéfices....	9.550 »	
2· et à B..., son apport........	30.000 »	44.850 »
sa créance........	5.300 »	
1/2 des bénéfices..	9.550 »	
Ensemble..............		85.000 »

Somme égale à l'actif de société......	100.000
diminué du passif dû aux tiers......	15.000
Différence égale..........	85.000

293. Enregistrement. — Les partages ne sont pas soumis à l'enregistrement dans un délai déterminé quand ils sont purs et simples, ou, s'ils sont faits avec soultes, quand ces soultes ne portent pas sur des immeubles ou des fonds de commerce. Dans le cas contraire ils doivent être enregistrés dans le délai de trois mois comme les ventes d'immeubles ou de fonds de commerce. (V. n°s 387 et 396.)

1° Tarif. — Les partages purs et simples (c'est-à-dire faits sans soulte) de biens meubles et immeubles entre copropriétaires, à quelque titre que ce soit pourvu qu'il soit justifié de la copropriété, sont actuellement assujettis au droit de 0 fr. 1875 0/0 (0,15 en principal) établi par l'art. 19 de la loi du 28 avril 1893.

Ce droit est liquidé sur l'actif net partagé, déduction faite de tout passif.

2° Partages avec soultes. — Lorsque le partage est

fait avec soulte, le droit de 0 fr. 1875 0/0 n'est dû que sur le montant des valeurs partagées, déduction faite des soultes. En ce qui concerne celles-ci, le partage contient, comme je l'ai déjà dit, une sorte de licitation partielle à raison de laquelle il est dû en outre un droit particulier au taux indiqué ci-après.

Si le partage contient une imputation exprimée des soultes, le droit à percevoir sur ces soultes est déterminé d'après la nature des valeurs sur lesquelles est faite l'imputation; mais si le partage n'exprime pas une imputation particulière, cette imputation doit se faire de la façon la plus favorable aux parties, c'est-à-dire, d'après la composition des lots de ceux qui paient les soultes, sur les valeurs dont la cession doit supporter le droit le moins élevé dans l'ordre suivant : argent comptant et rentes sur l'Etat français, valeurs de bourse et parts dans les sociétés, créances, mobilier meublant et immeubles.

En ce qui concerne l'argent comptant, il n'est dû aucun droit si la soulte est payée comptant, et il est dû le droit de 1 fr. 25 0/0 si elle est payable à terme ; il n'est rien dû sur les rentes sur l'Etat français ni sur les valeurs de bourse au porteur qui acquittent la taxe annuelle de 0 fr. 20 0/0 (droit de transmission), et il est dû le droit de 0 fr. 50 0/0 sur les valeurs de bourse représentées par des titres nominatifs et celui de 0 fr. 625 0/0 sur les parts dans les sociétés, enfin il est dû 1 fr. 25 0/0 sur les créances, 2 fr. 50 0/0 sur le mobilier meublant et sur les rentes viagères ou perpétuelles, et 5 0/0 sur les immeubles. (V. n° 140.)

Un partage entre deux héritiers A... et B... de biens d'une valeur de 22.000 fr., et qui attribuerait :

à A... des créances pour	1.500 »	14.000 »
du mobilier pour	1.000 »	
des immeubles pour	11.500 »	
à charge de payer à B... une soulte de		3.000 »
de façon qu'il lui restât (1/2 de 22.000)		11.000 »
et à B... des créances pour	8.000 »	
la soulte due par A......	3.000 »	
Ensemble (1/2 de 22.000)	11.000 »	

devrait supporter à l'enregistrement :

1· Le droit proportionnel de 0 fr. 1875 pour 100 sur le chiffre de	22.000 »	
diminué de la soulte	3.000 »	
c'est-à-dire sur	19.000 »	soit 35.63
A reporter		35.63

	Report......		35.63
2° Un droit de soulte de 1,25 0/0 sur	1.500 »		18.75
de 2,50 0/0	1.000 »		25 »
et de 5 » 0/0	500 »		25 »
les trois sommes ci-dessus faisant le montant de la soulte...............	3.000 »		
soit au total des droits s'élevant à.............			104.38

3° Rapports. — Les rapports faits par les copartageants ne sont pas déduits pour la perception du droit proportionnel, soit qu'on les fasse en nature, soit qu'on les fasse en moins prenant ; ils doivent au contraire être ajoutés à la masse des valeurs réelles qui font l'objet du partage.

Ainsi, dans l'exemple donné au n° 291-2, le droit proportionnel serait ainsi liquidé :

Valeurs réelles de communauté...........	119.975 »
Valeurs réelles de succession (4.000+15.000+30.000)...........................	49.000 »
Rapports (10.000+5.000).................	15.000 »
Total des valeurs actives......	183.975 »
Passif à déduire (1950+875)..............	2.825 »
Somme passible du droit proportionnel.........................	181.150 »

soit, à 0 fr. 1875 0/0, un droit de 339 fr. 68.

4° Partage partiel. — Lotissement. — Il arrive quelquefois que parmi plusieurs copropriétaires un seul veut sortir de l'indivision, et qu'il lui est attribué certaines valeurs pour sa part, tout le surplus restant dans l'indivision entre les autres copropriétaires. Ce partage partiel, qu'on appelle aussi lotissement, est passible du droit proportionnel non seulement sur la valeur du lot ainsi formé et attribué, mais encore sur le montant des valeurs qui restent indivises et au sujet desquelles l'indivision cesse vis-à-vis du propriétaire loti. — Garnier 7e édition. V° partage n° 220.

294. Usufruit et nue-propriété. — Il n'y a pas d'indivision entre l'usufruitier et le nu-propriétaire d'un même bien ; il ne peut par conséquent y avoir partage entre eux. L'acte par lequel l'usufruitier et le nu propriétaire d'un bien conviendraient de le partager par moitié et de s'en attribuer à chacun une moitié en toute propriété, acte parfaitement valable d'ailleurs, ne constitue pas un partage, mais un échange par lequel l'usufruitier cède moitié de son usufruit et reçoit moitié de la nue-propriété, et doit être tarifé comme tel. (V. Echange, n° 187.)

Par contre, l'acte par lequel deux propriétaires indivis d'un bien conviendraient d'attribuer à l'un d'eux l'usufruit de ce bien et à l'autre la nue-propriété, aurait pour effet de faire cesser l'indivision; cet acte constitue dès lors un partage et doit être enregistré au droit proportionnel de partage.

Les conventions de cette dernière nature sont d'un usage assez fréquent; elles sont du reste très pratiques et fournissent quelquefois le moyen de liquider simplement des situations délicates. — Ainsi, un mari meurt laissant sa femme commune en biens et des enfants pour héritiers, les uns et les autres dans une situation modeste. Si les enfants reprennent ce qui leur revient de leur père, les ressources de la mère deviendront insuffisantes, et cependant les enfants ont des raisons sérieuses de ne pas laisser leur avoir à la disposition de leur mère; d'un autre côté, si les enfants ne viennent pas en aide à leur mère, celle ci pourra se trouver obligée de réaliser son petit avoir dont les enfants voudraient pouvoir s'assurer la conservation. Dans cette situation, la convention que je viens de signaler, peut également satisfaire toutes les parties; en effet, au lieu de partager la communauté entre la veuve et ses enfants, on en attribuera à ceux-ci la nue-propriété et à celle-là l'usufruit.

295. Formalités hypothécaires. — Le partage proprement dit n'est jamais susceptible d'être transcrit, puisqu'en raison de l'effet rétroactif de l'article 833 du Code civil, il ne constitue pas un acte translatif, mais seulement un acte déclaratif; toutefois, quand il comprend une ou plusieurs soultes non payées et s'appliquant à des immeubles, il y a lieu, pour les créanciers de ces soultes, de faire inscrire leur privilège de copartageant ainsi qu'il a été dit au n° 247.

Pension alimentaire. *Voyez* Aliments.

Permis de chasse.

296. — Nul ne peut chasser s'il n'est porteur d'un permis de chasse. Le permis de chasse n'est valable que pour un an et le prix en est actuellement de 28 francs, dont 18 fr. pour l'État et 10 fr. pour la commune dans laquelle le permis est demandé.

Tout chasseur, pour obtenir un permis, doit en verser le prix à la caisse du percepteur, puis en adresser la quittance au préfet ou au sous-préfet de son arrondissement avec une demande visée et approuvée par le maire de sa résidence. Dans la pratique, les demandes sont généralement remises aux mairies et transmises par celles-ci aux préfectures.

La demande doit être écrite sur papier timbré de dimension à 0 fr. 60 et peut se faire, par exemple, dans la forme suivante : « *Monsieur le Préfet. — Je soussigné, B... Pierre-* « *Auguste négociant en vins à X..., ai l'honneur de vous prier* « *de bien vouloir me délivrer un permis de chasse. — J'ai* « *l'honneur d'être, etc...* »

Pétition.

297. Règles générales.— En principe, toutes les demandes ou pétitions et les réclamations adressées aux autorités et administrations doivent être faites sur papier timbré de dimension à 0 fr. 60 ou 1 fr. 20. Spécialement en matière d'enregistrement, les contribuables peuvent pétitionner pour demander la remise des amendes et droits en sus qu'ils ont encourus, ou pour demander la restitution de droits qui leur paraissent indûment perçus. Les demandes en remise des doubles droits et amendes sont adressées au Ministre des Finances, mais sont en fait instruites par le Directeur général ou les Directeurs de l'Enregistrement qui statuent par délégation du Ministre ; les demandes en restitution de droits indûment perçus sont adressées aux directeurs départementaux. Les unes et les autres peuvent et doivent même, de préférence, être déposées au Receveur du Bureau où les droits ont été ou doivent être acquittés.

298. Rédaction. — Il n'y a pas de formule particulière pour la rédaction des pétitions et leurs termes peuvent varier à l'infini selon les cas. Dans les demandes en remise des droits en sus et amendes, les pétitionnaires doivent exposer aussi clairement que possible la contravention commise, en rappelant brièvement les circonstances qui peuvent les excuser, et se borner à demander qu'on prenne en considération leur bonne foi, ou, s'il y a lieu, leur ignorance de la loi. J'ai déjà donné deux exemples pour les demandes en remise d'amendes encourues en matière de baux et locations verbales (V. n°s 74-2 et 85-2), et j'en donne au n° 305 un troisième pour les amendes en matière de timbres à quittances ; j'en vais donner ici un quatrième exemple pour le cas très fréquent des omissions dans les déclarations des successions.

« *Monsieur le Ministre. — Je soussigné, B... Jean-Pierre* « *propriétaire à X..., ai l'honneur de vous exposer que M. le* « *Receveur au Bureau de X... me réclame la somme de deux*

« *cents francs, montant en principal et décimes des droits*
« *simple et en sus sur l'omission d'une créance de huit mille*
« *francs, dans la déclaration passée par moi le dix juillet der-*
« *nier, de la succession de mon père B... Jules-Ernest décédé*
« *à X... le quinze janvier précédent.*

« *Je vous assure, Monsieur le Ministre, que cette erreur a*
« *été tout involontaire de ma part, attendu que je n'ai connu*
« *l'existence de cette créance que postérieurement à ma décla-*
« *ration et plus de six mois après le décès de mon père.*

« *Espérant que vous voudrez bien prendre ma bonne foi en*
« *considération, j'ai l'honneur de vous demander, Monsieur*
« *le Ministre, la remise du double droit que j'ai encouru.*

« *J'ai l'honneur d'être etc...* »

Quand un pétitionnaire ne sait ou ne peut signer, il peut faire signer la pétition par un tiers agissant comme mandataire verbal. — La suite donnée aux pétitions est portée à la connaissance des pétitionnaires au moyen d'avis adressés par la poste et sans frais.

Plan.

299. — Tout plan non signé ne constitue qu'un document incomplet non sujet ni au timbre, ni à l'enregistrement. Tout plan signé, soit par l'homme de l'art qui l'a dressé, soit par les parties intéressées, constitue un acte sous seing privé ordinaire devant être fait sur papier timbré et passible du droit d'enregistrement de 3 fr. 75 avant tout usage, comme il a été dit au nº 12.

De ces observations il résulte qu'un plan fait sur papier non timbré, pourrait, avant sa signature, être présenté au timbre et formalisé sans amende. Le plan fait et signé sur papier libre ferait encourir à son auteur une amende de 62 fr. 50.

Prêt. *Voyez* Billet.

Privilège. *Voyez* Hypothèques.

Procuration. *Voyez* Mandat.

Prorogation de délai.

300. Définition. — L'acte de prorogation de délai est celui par lequel un créancier, sur la demande de son débiteur, lui accorde un sursis, un nouveau délai, pour se libérer d'une dette préexistante et généralement exigible ou sur le point de le devenir.

Cet acte est en fait un acte unilatéral, puisqu'il a pour seul objet un engagement du créancier sans engagement nouveau du débiteur; il peut donc être signé du créancier seul et fait en simple original qui doit alors rester aux mains du débiteur. Cependant, il est préférable de le faire accepter par le débiteur, et d'en faire deux originaux pour les deux parties.

301. **Rédaction.** — Toute prorogation de délai doit être écrite sur papier timbré de dimension à 0 fr. 60 ou 1 fr. 20, et peut être rédigée par exemple de la manière suivante :

« *Les soussignés A... ancien négociant, et B... négociant,* « *tous deux demeurant à X..., ont exposé et arrêté ce qui suit :*

« *M. B... est débiteur de M. A... d'une somme principale de* « *dix mille francs, prix d'un fonds de commerce vendu par* « *M. A... à M. B..., suivant acte sous signatures privées du* « *premier janvier mil huit cent quatre-vingt-quatre enregistré,* « *ladite somme productive d'intérêts à cinq pour cent l'an et* « *entièrement exigible depuis le premier janvier dernier.*

« *Dans cette situation; et sur la demande à lui faite par* « *M. B..., M. A... consent à proroger le terme d'exigibilité de* « *cette dette et à accorder à M. B... un nouveau délai de cinq* « *ans pour se libérer, soit jusqu'au premier janvier mil huit* « *cent quatre-vingt-seize. En conséquence, ladite somme de dix* « *mille francs sera remboursable en cinq fractions égales de* « *deux mille francs chacune, payables le premier janvier de* « *chaque année, en même temps que les intérêts, au domicile* « *de M. A..., et dans les conditions de l'acte du premier jan-* « *vier mil huit cent quatre-vingt-quatre.*

« *Fait double à X... le premier mars 1891.* »

302. **Enregistrement.** — Les prorogations de délai ne sont pas assujetties à l'enregistrement dans un délai déterminé ; elles doivent être enregistrées seulement avant qu'il en soit fait usage soit par acte public, soit en justice.

Elles sont assujetties à un droit proportionnel de 0 fr. 25 0/0 qui se liquide sur le montant de la créance dont l'exigibilité est prorogée. — Art. 19 de la loi du 28 avril 1893.

1° Créance verbale. — Toutefois, si la créance dont le délai d'exigibilité est prorogé était verbale ou résultait d'un titre non enregistré, il serait dû, à l'exclusion du droit de 0 fr. 25 0/0, le droit d'obligation de 1 fr. 25 0/0, à la condition, bien entendu, que l'acte de prorogation fût signé du débiteur. (Voir cependant *Atermoiement* n° 57).

Purge hypothécaire *Voyez* n° 250.

Q

Quittance.

303. Régles générales. — La quittance est l'acte qui constate la libération d'un débiteur, le paiement ou l'acquit d'une dette. Le débiteur de plusieurs dettes a le droit de déclarer, lorsqu'il paie, quelle dette il entend acquitter ; toutefois, le paiement partiel d'une créance productive d'intérêts ne pourrait, qu'avec le consentement du créancier, s'imputer sur le principal à l'exclusion des intérêts. A défaut de ce consentement, il s'impute de plein droit d'abord sur les intérêts, et subsidiairement seulement sur le principal.

Lorsqu'il y a plusieurs dettes et que la quittance ne porte aucune imputation, le paiement doit être imputé sur la dette que le débiteur avait pour lors le plus d'intérêt d'acquitter entre celles qui sont pareillement échues ; sinon, sur la dette échue, quoique moins onéreuse que celles qui ne le sont pas. Si les dettes sont d'égale nature, l'imputation se fait sur la plus ancienne : toutes choses égales, elle se fait proportionnellement. C. c. 1253 à 1256.

304. Rédaction. — La quittance est en général un écrit émanant du créancier seul, et elle est parfaite par sa seule signature. Sa rédaction n'est assujettie à aucune forme particulière ; il suffit que le créancier énonce clairement la dette dont il entend libérer son débiteur, de façon surtout qu'on puisse facilement reconnaître si la libération est totale ou partielle, et qu'il stipule l'imputation convenue dans le cas où cela peut être utile.

1° EXEMPLES. — QUITTANCE SIMPLE. — « *Je soussigné A...,* « *reconnais avoir reçu de M. B... la somme de mille francs* « *pour solde de tous comptes à ce jour. — X... le premier* « *novembre 1891.* »

QUITTANCE EXPRIMANT UNE LIBÉRATION PARTIELLE ET UNE IMPUTATION SPÉCIALE. — « *Je soussigné A..., reconnais avoir* « *reçu de M. B... la somme de cinq cents francs, dont cent* « *cinquante francs représentant une année d'intérêts échus* « *aujourd'hui même de deux reconnaissances, la première de* « *mille francs du premier janvier mil huit cent quatre-vingt-* « *cinq, et la seconde de deux mille francs du premier janvier* « *mil huit cent quatre-vingt-sept, et trois cent cinquante francs*

« *imputables, de convention expresse, sur le principal de la*
« *seconde reconnaissance qui se trouvera ainsi réduit à seize*
« *cent cinquante francs.*
« *X... le premier janvier 1891.* »

305. Timbre. — Les quittances de 10 fr. et de sommes inférieures à 10 fr. sont exemptes de timbre et peuvent être écrites sans contravention sur papier non timbré, quand il ne s'agit pas d'un à compte ou d'une quittance finale sur une somme supérieure à 10 fr. — Toutes les autres quittances entre particuliers, y compris les quittances finales et les quittances d'à-compte exceptées ci-dessus, sont assujetties au timbre de 0 fr, 10 connu sous le nom de timbre à quittance; elles peuvent donc être écrites sur des feuilles de papier non timbré sur lesquelles on applique les timbres spéciaux que tout le monde connait.

Le timbre à quittance doit être apposé sur les quittances, factures, mémoires, reçus ou décharges et généralement sur tous les titres *signés* ou *non signés* qui emportent libération, reçu ou décharge; et il est annulé par l'apposition en travers du timbre et à l'encre noire de la signature de celui qui donne reçu ou décharge et de la date de l'oblitération qui doit être la même que celle de la quittance. Ainsi, régulièrement, la signature et la date apposées sur le timbre doivent exister indépendamment de celles de la quittance. — Le timbre peut aussi être oblitéré par une griffe à l'encre grasse indiquant, avec le nom et la résidence du recevant, la date de l'oblitération. (V. n° 220.)

1° Pénalité. — Toute quittance, soumise au timbre de 0 fr. 10 d'après les règles qui précèdent et non timbrée, fait encourir à son auteur une amende de 62 fr. 50, dont la remise peut être demandée par voie de pétition qu'on peut rédiger, par exemple, dans les termes suivants. (V. n° 297).

« *Monsieur le Ministre. — Je soussigné, A... négociant*
« *à X..., ai l'honneur de vous exposer que M. le Receveur de*
« *l'Enregistrement au Bureau de X..., me réclame une amende*
« *de soixante-deux francs cinquante centimes parce que j'ai*
« *omis de timbrer une facture acquittée de vingt-cinq francs*
« *que j'ai délivrée le vingt janvier dernier à M. B...*
« *Je vous assure, Monsieur le Ministre, que cette erreur est*
« *simplement le résultat d'un oubli et a été commise par moi*
« *sans aucune intention de fraude, et j'ai l'honneur de solliciter de votre bienveillance la remise de l'amende que j'ai*
« *encourue.*
« *J'ai l'honneur d'être, Monsieur le Ministre...* »

306. Enregistrement. — Les quittances ne sont pas assujetties à l'enregistrement dans un délai déterminé; présentées à la formalité, elles sont passibles du droit de 0 fr. 625 0/0 sur le montant de la somme quittancée. (Voir cependant *Atermoiement* n° 57).

Quotité disponible.

307. Règles générales. — On appelle quotité disponible la portion de ses biens dont une personne peut librement disposer par donation ou par testament. La loi ne permet pas toujours qu'une personne dispose de tous ses biens comme bon lui semble, et elle a édicté certaines restrictions que je vais résumer dans ce chapitre.

Le mineur âgé de moins de seize ans ne peut pas disposer par testament, et celui âgé de seize ans ne peut disposer que de la moitié des biens dont il pourrait disposer s'il était majeur. C. c. 903 et 904.

Une personne qui laisse un enfant légitime ne peut donner par testament ou donation entre vifs plus de moitié de ses biens, elle ne peut donner plus du tiers si elle laisse deux enfants et plus du quart si elle en laisse trois ou un plus grand nombre. C. c. 913. La partie de ses biens que cette personne ne peut donner s'appelle la réserve parce qu'elle se trouve ainsi réservée aux héritiers.

Comme l'enfant légitime, l'enfant naturel légalement reconnu a droit à une réserve. Cette réserve est une quotité de celle qu'il aurait eue s'il eût été légitime, calculée en observant la même proportion qui existe entre la portion attribuée à l'enfant naturel au cas de succession *ab intestat* et celle qu'il aurait eue dans le même cas s'il eût été légitime. C. c. article 913 complété par l'article 4 de la loi du 25 mars 1896.

Une personne qui ne laisse pas d'enfants, mais laisse des ascendants, ne peut donner plus de moitié de ses biens si elle a des ascendants dans les deux lignes paternelle et maternelle, et plus des trois quarts si elle n'a des ascendants que dans une ligne. C. c. 914.

Lorsque, à défaut d'enfants légitimes, le défunt laisse à la fois un ou plusieurs enfants naturels reconnus et des ascendants dans les deux lignes ou dans une seule, les libéralités par actes entre-vifs et par testaments ne pourront excéder la moitiè des biens du disposant s'il n'y a qu'un enfant naturel, le tiers s'il y en a deux, le quart s'il y en a trois ou un plus grand nombre. — Les biens ainsi réservés seront recueillis par les ascendants jusqu'à concurrence d'un huitième de la succession et pour le surplus par les enfants naturels. C. c. art. 915. — Loi du 25 mars 1896 art. 5.

Une personne qui ne laisse ni descendants ni ascendants peut disposer de tous ses biens. C. c. 916.

Un époux, quand il ne laisse pas d'enfants, peut donner à son conjoint ce qu'il pourrait donner a un étranger, c'est-à-dire moitié de ses biens s'il laisse des ascendants dans les deux lignes, trois quarts s'il ne laisse des ascendants que dans une ligne, et la totalité s'il ne laisse pas d'ascendants. De plus, il peut encore donner à son conjoint l'usufruit de la part de sa succession qui revient à ses ascendants. C. c. 1094.

Un époux qui laisse des enfants ne peut donner à son conjoint que le quart en toute propriété et le quart en usufruit, ou bien la moitié en usufruit de tous ses biens. — Un époux, ayant des enfants d'un premier mariage, ne peut donner à son conjoint en second ou subséquent mariage qu'une part égale à celle de l'enfant légitime le moins prenant dans sa succession, sans que cette part puisse excéder un quart de cette succession ; si par exemple, dans cette dernière hypothèse, il y a un, deux ou trois enfants, la quotité disponible sera de 1/4, et s'il y en a quatre, cinq ou six, elle sera de 1/5, 1/6 ou 1/7. C. c. 1094 et 1098.

1° Réserve. — La quotité disponible se calcule eu égard au nombre et à la qualité des héritiers que laisse le donateur au jour de son décès. La partie d'une succession qui n'est pas disponible et ne peut être donnée s'appelle la réserve, et les héritiers appelés à en profiter s'appellent les héritiers réservataires. Les parents en ligne directe sont les seules personnes auxquelles la loi attribue une réserve.

2° Avantages aux enfants naturels. — Les enfants naturels légalement reconnus ne peuvent rien recevoir par donation entre-vifs au delà de ce qui leur est accordé au titre des successions, mais le père ou la mère qui les ont reconnus peuvent leur léguer tout ou partie de la quotité disponible, sans toutefois qu'en aucun cas, lorsqu'ils se trouvent avec des descendants légitimes, un enfant naturel puisse recevoir plus qu'une part d'enfant légitime le moins prenant. C. c. art. 908 modifié par l'article 3 de la loi du 25 mars 1896.

308. De la réduction des legs et donations. — Quand l'importance des legs et donations dépasse celle de la quotité disponible, ces avantages sont sujets à réduction. La réduction ne peut s'opérer que lors de l'ouverture de la succession, et elle ne peut être demandée que par les héritiers réservataires, par leurs héritiers ou ayants-cause. C. c. 920, 921.

La réduction se détermine en formant une masse de tous les biens existant au décès du donateur ou testateur. On y réunit fictivement ceux dont il a été disposé par donations entre-vifs d'après leur état à l'époque des donations et leur valeur au temps du décès du donateur. On calcule ensuite sur tous ces biens, après en avoir déduit les dettes, quelle est, eu égard à la qualité des héritiers qu'il laisse, la quotité dont il a pu disposer. C. c. 922.

Lorsqu'il y a lieu à réduction, si les donations entre-vifs n'ont pas épuisé la quotité disponible, on réduit au marc-le-franc toutes les dispositions testamentaires ; si les donations entre-vifs ont épuisé la quotité disponible, toutes les dispositions testamentaires sont caduques, et la réduction se fait sur les donations en commençant par la dernière en date, et ainsi de suite en remontant des dernières aux plus anciennes. C. c. 923 à 926.

Néanmoins, dans tous les cas où le testateur aura expressément déclaré qu'il entend que tel legs soit acquitté de préférence aux autres, cette préférence aura lieu, et le legs qui en sera l'objet ne sera réduit qu'autant que la valeur des autres ne remplirait pas la réserve légale. C. c. 927.

1° Exemples. — Je suppose que M. A... vienne à décéder en 1890, laissant deux enfants, et après avoir donné entre-vifs, en 1870, 1,000 fr. — en 1875, 2,000 fr. — en 1880, 6,000 fr. — et en 1885, 3,000 fr., puis fait par testament quatre legs de 3,000, 4,500, 6,000, et 10,500 fr. et qu'il laisse, lors de son décès, pour 48,000 fr. de valeurs réelles.

Je rapporte à la masse des biens existant au décès.............................. 48.000 »

Ceux donnés entre-vifs :
1,000+2,000+6,000+3,000=................ 12.000 »

et j'ai un total de.......................... 60.000 »

sur lequel la quotité disponible, en raison de l'existence de deux enfants, est d'un tiers ou.......... 20.000 »

Et comme les sommes données entre-vifs s'élèvent à.................................. 12.000 »

les legs qui s'élèvent à :
3,000 + 4,500 + 6,000 + 10,500 = 24,000,

doivent être réduits ensemble à.............. 8.000 »

c'est-à-dire à 8/24 ou 1/3 de leur valeur nominale, soit pour le premier 1,000 fr., pour le second 1,500 fr., pour le troisième 2,000 fr., et pour le quatrième 3,500 fr.

Je suppose encore que la même personne, au lieu de laisser à son décès 48,000 fr. de valeurs réelles, n'en laisse que.. 12.000 »
Je rapporte les valeurs données entre-vifs.. 12.000 »

et j'ai un total de............................ 24.000 »
dont un tiers disponible est de 8,000 fr. Comme le chiffre des donations entre-vifs est supérieur à celui de la quotité disponible, tous les legs seront caducs ou sans effet, et les donations entre-vifs devront être réduites en commençant par les moins anciennes, c'est-à-dire que la quatrième en date sera entièrement résolue et la troisième réduite à 5,000 fr., faisant avec le montant des deux premières (1,000+2,000) somme égale à la quotité disponible de 8,000 fr.

309. Rapports fictifs et rapports réels. — Les rapports faits pour le calcul de la quotité disponible s'appellent rapports *fictifs,* tandis que ceux faits aux successions, soit en nature, soit en moins prenant (V. *Partage,* nº 287-1), s'appellent rapports *réels.*

Il existe entre les uns et les autres cette différence que les derniers peuvent être réellement rapportés comme l'indique leur nom et effectivement attribués à d'autres copartageants que ceux qui les font, tandis que les premiers, sauf les cas où ils sont atteints par la réduction, ne constituent que des éléments de calcul et ne peuvent jamais devenir des rapports réels.

1º Exemples. — Je suppose qu'une succession échue par moitié à deux héritiers, A... et B..., contienne en valeurs réelles, lors de son ouverture, 3,000 fr., et que A... ait reçu du défunt en avancement d'hoirie 9,000 fr., la masse de la succession, y compris le rapport, sera de 3,000 + 9,000 = 12,000 fr., dont moitié pour chaque héritier est de 6,000 fr., A... devant ainsi rapporter effectivement 9,000 — 6,000 = 3,000 fr.

Je fais remarquer en passant que si les héritiers A... et B... étaient les enfants du défunt, et que celui-ci eût fait donation à A... de 9,000 fr., non pas en avancement d'hoirie, mais par préciput et hors part, il y aurait matière à réduction en même temps qu'à rapport de la manière suivante. — La quotité disponible serait de 1/3 de 12,000 = 4,000, la donation préciputaire de 9,000 fr. serait réduite à la quotité disponible 4,000, et le surplus (5,000) serait rapporté de telle sorte que la masse à partager serait de 5,000 + 3,000 = 8,000, dont 1/2 à chaque héritier 4,000. Dans cette situation, A... qui a reçu 9,000 fr., aurait droit à 4,000 + 4,000 = 8,000 fr., et remettrait effectivement à B... 1,000 fr. qui, ajoutés aux 3.000 fr. de valeurs réelles, feraient sa part de 4,000 fr.

Je suppose, en second lieu, que A... soit décédé, marié en secondes noces, ayant d'un premier mariage deux enfants qu'il a dotés de 10,000 fr. chacun, et ayant par testament légué à sa seconde femme la quotité disponible, c'est-à-dire un quart de tous ses biens, et qu'il laisse à son décès des valeurs réelles s'élevant seulement à 4.000 francs. En ajoutant à cet actif de 4.000 francs les rapports fictifs de 10,000 + 10,000 = 20,000, on obtient un total de 24,000 francs dont le quart légué serait de 6,000 francs ; mais, comme il n'y a que 4,000 fr. de valeurs réelles, que le rapport n'est dû qu'entre cohéritiers et n'est pas dû par conséquent à la veuve qui n'est pas héritière mais légataire, le rapport de 20,000 fr. fait par les enfants n'est qu'un rapport fictif au regard de la veuve qui ne pourra exercer sa donation que sur les 4,000 fr. existant réellement au décès.

R

Rapport d'arbitre. *Voyez* Arbitre.

Rapport d'expert. *Voyez* Expert.

Rapport à succession. *Voyez* Partage et Quotité disponible, nos 287-1 et 309.

Ratification.

310. Définition. — La ratification est l'acte par lequel une personne approuve et confirme un acte auquel elle n'a pas participé et qu'elle n'a pas signé en raison soit d'une absence, soit d'une incapacité momentanée. Au moyen de la ratification, l'acte ratifié devient parfait, comme si le ratifiant l'avait approuvé dès sa première rédaction.

Ainsi, le partage amiable d'une succession échue à trois héritiers, dont deux majeurs et un mineur, ne sera complet et définitif que par la ratification du mineur après qu'il aura atteint sa majorité.

311. Rédaction. — La ratification n'a pas de forme spéciale ; il convient d'y énoncer l'acte ratifié d'une façon sommaire en rapportant seulement ses dispositions les plus importantes, et d'exprimer la ratification. Elle doit être écrite sur papier timbré de dimension à 0 fr. 60 ou 1 fr. 20, mais peut être écrite à la suite de l'acte ratifié. (V. n° 4, § 4.)

Dans le cas précité de la ratification, par un mineur devenu majeur, du partage fait pendant sa minorité d'une succession à lui échue pour partie, on pourra par exemple employer la formule suivante :

« *Je soussigné, Charles B... employé de commerce demeurant*
« *à X..., majeur depuis le premier juillet dernier, reconnais*
« *avoir pris connaissance d'un acte sous signatures privées du*
« *premier mars mil huit cent quatre-vingt-huit, contenant,*
« *entre MM. A... et C..., partage de la succession de M. D...,*
« *mon oncle, décédé à X... le vingt mai précédent et dont je*
« *suis héritier pour un tiers en concours avec MM. A... et C...,*
« *héritiers chacun pour la même quotité; l'ayant examiné et*
« *vérifié dans tous ses détails, je reconnais l'avoir trouvé com-*
« *plètement exact, et je déclare en conséquence l'approuver*
« *sans réserve dans toutes ses parties, notamment en ce qui*
« *concerne l'attribution consentie à mon profit, de biens et*
« *valeurs estimés ensemble dix mille francs audit partage. —*
« *Fait à X... le vingt-cinq décembre 1889.* »

312. Enregistrement. — La ratification est en principe soumise au droit fixe de 3 fr. 75 ; cependant il faut distinguer. Si dans l'acte ratifié quelqu'un s'est porté fort pour le ratifiant alors absent ou incapable, cet acte a dû lors de son enregistrement être tarifé d'après la nature de la convention y comprise, et la ratification n'est passible ultérieurement que du droit fixe de 3 fr. 75 ; mais, si dans l'acte ratifié personne ne s'est porté fort pour la partie absente ou incapable, la convention y comprise s'est trouvée ainsi soumise à la condition suspensive de sa ratification, elle n'a pu supporter, en cas d'enregistrement, qu'un droit fixe de 3 fr. 75, et dans ce cas la ratification, par laquelle seule la convention ratifiée devient parfaite, doit supporter le droit dû selon la nature de cette convention.

1° Délai. — Il y a lieu d'établir la même distinction en ce qui concerne le délai dans lequel l'acte de ratification doit être enregistré. Si la ratification, d'après ce qui précède, doit supporter le droit fixe de 3 fr. 75, elle n'est pas assujettie à l'enregistrement dans un délai déterminé ; si au contraire elle doit supporter un droit de titre ou de convention, elle doit être enregistrée dans le délai qui résulte de la nature même de cette convention.

Ainsi je suppose qu'une vente soit consentie par A... à C... d'un immeuble indivis entre A... et B..., sous la condition que cette vente soit ratifiée par B..., — cette vente ne sera pas assujettie à l'enregistrement dans un délai déterminé et ne supportera lors de la formalité que le droit fixe de 3 fr. 75, mais la ratification ultérieure, que B... pourra consentir de cette vente, devra être enregistrée dans le délai de trois mois et supportera le droit de vente de 6 fr. 875 pour cent.

Récompenses. *Voyez* **Partage,** n° 288-1.

Reconduction (Tacite). *Voyez* **Bail,** n° 77-6.

Reconnaissance. *Voyez* **Billet.**

Réméré. *Voyez* **Vente** nos 398 et suivants.

Renonciation.

313. Définition. — La renonciation est l'acte par lequel une personne déclare ne pas vouloir bénéficier d'un droit ouvert à son profit, ou déclare vouloir cesser l'exercice d'un droit dont elle a joui.

D'après cette définition, la renonciation est tantôt extinctive et tantôt translative : dans le premier cas elle est extinctive par ce que, par le fait de la renonciation, le droit ouvert au profit du renonçant s'éteint comme s'il n'avait jamais existé ; dans le second cas, elle est translative parce que le renonçant, en abandonnant un droit dont il a été saisi et qu'il a exercé, provoque ainsi une mutation qui s'opère au profit de celui à qui profite la renonciation.

1° Renonciation extinctive. — La renonciation extinctive, qui est la renonciation proprement dite, ne se présume pas, elle doit être expresse c'est-à-dire écrite. La loi veut que les renonciations à succession, legs ou communauté soient faites au greffe du Tribunal de première instance dans l'arrondissement duquel s'est ouverte la succession, ou dans l'arrondissement duquel était domicilié le mari. C. c. 784 et 1457. Cependant dans la pratique, ces renonciations sont quelquefois faites par actes notariés, mais elles ne doivent jamais être faites par actes sous signatures privées.

2° Renonciation translative. — La renonciation translative n'est autre chose qu'une aliénation ; elle peut être faite à titre gratuit ou à titre onéreux. Faite à titre gratuit elle constitue une donation, faite à titre onéreux, c'est-à-dire moyennant un prix, elle constitue une vente. (V. *Donation*, *Vente* et *Usufruit* n° 376).

Rente. C. c. 1909 à 1914.

314. Définition. — On peut stipuler un intérêt moyennant un capital que le prêteur s'interdit d'exiger. Dans ce cas le prêt prend le nom de constitution de rente. C. c. 1909. Cette rente peut être constituée de deux manières, en perpétuel ou en viager. C. c. 1910. La rente constituée en perpétuel est essentiellement rachetable. C. c. 1911.

La constitution de rente est, d'après ces règles, un contrat par lequel une personne (le débi-rentier) s'engage à payer à une autre (le crédi-rentier), moyennant une somme convenue, une rente viagère ou perpétuelle.

315. Rédaction. — D'après la définition qui précède, un acte de constitution de rente doit énoncer le montant de la rente constituée, sa durée, et toutes les indications utiles relativement aux époques, lieu et mode de paiement, et exprimer en outre le prix moyennant lequel la rente est constituée.

1° Timbre. — Les actes de constitution de rente doivent être écrits sur papier timbré de dimension à 0 fr. 60, 1 fr. 20 ou 1 fr. 80.

2° Exemple. — Une constitution de 600 fr. de rente viagère moyennant un capital de 8.000 fr. pourrait être rédigée de la manière suivante :

« *Les soussignés A... rentier à X... et B... négociant demeu-*
« *rant également à X... ont arrêté ce qui suit :*

« *M. B... crée et constitue au moyen des présentes sur la tête*
« *de M. A..., pendant sa vie et jusqu'à son décès, une rente*
« *annuelle et viagère de six cents francs qu'il s'engage à payer*
« *au domicile et entre les mains de M. A... par moitié les*
« *premier janvier et premier juillet de chaque année, pour le*
« *premier paiement être fait le premier janvier prochain, et les*
« *autres se continuer de six mois en six mois jusqu'au décès*
« *de M. A..., époque à laquelle ladite rente sera éteinte et*
« *amortie, étant expliqué que le prorata du terme en cours au*
« *jour du décès de M. A... appartiendra à M. B...*

« *La présente constitution de rente est consentie moyennant*
« *une somme de huit mille francs que M. B... reconnaît avoir*
« *reçue à l'instant de M. A...*

« *Fait double à X... le premier décembre mil huit cent* « *quatre-vingt-onze.* »

3° GARANTIES. — Les constitutions de rentes sont généralement accompagnées de garanties fournies par le débiteur de la rente, par exemple d'une hypothèque ou d'un gage. Si la constitution de rente est accompagnée d'une garantie hypothécaire, cette garantie ne peut être constituée que par acte notarié (V. n° 3 § 2); si elle est accompagnée d'autres garanties telles que gage, délégation ou antichrèse, l'acte contient une seconde convention qui doit être rédigée d'après ses règles spéciales. (V. *Gage, Antichrèse* et *Délégation*).

316. Enregistrement. — La constitution de rente n'est pas assujettie à l'enregistrement dans un délai déterminé, sauf ce qui a été dit aux n°s 225 et 226, si elle contient un gage; lorsqu'elle est soumise à la formalité, elle est passible du droit de 2 fr. 50 pour cent sur le capital aliéné, c'est-à-dire sur la somme payée par le crédi-rentier.

1° CESSION DE RENTE. — Une rente, dès qu'elle est créée, constitue une créance au profit du crédi-rentier et peut être cédée comme tout autre créance (V. *Cession de créance* n°s 129 et suivants); la cession de rente est passible, comme l'acte de constitution lui-même, du droit de 2 fr. 50 0/0 sur le prix originaire de la constitution, sans égard au prix de la cession.

2° RACHAT DE RENTE. — Le rachat de la rente ou la cession de la rente au débiteur ont pour effet de libérer celui-ci de sa dette et sont complètement assimilables aux quittances; elles sont comme celles-ci passibles du droit de 0 fr. 625 pour cent, qui est liquidé sur le prix moyennant lequel la rente a été constituée à son origine, sans égard au prix du rachat.

3° RENTES CONSTITUÉES A TITRE GRATUIT OU SANS EXPRESSION DE CAPITAL. — Sauf le cas de pension alimentaire (V. *Aliments* n° 37), la constitution d'une rente à titre gratuit opère une donation (Voyez ce mot). Pour les cessions à titre onéreux et les rachats des rentes ainsi constituées, les droits de 2 fr. 50 et 0 fr. 625 pour cent indiqués aux paragraphes 1 et 2 ci-dessus sont liquidés sur dix fois le montant de la rente si elle est viagère et vingt fois le montant de cette rente si elle est perpétuelle.

Reprise. *Voyez* **Partage,** n° 288-2.

Réserve. *Voyez* **Quotité disponible** n° 307-1.

Résolution. *Voyez* **Vente,** n° 380

Retour légal ou conventionnel. *Voyez* **Succession,** n° 339.

Rétrocession. *Voyez* **Vente,** n° 380.

Révocation de procuration. *Voyez* **Mandat,** n° 272.

Révocation de testament. *Voyez* **Testament,** n° 366.

S

Sentence arbitrale. *Voyez* **Arbitrage,** n° 51.

Société. C. c. 1832 à 1873.

317. Principes généraux. — La société est un contrat par lequel deux ou plusieurs personnes conviennent de mettre quelque chose en commun, dans la vue de partager le bénéfice qui pourra en résulter. C. c. 1832. Toute société doit avoir un objet licite et être contractée pour l'intérêt commun des parties. Chaque associé doit y apporter ou de l'argent, ou d'autres biens, ou son industrie. C. c. 1833.

Toutes sociétés doivent être rédigées par écrit lorsque leur objet est d'une valeur de plus de cent cinquante francs. C. c. 1834.

Lorsque l'acte de société ne détermine pas la part de chaque associé dans les bénéfices ou pertes, la part de chacun est en proportion de sa mise dans le fonds de la société. A l'égard de celui qui n'a apporté que son industrie, sa part dans les bénéfices ou dans les pertes est réglée comme si sa mise eût été égale à celle de l'associé qui a le moins apporté. C. c. 1853. La convention qui donnerait à l'un des associés la totalité des bénéfices est nulle ; il en est de même de la stipulation qui affranchirait de toute contribution aux pertes les sommes mises dans la société par un ou plusieurs des associés. C. c. 1855.

A défaut de stipulations spéciales sur le mode d'administration, l'on suit les règles suivantes : — 1° les associés sont censés s'être donné réciproquement le pouvoir d'administrer l'un pour l'autre. Ce que chacun fait est valable, même pour la part de ses associés, sans qu'il ait pris leur consentement : sauf le droit qu'ont ces derniers, ou l'un d'eux, de s'opposer à l'opération avant qu'elle soit conclue. — 2° Chaque associé peut se servir des choses appartenant à la société, pourvu qu'il les emploie à leur destination fixée par l'usage, et qu'il ne s'en serve pas contre l'intérêt de la société, ou de manière à empêcher ses associés d'en user selon leur droit. — 3° Chaque associé a le droit d'obliger ses associés à faire avec lui les dépenses qui sont nécessaires pour la conservation des choses de la société. — 4° L'un des associés ne peut faire d'innovations sur les immeubles dépendant de la société, même quand il les soutiendrait avantageuses à cette société, si les autres associés n'y consentent. C. c. 1859.

1° Sociétés commerciales.— Me plaçant dans ce chapitre comme je l'ai fait dans les précédents, surtout au point de vue pratique, je ne parlerai que des sociétés commerciales, laissant de côté les sociétés purement civiles.

La loi reconnaît quatre espèces de sociétés commerciales : la société en nom collectif, la société en commandite, la la société anonyme et l'assiociation en participation. C. com. 19 et 47.

318. Société en nom collectif. — La société en nom collectif est celle que contractent deux personnes ou un plus grand nombre, et qui a pour objet de faire le commerce sous une raison sociale. C. com. 20. — Les noms des associés peuvent seuls faire partie de la raison sociale. C. com. 21. — La raison sociale peut comprendre les noms de tous les associés ou seulement un ou plusieurs d'entre eux suivis des mots « *et compagnie.* »

Les associés en nom collectif indiqués dans l'acte de société sont solidaires pour tous les engagements de la société, encore qu'un seul des associés ait signé, pourvu que ce soit sous la raison sociale. C. com. 22.

Les sociétés en nom collectif doivent être constatées par des actes publics (c'est-à-dire notariés), ou par des actes sous signatures privées. C. com. 39.

1° Rédaction. — D'après les principes généraux exposés au n° 317 et les règles spéciales que je viens d'énoncer, un acte de société en nom collectif indique généralement : — 1° les noms et domiciles des associés ; — 2° l'objet de la société, sa durée, son siège et sa raison sociale ; — 3° la fixation du fonds social et des apports de chacun des associés ; — 4° la fixation de la proportion dans laquelle chacun des associés doit participer aux bénéfices ou aux pertes.

A ces énonciations indispensables, il convient d'ajouter les conditions spécialement convenues et qui peuvent différer d'un cas à un autre ; il convient de s'expliquer notamment au sujet des pouvoirs plus ou moins étendus qui sont attribués à tel ou tel associé, des opérations auxquelles chaque associé devra plus particulièrement s'employer, des frais généraux de la société, des prélèvements à faire sur les bénéfices par chacun des associés, et des inventaires annuels. Enfin, il est toujours prudent de déterminer d'avance comment sera liquidée la société lors de son expiration ou de sa dissolution, et de prévoir le cas où l'un ou plusieurs des associés viendraient à décéder pendant le cours de la société ; on verra en effet tout à l'heure (n° 325) que la mort de l'un des associés fait cesser de plein droit la société, sauf convention contraire, et qu'il est par conséquent nécessaire d'exprimer toute convention qui peut avoir pour effet d'assurer ou de permettre, en cas de décès, la continuation de la société.

2° Exemple. — « *Les soussignés A... meunier, B... négo-* « *ciant en grains et C... propriétaire, tous trois demeurant* « *à X..., ont arrêté les conventions suivantes :*

« *Art. 1er. — Ils forment entre eux par les présentes, sous* « *la raison sociale (A... B... et C...) ou (A... B... et Cie) ou* « *(A... et Cie), une société en nom collectif pour l'exploitation* « *d'un moulin, dit le moulin de Belle-Vue, situé à X..., et pour* « *le commerce des grains et farines.*

« *Art. 2. — Cette société est faite pour une durée de dix ans* « *à partir du premier janvier mil huit cent quatre-vingt onze,* « *et aura son siège audit moulin de Belle-Vue.*

« *Art. 3. — Le fonds social est fixé à cent cinquante mille* « *francs et sera fourni par chacun des associés pour un tiers.* « *Chaque associé versera dans la caisse de la société, le pre-* « *mier janvier mil huit cent quatre-vingt-onze, une somme de* « *vingt-cinq mille francs ; le surplus des apports sera versé* « *dans le délai de six mois dudit premier janvier mil huit cent* « *quatre-vingt-onze, avec intérêts à six pour cent l'an, depuis* « *ledit jour jusqu'à celui du versement.*

« *Art. 4. — Chacun des associés participera pour un tiers* « *dans les bénéfices comme dans les pertes.*

« *Art. 5. — Les trois associés devront tous leurs soins aux* « *affaires de la société, ils auront des pouvoirs égaux et feront* « *tous trois usage de la signature sociale, mais ils s'occuperont* « *plus particulièrement, M. B... de l'achat des grains, M. A...*

« *de la direction intérieure de l'usine et de la tenue des livres,*
« *et M. C... de la vente des farines.*

« *Art. 6. — Les frais généraux comprendront notamment* « *le loyer du moulin, les contributions imposées à la société ou* « *aux associés, à raison du commerce faisant l'objet de la* « *société, tous les frais d'entretien et de réparation de l'usine* « *et du matériel, ceux d'éclairage et de chauffage de l'usine et* « *des bureaux, les appointements de tous les employés et* « *ouvriers, les frais de banque et les frais des voyages faits* « *pour les besoins du commerce.*

« *Art. 7. — Chacun des associés prélèvera une somme de* « *cinq cents francs par mois pour ses besoins personnels, et* « *toute somme non retirée, de même que toute somme versée* « *dans la caisse de la société par un associé en plus de son* « *apport et du consentement de ses co-associés, produira à son* « *profit des intérêts à six pour cent l'an. Les sommes dont* « *seront ainsi crédités les associés pourront être retirées par* « *eux selon leurs besoins, sauf à prévenir un mois d'avance* « *pour tout retrait égal ou supérieur à mille francs.*

« *Art. 8. — Tous les ans, il sera fait et arrêté à la date du* « *trente-et-un décembre un inventaire des forces et charges de* « *la société, et les bénéfices revenant, comme il a été dit en* « *l'art. 4, par tiers à chaque associé, ne pourront être retirés* « *que jusqu'à concurrence de moitié, à moins que les trois* « *associés soient d'accord pour en retirer une plus forte partie;* « *les bénéfices non retirés produiront au profit des associés un* « *intérêt de six pour cent l'an.*

« *Art. 9. — En cas de perte, les associés pourront, s'ils sont* « *tous trois d'accord, reconstituer leur fonds social de cent* « *cinquante mille francs au moyen de nouveaux versements* « *égaux; ces versements supplémentaires ne seraient pas pro-* « *ductifs d'intérêts. Dans le cas où un inventaire accuserait* « *des pertes réduisant le fonds social d'au moins moitié, l'un* « *quelconque des associés aurait le droit d'exiger la dissolution* « *immédiate de la société.*

« *Art. 10. — En cas de décès de M. C... au cours de la* « *société, Mme C... sa femme, si elle lui survit, aura le droit* « *de prendre ses lieu et place dans la société qui continuera* « *sous la raison sociale A... B... et Cie. Si Mme C... était* « *décédée avant son mari, ou si, lui ayant survécu, elle déclare* « *ne pas vouloir user de la faculté que lui confère le présent* « *article, la société continuera entre MM. A... et B..., les* « *droits de M. et Mme C... ou de leurs représentants seront* « *fixés d'après le dernier inventaire fait avant le décès de* « *M. C..., et le montant leur en sera remboursé par MM. A...* « *et B... dans le délai de six mois à partir du décès, avec*

« *intérêts à cinq pour cent l'an à partir dudit décès. Mme C...,*
« *si elle survit à son mari, devra dans le délai d'un mois à*
« *partir du décès, faire connaître à MM. A... et B... son*
« *option pour la continuation de la société ou sa dissolution.*

« *Art. 11. — En cas de décès de M. A... ou de M. B..., la*
« *société continuera entre les deux associés survivants, à*
« *l'exclusion des héritiers du défunt dont les droits seront*
« *remboursés de la manière et dans les délais indiqués en*
« *l'article précédent.*

« *Art. 12. — En cas de décès de deux associés, l'associé*
« *survivant aura le droit de conserver le fonds de commerce*
« *dont la valeur, ainsi que celle de l'achalandage, du matériel*
« *et des marchandises, seront fixées par trois experts nommés*
« *par les parties, ou, en cas de désaccord, par le président du*
« *Tribunal de commerce. Dans ce cas, un inventaire serait fait*
« *au jour de la dissolution de la société, et l'associé survivant*
« *aurait un délai d'un an pour rembourser les sommes reve-*
« *nant d'après cet inventaire aux héritiers et représentants*
« *des associés décédés.*

« *Art. 13. — En cas de dissolution anticipée de la société,*
« *si les associés existent tous trois, ils liquideront en commun*
« *et le plus promptement possible toutes les opérations et*
« *marchés en cours, et, six mois après la dissolution, l'un*
« *quelconque des associés pourra exiger avec le partage des*
« *deniers réalisés, le partage en nature des marchandises non*
« *encore vendues, le recouvremcnt des crédits devant seul être*
« *alors continué en commun. Si un ou deux des associés sont*
« *décédés, la liquidation sera faite par les associés survivants*
« *et l'actif social sera partagé dans un délai de six mois ; les*
« *représentants des associés décédés pourront dans ce cas exiger*
« *lors du partage que toutes les marchandises non encore*
« *vendues soient imputées jusqu'à due concurrence sur la part*
« *devant revenir à l'associé ou aux associés survivants.*

« *Fait triple à X... le premier décembre 1890.* »

319. Société en commandite. — La société en commandite se contracte entre un ou plusieurs associés responsables et solidaires, et un ou plusieurs associés, simples bailleurs de fonds, que l'on nomme commanditaires ou associés en commandite. — Elle est régie sous un nom social qui doit être nécessairement celui d'un ou plusieurs des associés responsables et solidaires. C. com. 23.

Lorsqu'il y a plusieurs associés solidaires et en nom, la société est à la fois société en nom collectif à leur égard et société en commandite à l'égard des simples bailleurs de fonds. — Le nom d'un associé commanditaire ne peut faire partie de la raison sociale. C. com. 24 et 25.

L'associé commanditaire n'est passible des pertes que jusqu'à concurrence des fonds qu'il a mis ou dû mettre dans la société, — il ne peut faire aucun acte de gestion, même en vertu de procuration. C. com. 26 et 27.

Les sociétés en commandite doivent être constatées par des actes publics (notariés) ou sous signatures privées. C. com. 39.

1° RÉDACTION. — L'acte de société en commandite doit comprendre les mêmes indications que l'acte de société en nom collectif, sauf les différences résultant des règles spéciales dont l'énoncé précède. Ainsi l'acte de société, donné comme exemple au n° 318, en supposant que A... soit gérant responsable et que B... et C... soient deux commanditaires, pourrait être modifié de la manière suivante :

« *Les soussignés A... meunier, B... propriétaire et C...*
« *aussi propriétaire, tous trois demeurant à X..., ont arrêté*
« *les conventions suivantes :*

« *Art. 1er. — Il est formé par les présentes entre les soussi-*
« *gnés, sous la raison sociale A... et Cie, une société en com-*
« *mandite pour l'exploitation d'un moulin, dit le moulin de*
« *Belle-Vue situé à X..., et le commerce des grains et farines.*

« *Art. 2. — Cette société est faite pour une durée de dix ans*
« *à partir du premier janvier mil huit cent quatre-vingt-onze,*
« *et aura son siège audit moulin de Belle-Vue.*

« *Art. 3. — MM. B... et C... ne seront qu'associés comman-*
« *ditaires et M. A... sera seul gérant responsable des affaires*
« *de la société.*

« *Art. 4. — Le fonds social est fixé à cent cinquante mille*
« *francs et sera fourni par tiers par chacun des associés.*
« *Chaque associé versera dans la caisse de la société, le premier*
« *janvier mil huit cent quatre-vingt-onze, au moins la moitié*
« *de son apport, et devra verser le surplus avant le premier*
« *juillet suivant.*

« *Art. 5. — M. A... prélèvera chaque mois, pour honoraires*
« *de sa gestion, une somme de six cents francs qui sera portée*
« *aux frais généraux de la société.*

« *Art. 6. — Chacun des associés participera dans les béné-*
« *fices pour un tiers et supportera également un tiers des*
« *pertes, s'il s'en produit, sans toutefois que la part incombant*
« *dans lesdites pertes à MM. B... et C... puisse être supérieure*
« *à leurs apports respectifs.*

« *Art. 7. — Tous les ans, il sera fait et arrêté, à la date du*
« *trente-et-un décembre, un inventaire des forces et charges*
« *de la société, et il sera fixé à la suite de cet inventaire la*
« *part de bénéfices revenant à chaque associé pour l'année*

« *écoulée, ou, le cas échéant, sa part contributive dans les* « *pertes. Les bénéfices réalisés seront retirés ou laissés dans la* « *caisse de la société, au gré des associés; ceux non retirés* « *deviendront productifs d'intérêts au taux de six pour cent* « *l'an. — MM. B... et C... pourront, quand bon leur semblera,* « *prendre communication des registres et affaires de la société.*

« *Art. 8. — Si MM. B... et C... ou l'un d'eux viennent à* « *décéder au cours de la société, celle-ci sera continuée avec* « *leurs héritiers. Si M. A... vient à décéder, un inventaire* « *sera fait aussitôt son décès, et la société immédiatement* « *dissoute sera liquidée par MM. B... et C... qui auraient* « *conjointement les pouvoirs les plus étendus pour agir au* « *mieux des intérêts communs.*

« *Art. 9. — Dans les six mois qui précèderont l'expiration* « *de la société, M. A ... devra liquider tous les marchés et* « *opérations alors en cours, de façon à pouvoir rembourser à* « *MM. B... et C... toutes les sommes devant leur revenir le jour* « *même où la société prendra fin.*

« *Fait triple à X... le premier décembre 1890.* »

2° Société a la fois en nom collectif et en commandite. — Quand il y a plusieurs associés solidaires, et qu'il y a, d'après l'article 24 du Code de commerce, société en nom collectif pour eux en même temps que société en commandite pour les simples bailleurs de fonds, on peut rédiger l'acte de société en puisant tous les éléments de la rédaction dans les deux exemples que je viens de donner.

320. Société en commandite par actions et société anonyme. — L'étude de ces sociétés spéciales, généralement d'ailleurs très importantes, dépasserait le cadre de ce traité élémentaire. Du reste, ces sociétés sont plus rares que les autres et généralement faites par actes notariés.

321. Association en participation. — Les associations en participation sont relatives à une ou plusieurs opérations de commerce; elles ont lieu pour les objets, dans les formes, avec les proportions d'intérêts et aux conditions convenues entre les participants. C. com 48.

Les associations en participation peuvent être constatées par la représentation des livres, de la correspondance ou par la preuve testimoniale, si le Tribunal juge qu'elle peut être admise. — Les associations commerciales en participation ne sont pas sujettes aux formalités prescrites pour les autres sociétés. C. com. 49 et 50.

1° Rédaction. — De ce qui précède, il résulte que les associations en participation peuvent, à l'inverse des autres sociétés, rester verbales, et sont le plus souvent des associations de fait dont il n'est dressé aucun acte ; cependant, elles sont quelquefois aussi constatées par écrit, et dans certains cas, même, la rédaction d'un acte est une utile précaution. Il serait difficile de donner des règles précises pour leur rédaction, les opérations qui leur donnent naissance pouvant varier à l'infini ; d'une façon générale, je dirai qu'il suffit d'énoncer et de préciser les opérations en vue desquelles est faite l'association, et de prévoir dans quelles conditions se liquideront et se partageront leurs résultats.

2° EXEMPLE. — « *Les soussignés A... et B..., tous deux* « *marchands de chevaux à X..., ont arrêté ce qui suit :*

« *Ils forment entre eux une société en participation et* « *mettent en commun chacun par moitié une somme de vingt* « *mille francs pour faire les opérations qui vont être indiquées :* « — *ils se rendront ensemble dans le Perche et achèteront des* « *chevaux dits* « *Percherons* » *pour ladite somme de vingt* « *mille francs, ils ramèneront ces chevaux et les vendront sur* » *les foires de X..., Y... et Z..., qui se tiennent toutes d'ici un* « *mois, puis, dès que la vente sera terminée, et au plus tard* « *dans le délai d'un mois de ce jour, les soussignés, après avoir* « *prélevé sur le produit de leurs ventes tous leurs frais et* « *déboursés, partageront le surplus par moitié. Si quelques* « *chevaux étaient alors restés invendus, ils seraient estimés et* « *partagés en nature.*

« *Fait double à X... le premier septembre 1891.* »

322. Timbre et enregistrement. — Tous les actes de société doivent être rédigés sur papier timbré de dimension à 0 fr. 60, 1 fr. 20 ou 1 fr. 80. — Leur enregistrement doit nécessairement précéder les formalités de publication, dont il est parlé au n° 324 ci-après ; ils sont passibles du droit proportionnel de 0 fr. 25 0/0 qui se liquide sur le montant net des apports réunis (art. 19 de la loi du 28 avril 1893.)

Indépendamment de ce droit proportionnel, les actes de société supportent souvent d'autres droits sur les dispositions particulières et indépendantes qu'ils peuvent contenir ; ces droits sont déterminés d'après la nature des dispositions auxquelles ils s'appliquent.

323. Transcription. — Quand les actes de société contiennent des apports immobiliers, il est prudent et souvent utile, bien que non obligatoire, de les faire transcrire au bureau des hypothèques de la situation des immeubles. Les frais de la transcription contiennent, outre le prix du papier timbré des registres de formalité et les salaires du conservateur, un droit au profit du Trésor de 1 fr. 875 p. 0/0 sur la valeur des biens qui bénéficient de la transcription.

324. Publication. — Les sociétés en nom collectif ou en commandite simple, dont j'ai parlé sous les nos 318 et 319, donnent lieu après l'enregistrement, aux formalités suivantes, auxquelles ne sont pas assujetties les sociétés en participation :

1° Dans le mois de la constitution de toute société commerciale, deux doubles de l'acte constitutif, s'il est sous seings privés, ou deux expéditions, s'il est notarié, sont déposées, l'une au greffe de la justice de paix, et l'autre au greffe du tribunal de commerce du lieu dans lequel est établie la société.

2° Dans le même délai d'un mois, un extrait de l'acte constitutif est publié dans l'un des journaux désignés pour recevoir les annonces légales. Il sera justifié de l'insertion par un exemplaire du journal certifié par l'imprimeur, légalisé par le maire et enregistré au droit de 3 fr. 75 dans les trois mois de sa date.

Ces formalités, prescrites par les articles 55 et 56 de la loi du 24 juillet 1867, doivent être observées, à peine de nullité, à l'égard des intéressés ; mais le défaut d'aucune d'elles ne pourra être opposé aux tiers par les associés.

Si la société a plusieurs maisons de commerce situées dans divers arrondissements, les formalités du dépôt et de la publication doivent avoir lieu dans chacnn des arrondissements où existent les maisons de commerce. Dans les villes divisées en plusieurs arrondissements, le dépôt sera fait seulement au greffe de la justice de paix du principal établissement.

1° Forme des extraits. — Les extraits publiés dans les journaux doivent contenir les noms des associés autres que les commanditaires, l'indication de la raison sociale et celle du siège social, la désignation des associés autorisés à gérer, administrer et signer pour la société, le montant du capital social et le montant des valeurs fournies ou à fournir par les commanditaires, l'époque où la société commence et celle où elle doit finir, et enfin la date du dépôt fait aux greffes de la justice de paix et du tribunal de commerce. L'extrait doit énoncer que la société est en nom collectif ou en commandite simple, et doit être signé, pour les actes publics par le notaire-rédacteur, et, pour les actes sous seings privés par les associés ou gérants. — Loi du 24 juillet 1867, art. 58 et 60.

2° Conventions modificatives de la société. — Tous

actes ayant pour objet la modification des statuts d'une société et des éléments constitutifs de l'extrait publié, par exemple ceux qui ont pour objet la continuation de la société au-delà du terme fixé pour sa durée, la dissolution avant ce terme et le mode de liquidation, tout changement ou retraite d'associés, toute modification de leurs apports et tout changement à la raison sociale, sont soumis aux formalités du dépôt et de la publication, comme l'acte de société lui-même. — Loi du 24 juillet 1867, art. 61.

325. Fin de la société. — La société finit : — 1° par l'expiration du temps pour lequel elle a été contractée ; — 2° par la mort de l'un des associés ; — 3° ou par une dissolution anticipée, résultant soit d'un accord commun des associés, soit de l'évènement d'une cause de dissolution prévue en l'acte de société.

1° Dissolution. Dans le cas d'une dissolution anticipée de la société, il y a lieu de faire un acte de dissolution. Cet acte peut se faire très simplement quand on a eu soin de prévoir dans l'acte de société les conditions dans lesquelles doit se faire la liquidation.

Ainsi la dissolution anticipée de la société, dont l'exemple a été donné sous le n° 318, pourrait être rédigée simplement de la manière suivante :

« *Les soussignés A... B... et C..., négociants associés demeu-*
« *rant tous trois à X..., conviennent que la société en nom*
« *collectif formée entre eux, sous la raison sociale A... B...*
« *et Cie, pour une durée de dix ans du premier janvier mil*
« *huit cent quatre-vingt-onze, ainsi qu'il résulte d'un acte*
« *sous signatures privées du premier décembre mil huit cent*
« *quatre-vingt-dix, sera dissoute à partir du premier janvier*
« *mil huit cent quatre-vingt-douze.*
« *Fait triple à X... le premier décembre 1891.* »

Quand l'acte de société ne règle pas les conditions de la liquidation, il convient de les préciser dans l'acte de dissolution.

J'ai dit au n° 324-2, que l'acte de dissolution est soumis aux formalités du dépôt et de la publication ; j'ajoute qu'il supporte à l'enregistrement, quand la dissolution est pure et simple, le droit fixe de 9 fr. 38.

La liquidation une fois terminée, on procède au partage de l'actif social, ainsi qu'il a été dit au n° 292-4. Toutefois, il y a lieu de remarquer que l'attribution à un associé de certains biens apportés par un autre associé, par exemple d'immeubles ou d'un fonds de commerce, constituerait, en dehors du partage proprement dit, une cession passible du droit de vente au taux déterminé d'après la nature des biens cédés.

2° Prorogation. — La prorogation d'une société ne peut être prouvée que par un acte écrit fait dans les mêmes formes que le contrat de société. La prorogation constitue en effet une nouvelle société qui fait suite à la première, et les mêmes motifs existent de soumettre l'une et l'autre aux mêmes formalités ; toutefois, on peut, dans l'acte de prorogation, se référer à l'acte de société, pour les dispositions qui n'en sont pas modifiées, et n'y exprimer que les conditions nouvelles.

Ainsi la prorogation de l'acte de société, dont l'exemple a été donné au n° 318, pourrait être valablement faite dans ces termes :

« *Les soussignés A... B... et C... négociants associés, demeu-*
« *rant tous trois à X..., déclarent par les présentes proroger*
« *pour cinq ans à partir du premier janvier mil neuf cent un,*
« *la société en nom collectif formée entre eux, suivant acte*
« *sous signatures privées du premier décembre mil huit cent*
« *quatre-vingt-dix, sous la raison sociale A... B... et Cie, pour*
« *dix ans du premier janvier mil huit cent quatre-vingt-onze.*
« *Cette prorogation est convenue aux conditions dudit acte du*
« *premier décembre mil huit cent quatre-vingt-dix, auquel les*
« *soussignés se réfèrent expressément.*

« *Fait triple à X... le quinze novembre 1900.* »

L'acte de prorogation de société supporte à l'enregistrement le même droit que l'acte de société lui-même, et il est comme celui-ci soumis aux formalités du dépôt et de la publication.

Substitution *Voyez* **Mandat,** n° 270-3.

Succession. C. c. 718 à 892.

326. Division. — La matière très complexe des successions a déjà fait l'objet de nombreux commentaires et traités spéciaux, et je ne veux pas entreprendre d'en faire ici une étude complète qui resterait très probablement sans utilité parce qu'elle serait inférieure aux travaux de mes devanciers ; je veux simplement essayer de donner sous une forme aussi concise que possible les moyens pratiques de régler une succession ne présentant pas de trop grandes difficultés.

Pour arriver à ce but, il conviendrait de diviser le sujet en trois parties comprenant : la première, les règles principales du droit civil, spécialement celles qui fixent l'ouverture des successions et leur dévolution ; la seconde, les règles principales du droit fiscal avec les indications nécessaires pour l'établissement et la confection des déclarations des successions ; et la troisième, les règles relatives aux réglements et partages des successions. Mais cette troisième partie ferait double emploi avec tout ce que j'ai déjà dit au mot « *Partage* », et je me bornerai, en ce qui la concerne, à renvoyer à ce mot n°s 283 et suivants ; je diviserai donc seulement cet article en deux parties traitant l'une du *Droit civil* et l'autre du *Droit fiscal*.

1re Partie. — DROIT CIVIL.

Chapitre I. — OUVERTURE DES SUCCESSIONS.

RÈGLES GÉNÉRALES.

327. De l'ouverture des successions. — La succession d'une personne s'ouvre par sa mort. C. c. 718.

Si plusieurs personnes respectivement appelées à la sucession l'une de l'autre périssent dans un même événement, sans qu'on puisse reconnaître laquelle est décédée la première, la présomption de survie est déterminée par les circonstances du fait, et, à leur défaut, par la force de l'âge ou du sexe. — Si ceux qui ont péri ensemble avaient moins de quinze ans, le plus âgé sera présumé avoir survécu. S'ils étaient tous au-dessus de soixante ans, le moins âgé sera présumé avoir survécu. Si les uns avaient moins de quinze ans et les autres plus de soixante, les premiers seront présumés avoir survécu. C. c. 720 et 721. — Si ceux qui ont péri ensemble avaient quinze ans accomplis et moins de soixante, le mâle est toujours présumé avoir survécu lorsqu'il y a égalité d'âge, ou si la différence qui existe n'excède pas une année. S'ils étaient du même sexe, la présomption de survie, qui donne ouverture à la succession dans l'ordre de la nature, doit être admise : ainsi le plus jeune est présumé avoir survécu au plus âgé. C. c. 722.

La loi ne dit pas ce qui doit advenir au cas où ceux qui ont péri ensemble avaient les uns moins de 15 ans et les autres plus de 15 ans et moins de 60; mais dans ce cas il parait certain que ceux ayant plus de 15 ans doivent être présumés avoir survécu. Chabot art. 722-3. — De même, si deux personnes mortes dans un même événement ont, l'une plus de 15 ans et moins de 60 ans et l'autre plus de 60 ans, la plus jeune devra être présumée avoir survécu.

1° Exemples. — Je suppose qu'un naufrage engloutisse, sans que les circonstances du fait permettent d'établir aucune présomption de survie, une famille composée de :

1° Un grand-père âgé de 70 ans ; 2° une grand'mère âgée de 65 ans ; 3° le père âgé de 45 ans ; 4° la mère âgée de 40 ans ; 5° et quatre enfants âgés de 19, 18, 13 et 7 ans.

Je classerai d'abord toutes ces personnes en trois catégories, rangeant dans la première celles âgées de moins de 15 ans, dans la seconde celles âgées de plus de 15 ans et de moins de 60, et dans la troisième celles âgées de plus de 60 ans, et reconnaissant, d'après les règles précédemment énoncées, qu'on doit considérer comme étant décédées les premières les personnes de la troisième catégorie, puis celles de la première, et enfin celles de la seconde, j'établirai de la manière suivante l'ordre dans lequel les décès seront censés s'être produits :

1°	— 3e catégorie.	Le grand-père âgé de 70 ans.	Le moins âgé est présumé avoir survécu.
2°	—	La grand'mère âgée de 65 ans.	
3°	— 1re catégorie.	L'enfant âgé de 7 ans.	Le plus âgé est présumé avoir survécu.
4°	—	L'enfant de 13 ans.	
5°	— 2e catégorie.	Le père âgé de 45 ans.	Le plus jeune est présumé avoir survécu. Pour les deux derniers, la différence d'âge n'excédant pas une année, le mâle est présumé avoir survécu.
6°	—	La mère âgée de 40 ans.	
7°	—	L'enfant de 18 ans (fille).	
8°	—	L'enfant de 19 ans (fils).	

328. Des qualités requises pour succéder. — Pour succéder, il faut nécessairement exister à l'instant de l'ouverture de la succession. Ainsi, sont incapables de succéder : 1° celui qui n'est pas encore conçu ; 2° l'enfant qui n'est pas né viable. C. c. 725.

Sont indignes de succéder, et, comme tels, exclus des successions : 1° celui qui serait condamné pour avoir donné ou tenté de donner la mort au défunt ; 2° celui qui a porté contre le défunt une accusation capitale jugée calomnieuse ; 3° l'héritier majeur qui, instruit du meurtre du défunt, ne l'aura pas dénoncé à la justice. C. c. 727.

De ces deux articles du Code, il résulte que, pour recueillir une succession, il faut en être capable, c'est-à-dire exister au moment de son ouverture, et ne pas en être indigne ; les cas d'indignité sont d'ailleurs très rares. L'enfant conçu est considéré comme existant et capable d'hériter, pourvu qu'il naisse viable ; à ce propos, il n'est pas inutile de faire remarquer que les délais maximum et minimum qui peuvent généralement exister entre la conception et la naissance sont fixés par le Code à 300 et 180 jours. C. c. 314 et 315.

Chapitre II. — DÉVOLUTION DES SUCCESSIONS.

329. Successions testamentaires et successions intestat. — Quand une personne meurt, ou bien elle a fait un testament, ou bien elle n'en a pas fait. Si elle a fait un testament, sa succession, qu'on appelle testamentaire, est dévolue aux légataires institués par le testament, sauf, quand il y a lieu, la réduction au profit des héritiers réservataires (Voy. *Quotité disponible*, nos 307 et 308) ; si elle n'a pas fait de testament, la succession, qu'on qualifie alors de succession *intestat* ou *ab intestat*, est dévolue aux héritiers légitimes dans l'ordre établi par la loi d'après leur parenté avec le défunt.

Toutes les règles qui, d'après l'exposé suivant, fixent la dévolution héréditaire, s'appliquent exclusivement aux successions *ab intestat*, ou, en cas de succession testamentaire, à la réserve dont le défunt n'a pu disposer.

330. Parenté. — Degré successible. — Calcul des degrés. — La proximité de parenté s'établit par le nombre de générations : chaque génération s'appelle un degré. C. c. 735 — D'après l'article 755 du code civil, les parents au-delà du douzième degré ne succèdent pas, ou en d'autres termes, les parents peuvent succéder jusqu'au douzième degré inclusivement.

La suite des degrés forme la ligne : on appelle ligne directe la suite des degrés entre personnes qui descendent l'une de l'autre; ligne collatérale la suite des degrés entre personnes qui ne descendent pas les unes des autres, mais qui descendent d'un auteur commun. — On distingue la ligne directe en ligne directe descendante et en ligne directe ascendante. La première est celle qui lie le chef avec ceux qui descendent de lui ; la deuxième est celle qui lie une personne avec ceux dont elle descend. C. c. 736.

En ligne directe, on compte autant de degrés qu'il y a de générations entre les personnes : ainsi le fils est à l'égard du père au premier degré ; le petit-fils au second ; et réciproquement du père et de l'aïeul à l'égard des fils et petits-fils. C. c. 737. — En ligne collatérale, les degrés se comptent par les générations depuis l'un des parents jusques et non compris l'auteur commun, et depuis celui-ci jusqu'à l'autre parent. Ainsi, deux frères sont au deuxième degré ; l'oncle et le neveu sont au troisième degré, les cousins germains au quatrième et ainsi de suite. C. c. 738. — Dans la pratique, on résume ces deux articles en disant qu'une génération compte pour un degré en ligne directe, tandis qu'elle compte pour deux degrés en ligne collatérale ; ainsi les enfants de deux cousins germains sont parents au sixième degré, tandis que leurs pères sont parents au quatrième.

331. De la représentation. — La représentation est une fiction de la loi dont l'effet est de faire entrer les représentants dans la place, dans le degré et dans les droits du représenté. C. c. 739.

La représentation a lieu à l'infini dans la ligne directe descendante. Elle est admise dans tous les cas, soit que les enfants du défunt concourent avec les descendants d'un enfant prédécédé, soit que, tous les enfants du défunt étant morts avant lui, les descendants desdits enfants se trouvent entre eux en degrés égaux ou inégaux. — La représentation n'a pas lieu en faveur des ascendants ; le plus proche dans chacune des deux lignes exclut toujours le plus éloigné. C. c. 740 et 741.

En ligne collatérale, la représentation est admise en faveur des enfants et descendants de frères ou sœurs du défunt, soit qu'ils viennent à la succession concurremment avec des oncles ou tantes, soit que, tous les frères et sœurs du défunt étant prédécédés, la succession se trouve dévolue à leurs descendants en degrés égaux ou inégaux. C. c. 742.

Dans tous les cas où la représentation est admise, le partage s'opère par souche : si une même souche a produit plusieurs branches, la subdivision se fait aussi par souche dans chaque branche, et les membres de la même branche partagent entre eux par tête. C. c. 743.

On ne représente pas les personnes vivantes, mais seulement celles qui sont mortes. On peut représenter celui à la succession duquel on a renoncé. C. c. 744.

1° Observations. — Deux principes importants se dégagent des articles du Code que je viens de rapporter : 1° la représentation existe à tous les degrés dans la ligne directe descendante ; 2° elle n'existe entre collatéraux que pour les descendants des frères et sœurs du défunt. En dehors de ces deux cas, il n'y a pas de représentation.

Je me bornerai à cette simple remarque, mes lecteurs devant mieux comprendre les effets de la représentation par les exemples que je donne un peu plus loin que par les explications abstraites que je pourrais faire ici.

332. Des divers ordres de succession. — La loi ne considère ni la nature, ni l'origine des biens pour en régler la succession.

Les successions sont déférées aux héritiers légitimes et naturels du défunt dans l'ordre suivant, à ses enfants et descendants légitimes, à ses ascendants, à ses parents collatéraux et à ses enfants naturels reconnus ; sauf les droits de retour légal pouvant exister au profit des ascendants (V. n° 339), et les droits d'usufruit résultant au profit de l'époux survivant de la loi du 9 mars 1891 (V. n° 337). A défaut d'héritiers légitimes ou naturels, les biens passent à l'époux survivant, et s'il n'y en a pas, à l'Etat. C. c. 723 et 731.

Toute succession échue à des ascendants ou à des collatéraux se divise en deux parts égales : l'une pour les parents de la ligne paternelle, l'autre pour les parents de la ligne maternelle. Les parents utérins ou consanguins ne sont pas exclus par les germains ; mais ils ne prennent part que dans leur ligne, sauf ce qui sera dit à l'article 752 (V. n° 334). Les germains prennent part dans les deux lignes. Il ne se fait aucune dévolution d'une ligne à l'autre, que lorsqu'il ne se trouve aucun ascendant ni collatéral de l'une des deux lignes. C. c. 733.

Cette première division opérée entre les lignes paternelle et maternelle, il ne se fait plus de division entre les diverses branches ; mais la moitié dévolue à chaque ligne appartient à l'héritier ou aux héritiers les plus proches en degrés, sauf le cas de la représentation ainsi qu'il a été dit au numéro précédent. C. c. 734.

1° OBSERVATIONS. — Les parents utérins du défunt sont ceux qui étaient parents avec lui du côté de sa mère, les parents consanguins sont ceux qui étaient parents du côté de son père et les germains ceux qui étaient parents à la fois des deux côtés. Ainsi, des frères sont utérins quand ils ont la même mère sans avoir le même père, consanguins quand ils ont le même père sans avoir la même mère, et germains quand ils ont le même père et la même mère.

333. Successions déférées aux descendants légitimes. — Les enfants ou leurs descendants succèdent à leurs père et mère, aïeuls, aïeules ou autres ascendants, sans distinction de sexe ni de primogéniture, et encore qu'ils soient issus de différents mariages. Ils succèdent par égales portions et par tête quand ils sont tous au premier degré et appelés de leur chef : ils succèdent par souche, lorsqu'ils viennent tous ou en partie par représentation. C. c. 745.

1° EXEMPLE. — Je suppose que Pierre ait eu d'un ou de plusieurs mariages cinq enfants A B C D E, que A et B soient restés célibataires, que C ait eu deux enfants F et H, que D ait eu un enfant I et celui-ci deux enfants K et L, que E ait eu deux enfants M et N, que M ait eu un enfant O, que N ait eu deux enfants P et R,

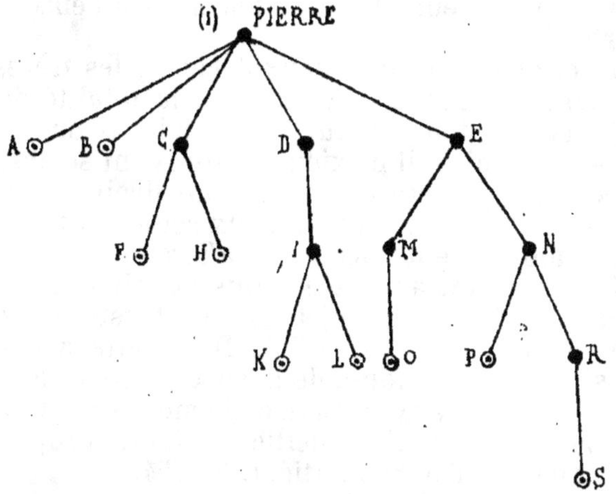

et enfin que R ait eu un enfant S, et qu'après le décès de plusieurs de ses enfants et petits-enfants, Pierre vienne à décéder, en laissant pour héritiers A B F H K L O P S; comment devra se partager sa succession ?

Comme il y a cinq enfants vivants ou représentés, la succession se partagera d'abord en cinq parts égales dont

Nota.— Le signe ● désigne les parents décédés et le signe ◉ ceux vivants.

deux reviendront à A et à B, et les trois autres aux représentants de C D et E. Le cinquième revenant à C appartiendra par moitié ou chacun 1/10 à F et H ; le cinquième revenant à D appartiendra aussi par moitié ou chacun 1/10 à K et L ; le cinquième revenant à E se partagera d'abord par moitié entre les représentants de M et ceux de N, le dixième devant revenir à M appartiendra à O, et le dixième devant revenir à N appartiendra par moitié ou chacun 1/20 à P et S. C'est-à-dire que si Pierre laisse 20,000 fr., il reviendra 1° à A 4,000 ; 2° à B 4,000 ; 3° à F 2,000 ; 4° à H 2,000 ; 5° à K 2,000 ; 6° à L 2,000 ; 7° à O 2,000 ; 8° à P 1,000, et 9° à S 1,000.

334. Successions déférées aux père et mère et aux frères et sœurs ou descendants d'eux. — Si le défunt n'a laissé ni enfants ni petits-enfants, sa succession échoit à ses père et mère et à ses frères et sœurs ou descendants d'eux. — Si le père et la mère existent tous les deux, ils ont droit chacun à un quart, ensemble à moitié de la succession, et les frères et sœurs ou leurs descendants ont droit conjointement à l'autre moitié. Si l'un d'eux seulement existe (le père ou la mère), il a droit à un quart de la succession, et les frères et sœurs ou leurs descendants ont droit ensemble à trois quarts.

Si les père et mère sont tous deux décédés, les frères et sœurs ou leurs descendants ont droit à la totalité de la succession à l'exclusion des autres ascendants ou collatéraux. Si, au contraire, il n'existe ni frères, ni sœurs, ni descendants d'eux, le père et la mère ont droit chacun à moitié de la succession ; et, si l'un d'eux seulement existe, il a droit à la moitié de la succession afférente à sa ligne, l'autre moitié revenant aux ascendants et collatéraux les plus proches de l'autre ligne, ainsi qu'il est expliqué au numéro suivant. C. c. 748 à 751. Dans cette dernière hypothèse, si la seconde moitié de la succession est appréhendée par des collatéraux, le père ou la mère survivant a, en plus de la moitié qu'il recueille en toute propriété, l'usufruit du tiers de l'autre moitié. C. c. 754.

Les frères et sœurs partagent entre eux par parties égales s'ils sont tous du même lit (V. n° 332) ; s'ils sont de lits différents, la part de la succession leur revenant se partage par moitié entre les deux lignes paternelle et maternelle, les germains prennent part dans les deux lignes et les utérins ou consanguins chacun dans leur ligne. S'il n'y a de frères ou sœurs que d'un seul côté, ils succèdent comme s'ils étaient frères germains, à l'exclusion des autres parents de l'autre ligne. Enfin, comme il a déjà été dit au n° 331, les descendants de frères et sœurs bénéficient de la représentation. C. c. 752 et 753.

1° Exemple. — Je suppose que Marie, veuve de Pierre et ayant de lui un enfant A, se soit remariée à Jules et ait eu de lui trois enfants B C D, puis que Jules, veuf de Marie, se soit remarié à Jeanne et ait eu d'elle trois enfants, F G H. — Je ferai remarquer d'abord que B C D sont frères germains entre eux et que F G H sont également frères germains entre eux, que B C D sont frères utérins avec A ayant la même mère, et frères consanguins avec F G et H ayant le même père, enfin que A d'une part et F G et H de l'autre n'ont entre eux aucune parenté. — Ceci posé, je suppose que D ait eu pour enfant E, que G ait eu pour enfants I et K et pour petits-enfants M et N enfants de K, et enfin que H ait eu un enfant L, et que Pierre, Marie, D G K et H étant morts, C vienne à décéder lui-même laissant pour héritiers son père Jules et ses frères, neveux et petits-neveux A B E F I M N et L : — comment se partagera la succession de C, en admettant qu'elle comprenne une somme de 16.000 francs ?

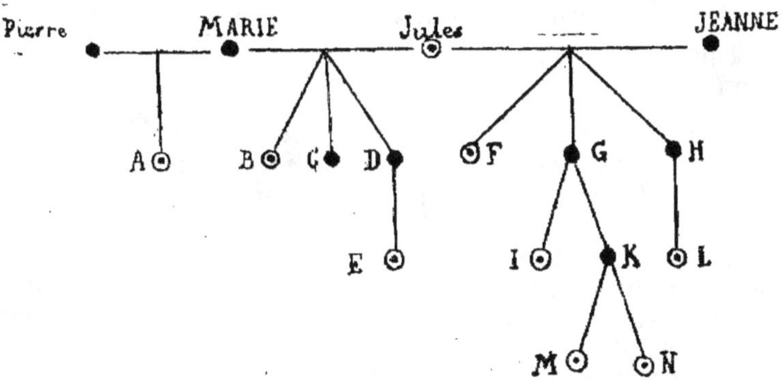

Le père (Jules) aura un quart de la succession ou 4.000 fr., et, la mère (Marie) étant décédée, les frères et sœurs de C ou leurs descendants auront droit aux trois autres quarts soit 12.000 fr. Ces 3/4 de la succession (12.000) se diviseront par moitié (ou 3/8=6.000) entre les deux lignes paternelle et maternelle ; les 3/8 (6.000) afférents à la ligne paternelle seront partagés par cinquième entre les deux frères germains B et D et les trois frères consanguins F, G, H ou leurs représentants, soit à chacun 1/5 de 3/8=3/40=1.200 fr., et les 3/8 (6.000) afférents à la ligne maternelle seront partagés par tiers entre les deux frères germains B et D et le frère utérin A ou leurs représentants, soit à chacun 1/3 de 3/8=5/40=2.000 fr. De cette manière, le père (Jules)

aura droit à 1/4 ou	10/40 ou	4.000 »
Le frère utérin A aura droit à ..	5/40	2.000 »
Le frère germain B aura droit : 1° Dans la ligne paternelle à........ 3/40=1.200 ; 2° Dans la ligne maternelle à........ 5/40=2.000	8/40	3.200 »
Le neveu E représentant le frère germain D aura droit à	8/40	3.200 »
Le frère consanguin F aura droit à............................	3/40	1.200 »
Les représentants du frère consanguin G auront ensemble droit également à....................	3/40	1.200 »
revenant à I pour 1/2 ou.... 600		
à M et N représentant K pour l'autre moitié ou chacun 1/4 (300+300)=.............. 600		
Le neveu consanguin L représentant son père H aura droit à...	3/40	1.200 »
Total égal à l'actif de la succession............................	40/40	16.000 »

Si, dans cet exemple, Jules (le père) était décédé avant son fils C, les frères et sœurs, au lieu de recueillir seulement les trois quarts de la succession, en recueilleraient la totalité.

Si, dans ce même exemple, C était seul enfant issu du mariage de Marie avec Jules, et si aucun enfant n'était né du mariage de Jules avec Jeanne, C aurait eu un seul frère, son frère utérin A, et sa succession serait échue pour 1/4 à son père Jules et 3/4 à son frère utérin A ; si enfin Jules était, dans cette dernière hypothèse, décédé lui-même avant C, le frére utérin A recueillerait seul toute la succession, à l'exclusion de tous autres parents, ascendants ou collatéraux.

335. Successions déférées aux ascendants autres que les père et mère et aux collatéraux autres que les frères et sœurs ou descendants d'eux. — Si le défunt n'a laissé ni postérité, ni frères, ni sœurs, ni descendants d'eux, ni père, ni mère, la succession se divise en deux parties égales, dont l'une pour la ligne paternelle et l'autre pour la ligne maternelle ; dans chaque ligne les ascendants, s'il en existe, excluent tous les collatéraux, et, quand une ligne ne comprend pas d'ascendants, la moitié y afférente est appréhendée entièrement par les collatéraux de cette ligne les plus proches en degré. C. c. 746 et 753. Si aucune des deux lignes ne comprend d'ascendants, on opère de même dans chaque ligne.

La représentation n'étant pas admise en ligne directe ascendante, la moitié dévolue à chaque ligne (paternelle et maternelle) est entièrement appréhendée par l'ascendant qui, dans sa ligne, se trouve au degré le plus proche. Les ascendants au même degré succédent par tête. C. c. 746.

De même aussi dans chaque ligne, le collatéral qui se trouve au degré le plus proche exclut tous ceux qui sont à un degré plus éloigné, et les collatéraux au même degré succèdent par tête. C. c. 753.

Les parents au-delà du douzième degré ne succèdent pas ; à défaut de parents au degré successible dans une ligne, les parents de l'autre ligne succèdent pour le tout. C. c. 755.

1° Exemple. — Je suppose A fils de Paul et de Marie, ayant dans la ligne paternelle, pour aïeux, B et C et pour bisaïeul D, et dans la ligne maternelle ses aïeux E et F et son bisaïeul H, et ayant en outre dans cette dernière ligne un oncle I, deux cousins germains K et L et un cousin issu de germain M, et je vais, d'après cette généalogie, examiner différentes hypothèses.

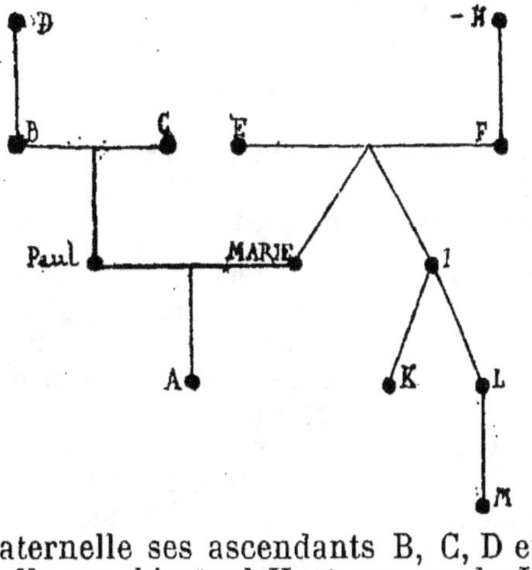

1° Si A décède laissant dans la ligne paternelle ses ascendants B, C, D et dans la ligne maternelle son bisaïeul H et son oncle I, la moitié échue à la ligne paternelle sera partagée également entre B et C à l'exclusion de D, et la moitié échue à la ligne maternelle appartiendra entièrement à H à l'exclusion de I.

2° Si A décède laissant dans la ligne paternelle un ascendant D et dans la ligne maternelle ses cousins germains K et L, la succession reviendra pour moitié à D et pour l'autre moitié conjointement, ou à chacun pour un quart, à K et L.

3° Si enfin, dans la seconde hypothèse qui précède, L

était décédé avant A, laissant son fils M, la moitié afférente à la ligne maternelle serait entièrement appréhendée par K cousin au quatrième degré, à l'exclusion de M cousin au cinquième degré, qui ne peut représenter son père.

336. Successions échues aux enfants naturels. — Les enfants naturels n'ont jamais aucun droit sur les successions des parents de leurs père et mère, et ils ne peuvent avoir des droits sur les successions de leurs père et mère que quand ceux-ci les ont légalement reconnus ; s'ils n'ont été reconnus que par l'un d'eux, ils n'ont droit qu'à la succession de celui de leurs auteurs qui les a reconnus.

Les droits des enfants naturels sont les suivants : — Si le père ou la mère a laissé des descendants légitimes, le droit de l'enfant naturel est de la moitié de la portion héréditaire qu'il aurait eue s'il eût été légitime ; il est des trois quarts lorsque le père ou la mère ne laissent pas de descendants, mais bien des ascendants ou des frères ou sœurs, ou des descendants légitimes de frères ou sœurs. Enfin, l'enfant naturel a droit à la totalité des biens lorsque ses père ou mère ne laissent ni descendants légitimes, ni ascendants, ni frères ou sœurs, ni descendants légitimes de frères ou sœurs. C. c. art. 756 à 760 modifiés par la loi du 25 mars 1896.

En cas de prédécès des enfants naturels, leurs descendants (légitimes) peuvent, en vertu de l'article 761, en réclamer les droits fixés comme il vient d'être dit.

1° Exemple. — Je suppose que A... décède laissant deux enfants légitimes et trois enfants naturels légalement reconnus : si les cinq enfants avaient été légitimes, chacun d'eux aurait eu 1/5 de la succession, et les enfants naturels ont droit chacun à la moitié de cette portion ou 1/10. Les trois enfants naturels ayant droit ensemble à 3/10, il restera aux enfants légitimes 7/10, soit 7/20 à chacun, c'est-à-dire que si la succession de A... comprend 20.000 francs, chaque enfant légitime aura 7.000 fr. et chaque enfant naturel 2.000 fr.

2° Enfants incestueux ou adultérins. — Les enfants adultérins ou incestueux n'ont aucun droit sur les successions de leurs père et mère. La loi ne leur accorde que des aliments. C. c. 762.

3° Succession de l'enfant naturel. — La succession de l'enfant naturel décédé sans postérité est dévolue au père ou à la mère qui l'a reconnu, ou par moitié à tous les deux s'il a été reconnu par l'un et par l'autre.

En cas de prédécès des père et mère de l'enfant naturel, les biens qu'il en avait reçus passent aux frères ou sœurs légitimes, s'ils se retrouvent en nature dans la succession; les actions en reprise, s'il en existe, ou le prix de ces biens aliénés, s'il est encore dû, retournent également aux frères et sœurs légitimes. Tous les autres biens passent aux frères et sœurs naturels ou à leurs descendants. C. c. art. 765 et 766, modifiés comme les précédents par la loi du 25 mars 1896.

337. Successions déférées aux conjoints survivants. — D'après l'article 767 du Code civil, les droits du conjoint survivant étaient ainsi réglés en matière de succession: « Lorsque le défunt ne laisse ni parents au degré succes- « sible, ni enfants naturels, les biens de sa succession « appartiennent au conjoint non divorcé qui lui survit ».

Une loi du 9 mars 1891 a modifié ces droits et établi, dans son article premier, la rédaction suivante de l'art. 767 du Code civil : — « Lorsque le défunt ne laisse ni parents « au degré successible, ni enfants naturels, les biens de sa « succession appartiennent en pleine propriété au conjoint « non divorcé qui lui survit, et contre lequel n'existe pas « de jugement de séparation de corps passé en force de « chose jugée.

« Le conjoint non divorcé qui ne succède pas à la pleine « propriété et contre lequel n'existe pas de jugement de « séparation de corps passé en force de chose jugée, a sur « la succession du prédécédé un droit d'usufruit qui est : « — d'un quart si le défunt laisse un ou plusieurs enfants « issus du mariage ; — d'une part d'enfant légitime le « moins prenant, sans qu'elle puisse excéder le quart, si « le défunt a des enfants nés d'un précédent mariage ; — « de moitié dans tous les autres cas, quels que soient le « nombre et la qualité des héritiers.

« Le calcul sera opéré sur une masse faite de tous les « biens existant au décès du *de cujus* (1), auxquels seront « réunis fictivement ceux dont il aurait disposé, soit par « acte entre-vifs, soit par acte testamentaire, au profit de « successibles sans dispense de rapport. — Mais l'époux « survivant ne pourra exercer son droit que sur les biens « dont le prédécédé n'aura disposé ni par acte entre vifs, « ni par acte testamentaire, et sans préjudicier aux droits « de réserve ni aux droits de retour. — Il cessera de « l'exercer dans le cas où il aurait reçu du défunt des libé- « ralités, même faites par préciput et hors part, dont le

(1) On appelle *de cujus* le défunt de la succession duquel il s'agit (par abréviation de *de cujus successione agitur*).

« montant atteindrait celui des droits que la présente loi « lui attribue, et, si ce montant était inférieur, il ne pour- « rait réclamer que le complément de son usufruit.

« Jusqu'au partage définitif, les héritiers peuvent exiger, « moyennant sûretés suffisantes, que l'usufruit de l'époux « survivant soit converti en une rente viagère équivalente. « S'ils sont en désaccord, la conversion sera facultative « pour les tribunaux.

« En cas de nouveau mariage, l'usufruit du conjoint cesse « s'il existe des descendants du défunt ».

1° Observations. — D'après la rédaction du nouvel article 767 du Code civil, si le défunt possède, lors de son décès, des biens dont il n'a pas disposé et s'il n'a fait aucune libéralité au profit de son conjoint survivant, celui-ci a toujours sur ces biens un droit d'usufruit; les rapports qui sont faits pour le calcul de ce droit ne doivent être que des rapports fictifs et ne peuvent dans aucun cas devenir des rapports réels. On devra donc procéder, pour ce calcul, ainsi qu'il a été dit au n° 309.

338. Successions déférées à l'Etat. — A défaut de parents au degré successible, d'enfants naturels et de conjoint survivant, la succession est acquise à l'Etat. C. c. 768.

339. Retour légal et retour conventionnel. — Les ascendants succèdent à l'exclusion de tous autres aux choses par eux données à leurs enfants ou descendants décédés sans postérité ,lorsque les objets donnés se retrouvent en nature dans la succession. Si les objets ont été aliénés, les ascendants recueillent le prix qui peut en être dû; ils succèdent aussi à l'action en reprise que pouvait avoir le donataire. C. c. 747. — Ce retour fixé par la loi constitue ce qu'on appelle le retour légal; l'ascendant donateur qui en profite, le recueille à titre d'héritier et il est tenu pour partie notamment au paiement des dettes et des droits de succession.

Le donateur peut stipuler le droit de retour à son profit des objets donnés, soit pour le cas du prédécès du donataire seul, soit pour le cas du prédécès du donataire et de ses descendants. Ce droit ne peut être stipulé qu'au profit du donateur seul. C. c. 951. — La stipulation du droit de retour, qu'on appelle conventionnel parce qu'il résulte d'une convention, constitue une condition résolutoire dont la réalisation a pour effet de résoudre la donation et de faire rentrer l'objet donné dans le patrimoine du donateur, comme s'il n'en était jamais sorti. Comme conséquence, les biens sur lesquels s'exerce le retour conventionnel ne font pas partie de la succession du donataire, et le donateur qui les reprend n'est tenu à aucune des obligations de l'héritier et notamment ne doit pas les droits de succession.

Chapitre III. — ACCEPTATION ET RENONCIATION.

SAISINE ET ENVOI EN POSSESSION.

340. De l'acceptation et de la répudiation. — Toute personne à qui est échue une succession peut l'accepter purement et simplement ou sous bénéfice d'inventaire, ou même y renoncer. (V. nos 21, 22, 100 et 313). L'acceptation et la renonciation ont un effet rétroactif au jour du décès, et l'héritier qui renonce est censé n'avoir jamais été héritier. C. c. 774, 784, 785.

La part de l'héritier renonçant accroît à ses cohéritiers; s'il est seul, elle est dévolue aux parents du degré subséquent. On ne vient jamais par représentation d'un héritier qui a renoncé; si le renonçant est seul héritier de son degré, ou si tous ses cohéritiers renoncent, les enfants viennent de leur chef et succèdent par tête. C. c. 785, 786 et 787.

On ne peut renoncer à la succession d'une personne encore vivante, ni aliéner les droits éventuels qu'on peut avoir à cette succession.

1° Conséquences. — Je suppose que A décède ayant deux enfants B et C, que B ait un enfant D, et que C en ait deux F et H : si B et C acceptent tous deux la succession de leur père, ils en recueilleront chacun la moitié; si B accepte et que C renonce, B recueillera seul toute la succession à l'exclusion de F et H ; enfin si B et C renoncent tous deux, leurs enfants DF et H, venant de leur chef et sans le secours de la représentation, auront chacun un tiers de la sucession, D n'ayant ainsi qu'un tiers tandis que son père B aurait eu la moitié.

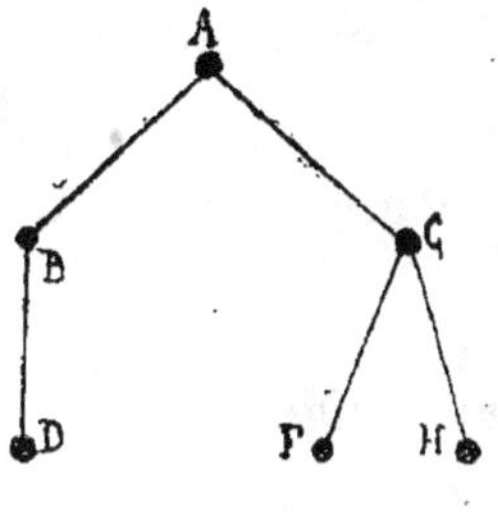

341. De la saisine et de l'envoi en possession. — Les héritiers légitimes et les héritiers naturels sont saisis de plein droit des biens, droits et actions du défunt, sous l'obligation d'acquitter toutes les charges de la succession ; l'époux survivant succédant à défaut d'héritiers légitimes doit, ainsi que l'Etat, se faire envoyer en possession par justice. C. c. 724. Il demande cet envoi en possession au président du Tribunal de première instance dans l'arrondissement duquel la succession est ouverte.

L'époux survivant et l'administration des domaines qui prétendent droit à la succession à défaut de parents, sont tenus de faire apposer les scellés et de faire faire inventaire dans les formes prescrites pour l'acceptation des successions sous bénéfice d'inventaire (V. nº 100). C. c. 769.

J'indiquerai au mot testament (nºs 358 à 360) les règles relatives à la saisine des héritiers testamentaires ou légataires.

2me PARTIE. — DROIT FISCAL.

CHAPITRE Ier. — RÈGLES GÉNÉRALES.

342. Des déclarations. — Aux termes de l'article 4 de la loi du 22 frimaire an VII, toutes les transmissions par décès de propriété, d'usufruit ou de jouissance de biens meubles et immeubles doivent acquitter un droit proportionnel d'enregistrement.

Les droits dus sur les transmissions par décès, qu'on appelle plus communément droits de succession, sont perçus et liquidés d'après les déclarations faites par les héritiers, et, mon but étant de fournir à mes lecteurs le moyen de préparer eux-mêmes les déclarations, au moins dans la généralité des cas, j'examinerai successivement : — 1º par qui, dans quels bureaux et dans quels délais les déclarations doivent être faites : — 2º dans quelle forme elles doivent être faites ; — 3º quels droits elles doivent supporter, et quelles sont les réclamations auxquelles elles peuvent donner lieu de la part de l'administration, et contre lesquelles il convient de se mettre en garde.

343. Par qui doivent être faites les déclarations. — L'article 27 de la loi du 22 frimaire an VII oblige les héritiers, donataires ou légataires à passer déclaration des mutations par décès et à signer leur déclaration.

Ainsi la déclaration doit être faite par les héritiers ou légataires ; mais, quand il y a plusieurs héritiers, la déclaration peut être faite par l'un quelconque d'entre eux agissant tant en son nom qu'en celui de ses co-intéressés. De même, s'il y a plusieurs légataires institués conjointement, la déclaration peut être faite par l'un quelconque d'entre eux.

Le légataire universel a qualité pour faire la déclaration ; les autres légataires peuvent déclarer, chacun en ce qui le concerne, sauf les légataires conjoints dont la déclation doit être unique, mais la déclaration de leurs legs peut être faite aussi par les héritiers ou le légataire universel quand il y en a un.

Les successions échues à des mineurs ou interdits sont déclarées par leurs tuteurs; celles échues à des mineurs émancipés peuvent être déclarées par ces mineurs sans l'assistance de leurs curateurs.

Les successions échues à des femmes mariées doivent être déclarées par leurs maris; cependant la femme a qualité pour déclarer elle-même, quand elle est séparée de biens, ou encore quand elle est mariée sous le régime dotal et que la déclaration s'applique à des biens exclus de ce régime et réservés comme paraphernaux (V. n° 279.)

1° Mandataire. — Toute personne ayant qualité pour faire une déclaration de succession peut charger une tierce personne de faire cette déclaration en ses lieu et place. Le déclarant doit alors être muni d'une procuration spéciale qui reste déposée au bureau de l'enregistrement; cette procuration doit être écrite sur papier timbré, n'est pas soumise à l'enregistrement et peut être rédigée par exemple dans la forme suivante :

« *Je soussigné Marin Jean-Pierre, propriétaire demeurant* « *à X..., agissant en qualité d'héritier pour un quart de* « *M. Marin Jules-Auguste, mon père décédé à X... le premier* « *juillet mil huit cent quatre-vingt-onze, donne par les pré-* « *sentes tous pouvoirs à M...* (indiquer les noms, profession « et domicile du mandataire ou de préférence laisser le « nom du mandataire en blanc) *de pour moi et en mon nom* « *déclarer au bureau de l'enregistrement de X... la succession* « *dudit M. Marin Jules-Auguste, signer tous registres,* « *acquitter tous droits et en retirer quittance.*

« *Fait à X... le dix novembre mil huit cent quatre-vingt-* « *onze.* »

Quand un état détaillé et estimatif du mobilier meublant est fourni à l'appui d'une déclaration de succession (V. n° 347-1), le mandat peut être donné à la suite de cet état, mais dans un seul contexte et sous une seule signature; dans ce cas on fait suivre le détail du mobilier d'une formule telle que celle-ci : « ... *le présent état est certifié sin-* « *cère et véritable par moi soussigné Marin Jean-Pierre, pro-* « *priétaire à X..., agissant en qualité d'héritier pour un* « *quart de M. Marin-Jules-Auguste, mon père, décédé à X...* « *le premier juillet mil huit cent quatre-vingt-onze, qui donne* « *par les présentes tous pouvoirs etc...* », le reste comme ci-dessus.

2° HÉRITIERS OU LÉGATAIRES ILLETTRÉS. — **La déclaration faite par un héritier ou légataire ayant qualité pour la faire, mais ne sachant ou ne pouvant signer, est régulière.** Le défaut de signature du déclarant est dans ce cas expliqué par le receveur qui en mentionne et certifie la cause à la suite de la déclaration (V. n° 346).

344. Bureaux dans lesquels les déclarations doivent être faites. — Les mutations par décès de biens meubles corporels ayant une assiette déterminée sont déclarées au bureau dans l'arrondissement duquel ces meubles se sont trouvés au décès de l'auteur de la succession; celles des rentes, créances et autres valeurs mobilières sans assiette déterminée sont déclarées au bureau du domicile du défunt. Les mutations des immeubles sont déclarées au bureau dans l'arrondissement duquel les biens sont situés. — Art. 27 de la loi du 22 frimaire an VII. — Ainsi M. X... domicilié à Paris, et possédant des immeubles à Troyes, décède à Lyon où il a un pied à terre; on devra déclarer 1° à Paris le mobilier meublant qui s'y trouve et toutes les valeurs mobilières incorporelles, 2° à Lyon le mobilier meublant qui peut s'y trouver, 3° à Troyes les immeubles qui y sont situés.

345. Délais dans lesquels les déclarations doivent être faites. — Les délais pour l'enregistrement des déclarations que les héritiers, donataires ou légataires auront à passer des biens à eux échus ou transmis par décès sont, savoir : — De six mois à compter du jour du décès, lorsque celui dont on recueille la succession est décédé en France ; — de huit mois, s'il est décédé dans toute autre partie de l'Europe ; — d'une année, s'il est mort en Amérique ; — et de deux années si c'est en Afrique ou en Asie. — Le délai de six mois ne courra que du jour de la mise en possession pour la succession d'un absent. (V. n° 18.) — Si, avant les derniers six mois des délais fixés pour les déclarations des successions de personnes décédées hors de France, les héritiers prennent possession des biens, il ne restera d'autre délai à courir, pour passer déclaration, que celui de six mois à compter du jour de la prise de possession. — Dans les délais ci-dessus le jour du décès ne compte pas, et, si le dernier jour du délai est un dimanche ou un jour férié, ces jours-là ne sont pas comptés non plus, et le délai est prolongé jusqu'au lendemain. — Art. 24 et 25 de la loi du 22 frimaire an VII.

Chapitre II. — FORME DES DÉCLARATIONS.

346. Règles générales. — Les déclarations des mutations par décès sont établies sur des formules imprimées fournies gratuitement par l'administration et mises à la disposition des redevables dans les bureaux d'enregistrement et les distributions auxiliaires de papiers timbrés. Elles sont signées par les héritiers, donataires ou légataires, leurs tuteurs ou curateurs, ou par leurs mandataires, et sont écrites par le receveur si les parties le requièrent. — Art. 11 de la loi du 6 décembre 1897 complété par le décret du 23 janvier 1898.

Cette nouvelle disposition légale a été mise en vigueur seulement à partir du 1er août dernier ; jusque-là les contribuables pouvaient préparer leurs déclarations sur des feuilles quelconques de papier non timbré, sans être d'ailleurs obligés de se conformer à aucune règle précise de rédaction.

Pour être aussi complet et aussi clair que possible, je dirai qu'une déclaration se décompose en cinq parties devant comprendre : — la première, les nom, prénoms, profession, domicile et qualité du déclarant, — la seconde, les indications relatives au défunt, — la troisième celles relatives aux héritiers, légataires ou donataires du défunt, et à la dévolution de son hérédité, — la quatrième celles concernant les biens à déclarer, — et la cinquième comprenant seulement une formule spéciale de clôture.

1° Déclarant. — Les nom, prénoms, profession, domicile et qualité du déclarant seront indiqués par exemple de la manière suivante :

« *Le soussigné Paul A... notaire à X..., agissant en qua-*
« *lité d'héritier pour moitié du défunt, son père*, ou bien *en*
« *qualité de mandataire suivant pouvoir déposé de M..., celui-*
« *ci héritier pour moitié du défunt son père, déclare que...* »

2° Défunt. — La déclaration, en ce qui concerne le défunt, doit indiquer ses nom, prénoms et âge, sa qualité de célibataire, marié ou veuf, quand il y a lieu les noms de son conjoint vivant ou prédécédé, et dans ce dernier cas la date et le lieu du décès de celui-ci, la profession du défunt ou pour les femmes celles de leurs maris, son domicile et les lieu et date de son décès, le tout par exemple de la manière suivante :

« *... M. A... Pierre-Ernest, âgé de 55 ans, veuf de Jeanne-*
« *Marie B... décédée à N... le 3 mars 1880, en son vivant*
« *exerçant la profession d'huissier et domicilié à N..., est*
« *décédé audit lieu de N... le premier septembre 1898....* »

3° Héritiers. — Dévolution. — On continuera la déclaration en désignant les noms, prénoms, professions, domiciles et degrés de parenté avec le défunt des héritiers donataires et légataires, et on analysera les dispositions testamentaires et, le cas échéant, les clauses du contrat de mariage dont la connaissance est utile pour fixer la dévolution de l'hérédité ; si le défunt était marié sans contrat, on le mentionnera en indiquant la date du mariage et la mairie où il a été célébré. Il y a lieu d'observer toutefois que si le défunt, étant veuf, s'est réglé de son vivant avec les héritiers de son conjoint, les énonciations relatives à son contrat de mariage sont généralement sans utilité.

Ainsi, en continuant l'exemple qui précède, on dira :

« ... *Le défunt a laissé pour seuls héritiers 1° M. Paul A...*
« *déclarant* (ou bien *mandant du déclarant), son fils, héritier*
« *pour moitié, 2° et ses deux petits enfants Jules et Jacques B...,*
« *tous deux encore mineurs sous la tutelle de M. Joseph B...*
« *leur père greffier de justice de paix à N..., héritiers con-*
« *jointement pour l'autre moitié par représentation de leur*
« *mère Jeanne A... décédée le premier janvier 1888, épouse*
« *dudit M. Joseph B... et fille du défunt.*

« *Aux termes de son testament olographe en date du 1er juil-*
« *let 1891 déposé en l'étude de Me H... notaire à N... le*
« *5 septembre 1898, le défunt a légué à titre particulier à*
« *M. Joseph B... son gendre une somme de deux mille francs;*
« *enfin le défunt avait été marié avec Mme Jeanne-Marie B...*
« *son épouse prédécédée sous le régime de la communauté*
« *réduite aux acquêts suivant contrat passé devant Me D...*
« *notaire à N... le 1er juillet 1863, et la communauté ayant*
« *existé entre M. et Mme A... B... n'a pas encore été liquidée,*
« (ou bien *a été liquidée).* »

4° Biens a déclarer. — La quatrième partie de la déclaration, qui fixe la consistance et l'évaluation des biens du défunt, est de beaucoup la plus importante et constitue pour ainsi dire à elle seule le travail de la déclaration. En raison de son importance, j'en ferai l'objet du n° 347 ci-après que je diviserai même, pour plus de clarté, en plusieurs paragraphes, et que je ferai suivre d'un certain nombre d'exemples.

5° Clôture. — Chaque déclaration doit être terminée par une mention signée du déclarant et ainsi conçue : « *Le déclarant affirme sincère et véritable, sous les peines de droit, la* « *présente déclaration contenue en* (nombre) *pages,* (*et,* « quand il y a lieu, *approuve* (nombre) *mots rayés nuls.* »

Si le déclarant certifie qu'il est dans l'impossibilité de

remplir cette formalité, le receveur constate l'attestation du déclarant par une mention qu'il signe lui-même.

6° HÉRITIERS ILLETTRÉS. — La loi du 6 décembre 1897 n'a voulu imposer aux contribuables illettrés ni le recours aux hommes d'affaires pour la rédaction de leurs déclarations ni le supplément de charges qui en aurait été la conséquence ; les parties conservent le droit de faire des déclarations verbales et peuvent exiger que la formule de déclaration soit remplie par l'agent de l'administration. (V. n° 343-2.)

347. Biens à déclarer. — Les biens et valeurs à déclarer peuvent être classés, d'après leur nature, en quatre catégories dont trois pour les valeurs mobilières et une pour les immeubles : — 1° les valeurs de bourse, — 2° les autres valeurs mobilières incorporelles, telles que l'argent comptant, les créances et rentes sur particuliers, — 3° les objets mobiliers corporels tels que le mobilier meublant, les marchandises, les attirails de culture, bestiaux, etc., — 4° et enfin les immeubles.

La loi de frimaire dispose d'une façon générale sous l'article 14 n° 8, que la valeur des biens meubles est déterminée, pour les transmissions qui s'opèrent par décès, par la déclaration estimative des parties, sans distraction des charges, — et, sous l'article 15 n° 7, que la valeur des immeubles est déterminée, pour les mêmes transmissions, par l'évaluation du produit des biens ou le prix des baux courants, aussi sans distraction des charges.

Je vais indiquer comment ces principes sont appliqués aux quatre catégories de biens et valeurs que j'ai énoncées, en faisant remarquer préalablement que l'administration demande que les biens meubles soient détaillés dans l'ordre suivant :

1° Rentes françaises et autres valeurs du Trésor ;
2° Rentes et effets publics des gouvernements étrangers ;
3° Actions dans les sociétés françaises ;
4° Actions dans les sociétés étrangères ;
5° Obligations négociables et non négociables des sociétés, départements, communes, établissements publics et établissements d'utilité publique français ;
6° Obligations négociables des sociétés, villes, provinces et corporations étrangères ;
7° Parts d'intérêt et commandites simples françaises ;
8° Parts d'intérêt et commandites simples étrangères ;
9° Numéraire ;
10° Assurances sur la vie ;

11° Dépôts dans les banques et comptes courants ;
12° Livrets des caisses d'épargne et de la caisse des retraites pour la vieillesse ;
13° Créances chirographaires et hypothécaires ;
14° Rentes sur particuliers ;
15° Prix d'offices ;
16° Fonds de commerce, y compris les marchandises attachées au fonds ;
17° Meubles corporels (meubles et objets mobiliers, navires et bateaux, etc.) ;
18° Immeubles urbains ;
19° Immeubles ruraux.

1° Valeurs de bourse. — Les mutations par décès d'inscriptions sur le grand livre de la dette publique sont soumises aux droits établis pour les successions. Il en est de même des mutations par décès des fonds publics étrangers, des actions et obligations des compagnies ou sociétés d'industrie et de finances, des villes et établissements publics français et étrangers, et généralement de toutes les valeurs mobilières, de quelque nature qu'elles soient, dépendant d'une succession régie par la loi française. — Le capital servant à la liquidation du droit d'enregistrement est déterminé par le cours moyen de la Bourse au jour de la transmission ; s'il s'agit de valeurs non cotées à la Bourse ni en banque, le capital est déterminé par la déclaration estimative des parties. — Art. 7 de la loi du 18 mai 1850, 11 de celle du 13 mai 1863, 3 et 4 de celle du 23 août 1871.

Par application de ces principes, on fait, dans l'ordre indiqué, la désignation détaillée des valeurs à déclarer et on les évalue d'après le cours de la Bourse au jour du décès pour les valeurs cotées, et d'après leur valeur réelle que les héritiers apprécient pour les valeurs non cotées. Toutefois, il faut avoir soin d'ajouter à l'évaluation ainsi fixée les arrérages ou coupons échus et non payés au moment du décès ; pour les rentes sur l'Etat français notamment, dont les coupons se détachent quinze jours avant chaque échéance, il faut toujours ajouter la valeur du coupon détaché quand le décès se produit entre le détachement et l'échéance. Si, par exemple, il dépend d'une succession ouverte le 20 décembre 1890, un titre de 400 fr. de rente 3 0/0 sur l'Etat français, le coupon à l'échéance du 1er janvier 1891, ayant été détaché le 15 décembre et n'étant pas compris dans le cours du 20, devra être ajouté à la valeur du titre.

2° Autres valeurs mobilières incorporelles. — Les actions et obligations non cotées en bourse ni en banque, ainsi que je l'ai dit sous le paragraphe précédent, sont évaluées par les parties. Les créances sont déclarées pour leur valeur nominale à laquelle il convient d'ajouter tous les intérêts échus ou seulement courus au jour du décès ; le détail en est fait aussi dans l'ordre indiqué.

Toutefois, lorsqu'il dépend d'une succession une créance sur un débiteur en faillite avant l'ouverture de la succession, les héritiers peuvent déclarer seulement le montant aussi approximatif que possible des dividendes à toucher, sauf à payer ultérieurement un droit complémentaire si les sommes encaissées dépassent celles déclarées. Si enfin il dépend d'une succession des créances complétement irrécouvrables, les héritiers sont généralement admis par l'Administration à n'acquitter aucun droit sur ces créances, en mentionnant dans leur déclaration qu'ils y renoncent expressément ; cependant cette faculté de renoncer ne constitue pas un droit absolu pour les héritiers, elle est subordonnée à l'agrément de l'Administration qui peut toujours la refuser, mais qui, dans la pratique, la permet chaque fois que la sincérité du déclarant lui paraît démontrée.

Quand une succession comprend des immeubles loués, on doit déclarer, parmi les valeurs mobilières, les loyers et fermages échus et courus au jour du décès.

Les rentes, qui peuvent être comprises dans l'actif d'une succession, sont évaluées, savoir : les rentes perpétuelles à vingt fois le montant de la prestation annuelle, quand elles ont été créées sans expression de capital, et dans le cas contraire au capital moyennant lequel elles ont été constituées, les rentes viagères à dix fois le montant de la prestation annuelle, et les rentes temporaires d'une durée inférieure à dix ans au produit obtenu en multipliant le montant de la rente annuelle par le nombre des années pendant lesquelles elle doit être servie. Quand des rentes sont léguées à titre particulier et n'existent pas en nature dans la succession, leur capital, évalué d'après les règles qui précèdent, est tarifé suivant la parenté des légataires, et déduit de l'actif sur lequel les héritiers doivent acquitter le droit de succession, contrairement à ce qui se passe pour l'usufruit V. nos 350 et 352. Pour les rentes viagères ou temporaires constituées pendant le mariage avec des deniers de communauté au profit de l'époux survivant, celui-ci doit à la communauté une récompense de la valeur des rentes dont il bénéficie, comme je l'ai dit au n° 288-1, mais ne doit acquitter aucun droit de mutation. V. n° 348-3.

C'est dans cette seconde catégorie de valeurs que rentrent les assurances sur la vie et les fonds déposés à la Caisse des retraites pour la vieillesse. Pour plus de clarté, je ne dirai rien ici des règles spéciales à ces deux importantes matières, et j'en ferai l'objet des n°s 348 et 349 ci-après.

3° Meubles corporels. — Etat du mobilier. — Si les meubles corporels ont fait l'objet d'un inventaire dressé par un officier public, il suffit de relater cet inventaire par sa date et le nom de l'officier public rédacteur, et d'indiquer le montant de la prisée audit inventaire, par exemple de la manière suivante : — *La succession de M. A... comprend un mobilier meublant prisé deux mille francs suivant inventaire dressé par Me H... notaire à N.... le quinze septembre mil huit cent quatre-vingt-dix-huit.*

S'il n'a pas été fait d'inventaire par un officier public, les héritiers ou légataires doivent rapporter, à l'appui de leur déclaration, un état du mobilier sur papier timbré (à 0 fr. 60, 1 fr. 20 ou 1 fr. 80) détaillé et estimatif article par article, qui doit être certifié par eux ou l'un d'eux, et reste déposé au Bureau de l'Enregistrement. On peut donner à cet état, par exemple, la forme suivante :

« *Etat du mobilier dépendant de la succession de M. A...*
« *Pierre-Ernest, en son vivant huissier à N..., décédé audit*
« *lieu le premier septembre 1898.*

« *Un lit garni estimé deux cents francs*........	200	»
« *Une armoire, une table et six chaises estimées* « *soixante-dix francs*..........................	70	»
«	700	»
« *Draps et serviettes estimés ensemble deux cents* « *francs*....................................	200	»
«	180	»
« *Batterie de cuisine et vaisselle estimées cent* « *cinquante francs*	150	»
« *Argenterie estimée cinq cents francs*.........	500	»
« *Au total deux mille francs*	2.000	»

« *Le présent état est certifié sincère et véritable par*
« *M. Paul A... notaire à X..., soussigné, enfant et l'un des*
« *héritiers du défunt. Fait à N... le.....* »

S'il n'a pas été fait d'inventaire et que le déclarant ne sache ou ne puisse signer, le détail du mobilier corporel, à défaut d'état détaillé sur timbre, sera inséré dans la déclaration.

4° Immeubles. — La valeur des immeubles est déterminée pour la liquidation des droits de succession par l'évaluation de leur produit ou revenu quand ils ne sont pas loués, et, quand ils sont loués, par le prix des baux courants, sans distraction des charges. Pour les transmissions d'immeubles en toute propriété, l'évaluation ainsi faite est multipliée par 25 pour les immeubles ruraux, c'est-à-dire les immeubles bâtis ou non bâtis qui sont affectés principalement à la culture, et par 20 pour les autres immeubles dits urbains. J'indiquerai au n° 350 comment sont déterminées la valeur de la nue-propriété et celle de l'usufruit.

La désignation des immeubles se fait de la manière suivante : les immeubles non loués doivent être détaillés article par article et évalués en revenu aussi article par article ; si cependant un certain nombre de parcelles de terre peuvent être considérées comme formant une seule exploitation et un seul corps de domaine, elles peuvent être déclarées en bloc, bien que non louées. Les immeubles loués ou affermés en vertu d'un même bail peuvent être déclarés en bloc, en donnant seulement, avec une désignation générale, leur contenance totale et leur revenu total, et en indiquant le bail, sa date et le nom du notaire qui l'a reçu, ou la date de son enregistrement s'il est fait sous signatures privées.

Quand les immeubles à déclarer sont loués avec d'autres immeubles étrangers à la succession, on peut en faire une déclaration détaillée et estimative article par article, ou bien, en indiquant le bail et en déclarant en bloc les contenance et revenu des immeubles de la succession, indiquer en même temps les contenance et revenu de la totalité des immeubles compris au bail, de manière à fournir les éléments nécessaires pour la vérification de la ventilation du revenu. Enfin il convient de grouper séparément les immeubles urbains et les immeubles ruraux en commençant par les premiers.

348. Assurances sur la vie. — Les sommes, rentes ou émoluments que les compagnies d'assurances sur la vie payent à raison du décès de l'assuré, doivent acquitter l'impôt de mutation par décès en vertu de l'article 6 de la loi du 23 juin 1875 ainsi conçu : — sont considérées pour la perception du droit de mutation par décès, comme faisant partie de la succession d'un assuré, sous la réserve des droits de communauté s'il en existe une, les sommes, rentes ou émoluments quelconques dus par l'assureur à raison du décès de l'assuré. Les bénéficiaires à titre gratuit de ces sommes, rentes ou émoluments sont soumis aux droits de mutation, suivant la nature de leurs titres et leurs relations avec le défunt, conformément au droit commun.

L'application de cette loi a donné lieu à de nombreuses décisions judiciaires, qui présentent un certain désaccord avec la jurisprudence civile en la matière : mais je ne ferai ici ni l'exposé, ni la discussion de la jurisprudence civile ou fiscale, et je me bornerai à donner, seulement au point de vue fiscal, quelques indications pratiques appuyées d'exemples généraux, le tout en conformité de la jurisprudence résultant actuellement de l'arrêt de cassation du 29 juin 1896 rapporté au n° 9037 du Répertoire périodique de Garnier.

1° Assuré non marié en communauté. — Si l'assuré n'est pas marié ou est marié sous un régime autre que celui de la communauté, l'assurance tombe dans sa succession comme toute autre valeur, et son capital entier doit supporter le droit de mutation par décès, quand bien même ce capital, comme il arrive souvent pour les assurances à terme fixe, ne serait exigible que dans un temps plus ou moins éloigné du décès. Si par exemple A... décède le 1er janvier 1897, célibataire, possédant lors de son décès.

1° Différentes valeurs s'élevant à..........	20.000 »
2° et une assurance sur sa tête d'un capital de dix mille francs payable à terme fixe le 1er janvier 1905..........................	10.000 »
le droit de succession sera dû sur...........	30.000 »

et le droit sera ainsi dû sur le montant de l'assurance par celui ou ceux qui doivent en bénéficier à titre gratuit, soit que la police ait été faite expressément à leur profit, soit qu'elle ait été faite au profit des héritiers non dénommés de l'assuré.

2° Assuré marié en communauté. — Si l'assuré est marié en communauté, et que les primes payées de l'assurance aient été tirées par lui de la communauté, on admet que le montant de l'assuranee tombe dans cette communauté comme une sorte de rapport et dépend de la succession de l'assuré seulement pour moitié.

Si, comme cela arrive le plus souvent, l'assurance est faite au profit du conjoint de l'assuré, le bénéficiaire reprend alors dans la communauté la somme assurée, moitié de son chef comme commun en biens, et moitié comme donataire de son conjoint, sans que cet avantage puisse être sujet à réduction ni même être imputé sur la quotité disponible. Toutefois cet avantage fait obstacle à l'exercice de l'usufruit légal, à moins que celui-ci n'ait une valeur supérieure au bénéfice de l'assurance recueilli par l'époux survivant dans la succession de son conjoint : auquel cas l'usufruit légal serait seulement exercé pour son complément de valeur — Arrêt de cassation déjà cité du 29 juin 1896 et Sol. du

5 juin 1897. Rep. Pér. nos 9037 et 9038. — Il ne paraît pas inutile de rappeler ici qu'en cas de second mariage, les enfants du premier lit pourraient dans certains cas être fondés à invoquer le bénéfice de l'article 1527 du code civil.

D'ailleurs, le montant de l'assurance sert, comme les autres valeurs de communauté, à l'exercice des reprises des deux époux ; et, dans tous les cas, l'époux survivant ne doit aucun droit de mutation sur la partie de l'assurance qu'il prélève de son chef soit pour ses reprises soit pour sa part de communauté, mais il ne doit ce droit que sur la partie de l'assurance qu'il prélève comme donataire de son conjoint.

Pour mieux fixer le raisonnement, je vais examiner les divers cas qui se présentent le plus fréquemment, en prenant pour exemple une communauté comprenant des

valeurs réelles pour	8.000 »
à laquelle on fait le rapport d'une assurance faite par l'époux décédé sur sa tête au profit de son conjoint	10.000 »
et offrant ainsi un actif de	18.000 »

et je rechercherai ce qui se passe selon qu'il s'agit du décès de la femme ou de celui du mari, et selon que les reprises de l'un ou de l'autre sont plus ou moins importantes.

A. — Les époux n'ont pas de reprises. — Si les deux époux n'ont aucune reprise à exercer, la communauté se divise en deux parts égales de 9.000 fr. et chacune de ces parts comprend jusqu'à due concurrence moitié de l'assurance ou 5000. L'époux survivant, sans distinction dans ce cas entre le mari et la femme, aura droit de son chef à 9.000 fr., dont 5.000 fr. ou moitié de l'assurance, et comme donataire de son conjoint à l'autre moitié de l'assurance, soit en tout à 9.000 + 5.000 = 14.000 fr., et les héritiers auront droit au surplus de l'actif de succession soit 9.000 — 5.000 = 4.000 fr. Les droits de mutation par décès seront dus par l'époux survivant sur 5.000 fr. et par les héritiers sur 4.000. J'ajoute que, dans ce cas particulier, le bénéfice de l'assurance (5.000 fr.) recueilli par l'époux survivant dans la succession de son conjoint étant certainement supérieur à l'usufruit légal, celui-ci ne pourrait être exercé.

B. — Les reprises des époux forment un total inférieur aux valeurs autres que l'assurance. — Si les deux époux ont à exercer des reprises dont la réunion forme un total inférieur à celui des valeurs de communauté autres que l'assurance, les résultats sont assez semblables à ceux du cas précédent, sans qu'il y ait non plus intérêt à distinguer entre le cas du décès du mari et celui du décès de la femme, les reprises s'exerçant entièrement sur les valeurs autres que l'assurance, et celle-ci se partageant encore par moitié. Si en effet le défunt a 2.000 fr. de reprises et le survivant 3.000 fr., l'actif partageable s'élève à 18.000 — (2.000 + 3.000) = 13.000 dont 1/2 est de 6.500; l'époux survivant a droit de son chef à 3.000 + 6.500 = 9.500 devant comprendre moitié de l'assurance et comme donataire de son conjoint à l'autre moitié de l'assurance, en tout 9.500 + 5.000 = 14.500, et la succession qui s'élève à 2.000 + 6.500 = 8.500 reviendra aux héritiers pour 8.500 — 5.000 = 3.500. Les droits de succession seraient ainsi dus sur 5.000 et 3.500 dans ce second cas qui serait, comme le premier, exclusif de l'usufruit légal de l'époux survivant.

C. — Les reprises des époux forment un total supérieur a celui des valeurs de communauté autres que l'assurance. — Si les deux époux ont à exercer des reprises dont la réunion forme un total supérieur à celui des valeurs de communauté autres que l'assurance, les résultats sont assez différents de ceux que je viens de signaler dans les deux cas précédents. Je suppose en effet que les reprises de la femme s'élèvent à 7.000 fr. et celles du mari à 5.000, soit ensemble à 12.000, l'actif partageable sera de 18.000 — 12.000 = 6.000 dont 1/2 est de 3.000; la femme ou ses représentants auront droit à 7.000 + 3.000 = 10.000 fr. et le mari ou ses représentants à 5.000 + 3.000 = 8.000 fr. Les 8.000 fr. de valeurs autres que l'assurance seront absorbées par les reprises de la femme pour 7.000 fr. et par celles du mari pour le surplus ou 1.000 fr., les 10.000 fr. de l'assurance serviront d'abord à couvrir le complément des reprises du mari (5.000 — 1.000 = 4.000) et le surplus (10.000 — 4.000 = 6.000) sera partagé par moitié. De cette façon il reviendra à la femme de son chef 7.000 fr. de valeurs diverses, et 3.000 fr. à prendre sur l'assurance, et au mari aussi de son chef 1.000 fr. de valeurs diverses et 7.000 à prendre sur l'assurance.

Si donc le défunt assuré est le mari, le droit de succession devra être payé par sa femme sur 7.000 francs et par ses héritiers sur 1.000 fr.; si au contraire c'est la femme, le droit de succession devra être acquitté par son mari sur 3.000 fr. et par ses héritiers sur 7.000 fr.

D. — Les reprises de l'un seul des époux sont supérieures aux valeurs de communauté autres que l'assurance. — Si les reprises de l'un des époux sont à elles seules supérieures aux valeurs de communauté autres que l'assurance, si par exemple les deux époux ont des reprises s'élevant réciproquement à 12.000 et 3.000 ensemble 15.000 fr., le bénéfice partageable est de 18.000 — 15.000 = 3.000 dont 1/2 est de 1.500, et il revient à l'un des époux 12.000+1.500=13.500 et à l'autre 3.000+1.500=4.500 fr. Si c'est la femme qui a 12.000 fr. de reprises, ces reprises, s'exerçant les premières, absorberont la totalité des valeurs diverses (8.000), et partie de l'assurance pour 4.000; la femme aura ainsi de son chef toutes les valeurs (8.000 fr.), et dans l'assurance 4.000 + 1.500 = 5.500 en tout 13.500 et le mari prendra ses droits personnels de 4.500 entièrement sur l'assurance. — Si c'est le mari qui a 12.000 fr. de reprises, la femme prélèvera ses reprises (3.000) sur les valeurs diverses dont le surplus (8.000 — 3.000 = 5.000) s'imputera sur les reprises du mari, le surplus des dites reprises (7.000) étant prélevé sur l'assurance; celle-ci reviendra à la femme de son chef seulement pour 1.500 fr. et au mari aussi de son chef pour 7.000+ 1.500 = 8.500.

Dans cette double hypothèse, si c'est le mari qui meurt, les droits de succession seront payés dans le premier cas par sa femme sur 4.500, ses héritiers ne recueillant rien, et dans le second cas par sa femme sur 8.500 et par ses héritiers sur 5.000 fr.; si au contraire, c'est la femme qui meurt, les droits de succession seront payés dans le premier cas par son mari sur 5.500 et par ses héritiers sur 8.000, et dans le second par son mari sur 1.500 et par ses héritiers sur 3.000.

E. — Résumé, principe général. — En résumé, j'estime, conformément à une solution du 4 avril 1878 rapportée au n° 5018 du répertoire périodique de Garnier, qu'on doit faire les prélèvements des deux époux d'abord et jusqu'à due concurrence sur les valeurs autres que l'assurance, les reprises de la femme s'exerçant toujours les premières. Si ces valeurs sont suffisantes pour l'exercice des prélèvements, l'assurance est comprise pour moitié dans les droits personnels de chaque époux ou de ses représentants; si au contraire elles sont insuffisantes, les prélèvements se continuent sur l'assurance dont la répartition est alors faite en deux parts inégales. L'époux survivant, quand il est bénéficiaire de l'assurance, prélève dans la succession de son conjoint la part de l'assurance ainsi attribuée à celle-ci, et doit payer le droit de mutation sur cette part.

F. — Assurance faite sur la tête de l'époux survivant. — Je dirai simplement que, sous le régime de la communauté, cette assurance doit aussi être comprise dans l'actif de communauté pour sa valeur au jour du décès de l'époux prédécédé (valeur de rachat par la compagnie).

3° RENTES VIAGÈRES. — Si l'assurance a pour objet non une somme d'argent, mais une rente, on doit distinguer encore si l'assuré est ou non commun en biens. Si les fonds qui ont servi à constituer l'assurance, c'est-à-dire la rente, ont été tirés de la communauté, l'époux survivant qui bénéficie de cette rente doit récompense à la commumauté de la valeur de la rente, c'est-à-dire du capital qui serait nécessaire pour la constituer sur sa tête au jour du décès de son conjoint. (V. n°s 288-1 et 347-3). Les droits de succession sont alors liquidés d'après les règles ordinaires, sans qu'il y ait dans ce cas aucune donation entre époux.

Si, par exemple, la communauté comprend	10.000 »
et que l'époux survivant bénéficie, au décès de son conjoint, d'une rente viagère de 500 fr. constituée pendant le mariage avec des deniers de communauté et pour laquelle il doit une récompense de...........................	5.000 »
l'actif de communauté sera de...............	15.000 »
et celui de succession de moitié ou..........	7.500 »

de sorte que les droits de succession seront dus par les héritiers sur 7.500 fr. et par la veuve, à raison seulement de son usufruit légal.

Dans les autres cas, la rente, constituée avec des deniers de la succession, dépend entièrement de la succession, et le bénéficiaire doit acquitter le droit de mutation par décès sur le capital par dix de cette rente. (V. n° 347-3).

349. Caisse de retraites pour la vieillesse. — Il n'est pas sans intérêt de dire ici un mot du sort des capitaux versés à la caisse de retraites pour la vieillesse et des rentes constituées au moyen de ces capitaux quand les déposants sont mariés.

L'article 4 de la loi du 18 juin 1850 dispose que le versement opéré antérieurement au mariage reste propre à celui qui l'a fait, et que le versement fait pendant le mariage par l'un des deux conjoints profite séparément à chacun d'eux pour moitié.

De cette disposition il résulte que les capitaux versés à la caisse par des déposants non mariés leur restent propres alors même qu'ils viendraient à se marier ultérieurement sous le régime de la communauté légale, — que les capitaux versés par des déposants mariés et réservés par ceux-ci au profit de leurs héritiers leur restent propres à chacun pour moitié, sans entrer en communauté ni donner lieu à aucune récompense — et que les rentes constituées au profit des déposants, soit que les capitaux déposés aient été réservés, soit qu'ils aient été aliénés, constituent également des propres ne donnant non plus lieu à aucune récompense.

350. Usufruit et nue-propriété. — L'usufruit transmis par décès s'évalue toujours à la moitié de la valeur de la toute propriété, c'est-à-dire, en ce qui concerne les immeubles, que le revenu est multiplié par 10 ou 12,5 selon qu'ils sont urbains ou ruraux.

La nue-propriété transmise par décès s'évalue tantôt comme la toute propriété elle-même, et tantôt comme l'usufruit, à moitié de la toute propriété. — Si l'usufruit et la nue-propriété n'existaient pas séparément avant le décès, et si leur séparation résulte du fait même du décès, la nue-propriété étant recueillie par un héritier ou légataire et l'usufruit par un autre, la nue-propriété s'évalue comme la toute propriété ; mais la consolidation ultérieure de l'usufruit, c'est-à-dire la réunion ultérieure de celui-ci à la nue-propriété ne donne plus lieu à aucun droit de mutation (1). — Si la séparation de l'usufruit et de la nue-propriété est antérieure au décès, il faut, pour déterminer le mode d'évaluation de la nue-propriété, se reporter au moment du démembrement de la propriété, c'est-à-dire au moment où l'usufruit a pris naissance, et distinguer.

Si, lors du démembrement de la propriété, la nue-propriété a supporté un droit de mutation entre-vifs ou par décès sur la valeur entière de la toute propriété, elle ne doit plus être évaluée qu'à la moitié de la toute propriété pour la transmission qui s'en opère ensuite par décès avant sa réunion à l'usufruit ; s'il en est autrement, la nue-propriété s'évalue à la valeur entière de la toute propriété. (V. n° 187).

Je suppose, par exemple, que A décède laissant : 1° à B l'usufruit de 1.000 fr. à prendre dans sa succession et à C la nue-propriété de la même somme ; 2° à D la nue propriété d'une somme de 2.000 fr. recueillie par lui dans la succession de son oncle O, et encore soumise à l'usufruit de la veuve O comme donataire de son mari ; 3° et à E la nue-propriété d'une somme de 3.000 fr. dont il a par acte entre-vifs donné l'usufruit à F. D'après les règles qui précèdent, B évaluera son usufruit de 1.000 fr. à 1/2 de 1.000 fr.

(1) Il arrive dans ce cas que les droits perçus tant sur la nue-propriété que sur l'usufruit sont réellement liquidés sur une fois et demie la valeur des biens transmis. V. n° 352.

ou..................................	500 »
C évaluera sa nue-propriété de la même somme à....................	1.000 »
D évaluera sa nue-propriété de 2.000 fr. à 1/2 de 2.000 fr. ou................	1.000 »
et E évaluera sa nue-propriété de 3.000 fr. à.........................	3.000 «

Il convient donc de toujours énoncer clairement l'origine d'une nue-propriété transmise par décès. Dans tous les cas, la réunion de l'usufruit à la nue-propriété par le décès de l'usufruitier ne donne plus lieu à aucun droit.

1° Usufruit successif. — Le même usufruit est quelquefois légué à plusieurs personnes, pour en jouir successivement ; dans ce cas, le premier usufruitier appelé acquitte seul au décès du testateur un droit sur la valeur de cet usufruit, le second usufruitier paie ensuite un second droit, mais il ne l'acquitte qu'après le décès du premier usufruitier, s'il lui survit, et ainsi de suite.

2° Usufruit éventuel. — Quand un défunt laisse un légataire en usufruit, il peut arriver que sa succession comprenne la nue-propriété de valeurs déjà soumises à l'usufruit d'un tiers ; dans ce cas le légataire n'acquitte le droit de mutation sur l'usufruit de ces valeurs qu'après le décès du premier usufruitier, s'il lui survit.

3° Legs de rente viagère. — Les rentes viagères léguées à titre particulier s'évaluent comme il a été dit au n° 347-2.

351. Passif. — Les articles 14 § 8 et 15 § 7 de la loi du 22 frimaire an VII, que j'ai déjà eu occasion de citer, établissent en matière de succession l'important principe de la non déduction des dettes.

On ne doit pas déduire les dettes de l'actif héréditaire pour le paiement des droits de succession, et les biens transmis par décès acquittent les droits d'après leur valeur, sans égard aux dettes qui peuvent les grever.

Toutefois, il ne faut pas comprendre dans cette expression générale de — dettes — les sommes et valeurs dont le défunt peut n'être que détenteur ou dépositaire, par exemple comme usufruitier ou mandataire, et dont la déduction peut être opérée.

Il y a bien actuellement en préparation une loi qui doit permettre, au moins dans une certaine mesure, la déduction du passif, mais cette loi, déjà votée par la Chambre des Députés, n'a pu l'être encore par le Sénat.

352. Exemples de déclarations. — Les déclarations préparées ainsi que je l'ai dit au n° 346, doivent, indépendamment de l'indication des noms du déclarant et de la clôture, comprendre trois catégories de renseignements relatifs, les premiers au défunt, les seconds aux héritiers et les derniers aux biens à déclarer.

En ce qui concerne ces derniers, je puis résumer tout ce qui précède en disant que le travail d'une déclaration de succession est assez semblable, sauf quelques détails particuliers et spéciaux, à celui que nécessite l'établissement de la masse active d'une succession dans le partage de cette succession (V. *Partage* nos 287 et suivants). Il en diffère presque uniquement dans le mode d'évaluation des immeubles.

Je vais donner maintenant quelques exemples des cas qui se présentent le plus fréquemment.

1° SUCCESSION D'UN CÉLIBATAIRE. — *Jean-Paul A... célibataire, âgé de 45 ans, en son vivant rentier à X... est décédé audit lieu de X... le 20 décembre 1889 laissant pour seuls héritiers :*

1° Pierre-Ernest A... propriétaire à X..., son père, héritier pour un quart ;

2° Et Jean-Georges A... négociant à X..., son frère, héritier pour trois quarts,

et n'ayant fait aucun testament.

Sa succession comprend :

1° MOBILIÈREMENT.

1° Douze cents francs de rente sur l'Etat français, trois pour cent perpétuel, au porteur, d'une valeur au cours du jour du décès (87 fr. 687) de		35.074 80
Coupon détaché de cette rente		300 »
2° Créance sur O..., résultant d'obligation passée devant Me N... notaire à X... le vingt juin 1885	4.000 »	4.100 »
Intérêts à cinq pour cent de cette créance du vingt juin 1889 au décès	100 »	
3° Créance verbale de trois mille francs sur P... déclaré en faillite par jugement du premier juillet 1889, créance sur laquelle les dividendes à toucher paraissent devoir s'élever à quarante pour cent, soit		1.200 »
4° Les loyers courus au décès depuis le premier janvier 1889, d'une maison sise à X... rue Basse		
A Reporter		40.674 80

Report....		40.674 80
numéro 5, louée verbalement à D... moyennant trois cent soixante-cinq francs par an		355 »
5° Mobilier meublant détaillé dans un état sur timbre ci-annexé et estimé audit état deux mille francs		2.000 »
Total des valeurs mobilières		43.029 80

2° IMMOBILIÈREMENT.

1. Biens loués.

Maison située à X... rue Basse numéro 5, louée verbalement comme il a été dit ci-dessus		365 »

2. Biens non loués.

Maison grande rue numéro 15 à X..., déclarée d'un revenu de		500 »
45 ares 04 centiares de terre, lieudit les Longues-Raies, commune de X..., d'un revenu de	20 »	
75 ares de pré, les Grands-Prés, commune de X..., d'un revenu de......	60 »	
1 hectare 50 ares de bois, la Forêt-Noire, commune de X..., d'un revenu de	40 »	
Revenu des immeubles urbains..............		865 »
au capital de 865 × 20 = ...		17.300 »
Revenu des immeubles ruraux	120 »	
au capital de 120 × 25 =...........		3.000 »
Total des valeurs immobilières		20.300 »
Report des valeurs mobilières..........		43.029 80
Total de l'actif de succession........		63.329 80
Dont 1/4 au père est de.........	15.832 45	
Et 3/4 au frère sont de	47.497 35	

Liquidation des droits (voir le tarif au n° 354).

Le père doit 1,25 0/0 sur 15,840 (voir n° 12 § 3).	198 »
Le frère doit 8,125 0/0 sur 47,500	3.859 38
Timbre de la quittance	» 25
Montant des droits à payer.........	4.057 63

La succession comprend encore une créance verbale de mille francs sur un sieur R..., absolument insolvable et à laquelle le déclarant renonce expressément.

A. LEGS D'USUFRUIT. — Si dans cet exemple le défunt avait légué par testament l'usufruit d'une partie de sa fortune à un tiers, il serait dû en outre par ce tiers, au tarif en rapport avec sa parenté (V. n° 354), un droit de mutation liquidé sur la moitié des évaluations des biens soumis à son usufruit. (V. n° 350).

B. Legs de rente viagère. — Si encore le défunt avait légué à un tiers une rente viagère de 100 fr., ce tiers devrait pareillement acquitter, au tarif en rapport avec sa parenté, un droit de mutation liquidé sur le capital de cette rente ($100 \times 10 = 1000$), mais dans ce cas les héritiers ne devraient le droit de succession que sur l'actif diminué de ce capital $63329.80 - 1000 = 62329.80$ (V. 347-3).

2° Succession d'un veuf ou d'une veuve. — Deux cas peuvent se présenter lorsque le défunt est veuf et non remarié : ou bien il y avait une liquidation de communauté à faire lors du décès de son époux prédécédé, ou bien il n'y en avait pas à faire, selon le régime adopté.

S'il n'y avait pas lieu à liquidation, ou bien si la communauté a été liquidée et partagée avant le décès du second époux, la succession se déclarera absolument comme si le défunt avait été célibataire. (V. § Ier ci-dessus).

S'il y avait lieu à liquidation, et que cette liquidation n'ait pas été faite, la déclaration devra être faite comme celle d'une personne mariée. (V. § 3 ci-dessous).

A. Communautés successives. — Si la succession à déclarer est celle d'une personne ayant été mariée plusieurs fois, il peut arriver que la même déclaration doive contenir la liquidation de plusieurs communautés successives ; on opèrera pour chacune de ces communautés d'après les règles qui suivent.

3° Succession de personnes mariées sous le régime de la communauté. — Les masses actives de communauté et succession, sans déduction du passif, et les reprises et récompenses des époux doivent s'établir conformément aux principes et aux exemples donnés aux nos 288, 291 et 352-1 ; aussi dans les exemples qui vont suivre, je me dispenserai de détailler ces divers éléments des déclarations, pour l'établissement desquels on trouvera tous les renseignements utiles sous les numéros que je viens d'indiquer, rappelant seulement que les biens à déclarer doivent être détaillés dans l'ordre indiqué au n° 347.

A. Communauté simple. — *Jean-Pierre A..., âgé de cinquante-huit ans, époux de Marie-Antoinette B..., exerçant la profession de négociant, domicilié à X... est décédé audit lieu le 15 juillet 1898, laissant ses deux enfants :*

Charles-Paul A... négociant à X... et Julie-Clémence A..., femme de Jules-Ernest C... huissier à X..., pour héritiers chacun par moitié.

M. A... était marié avec Mme Marie-Antoinette B... sous le régime de la communauté réduite aux acquêts suivant contrat de mariage passé devant Me N... notaire à X.... le 10 janvier 1860 (ou bien *sous le régime de la communauté légale à défaut de contrat préalable à leur mariage célébré à la mairie de X... le 10 janvier 1860) — Sa veuve a droit à l'usufruit légal du quart de sa succession.*

LIQUIDATION DE LA COMMUNAUTÉ.

La masse active de communauté comprend: (1)			
*1° Mobilièrement (*en donner le détail*)......*			50.000 »
2° Immobilièrement —			40.000 »
Total............			90.000 »
Les reprises de la veuve (en donner le détail comme au n° 291) *sont de..*		20.000 »	
Et les récompenses dues par elle (en donner également le détail) *de....*		8.000 »	
La veuve a donc à reprendre.....		12.000 »	
Les reprises de la succession (en donner le détail v. n° 291) *sont de..................*	15.000 »		
Et les récompenses dues par elle (en donner aussi le détail), *de ...*	7.000 »		
La succession doit donc reprendre	8.000 »	= 8.000 »	
Les reprises des deux époux s'élèvent ensemble à..................		20.000 »	20.000 »
Et l'actif partageable est de			70.000 »
Et quoi prélevant encore le préciput de deux mille francs, auquel Mme A... a droit en vertu de son contrat de mariage			2.000 »
Il reste à partager par moitié la somme de...			68.000 »
Dont moitié pour chaque époux ou sa succession est de			34.000 »

(1) En donner la composition détaillée comme pour la masse de succession dans l'exemple du § 1er ci-dessus.

LIQUIDATION DE LA SUCCESSION.

La succession de M. A... comprend :	
Les reprises de la succession liquidées à	8.000 »
La moitié des bénéfices de communauté.......	34.000 »
La garde-robe du défunt dont la reprise en nature a été stipulée dans le contrat de mariage au profit de ses héritiers, estimée en l'état de mobilier ci-annexé..................................	300 »
Et la totalité des immeubles suivants ayant appartenu en propre au défunt (en donner le détail comme dans l'exemple du § 1er) *d'une valeur de*..................................	10.000 »
Au total...........	52.300 »

Dont un quart en usufruit, valant un huitième, est de 52,300 : 8 = 6,537,50.

Droits à payer (V. tarif n° 354).

Enfants 1,25 0/0 sur 52.300................	653 75
Veuve 3,75 0/0 sur 6.540..................	245 25
Ensemble......	899 »
Timbre de la quittance..............	» 25
Total.........	899 25

B. DÉFICIT DE COMMUNAUTÉ. — PRÉCIPUT. — Il peut arriver que les reprises des époux soient supérieures à l'actif de communauté, et il faut distinguer dans cette hypothèse deux cas, selon que les reprises de la femme considérées isolément sont à elles seules supérieures ou inférieures à l'actif de la communauté.

Si les reprises de la femme sont inférieures à l'actif de communauté, les reprises du mari s'exercent seulement jusqu'à concurrence de ce qui reste libre de cette communauté après le prélèvement des reprises de la femme. Si par exemple l'actif de la communauté est de. 10.000 »

Les reprises de la femme étant de........................ 8.000 »
Et celles du mari de........... 4.000 » } 12.000 »

de telle sorte que les reprises réunies sont supérieures à l'actif de communauté, les reprises de la femme s'exerceront entièrement, et celles du mari s'exerceront ensuite seulement pour 10.000 — 8.000 = 2.000 fr.

Si les reprises de la femme sont supérieures à l'actif de communauté, comme elles s'exercent les premières, elles absorbent tout cet actif, et la somme dont elles le dépassent constitue une créance sur le mari, créance qui, dans le cas du décès de la femme, doit supporter le droit de succession.

Si par exemple, l'actif de communauté étant de 10.000 fr., les reprises de la femme décédée sont de 15.000 fr., ces reprises s'exerceront sur les biens de communauté pour 10.000 fr. et sur les biens propres du mari pour le surplus ou 5000. fr.; et les héritiers devront le droit de succession sur 15.000 fr. — Si dans cette hypothèse, c'est le mari qui décède, ses héritiers, ne recevant rien dans la communauté, n'ont à déclarer que ses biens propres, mais sans aucune déduction de ce qui peut rester dû à la veuve ou à ses représentants.

Dans tous les cas où la communauté est insuffisante pour couvrir les reprises des deux époux, le préciput au profit de l'époux survivant, s'il en a été stipulé un, ne peut s'exercer en tant que préciput. Toutefois, en prévision de cette éventualité, le contrat de mariage peut stipuler que, si c'est la femme qui survit, elle aura droit au préciput même en cas de déficit de la communauté, et soit qu'elle accepte cette communauté, soit qu'elle y renonce ; dans ce cas le préciput devient une donation par le mari à sa femme, puisqu'il a été prélevé par celle-ci sur l'actif de la succession de son mari, et il doit supporter le droit de mutation par décès.

C. Du cas ou les récompenses sont supérieures aux reprises. — Les récompenses dues par les époux à la communauté peuvent être supérieures à leurs reprises ; dans ce cas, l'excédent des récompenses constitue une valeur qui s'ajoute à l'actif de la communauté, et qui ensuite est déduite sur la part de chaque époux dans la communauté.

Si par exemple l'actif de communauté étant en valeurs réelles de . . . . 10.000 »

La femme doit des récompenses pour	8.000 »	
Tandis que ses reprises sont seulement de	6.000 »	
La différence 2.000 s'ajoute à la communauté	2.000 »	2.000 »
De même si le mari doit des récompenses de	10.000 »	
Et a droit de reprendre seulement	5.000 »	
La différence 5,000 s'ajoute également	5.000 »	5.000 »
De façon qu'on a un actif de communaute de		17.000 »

Dont moitié pour chaque époux est de 8.500 »
Il revient ainsi à la femme. 8,500 — 2,000 = 6.500 »
Et au mari.................. 8,500 — 5,000 = 3,500 »

Total égal aux valeurs réelles de communauté 10.000 »

4° SUCCESSIONS DE PERSONNES MARIÉES EN COMMUNAUTÉ. — RENONCIATION A LA COMMUNAUTÉ PAR LA FEMME OU SES HÉRITIERS. — Si la femme ou ses héritiers renoncent à la communauté, cette communauté est censée n'avoir jamais existé et tous les biens en dépendant deviennent la propriété personnelle du mari ou de ses héritiers.

Si c'est la femme qui est décédée, ses héritiers doivent déclarer tous ses biens propres, en y ajoutant la créance que la succession peut avoir contre le mari survivant, par exemple pour les reprises de la défunte.

Si c'est le mari qui est décédé, ses héritiers doivent comprendre dans leur déclaration, outre ses biens propres, la totalité des biens de communauté, sans déduction des sommes qui peuvent être dues à la veuve à quelque titre que ce soit.

En plus des indications comprises aux exemples du § 3, la déclaration énoncera dans ce cas l'acte de renonciation à la communauté et sa date.

5° SUCCESSIONS DE PERSONNES MARIÉES SANS COMMUNAUTÉ OU SOUS LE RÉGIME DE LA SÉPARATION DE BIENS. — Sous l'un ou l'autre de ces régimes, chacun des époux conserve la propriété de tous ses biens meubles et immeubles, et leurs successions doivent être déclarées comme le seraient celles de célibataires (V. § 1er), en ayant soin toutefois d'y comprendre les créances que le défunt pouvait avoir contre son conjoint.

Comme dans les exemples du § 3, les déclarations indiqueront dans ce cas les noms de l'époux survivant, le régime adopté, la date du contrat de mariage, et les nom et résidence du notaire qui l'aura reçu.

6° SUCCESSIONS DE PERSONNES MARIÉES SOUS LE RÉGIME DOTAL. — Sous le régime dotal, comme sous ceux visés au paragraphe qui précède, les biens de chaque époux lui restent propres et ne sont pas confondus avec ceux de son conjoint; les déclarations des successions doivent donc être faites comme il est dit au paragraphe 5 ci-dessus, en ayant toujours soin de comprendre dans la succession de la femme les sommes touchées pour son compte par son mari, et qui lui sont dues à titre de reprises.

Souvent le régime dotal est modifié par une communauté d'acquêts; dans ce cas, la déclaration se fait comme lorsqu'il s'agit d'une communauté ordinaire, les biens non entrés en communauté étant considérés comme des propres ordinaires des époux communs en biens.

7° SUCCESSION GRÉVÉE DE LEGS DIVERS. — Je suppose que A... décède possédant 100.000 fr., laissant à B... une somme de 2.000 fr., à C... la nue-propriété de 5.000 fr., à D... l'usufruit de la même somme de 5.000 fr., à E... une rente viagère de 600 fr. et à F... le surplus de tous ses biens.

Du total de...........................		100.000 »
il faudra déduire le legs de	2.000 »	
ainsi que celui de	5.000 »	13.000 »
et celui de la rente viagère $600 \times 10 =$	6.000 »	
et il restera un actif net de........		87.000 »
B... paiera les droits sur	2.000	
C... — —	5.000	(V. n° 350)
D... — —	2.500	(V. n° 350)
E... — —	6.000	(V. n° 347-3).
et F. — —	87.000	

353. Partage d'une succession antérieur à sa déclaration. — La jurisprudence a décidé que quand une succession ou une communauté est partagée avant d'avoir été déclarée, le partage doit servir de base à la déclaration, s'il est pur et simple. Il suffit alors, en énonçant le partage et son enregistrement s'il est sous signatures privées, de faire une masse des biens et valeurs attribués aux héritiers en représentation de leurs droits.

Ainsi, je suppose qu'un mari décède laissant sa veuve pour commune en biens et héritière d'un quart en usufruit, et un enfant pour seul héritier du surplus, et que le partage de la communauté attribue à la veuve toutes les valeurs mobilières, et à l'héritier tous les immeubles soumis à l'usufruit de la veuve pour une partie déterminée représentant un quart de leur valeur ; il suffira de déclarer les immeubles, sans parler des valeurs mobilières attribuées à la veuve en représentation de ses droits dans la communauté. Cependant il est utile de mentionner pour ordre les valeurs de bourse nominatives qui auraient été attribuées à l'époux survivant, de façon à permettre au Receveur de l'Enregistrement de délivrer les certificats nécessaires pour le transfert de ces valeurs.

Si encore dans une situation analogue on avait par un partage attribué à la veuve, comme j'ai dit qu'on pouvait le faire (V. n° 294), l'usufruit de tous les biens meubles et immeubles de communauté et à l'héritier la nue-propriété des mêmes biens, on devrait déclarer au nom de l'héritier la totalité de toutes les valeurs mobilières et immobilières, comme si elles étaient des valeurs propres de succession, et au nom de la veuve l'usufruit de la part de ces biens qui, d'après la convention des parties, a pu lui être attribué en représentation de ses droits héréditaires, à l'exclusion seulement de l'usufruit à elle attribué en représentation de ses droits dans la communauté. Conformément aux principes rapportés au n° 350, la nue-propriété attribuée à l'enfant s'évaluera comme la toute propriété, mais cette nue propriété ainsi tarifée ne supportera plus aucun droit à raison de la réunion de l'usufruit qui s'opèrera au décès de l'usufruitière. Je ferai observer ici qu'il est très utile, en pareil cas, de faire dans le partage deux attributions à la veuve, l'une en représentation de ses droits dans la communauté et l'autre en représentation de ses droits dans la succession.

Chapitre III. — TARIF. — PÉNALITÉS.

PRESCRIPTION.

354. Tarif. — Les droits de succession sont les mêmes pour les valeurs mobilières et pour les immeubles; d'après les principes généraux exposés au n° 12 § 3, ils sont liquidés de 20 fr. en 20 fr., c'est-à-dire par exemple qu'on paie sur 21 fr. comme sur 40, et le moindre droit à percevoir ne peut être inférieur à 0 fr. 32 (0 fr. 25 en principal).

Ces droits sont perçus d'après le tarif suivant.

Il est dû pour les successions :

1° en ligne directe descendante et ascendante à tous les degrés.................................. 1.25 0/0

2° entre époux succédant en vertu de donations ou testaments, ou en concours avec des héritiers légitimes en vertu de la loi du 9 mars 1891.............................. 3.75 0/0

3° entre frères, sœurs, oncles, tantes, neveux et nièces (3e degré)............... 8.125 0/0

4° entre petits-neveux, grands oncles et cousins germains (4e degré)............... 8.75 0/0

5° entre parents collatéraux, du 5e au 12e degré inclusivement.................... 10 » 0/0

6° enfin l'époux survivant héritant à défaut de parents et les personnes non parentes, ou parentes à un degré plus éloigné que le 12e, paient.................................. 11.25 0/0

355. Réclamations et pénalités auxquelles peuvent donner lieu les déclarations des successions. — Les déclarations doivent être faites dans le délai indiqué au n° 345; elles doivent être complètes et sincères quant à la consistance et l'évaluation des biens qu'elles comprennent.

Toute déclaration non faite dans le délai légal est passible, en plus des droits ordinaires qu'on appelle droits simples, d'un demi droit en sus. Toute omission ou insuffisance d'évaluation dans une déclaration fait encourir à son auteur un double droit.

En plus de ces diverses causes de réclamations, il en existe une autre; les receveurs peuvent se tromper dans l'interprétation des actes et conventions ou dans la liquidation des droits, et la rectification de leurs erreurs peut motiver la réclamation de droits complémentaires.

Les droits et demi-droits en sus peuvent être remis à titre gracieux par le ministre ; la remise en est demandée dans la forme indiquée aux n°s 297 et 298. Les droits et demi-droits en sus sont éteints par le décès de celui qui les a encourus, et ne passent pas à la charge de ses héritiers.

356. Prescription. — Les droits d'une succession non déclarée peuvent être réclamés par l'administration pendant dix ans à partir du décès.

Ceux dus à raison d'une insuffisance de perception (erreurs des receveurs) peuvent être réclamés pendant deux ans à partir du jour de la déclaration, et de même aussi ceux que les receveurs auraient perçus en trop par suite d'erreurs peuvent être restitués pendant le même temps.

Les droits dus sur les insuffisances d'évaluation ne peuvent également être réclamés que pendant deux ans à partir du jour de la déclaration.

Les droits dus sur les omissions dans les déclarations peuvent être réclamés pendant cinq ans à partir des déclarations, et, quand ces omissions portent sur des rentes sur l'Etat français, ce délai est porté à 30 ans.

Après l'expiration de ces délais la prescription est acquise, et aucune réclamation ne peut être faite par l'administration, ni aucune restitution ne peut être demandée par les contribuables.

T

Testament.

357. Principes généraux. — Le testament est un acte par lequel une personne dispose pour le temps où elle n'existera plus, de tout ou partie de ses biens, et qu'elle peut révoquer. C. c. 895.

Pour faire un testament, il faut être sain d'esprit; toutefois les mineurs âgés de moins de seize ans ne peuvent pas disposer par testament, et ceux âgés de plus de seize ans ne peuvent disposer par testament que de moitié de ce dont ils pourraient disposer s'ils étaient majeurs. C. c. 901 à 904. — La femme mariée peut disposer par testament sans l'assistance et sans le consentement de son mari. C. c. 905. — Les interdits ne peuvent pas tester. (Rédact. V° Donation n° 16.)

Deux personnes ne peuvent pas faire leur testament par le même acte; chaque testament doit faire l'objet d'un acte distinct. C. c. 968.

La personne qui fait le testament s'appelle testateur ou testatrice, les personnes au profit desquelles est fait le testament prennent le nom de légataires. On peut par testament, instituer dans les limites de la quotité disponible (V. n°s 307 et 308), des légataires universels, des légataires à titre universel ou des légataires à titre particulier; on peut aussi nommer un ou plusieurs exécuteurs testamentaires.

358. Legs universel. — Le legs universel est la disposition testamentaire par laquelle le testateur donne à une seule personne, ou conjointement à plusieurs personnes, l'universalité des biens qu'il laissera à son décès, à charge de payer également les dettes qu'il pourra laisser. C. c. 1003.

Lorsqu'au décès du testateur il y a des héritiers auxquels une quotité de ses biens est réservée par la loi, ces héritiers sont saisis de plein droit par sa mort de tous les biens de sa succession; et le légataire universel est tenu de leur demander la délivrance de son legs qui comporte alors toute la quotité disponible. C. c. 1004 (V. n°s 307 et 308).

Lorsqu'au décès du testateur il n'y a pas d'héritiers réservataires, le légataire universel est saisi de plein droit par la mort du testateur de tous les biens de la succession, sans être tenu de demander la délivrance si le testament est authentique ; si le testament est olographe ou mystique (V. nos 364 et 365), le légataire est tenu de se faire envoyer en possession par ordonnance du président. C. c. 1006 à 1008.

359. Legs à titre universel. — Le legs à titre universel est celui par lequel le testateur lègue une quote-part des biens dont la loi lui permet de disposer, telle qu'une moitié, un tiers, ou tous ses immeubles ou tout son mobilier, ou une quotité fixe de tous ses immeubles ou de tout son mobilier. C. c. 1010. — Le légataire à titre universel est tenu au paiement des legs particuliers et des dettes proportionnellement à sa part dans la succession. C. c. 1012 et 1013.

Les légataires à titre universel sont tenus de demander la délivrance de leurs legs aux héritiers réservataires, à leur défaut aux légataires universels, et à défaut de ceux-ci aux héritiers légitimes non réservataires. C. c. 1011.

360. Legs particulier. — Tout legs qui n'est ni un legs universel, ni un legs à titre universel est un legs particulier. C. c. 1010.

Le legs particulier est généralement d'un objet ou d'une somme déterminée, et ne participe pas aux dettes de la succession, sauf, s'il consiste en immeubles, l'action hypothécaire des créanciers inscrits sur ces immeubles.

Comme les légataires à titre universel (V. no 359), les légataires particuliers sont tenus de demander la délivrance de leurs legs aux héritiers réservataires, à leur défaut aux légataires universels et à défaut de ceux-ci aux héritiers légitimes non réservataires. Le légataire particulier a droit aux fruits ou intérêts de la chose léguée à compter du jour de sa demande en délivrance.

361. Exécuteurs testamentaires. — L'exécuteur testamentaire est une personne désignée dans son testament par le testateur qui la charge de veiller à l'exécution de ses dernières volontés. Le testateur peut nommer un ou plusieurs exécuteurs testamentaires. C. c. 1025.

362. Des différentes formes de testaments. — Un testament peut être fait olographe, (c'est-à-dire écrit de la main du testateur), ou mystique, ou fait par acte public (c'est-à-dire notarié). C. c. 969.

1o Partage testamentaire. — L'acte par lequel un père ou une mère partage ses biens entre ses enfants, mais qui ne doit avoir d'effet qu'au décès du disposant, est un véritable testament; et doit être fait dans une des formes prescrites pour celui-ci.

363. Testament olographe. — Le testament olographe, pour être valable, doit être écrit en entier, daté et signé de la main du testateur; il n'est assujetti à aucune autre forme. C. c. 970.

Les trois conditions de validité d'un testament olographe sont d'être 1° écrit, 2° daté, 3° et signé, le tout de la main du testateur ; pourvu qu'il réunisse ces trois conditions, un testament olographe sera toujours valable, quelle que soit la forme de sa rédaction.

Le testament doit être écrit sur papier timbré de dimension à 0 fr. 60, 1 fr. 20 ou 1 fr. 80 ; mais sa rédaction sur papier non timbré ne l'empêche pas d'être valable, elle a seulement l'inconvénient de rendre exigible une amende de 62 fr. 50, dont la remise peut d'ailleurs être demandée comme il a été dit au n° 297.

Je vais donner plusieurs exemples de testaments olographes.

1° INSTITUTION D'UN LÉGATAIRE UNIVERSEL OU DE PLUSIEURS LÉGATAIRES UNIVERSELS CONJOINTS. — « *Ceci est mon testa-*
« *ment. — Je soussigné Pierre-Auguste A... déclare par les*
« *présentes instituer pour mon légataire universel M. Jules-*
« *Eugène B... propriétaire à X...,* (ou bien *pour mes légatai-*
« *res universels conjointement MM. Jules-Eugène B... et*
« *Paul-Emile C... tous deux propriétaires à X...), à qui j'en-*
« *tends laisser la totalité des biens meubles et immeubles qui*
« *composeront ma succession.*

« *Ecrit en entier de ma main, à X... le premier janvier*
« *mil huit cent quatre-vingt-onze.*

« Signature : *Pierre-Auguste A...*»

2° INSTITUTION DE LÉGATAIRES A TITRE UNIVERSEL.— « *Ceci*
« *est mon testament. — Je soussigné Pierre-Auguste A...*
« *lègue à M. Jules-Eugène B... propriétaire à X... un quart*
« *de tous mes biens meubles et immeubles, et à M. Paul-Emile*
« *C... aussi propriétaire à X... un tiers de tous mes immeu-*
« *bles.*

« *Ecrit en entier de ma main, à X... le cinq décembre mil*
« *huit cent quatre-vingt-onze.*

« Signature: *Pierre-Auguste A...* »

3° INSTITUTION DE LÉGATAIRES PARTICULIERS. — « *Ceci est*
« *mon testament. — Je lègue à titre particulier à M. B...*
« *cinq cents francs, à M. C... mille francs, ces deux sommes*
« *payables par mes héritiers dans les trois mois de mon décès*
« *sans intérêts jusque-là, et à M. D... la totalité du mobilier*
« *meublant ma salle à manger qui lui sera remis dans le mois*

« *qui suivra mon décès. Ces legs seront remis et délivrés à* « *mes légataires nets de tous frais et droits de mutation.*

« *Ecrit en entier de ma main, à X... le cinq décembre mil* « *huit cent quatre-vingt-onze.*

Signature*: Pierre-Auguste A...* »

4° INSTITUTION SIMULTANÉE DE LÉGATAIRES UNIVERSELS, A TITRE UNIVERSEL ET PARTICULIERS. — « *Ceci est mon testa-* « *ment. — Je soussigné, Pierre-Auguste A..., institue pour* « *mon légataire universel M. B..., sous la charge des legs* « *ci-après. Je lègue à M. C... un quart de tous mes immeu-* « *bles, et à M. D... une somme de dix mille francs.*

« *Ecrit en entier de ma main, à X... le cinq décembre mil* « *huit cent quatre-vingt-onze.*

« Signature: *Pierre-Auguste A...* »

5° EXEMPLES DIVERS. — « .... *Je lègue à ma femme Marie* « *B... tout ce que la loi me permet de lui donner tant en toute* « *propriété qu'en usufruit,* ou bien seulement *tout ce que la* « *loi me permet de lui donner en usufruit,* ou bien encore si « le testateur n'a pas d'enfants, *l'usufruit de tous mes biens,* « *y compris même la part de ma succession qui pourra reve-* « *nir à mon père et à ma grand'mère maternelle s'ils me sur-* « *vivent...* »

« .... *Je lègue tous les biens qui composeront ma succes-* « *sion ponr l'usufruit à ma femme Marie B... et pour la nue-* « *propriété à mon neveu Pierre C...* ».

364. Exécution du testament olographe. — Tout testament olographe sera, avant d'être mis à exécution, présenté au président du Tribunal de première instance de l'arrondissement dans lequel la succession est ouverte. Ce testament sera ouvert, s'il est cacheté. Le président dressera procès-verbal de la présentation, de l'ouverture et de l'état du testament, dont il ordonnera le dépôt entre les mains du notaire par lui commis. C. c. 1007.

1° ENREGISTREMENT. — Après son dépôt entre les mains du notaire, le testament est enregistré au droit de 9 fr. 38 par les soins de celui-ci, qui doit l'inscrire à son répertoire à la date même de l'ordonnance du président.

2° ENVOI EN POSSESSION ET DÉLIVRANCE. — Après le dépôt du testament, les légataires institués se font envoyer en possession de leurs legs ou en demandent la délivrance, ainsi qu'il a été dit aux nos 358 à 360.

365. Testament mystique. — Lorsque le testateur voudra faire un testament mystique ou secret, il pourra l'écrire lui-même ou le faire écrire par une autre personne, mais il devra dans tous les cas le signer. Le papier sur lequel sera écrit le testament, ou celui qui servira d'enveloppe, s'il y en a une, sera clos et scellé. Le testateur le présentera ainsi clos et scellé à un notaire et à six témoins au moins, ou il le fera clore et sceller en leur présence; et il déclarera que le contenu en ce papier est son testament écrit et signé de lui, ou écrit par un autre et signé de lui. Le notaire dressera dans la forme indiquée par la loi et sur ce papier ou la feuille qui lui servira d'enveloppe, l'acte spécial qu'on appelle « *acte de suscription* ». C. c. 976.

Si le testateur ne sait pas signer ou s'il n'a pu le faire à la suite du testament, il doit le déclarer au notaire qui dresse acte de sa déclaration, et rédige alors l'acte de suscription en présence de sept témoins au lieu de six. Ceux qui ne savent pas lire ne peuvent pas faire leur testament dans la forme mystique. C. c. 977 et 978.

Sauf les conséquences pouvant résulter de ces règles spéciales, le testament mystique se rédige comme le testament olographe.

Comme le testament olographe, le testament mystique doit être présenté au président du Tribunal de l'arrondissement où la succession est ouverte, qui dresse procès-verbal de sa description, et les légataires qu'il institue doivent se faire envoyer en possession ou demander la délivrance de leurs legs comme ceux institués par testament olographe. (V. n° 364.)

366. Révocation des testaments. — Les testaments ne peuvent être révoqués en tout ou en partie que par un testament postérieur, ou par un acte devant notaires portant déclaration du changement de volonté. C. c. 1035. — Les testaments postérieurs qui ne révoqueront pas d'une manière expresse les précédents, n'annuleront dans ceux-ci que celles des dispositions y contenues qui se trouveront incompatibles avec les nouvelles, ou qui seront contraires. C. c. 1036.

Des deux articles du Code que je viens de citer il résulte que la révocation peut être expresse ou tacite; elle est tacite quand elle résulte d'un testament postérieur qui contient des dispositions incompatibles avec celles du premier, et elle est expresse quand elle est formellement exprimée soit dans un testament postérieur, soit dans un acte notarié. Le testament qui, contenant de nouvelles dispositions du testateur, renferme la révocation expresse d'un testament antérieur, peut être fait dans l'une quelconque des formes que j'ai indiquées (V. n° 362); mais on peut prétendre que l'acte qui, sans contenir de nouvelles dispositions testamentaires, renferme uniquement la révocation d'un testament antérieur, ne peut être fait que dans la forme notariée.

Sur ce dernier point, la plupart des auteurs, d'accord d'ailleurs avec la Cour de Cassation (arrêts du 17 mai 1814 et du 10 janvier 1865), pensent que la révocation peut être faite autrement que par acte notarié, pourvu qu'elle ait alors la forme voulue pour un testament et puisse ainsi constituer comme un nouveau testament; ils pensent par exemple que la révocation olographe d'un testament sera parfaitement valable si elle est écrite, datée et signée de la main du testateur. Cependant cet avis n'est pas partagé par tous les auteurs et Marcadé notamment exprime l'avis contraire. (C. c. art. 1035, nº 169).

Dans cette situation, et malgré que l'avis de Marcadé ne semble pas prévaloir, il sera toujours prudent de faire accompagner la révocation olographe d'un legs si faible qu'en soit l'importance.

Le testament olographe contenant révocation s'enregistrera comme un testament ordinaire V. nº 364; la révocation notariée s'enregistrera dans les trois mois du décès du testateur au droit de 3 fr. 75.

367. Codicilles. — On appelle codicille tout testament qui modifie ou annule un testament antérieur.

Un codicille peut être écrit sans contravention à la suite du premier testament, quand il le révoque purement et simplement. Quand il n'est pas simplement révocatoire, mais qu'il comprend des dispositions nouvelles, il doit être écrit sur une feuille distincte de papier timbré, toutefois, son inscription à la suite du premier testament n'ôte rien de sa valeur, elle rend seulement exigible une amende de 6 fr. 25, outre le prix du timbre qui aurait été employé.

Le codicille, n'étant autre chose qu'un testament, se rédigera d'après les règles indiquées aux nºs 363 et 365.

Timbre.

368. Différentes espèces de timbres et papiers timbrés. — Les timbres et papiers timbrés dont on se sert le plus fréquemment sont : 1º les papiers timbrés de dimension qui servent pour la rédaction de la généralité des actes; 2º les papiers et timbres proportionnels qui servent pour la confection des billets et reconnaissances ; 3º les timbres à quittances et décharges; 4º et les timbres à affiches.

369. Timbre de dimension. — J'ai déjà donné sous le n° 4 les règles relatives à l'usage et à l'emploi du papier timbré de dimension, et je ne reproduirai pas mes précédentes explications. J'ajouterai seulement deux remarques.

1° Timbres mobiles. — Les particuliers, qui se servent de formules imprimées pour la rédaction de certains actes soumis au timbre de dimension, peuvent, après l'impression de ces formules, mais avant leur usage, les faire timbrer au moyen de timbres mobiles, qui sont apposés et oblitérés par les receveurs de l'Enregistrement eux-mêmes. Cependant par une décision du 5 juillet 1897 le Ministre des finances a autorisé les receveurs des communes et des hospices à suppléer les receveurs de l'Enregistrement pour apposer ces timbres sur les mémoires des entrepreneurs ou fournisseurs et les oblitérer.

2° Papiers timbrés a l'extraordinaire. — Les personnes qui veulent se servir pour des actes quelconques de papiers autres que ceux de la régie ou de parchemins, sont admises à les faire timbrer avant d'en faire usage ; il leur suffit, pour user de cette faculté, de déposer leurs papiers dans un bureau de l'Enregistrement et de consigner en même temps les droits de timbre calculés d'après le tarif ordinaire. Dans les villes où il existe plusieurs bureaux, un seul de ces bureaux est généralement chargé de ce service spécial.

370. Timbre proportionnel. — J'ai donné sur cette espèce de timbre toutes les indications utiles aux n°s 4 § 2 et 106, auxquels je renvoie mes lecteurs.

371. Timbre des quittances et décharges. — J'ai déjà parlé de ce timbre spécial aux mots « *Décharge* » et « *Quittance* », n°s 167-1 et 305. J'ajoute que les formules de quittances et décharges peuvent être timbrées à l'extraordinaire comme les autres espèces de papiers (V. n° 369-2), et que les personnes qui usent de cette faculté bénéficient d'une remise de deux pour cent.

372. Timbre des affiches. — Toutes les affiches imprimées émanant des particuliers, quel qu'en soit l'objet, doivent être timbrées et sur papier de couleur, le papier blanc étant réservé aux affiches d'ordre purement administratif.

Sont toutefois dispensées du timbre les affiches que les particuliers appliquent sur leurs demeures pour annoncer une location ou leur genre de commerce, ou même la vente de la maison sur laquelle l'affiche est apposée : sont également exemptes du timbre les affiches placées dans l'intérieur ou aux vitrines des magasins pour annoncer les marchandises qui y sont à vendre. Mais ces exemptions cessent si l'affiche n'est pas apposée sur la maison même qu'elle concerne, ou bien sur la maison même où se vend le produit annoncé.

Les affiches électorales sont exemptes du timbre quand elles sont signées d'un candidat.

Les affiches administratives, malgré leur caractère, sont soumises au timbre et au papier de couleur quand elles ont pour objet l'intérêt personnel des communes, établissements publics ou départements.

Les affiches doivent être timbrées d'après le tarif suivant:

Par feuille de douze décimètres et demi carrés et au-dessous	0 fr. 06
Par feuille ayant plus de 0 m. carré 125 jusqu'à 25 décimètres carrés	0 fr. 12
Par feuille ayant plus de 0 m. carré 25 jusqu'à 50 décimètres carrés	0 fr. 18
Par feuille de dimension supérieure à 50 décimètres carrés	0 fr. 24

Les papiers à affiches peuvent être timbrés par l'Administration, et il suffit pour cela de les déposer dans un bureau de l'Enregistrement avant leur usage, en acquittant en même temps les droits de timbre; ou bien ils sont timbrés au moyen de timbres mobiles. Ces timbres mobiles sont collés par les soins des imprimeurs et à leurs risques et périls, et sont apposés de façon qu'ils soient oblitérés par l'impression de deux lignes au moins du texte de l'affiche; ils peuvent aussi être oblitérés au moyen d'une griffe à l'encre grasse faisant connaître le nom de l'imprimeur et la date de l'oblitération. Ils peuvent aussi en vertu de l'article 9 de la loi du 28 décembre 1895 être apposés après l'impression et avant l'affichage par les auteurs des affiches, dans la forme indiquée au § 1 ci-après.

1° Affiches manuscrites. — Ce qui précède s'applique spécialement aux affiches imprimées ; les affiches manuscrites peuvent être faites sur papier blanc et timbrées, quand il y a lieu, au moyen de timbres mobiles oblitérés soit par l'inscription, en travers du timbre, de la date de l'oblitération et de la signature de l'auteur de l'affiche, soit par l'apposition, également en travers du timbre, d'une griffe à l'encre grasse faisant connaître le nom de l'auteur de l'affiche, ou la raison sociale de sa maison de commerce, ainsi que la date de l'oblitération. (Décret du 2 janvier 1896). Cependant l'article 18 de la loi du 26 juillet 1893 a exempté du droit de timbre les affiches manuscrites concernant exclusivement les demandes et les offres d'emploi.

2° Affiches peintes. — Les affiches inscrites dans un lieu public, sur les murs ou sur une construction quelconque, ou même sur une toile au moyen de la peinture ou de tout autre procédé, donnent lieu à une taxe fixée ainsi qu'il suit : — 1 fr. par mètre carré pour les affiches apposées dans les communes dont la population n'excède pas 5.000 habitants ; — 1 fr. 50 par mètre carré pour les affiches apposées dans les communes de 5.001 à 50.000 habitants ; — 2 francs par mètre carré pour les affiches apposées dans les communes d'une population supérieure à 50.000 habitants ; — 2 fr. 50 par mètre carré à Paris.

Pour la liquidation du droit, toute fraction de mètre carré est comptée pour un mètre carré.

Ces droits sont payés au bureau de l'Enregistrement dans la circonscription duquel se trouvent les communes où les affiches doivent être apposées, au vu de la déclaration qui doit en être préalablement faite. Une déclaration suffit par bureau pour toutes les affiches semblables, mais une même déclaration ne peut comprendre des affiches dont le texte serait différent. — La déclaration est rédigée en double minute, datée et signée par le déclarant lui-même, et doit contenir : 1° le texte de l'affiche ; 2° les noms, prénoms, professions et domiciles de ceux dans l'intérêt desquels l'affiche doit être inscrite ; 3° les nom, prénoms et domicile de l'entrepreneur de l'affichage ; 4° la surface de l'affiche (en mètres et décimètres carrés) ; 5° le nombre des exemplaires à inscrire ; 6° la désignation précise des rues et places, ainsi que des maisons, édifices, constructions mobiles et emplacements où chaque exemplaire doit être inscrit.

La déclaration peut être souscrite, soit par celui dans l'intérêt duquel l'affiche doit être apposée, soit par l'entrepreneur d'affichage, soit par le mandataire de l'un ou de l'autre.

Un des doubles de la déclaration est remis au déclarant, revêtu du numéro d'ordre de la quittance des droits. Chaque affiche doit mentionner ce numéro d'ordre et la date de la quittance ; cette mention est inscrite à gauche dans la partie inférieure de l'affiche quand la déclaration a été faite directement dans un bureau de l'Enregistrement, et elle est inscrite à droite, également dans la partie inférieure, quand elle a été faite à un entrepreneur d'affichage autorisé conformément au décret du 18 février 1891. Dans ce dernier cas, la mention doit être complétée par le nom de cet entrepreneur.

Cette réglementation spéciale des affiches peintes résulte

tant de la loi du 26 décembre 1890, que du décret du 18 février 1891 et de la loi du 26 juillet 1893.

3° CONTRAVENTIONS. — Toutes les contraventions aux règles concernant le timbre des affiches sont punies d'amendes importantes dans le détail desquelles il paraît inutile d'entrer, et dont les contrevenants peuvent d'ailleurs demander la remise dans la forme indiquée au mot « *Pétition* ».

Traite. *Voyez* Lettre de change, n° 110.

Transaction.

373. Principes. — La transaction est un contrat par lequel les parties terminent une contestation née, ou préviennent une contestation à naître. — Ce contrat doit être rédigé par écrit. C. c. 1044.

La transaction faite sur pièces, qui depuis ont été reconnues fausses, est entièrement nulle. C. c. 2055. — L'erreur de calcul dans une transaction doit être réparée. C. c. 2058.

374. Observations pratiques. — D'après la définition qui précède, les transactions peuvent contenir les conventions les plus variées, et leur forme est aussi variable que leur objet.

On doit, dans toute transaction, exprimer clairement et complètement toutes les dispositions convenues, en s'inspirant d'ailleurs des règles indiquées dans ce traité au chapitre relatif à la convention en cause dans la transaction.

Toute transaction doit être faite sur papier timbré de dimension à 0 fr. 60, 1 fr. 20 ou 1 fr. 80, en autant d'originaux qu'il y a de parties contractantes. La transaction supporte, lors de son enregistrement, un droit fixe de 5 fr. 63, à moins que la convention qui en résulte ne donne lieu elle-même, d'après sa nature, à un droit fixe supérieur ou à un droit proportionnel, auquel cas ce dernier droit, fixe ou proportionnel, est perçu à l'exclusion de celui de 5 fr. 63.

Lorsque la transaction renferme une convention soumise par sa nature à l'enregistrement dans un délai déterminé, elle doit elle-même être enregistrée dans ce délai ; elle doit par exemple être enregistrée dans le délai de trois mois si elle contient une vente d'immeubles ou une cession de droits immobiliers. (V. n° 387). — De même la transaction est susceptible d'être transcrite quand elle renferme une convention qui en est elle-même susceptible. (V. n°s 249 et 388).

Transcription. *Voyez* **Hypothèques,** n° 249.

Transport de créances. *Voyez* **Cession de créances.**

Tutelle. *Voyez* **Conseil de famille et Compte,** n° 153.

U

Usufruit, C. c. 578 à 624.

375. Droit civil. — L'usufruit est le droit de jouir des choses dont un autre a la propriété, comme le propriétaire lui-même, mais à la charge d'en conserver la substance. C. c. 578.

On a déjà vu (V. *Nue-propriété,* n° 282) qu'il n'y a pas indivision entre l'usufruitier et le nu-propriétaire et qu'il ne peut y avoir partage entre eux ; et on a vu par contre (V. *Partage,* n° 294) que la convention par laquelle deux propriétaires indivis attribuent à l'un d'eux la nue-propriété et à l'autre l'usufruit, constitue un véritable partage qui fait cesser l'indivision.

L'usufruit peut donner lieu aux mêmes conventions qu'une toute propriété ; il peut être donné, échangé, loué ou vendu, ou d'une façon plus générale il peut être aliéné soit à titre gratuit, soit à titre onéreux. Les aliénations à titre gratuit sont de véritables donations et ne peuvent être réalisées que par actes notariés ; celles à titre onéreux peuvent être réalisées par actes notariés ou par actes sous signatures privées.

Au point de vue civil, les conventions relatives à un usufruit se traiteront d'après les règles exposées dans le cours de ce traité, comme celles relatives à une toute propriété.

376. Droit fiscal. — Lorsque l'usufruit est transmis à une personne qui n'en possède pas déjà la nue-propriété, la valeur de cet usufruit doit toujours supporter un droit de mutation (droit de vente ou droit de donation).

Lorsque l'usufruit est transmis par l'usufruitier au nu-propriétaire, et qu'il s'opère ainsi sur la tête de celui-ci une réunion de l'usufruit à la nue-propriété, c'est-à-dire une consolidation de la toute-propriété, il faut distinguer :

— Si lors du démembrement de la toute-propriété, le nu-propriétaire, en recueillant la nue-propriété, a payé un droit de mutation sur la valeur de la toute propriété (et c'est ce qui arrive le plus généralement), il a acquitté ainsi par anticipation un droit sur la valeur de l'usufruit, et la mutation effective de cet usufruit, lorsqu'elle se produit, ne peut donner ouverture à un second droit de mutation. Il n'est dû, dans ce cas, qu'un droit fixe de 5 fr. 63 et un droit de transcription de 1 fr. 875 0/0, lorsque, l'usufruit portant sur des immeubles ou des droits immobiliers, l'acte est susceptible d'être transcrit, et que ce dernier droit n'a pas été perçu lui-même au moment du démembrement. — Si, au contraire, lors du démembrement de la toute propriété, le nu-propriétaire n'a pas acquitté par anticipation un droit de mutation sur la valeur de cet usufruit, il est considéré comme un tiers-acquéreur ordinaire, et, comme lui, doit acquitter un droit de mutation. (A rapprocher du n° 350).

Ainsi, au point de vue même de la perception, il est souvent très utile, dans les actes constatant la mutation d'un usufruit, de rapporter l'origine de cet usufruit en remontant au moins jusqu'au moment où il a été détaché de la propriété.

V

Vente. C. c. 1582 à 1701.

Chapitre Ier. — RÈGLES GÉNÉRALES.

377. Droit civil. — La vente est une convention par laquelle l'un s'oblige à livrer une chose, et l'autre à la payer. — Elle peut être faite par acte authentique ou sous seings privés. C. c. 1582. — Elle est parfaite entre les parties, et la propriété est acquise de droit à l'acheteur à l'égard du vendeur, dès qu'on est convenu de la chose et du prix, quoique la chose n'ait pas encore été livrée ni le prix payé. C. c. 1583. — Les frais d'actes et autres accessoires à la vente sont à la charge de l'acheteur. C. c. 1593.

Tout ce qui est dans le commerce peut être vendu, lorsque des lois particulières n'en ont pas prohibé l'aliénation. C. c. 1598.

Le vendeur a deux obligations principales, celle de délivrer et celle de garantir la chose qu'il vend. C. c. 1603. — La garantie que le vendeur doit à l'acquéreur a deux objets: le premier est la possession paisible de la chose vendue; le second, les défauts cachés de cette chose ou les vices rédhibitoires. C. c. 1625.

La principale obligation de l'acheteur est de payer le prix au jour et au lieu réglés par la vente. C. c. 1650.

378. Observations pratiques. — On peut, dans une vente, insérer toutes sortes de clauses et conditions, sauf celles qui dérogeraient aux lois intéressant l'ordre public et les bonnes mœurs. Mais, quelles que soient les circonstances accessoires de la vente, les éléments légalement nécessaires en sont toujours les mêmes; d'après l'article 1583 du Code civil, ces éléments sont au nombre de trois, la chose, le consentement et le prix.

1° De la chose. — Pour qu'il y ait vente, il faut avant tout une chose qui en fasse l'objet, et il est nécessaire que la nature et la consistance de cette chose soient bien définies. Tout acte de vente doit donc toujours comprendre de la chose vendue une désignation bien circonstanciée, non équivoque, et aussi précise que possible.

2° Du prix. — Pour qu'il y ait vente, il faut un prix, ou il est nécessaire tout au moins que les contractants aient bien fixé les bases d'après lesquelles ce prix doit être déterminé, de façon qu'il ne puisse dépendre d'aucun d'eux de le changer.

Tout acte de vente doit donc exprimer bien nettement le prix ainsi que toutes les charges qui peuvent en être une augmentation, et contenir l'évaluation en argent de ces charges; il doit aussi exprimer toutes les conditions du paiement du prix, notamment celles relatives aux délais et lieu dans lesquels il devra être effectué, et aux intérêts dont il peut être productif.

3° Du consentement. — Enfin, la vente n'est parfaite qu'autant que les parties sont d'accord sur les conditions de la vente, particulièrement sur la chose et sur le prix.

Tout acte de vente doit donc nécessairement contenir les noms, professions et domiciles des parties contractantes, exprimer leur accord sur les diverses conditions de la vente, et être revêtu de leurs signatures.

4° Résumé. — Toute vente qui réunit les trois éléments que je viens d'indiquer est parfaite, et produit tous les effets prévus par la loi ; mais inversement toute vente, dans laquelle l'un de ces éléments fait défaut, reste imparfaite et sans effet.

D'une manière générale on peut, d'après ce qui précède, dire qu'une vente doit contenir :

1° Les noms, qualités et domiciles des parties contractantes ;

2° La désignation de la chose vendue ;

3° L'expression du prix et de tout ce qui s'y rapporte ;

4° L'expression de l'accord des parties, résultant d'ailleurs de leurs signatures ;

5° L'acte doit être signé et mentionner qu'il a été fait en autant d'originaux qu'il y a de parties contractantes ;

6° La signature de chacun des contractants, sauf celle de celui qui peut avoir écrit l'acte de sa main, doit être précédée de la mention « *lu et approuvé l'écriture ci-dessus* » écrite par chaque signataire ; et, chaque fois qu'une femme mariée et non séparée de corps figure au nombre des contractants, la signature de son mari doit en outre être précédée de la mention « *bon pour autorisation de ma femme* » ajoutée à la première. (V. n°s 2 § 2 et 5 § 1).

379. Des différentes sortes de ventes. — Les caractères généraux de la vente étant ainsi établis, je vais maintenant diviser les ventes en plusieurs catégories, selon leur nature, et étudier successivement les règles spéciales à chacune de ces catégories.

Sans parler ici des ventes de créances, pour lesquelles je renverrai mes lecteurs au mot « *cession de créances* », je diviserai les ventes en quatre catégories :

1° Les ventes des meubles et droits mobiliers ;

2° Les ventes des immeubles et droits immobiliers ;

3° Les ventes comprenant à la fois des meubles et des immeubles ;

4° Et les ventes des fonds de commerce.

380. Résolution. — La résolution d'une vente est une convention par laquelle les parties conviennent d'annuler une vente et de remettre les choses en l'état qui la précédait. La résolution amiable d'une vente produit une revente absolument semblable à la première et soumise aux mêmes règles civiles et fiscales.

1° Rétrocession. — La rétrocession ou l'acte par lequel une personne, ayant acheté un objet d'une autre, rétrocède cet objet à celle-ci, diffère de la résolution seulement en ce que les conditions de la seconde vente peuvent différer elles-mêmes de celles de la première.

CHAPITRE II. — DES VENTES DE MEUBLES.

381. Observations générales. — Ce que je vais dire des ventes de meubles ne s'applique qu'aux ventes amiables, qui peuvent être faites sous signatures privées, et non aux ventes aux enchères qui ne peuvent être faites qu'avec le concours d'un officier ministériel.

Les ventes de meubles sont très fréquentes dans la pratique, mais le plus souvent elles restent verbales, et sont rarement constatées par écrit. Souvent, en effet, leur constatation écrite est sans utilité, en raison du principe général de l'article 2279 du Code civil — « En fait de meubles la possession vaut titre. » — La propriété des meubles est transmise par leur seule tradition, et leur possession, suffisant à faire présumer leur propriété sauf preuve contraire, est généralement une garantie suffisante de cette propriété.

Cependant il existe maintes circonstances dans lesquelles la constatation par écrit d'une vente de meubles est utile, et il n'est pas sans intérêt de dire comment cet acte doit être fait.

382. Rédaction. — En dehors des conditions générales et nécessaires de la vente (V. nº 378), la vente de meubles ne présente aucune particularité ; toutefois, j'attirerai l'attention de mes lecteurs, spécialement sur deux points. On devra s'attacher à bien déterminer et préciser l'objet de la vente, et exprimer aussi clairement que possible les garanties particulières auxquelles le vendeur entend s'engager ou se soustraire vis-à-vis de l'acquéreur.

Ainsi une vente de meubles contiendra :

1° Les noms des contractants ;

2° La désignation précise de l'objet vendu et l'indication des garanties convenues ;

3° Le prix et tout ce qui s'y rattache, intérêts, délai et lieu de paiement ;

4° Les conditions particulières et spéciales à chaque espèce ;

5° Elle doit porter qu'elle a été faite en autant d'originaux que de parties contractantes ;

6° Elle doit être datée et signée de toutes les parties contractantes.

1° TIMBRE. — Les ventes de meubles doivent être écrites sur papier timbré de dimension à 0,60, 1,20 ou 1,80.

2° EXEMPLE. — « *Les soussignés Bernard-Pierre-Auguste* « *cultivateur à X... et Bertrand Jean-Jacques aubergiste au* « *même lieu conviennent de ce qui suit :*

« *M. Bernard vend par les présentes à M. Bertrand qui* « *accepte la récolte à faire en la présente année, dans une* « *pièce de vigne de vingt ares, située au finage de X..., lieudit* « *le Chemin-de-Saint-Jean, ladite pièce tenant du nord à* « *M. Thomas Pierre, du levant à M. Nicolas Joseph, du midi* « *à la route de X... à Y..., et du couchant à plusieurs, et bien* « *connue d'ailleurs de M. Bertrand acquéreur.*

« *Cette vente est faite aux risques et périls de l'acquéreur,* « *sans aucune garantie par le vendeur de la contenance de la* « *pièce, ni des cas fortuits ou autres qui pourraient déprécier* « *la récolte ou même l'anéantir.*

« *Cette vente est faite en outre moyennant le prix de trois* « *cents francs que l'acquéreur s'engage à payer, entre les* « *mains et en la demeure du vendeur, le onze novembre pro-* « *chain, sans intérêts jusque-là, mais avec intérêts à cinq* « *pour cent l'an à partir dudit jour en cas de retard.*

« *Fait double à X... le premier septembre mil huit cent* « *quatre-vingt-onze.* »

Si la vente s'applique à des objets susceptibles d'une tradition matérielle immédiate, tels par exemple qu'un cheval, un meuble, une marchandise, elle doit exprimer ou bien que l'acquéreur s'en reconnaît en possession, ou bien que la livraison lui en sera faite à l'époque et au lieu convenus.

383. Enregistrement — Les ventes de meubles faites sous signatures privées ne sont pas sujettes à l'enregistrement dans un délai déterminé ; toutefois, en vertu du principe général rapporté au n° 12, elles doivent être enregistrées avant qu'il en soit fait usage en justice ou par acte public.

Les ventes de meubles sont tarifées, lors de leur enregistrement, au droit de 2 fr. 50 0/0 perçu comme tous les droits proportionnels de 20 fr. en 20 fr. ; c'est-à-dire par exemple qu'une vente de 21 fr. supporte, comme une vente de 40 fr., un droit à 2 fr. 50 0/0 sur 40 fr. de 1 franc.

Les ventes de meubles après faillite ou liquidation judiciaire sont passibles seulement du droit de 0 fr. 625 0/0.

384. Vente de droits mobiliers. — Tout ce que je viens de dire de la vente de meubles s'applique également à la vente ou à la cession de droits mobiliers, notamment à la cession de droits successifs mobiliers. (V. nos 139 et 140).

Chapitre III. — DES VENTES D'IMMEUBLES.

385. Règles générales. — Outre les éléments constitutifs de la vente dont j'ai parlé au n° 378, la chose, le consentement et le prix, la vente d'immeubles contient généralement quelques autres indications, qui, pour ne pas être indispensables, n'en sont pas moins très utiles.

Il est d'usage, pour bien assurer la transmission de la propriété, qui ne peut, comme en matière mobilière, s'opérer par la tradition effective de l'objet vendu, d'insérer dans les ventes diverses clauses relatives notamment à l'époque de l'entrée en jouissance de l'acquéreur, à la date à partir de laquelle celui-ci paiera les impôts, et, le cas échéant, aux réserves que peut faire le vendeur. De plus, pour permettre à l'acquéreur de remplir les formalités hypothécaires et d'assurer ainsi la conservation de sa propriété, il est nécessaire d'indiquer l'origine aux mains du vendeur de la propriété de l'immeuble vendu, et il est souvent utile d'indiquer si le vendeur est ou a été marié, et s'il exerce ou a exercé des fonctions ayant pu grever ses biens d'hypothèques légales non inscrites. (V. n° 388).

1° Entrée en jouissance. — Le plus souvent l'acquéreur entre en jouissance immédiate, dès le moment même de la vente ; cependant, il arrive assez souvent que cette entrée en jouissance est plus ou moins retardée, et, comme cette prise de possession, qui supplée la tradition effective, a en pratique une importance considérable, il est toujours utile d'en exprimer le moment précis d'une façon claire et non équivoque.

2° Paiement des impots et primes d'assurances. — En principe, les impôts qui sont une charge de la jouissance, sont dus par le vendeur et l'acquéreur dans la proportion du temps pendant lequel chacun d'eux est resté en jouissance ; cependant, la division des impôts, si simple en apparence, n'est pas toujours d'un établissement facile, et, pour parer à toute difficulté, il est toujours prudent d'indiquer la date à partir de laquelle l'acquéreur doit les payer. Il en est de même pour les primes d'assurances contre l'incendie des immeubles bâtis, et, à ce propos, je ferai remarquer que toutes les ventes d'immeubles bâtis doivent être déclarées aux compagnies d'assurances où ces immeubles peuvent être assurés, et faire près de ces compagnies l'objet d'avenants de mutation pour conserver aux parties le bénéfice de l'assurance.

3° Réserves diverses. — Réserve d'usufruit. — Les

réserves que peut faire le vendeur portent généralement sur la jouissance partielle ou totale de l'objet vendu, dont l'acquéreur se trouve ainsi privé pendant un certain temps. Ces réserves, à moins qu'elles soient compensées par le non paiement par l'acquéreur de tout ou partie des intérêts de son prix, constituent une charge augmentative du prix ; elles doivent être évaluées en argent et sont ajoutées au prix pour la perception des droits d'enregistrement.

La réserve la plus étendue que puisse faire le vendeur est celle de l'usufruit pendant sa vie ou celle d'un tiers, ou même pendant la vie de plusieurs personnes. Comme compensation de cette réserve, le prix peut être stipulé payable après l'extinction de l'usufruit sans intérêts jusqu'au moment de cette extinction, et la réserve qui, au point de vue civil, ne constitue alors qu'un terme pour la jouissance de l'acquéreur, n'a aucune conséquence fiscale. Si, au contraire, malgré la réserve de l'usufruit par le vendeur, l'acquéreur paie son prix comptant, ou, le payant à terme, en paie les intérêts à l'usufruitier pendant la durée de l'usufruit, la réserve constitue alors une charge qui doit être ajoutée au prix et que la loi fiscale évalue à la moitié de ce prix ; c'est-à-dire que dans ce dernier cas les droits d'enregistrement sont perçus sur une fois et demie le prix stipulé.

4° ORIGINE DE PROPRIÉTÉ. — L'origine de propriété des immeubles vendus, comme je l'ai déjà dit, n'est pas nécessaire pour la perfection de la vente ; mais elle a une très grande importance au point de vue de la transmission de la propriété, c'est-à-dire de l'exécution même de la vente.

D'après l'article 1625 du Code civil, en effet, le vendeur garantit à l'acquéreur la possession paisible de la chose vendue ; mais il est évident que cette garantie ne peut être sérieuse qu'à la condition que le vendeur soit bien lui-même propriétaire, et il est juste par conséquent que le vendeur établisse et justifie sa propriété.

D'un autre côté la propriété des immeubles ne se prescrit que par trente ans, et pour que la justification du vendeur soit complète, il est toujours bon et souvent prudent d'établir la propriété et d'indiquer tous les anciens propriétaires ayant possédé pendant les trente années qui précèdent la vente.

Si le lecteur, du reste, veut se reporter à ce que j'ai dit aux nos 249 et 253-1 de l'utilité de la transcription et des états sur transcription, il comprendra facilement l'utilité pratique de l'origine de la propriété, et appréciera mieux l'intérêt de son étendue.

5° Vente verbale. — Une vente d'immeubles est parfaitement valable malgré qu'elle reste verbale, mais ce qui précède suffit à faire comprendre déjà combien elle est alors impuissante à transmettre effectivement la propriété à l'acquéreur et surtout à lui garantir cette propriété. D'ailleurs, il est impossible de faire transcrire une vente verbale, et ce que je dirai tout à l'heure (n° 388) de la transcription, mettra mieux en lumière encore les dangers de la vente verbale.

J'insiste donc ici, d'une façon toute particulière, pour recommander à mes lecteurs de faire par écrit toutes leurs ventes d'immeubles, quelle qu'en soit l'importance.

386. Rédaction. — Au point de vue spécial de la rédaction, on peut résumer tout ce qui précède en disant qu'un acte de vente d'immeubles doit comprendre en général, outre les conditions particulières et spéciales à chaque espèce :

1° Les noms, professions et domiciles des contractants ;

2° La désignation précise de l'objet vendu et des garanties convenues ;

3° L'expression du prix et de tout ce qui s'y rapporte, intérêts, délai et lieu de paiement ;

4° L'indication précise des charges imposées à l'acquéreur ou au vendeur, ainsi que des réserves convenues, et l'évaluation en argent de celles augmentatives du prix ;

5° L'origine de la propriété entre les mains du vendeur et des précédents propriétaires depuis trente ans ;

6° La déclaration du vendeur relative à son état civil et aux hypothèques légales qui peuvent le grever ;

7° La date de l'entrée en jouissance de l'acquéreur et celle à partir de laquelle il doit payer les impôts (ces deux dates n'en faisant généralement qu'une) ;

8° L'acte doit mentionner qu'il a été fait en autant d'originaux qu'il y a de parties contractantes, et il doit être accepté et signé par chacune de ces parties.

1° Timbre. — Toutes les ventes d'immeubles doivent être écrites sur papier timbré de dimension à 0 fr. 60, 1 fr. 20 ou 1 fr. 80.

2° Exemples. — Vente simple et sans réserve. — « *Entre les soussignés, Jean-Baptiste A... propriétaire à X...,* « *et Jules-Ernest B... cultivateur à Y..., il a été arrêté les* « *conventions suivantes :*

« *M. A... vend par les présentes, avec toutes les garanties* « *de droit, mais sans aucune garantie de la contenance, à* « *M. B... qui accepte, une pièce de terre située au territoire*

« *de la commune de X..., lieudit la Plaine-Saint-Jean, con-*
« *tenant vingt ares cinquante centiares et tenant du nord à*
« *M. Jean C..., de l'est à M. Paul D..., du midi aux héritiers*
« *F..., et de l'ouest à plusieurs aboutissants, ladite pièce*
« *inscrite à la matrice cadastrale sous le n° 220 de la section*
« *B..., lieudit la Plaine-Saint-Jean, pour une contenance de*
« *vingt ares.*

« *Cet immeuble appartient au vendeur pour l'avoir acquis,*
« *suivant acte passé devant Me N.... notaire à X.... le dix*
« *janvier mil huit cent soixante-quinze et régulièrement trans-*
« *crit le vingt-cinq du même mois, de M. Charles-Eugène H...*
« *négociant à X... ; et M. H... en était lui-même propriétaire*
« *pour l'avoir recueilli dans la succession de son père M. Joseph*
« *H.... décédé à X... le quinze mai mil huit cent cinquante-*
« *neuf et dont il était le seul héritier.*

« *M. B... acquéreur sera propriétaire de l'immeuble présen-*
« *tement vendu à partir de ce jour, il en prendra la jouissance*
« *le premier janvier prochain, et il en paiera tous les impôts*
« *à partir de la même époque.*

« *Enfin la présente vente est faite moyennant le prix de*
« *quatre cents francs que M. B... s'engage à payer entre les*
« *mains et au domicile de M. A... le premier janvier prochain,*
« *sans intérêts jusque-là, mais avec intérêts au taux de cinq*
« *pour cent l'an en cas de retard du paiement.*

« *M. A..., vendeur, déclare qu'il est célibataire, qu'il exerce*
« *actuellement la tutelle du mineur Paul-Emile O..., à laquelle*
« *il a été nommé suivant délibération prise sous la présidence*
« *de M. le Juge de paix de X... le dix juin mil huit cent quatre-*
« *vingt-cinq, et n'a jamais exercé d'autre fonction emportant*
« *hypothèque légale.*

« *Fait double à X... le dix décembre mil huit cent quatre-*
« *vingt-onze.* »

VENTE AVEC RÉSERVE ET CLAUSES SPÉCIALES. — « *Entre*
« *les soussignés, Jean-Baptiste A... propriétaire à X..., et*
« *Marguerite B..., sa femme demeurant avec lui et de lui*
« *dûment assistée et autorisée, d'une part,*

« *Et Jules-Ernest C.... cultivateur à X..., et Jeanne D..., sa*
« *femme demeurant avec lui et de lui dûment assistée et auto-*
« *risée, d'autre part,*

« *Il a été convenu et arrêté ce qui suit :*

« *M. et Mme A..., en s'engageant conjointement et solidai-*
« *rement aux garanties de droit, vendent par les présentes à*
« *M. et Mme C.... qui acceptent un jardin situé au territoire de*
« *la commune de X..., lieudit les Grand-Jardins, contenant*
« *vingt ares, clos de murs au nord, à l'est et au sud, et tenant*
« *à l'ouest à une autre partie de jardin appartenant aux*

« *vendeurs et réservée par eux, ledit immeuble inscrit à la* « *matrice cadastrale sous le n° 154 de la section A... pour une* « *contenance de vingt ares.*

« *Cet immeuble appartient en propre à Mme A... pour lui* « *avoir été constitué en dot par ses père et mère aux termes de* « *son contrat de mariage passé devant Me N... notaire à X...* « *le premier mars mil huit cent quatre-vingt-cinq, transcrit le* « *vingt-cinq du même mois. Il dépendait précédemment de la* « *communauté d'entre M. Jean B... et Mme Julie H.., père et* « *mère de Mme A..., pour avoir été acquis par eux suivant acte* « *passé devant Me O... notaire à X... le premier février mil* « *huit cent soixante-douze et régulièrement transcrit le deux* « *mars suivant de M. Pierre F... alors propriétaire à X...;* « *et M. F... en était lui-même propriétaire pour l'avoir* « *recueilli dans la succession de son père Jacques F..., décédé* « *à X... le premier juin mil huit cent cinquante-cinq, dont il* « *était héritier pour un tiers, et pour en avoir été attributaire* « *suivant acte sous signatures privées du dix mars mil huit* « *cent cinquante-six, enregistré à X... le cinq avril suivant,* « *contenant partage de ladite succession.*

« *Cette vente étant faite avec garantie de la contenance, les* « *parties conviennent que le mesurage du jardin vendu sera* « *fait aux frais des vendeurs dans un délai de quinze jours,* « *et que la ligne séparative d'entre le jardin vendu et celui* « *réservé des vendeurs sera déterminée de façon qu'elle soit* « *parallèle au mur du côté est, et que la contenance du jardin* « *vendu soit exactement de vingt ares.*

« *M. et Mme A... vendeurs s'engagent à faire à leurs frais,* « *d'ici le premier janvier prochain, sur le côté ouest du jardin* « *vendu, un mur semblable à celui qui existe déjà sur les trois* « *autres côtés, de façon que le jardin soit entièrement clos.*

« *M. et Mme C... seront propriétaires de l'immeuble pré-* « *sentement vendu à partir de ce jour, mais ils n'en prendront* « *la jouissance qu'à partir du premier janvier prochain et* « *paieront les impôts à partir de la même époque.*

« *Enfin, la présente vente est faite moyennant la somme de* « *mille francs que M. et Mme C... s'engagent conjointement et* « *solidairement à payer entre les mains et au domicile des* « *vendeurs, moitié le premier juillet prochain, sans intérêts* « *jusque-là et en cas de retard avec intérêts à cinq pour cent* « *l'an à partir dudit jour premier juillet, un quart le premier* « *juillet mil huit cent quatre-vingt-treize et un quart le premier* « *juillet mil huit cent quatre-vingt-quatorze, avec pour ces* « *deux derniers quarts intérêts à cinq pour cent l'an à partir* « *du premier juillet prochain. Toutefois, au cas où l'accom-* « *plissement des formalités hypothécaires révélerait, avant le*

« *premier juillet prochain, l'existence d'inscriptions grevant*
« *l'immeuble vendu, M. et Mme C... pourront ne rien verser*
« *de leur prix avant que M. et Mme A... ne leur aient rapporté*
« *la mainlevée de ces inscriptions.*

« *M. et Mme A... ont présentement remis à M. et Mme C...*
« *qui le reconnaissent, l'expédition de l'acte du premier février*
« *mil huit cent soixante-douze visé ci-dessus dans l'établissement*
« *de l'origine de propriété, et ne pourront être tenus de leur*
« *remettre aucun autre titre de propriété.*

« *Fait double entre les soussignés à X... le premier février*
« *mil huit cent quatre-vingt-onze.* »

« *Lu et approuvé l'écriture ci-*
« *dessus et bon pour autori-*
« *sation de ma femme.*
« *Jean-Baptiste A...*

Lu et approuvé l'écriture ci-
dessus.
Marguerite B...

« *Lu et approuvé l'écriture ci-*
« *dessus et bon pour autori-*
« *sation de ma femme.*
« *Jules-Ernest C...*

Lu et approuvé l'écriture ci-
dessus.
Jeanne D... »

387. Enregistrement. — A l'inverse de beaucoup de droits d'enregistrement qui ne peuvent être perçus que sur des actes, et que pour cette raison on appelle « *droits d'actes* », le droit dû sur les ventes d'immeubles est acquis au trésor par le seul fait de l'existence de la vente, et doit être acquitté dans tous les cas, soit que la vente soit constatée par écrit, soit qu'elle reste verbale.

Les actes de ventes faits sous signatures privées doivent être enregistrés dans les trois mois de leur date, le jour de la date ne comptant pas; c'est-à-dire qu'un acte de vente fait le premier janvier pourra être enregistré jusqu'au premier avril inclusivement. Si le dernier jour du délai est un dimanche ou un jour de fête légale, le délai se trouve prorogé au lendemain.

Quand une vente n'est pas constatée par écrit, les parties doivent en faire la déclaration à l'enregistrement dans les trois mois de l'entrée en possession.

Si une vente faite sous signatures privées constate que l'entrée en possession est antérieure à la date de l'acte, et que la vente soit ainsi restée d'abord verbale avant d'être constatée par écrit, on devra toujours, comme je l'ai conseillé pour les baux (n° 81-2), considérer le délai de trois mois comme partant de la date de l'entrée en possession.

Le vendeur et l'acquéreur sont tenus solidairement au paiement des droits vis-à-vis de l'Administration, mais ces droits sont en fait à la charge de l'acquéreur, sauf convention contraire; et, s'ils sont acquittés par le vendeur, celui-ci peut les réclamer à son acquéreur. — D'ailleurs le vendeur qui, à défaut d'enregistrement ou de déclaration, selon que la vente est écrite ou verbale, encourt personnellement un double droit comme on le verra au paragraphe 2 ci-dessous, peut s'affranchir de ce droit en sus ainsi que du versement immédiat du droit simple, en déposant dans un bureau d'enregistrement l'acte de vente s'il en a été fait un, ou en faisant la déclaration prescrite si la vente est restée verbale. Un délai supplémentaire d'un mois est accordé au vendeur pour faire ce dépôt ou cette déclaration. — Art. 14 de la loi du 23 août 1871.

1° TARIF. — Les ventes d'immeubles, sauf celles faites à titre de licitation entre copropriétaires (V. nos 263 et suiv.), sont assujetties au droit de 6 fr. 875 0/0 qui, comme tous les droits proportionnels, se perçoit sur les sommes arrondies de 20 fr. en 20 fr. Ce droit est liquidé sur le prix augmenté de toutes les charges évaluées en argent, ainsi qu'il a déjà été dit aux nos 378-2 et 385-3.

2° PEINES EN CAS DE RETARD. — A défaut d'enregistrement de la vente écrite ou de déclaration de la vente verbale dans les délais fixés ci-dessus, le vendeur et l'acquéreur sont tenus personnellement et sans recours l'un contre l'autre d'un double droit, lequel ne peut être inférieur à 62 fr. 50.

3° PRIX CONSISTANT EN UNE RENTE VIAGÈRE. — Quand le prix d'une vente consiste en une rente viagère, les parties doivent évaluer cette rente en capital eu égard à l'âge et à la santé du crédi-rentier. Cette évaluation, qui doit toujours représenter la valeur vénale de l'immeuble vendu, devra généralement correspondre au capital qui, d'après les tarifs des compagnies d'assurances sur la vie, aurait été nécessaire pour constituer sur la tête du crédi-rentier la rente stipulée.

4° INSUFFISANCE. — DISSIMULATION. — Le droit d'enregistrement perçu sur les ventes doit, dans l'esprit de la loi fiscale, atteindre la valeur réelle des objets vendus ; mais il peut arriver que le prix de la vente, exprimé en toute sincérité, soit inférieur à cette valeur réelle, ou que ce prix, par suite de fraude, ne soit que partiellement exprimé. Dans le premier cas il y a insuffisance de prix, et dans le second il y a dissimulation.

L'Administration de l'Enregistrement a le droit de provoquer l'expertise des immeubles vendus dont le prix lui paraît insuffisant, mais elle ne peut user de ce droit que pendant le délai d'un an à partir de l'enregistrement de la vente; quand l'expertise fait ressortir une insuffisance, il est dû un supplément de droit de vente, et si l'insuffisance reconnue est supérieure au huitième du prix exprimé, il est dû, outre le droit simple, un double droit sur le supplément d'estimation.

L'Administration de l'Enregistrement peut, pendant un délai de trente ans, établir la dissimulation par tous les genres de preuves admises par le droit commun; toutefois, elle ne peut déférer le serment décisoire, et elle ne peut user de la preuve testimoniale que pendant dix ans à partir de l'enregistrement de l'acte. Toute dissimulation dans le prix d'une vente et dans la soulte d'un échange ou d'un partage est punie d'une amende égale (en principal) au quart (soit avec les décimes aux 5/16) de la somme dissimulée et due solidairement par les parties, sauf à la répartir entre elles par égale part. — Art. 12 et 13 de la loi du 23 août 1871.

La dissimulation de prix est généralement accompagnée d'une insuffisance, et quand elle est reconnue dans le délai d'un an fixé pour les insuffisances, elle fait encourir cumulativement à ses auteurs les deux pénalités du double droit et de l'amende du quart.

La remise des droits en sus et amendes peut être demandée dans la forme indiquée au n° 297.

388. Formalités hypothécaires. — Les formalités hypothécaires ont pour but, en ce qui concerne le vendeur, de garantir son privilège et le paiement de son prix si celui-ci n'est pas payé comptant, et, en ce qui concerne l'acquéreur, d'assurer sa propriété et de lui permettre de se libérer valablement de son prix.

La première formalité hypothécaire à remplir est celle de la transcription dont j'ai dit les effets au n° 249. Au point de vue du vendeur, la transcription suffit à conserver son privilège (V. n° 246), sauf l'obligation de renouveler en temps utile l'inscription d'office, et cette formalité est la seule qui lui soit utile. Au point de vue de l'acquéreur, la transcription n'a pour effet que de le rendre véritablement propriétaire vis-à-vis des tiers, mais elle est insuffisante pour lui permettre de payer valablement son prix et de se garantir contre les effets du droit de suite qui appartient aux créanciers ayant hypothèque ou privilège sur l'immeuble qu'il a acquis. (V. n° 241).

Pour régulariser sa situation et payer valablement son prix, l'acquéreur a encore besoin de faire disparaître les charges grevant l'immeuble qu'il a acheté, et il doit, pour arriver à ce but, en déposant à la Conservation des Hypothèques son acte pour être transcrit, demander, à la date du lendemain de cette transcription et dans la forme indiquée au nº 256-2, un état sur transcription qui lui fera connaître les hypothèques et privilèges inscrits tant du chef du ou des vendeurs que des précédents propriétaires. Le plus souvent cet état renseignera l'acquéreur d'une façon suffisante pour lui permettre de se libérer, soit qu'il se fasse rapporter par son vendeur la mainlevée des inscriptions existantes, soit qu'il paie son prix entre les mains des créanciers inscrits. Cependant, lorsque les charges inscrites dépasseront le montant du prix et que le règlement amiable paraîtra difficile, ou bien lorsqu'il y aura lieu de craindre l'existence d'hypothèques légales non inscrites, il pourra être utile de faire la purge des hypothèques, et, en raison des difficultés de cette opération, je conseille au lecteur, comme je l'ai déjà dit au nos 250 et 251, d'en confier le soin à son avoué.

En résumé, il convient pour l'acquéreur de toujours faire transcrire une vente, sauf ce qui a été dit au nº 265-1 pour les ventes faites à titre de licitation, de demander en même temps un état sur transcription des charges grevant les immeubles acquis, et de ne payer le prix qu'après l'accomplissement de ces deux formalités. Si les charges révélées par l'état sont inférieures au prix, l'acquéreur pourra généralement en obtenir les mainlevées, au besoin en payant directement les créanciers inscrits; — si les charges sont supérieures au prix et que l'acquéreur ne puisse en obtenir amiablement les mainlevées, il agira prudemment de confier à son avoué le soin de régler sa situation en opérant la purge dont j'ai parlé aux nos 250 et 251.

Je répète, comme je l'ai déjà dit au nº 385, qu'en vue de la purge des hypothèques légales, et lorsqu'on prévoit que cette purge pourra devenir nécessaire, il est utile de faire déclarer par le vendeur, dans l'acte de vente, s'il est ou a été marié et s'il exerce ou a exercé des fonctions ayant pu grever ses biens d'hypothèques légales non inscrites; et je rappelle, comme je l'ai déjà dit au nº 251-1, qu'en ce qui concerne l'hypothèque légale de la femme, la purge peut être suppléée par son concours à la vente ou sa renonciation ultérieure, pourvu que ces concours ou renonciation aient lieu par acte authentique.

389. Vente de droits immobiliers. — Tout ce que je viens de dire de la vente des immeubles s'applique également à la vente ou à la cession de droits immobiliers, notamment à la cession de droits successifs immobiliers. (V. nos 139 à 141).

390. Vente d'usufruit et de nue-propriété. — On a déjà vu aux numéros 282 et 375 qu'il n'y a pas d'indivision entre l'usufruitier et le nu-propriétaire, et que l'usufruit et la nue-propriété d'un même immeuble constituent comme deux immeubles distincts.

Au point de vue civil, en vertu même de ce principe, la vente d'un usufruit ou d'une nue-propriété ne diffère en rien de la vente ordinaire d'une toute propriété. Il suffit d'exprimer bien clairement dans l'acte, qu'il s'agit d'une nue-propriété ou d'un usufruit, et de bien préciser à quel moment l'acquéreur de la nue-propriété devra y réunir la jouissance dont il est momentanément privé, ou à quel moment l'acquéreur de l'usufruit devra cesser sa jouissance.

Au point de vue fiscal, ces sortes de ventes demandent quelques observations spéciales. — Il peut se présenter plusieurs cas : on peut vendre isolément l'usufruit et la nue-propriété, ou bien la même personne peut vendre simultanément l'usufruit à l'un et la nue-propriété à l'autre, ou bien encore l'usufruitier et le nu-propriétaire peuvent se réunir pour vendre ensemble tous leurs droits à un même acquéreur.

1° Vente d'une nue-propriété. — Si une personne, propriétaire d'un immeuble, en vend à une autre la nue-propriété, en s'en réservant l'usufruit, cette réserve constitue au point de vue fiscal une charge qui est évaluée à la moitié du prix et assujettie avec lui au droit de vente, à moins que par compensation l'acquéreur ne doive payer son prix qu'après l'extinction de l'usufruit et sans intérêts jusque-là, auquel cas le droit de vente est dû seulement sur le prix exprimé. (V. n° 385 3).

Si une personne possédant seulement une nue-propriété la vend à une autre, soit que celle-ci possède déjà ou ne possède pas l'usufruit, cette vente se traite par les règles ordinaires et le droit de vente est perçu sur le prix exprimé, sans que l'on considère comme charge augmentative du prix les intérêts qui peuvent en être payés jusqu'à la réunion de l'usufruit.

2° Vente d'un usufruit. — Si une personne, propriétaire d'un immeuble, en vend à une autre l'usufruit, en s'en réservant la nue-propriété, cette vente est absolument semblable à celle d'une toute propriété et ne comporte aucune règle spéciale.

Si une personne, propriétaire seulement de l'usufruit d'un immeuble, vend cet usufruit à une autre, il faut distinguer si l'acquéreur possède déjà ou non la nue-propriété de cet immeuble. — Si l'acquéreur ne possède pas la nue-propriété, la vente, comme dans le cas précédent, ne comporte aucune règle spéciale. Mais si l'acquéreur est déjà nu-propriétaire, la vente, d'après les règles déjà indiquées au n° 376, supportera tantôt le droit de vente comme une vente ordinaire, et tantôt seulement le droit fixe de 5 fr. 63 avec ou sans le droit de transcription de 1 fr. 875 0/0, ainsi qu'il est dit au n° 376.

3° Vente simultanée d'usufruit et de nue-propriété. — Si une personne propriétaire d'un immeuble en vend simultanément la nue-propriété à une personne et l'usufruit à une autre, on est alors en présence de deux ventes absolument distinctes, et le droit d'enregistrement est dû sur le prix exprimé de chacune de ces ventes.

Si deux personnes, l'une usufruitière et l'autre nue-propriétaire d'un même immeuble, se réunissent pour vendre par le même acte tous leurs droits à une même personne, il peut arriver que la vente soit faite moyennant un prix unique ou moyennant deux prix distincts. — S'il est stipulé un prix distinct pour chaque vente, la vente de la nue-propriété se traite comme il a été dit au second alinéa du paragraphe premier, et la vente de l'usufruit se traite comme si elle avait été faite au profit du vendeur de la nue-propriété, d'après ce qui a été dit au second alinéa du paragraphe deux ci-dessus, le tiers-acquéreur bénéficiant dans ce cas du paiement par anticipation qu'a pu faire avant lui le premier propriétaire de la nue-propriété. — Si la vente est faite moyennant un prix unique, la jurisprudence décide que l'Administration doit considérer que le prix s'applique pour moitié à l'usufruit et pour moitié à la nue-propriété, et cette division une fois faite, on retombe dans le cas précédent. Toutefois, dans ce cas d'un prix unique, si, d'après les règles énoncées au paragraphe deux ci-dessus et au n° 376, le droit de vente ne doit pas être perçu sur la valeur de l'usufruit, cette valeur devra toujours supporter avec le droit de 5 fr. 63, celui de transcription de 1 fr. 875 0/0 qui, en raison de son indivisibilité, est dû sur la totalité du prix unique stipulé.

Chapitre IV. — VENTE DE MEUBLES ET D'IMMEUBLES.

391. Règles générales. — Tant au point de vue du droit civil qu'à celui de la rédaction, je n'ai rien à dire de spécial au sujet de la vente qui comprend en même temps des meubles et des immeubles. Cette vente devra être faite en tenant compte à la fois des règles exposées pour les ventes de meubles aux nos 381 et 382 et pour les ventes d'immeubles aux numéros 385 et 386.

392. Enregistrement. — L'acte étant unique, ne peut être soumis partiellement à l'enregistrement, et la nature immobilière d'une partie des biens vendus rend l'enregistrement obligatoire pour le tout, comme s'il s'agissait d'une vente contenant uniquement des immeubles. (V. ne 387.) La seule différence entre la vente qui comprend à la fois des meubles et des immeubles et celle qui comprend seulement des immeubles est relative au tarif.

1o Tarif. — Lorsqu'une vente comprend des meubles et des immeubles, le droit d'enregistrement est perçu sur la totalité du prix au taux réglé pour les immeubles, à moins qu'il ne soit stipulé un prix particulier pour les objets mobiliers, et qu'ils ne soient désignés et estimés article par article dans le contrat. — Art. 9 de la loi du 22 frimaire an vii. — Toutefois, le détail et l'estimation article par article d'objets mobiliers meublants peuvent être suppléés, par exemple par la référence à un inventaire authentique de ces objets.

Si donc une vente de meubles et immeubles renferme les conditions voulues par la loi, chaque espèce de biens, vendue moyennant un prix distinct, sera tarifée au droit dû d'après sa nature; si au contraire les conditions voulues par la loi ne sont pas remplies, le droit de 6,875 0/0 sera perçu sur le tout. — Si la vente est faite à titre de licitation, voir nos 265 et 140 *in fine*.

393. Transcription. — La vente qui comprend des meubles et des immeubles est susceptible, en ce qui concerne ces derniers, des formalités hypothécaires que j'ai indiquées au no 387. Toutefois, j'ajoute qu'en déposant cet acte à la transcription, il sera bon de requérir le Conservateur de n'opérer cette formalité qu'en ce qui concerne les immeubles. Cette réquisition se fera sur une feuille de papier non timbré qui sera remise au Conservateur avec l'acte à transcrire, ou même par une mention signée à la suite ou en marge de cet acte.

Chapitre V. — VENTE DE FONDS DE COMMERCE.

394. Règles générales. — La vente de fonds de commerce tient en même temps de la vente de meubles et de la vente d'immeubles. Au point de vue civil elle constitue une véritable vente de meubles soumise aux règles exposées

sous les nos 381 à 383 ; au point de vue fiscal elle est, comme la vente d'immeubles, assujettie obligatoirement dans le délai de trois mois, à l'enregistrement si elle est écrite, et à la déclaration si elle est verbale (V. n° 387), en vertu de l'article 8 de la loi du 28 février 1872.

On entend par fonds de commerce, non-seulement le fonds proprement dit, c'est-à-dire la clientèle et l'achalandage, mais encore les objets ou le matériel servant à l'exploitation du fonds, et le plus souvent aussi le droit au bail des lieux où il s'exploite.

Les ventes de fonds de commerce, quand ceux-ci ont pour objet la vente de marchandises, sont généralement accompagnées d'une vente des marchandises neuves qui garnissent le fonds.

Des définitions qui précèdent il résulte qu'une vente de fonds de commerce, dans le sens général que la pratique donne à ce mot, comprend ou peut comprendre trois éléments, la vente du fonds proprement dit, la vente des marchandises, et un bail si le vendeur est propriétaire de l'immeuble où s'exploite le fonds, ou bien une cession de bail s'il n'en est que locataire.

395. Rédaction. — Pour rédiger une vente de fonds de commerce, il convient de décomposer la convention complexe en trois parties comme je l'ai fait au numéro qui précède. On traitera les deux premières, la vente du fonds et la vente des marchandises d'après les règles spéciales aux ventes de meubles, en ajoutant comme dans les ventes d'immeubles les indications utiles au sujet de l'entrée en jouissance de l'acquéreur et du paiement par lui des impôts, et, quand il y a lieu, des primes d'assurance contre l'incendie ; et on traitera le bail ou la cession de bail d'après les règles indiquées aux numéros 78 et 87.

1° Marchandises. — En ce qui concerne les marchandises, on verra au n° 396 qu'il est très important que l'acte de vente en contienne le détail et l'estimation article par article, ou soit accompagné d'un état présentant ce détail estimatif.

Cependant il arrive très souvent dans la pratique que le détail et l'estimation des marchandises ne sont pas connus au moment où l'acte de vente est rédigé ; dans ce cas, l'état des marchandises n'est dressé que postérieurement à l'acte de vente, au moment de leur inventaire, et les deux actes peuvent être présentés à l'enregistrement ensemble ou successivement V. n° 396-1.

2° Timbre. — Les ventes de fonds de commerce et les états de marchandises, qui peuvent les accompagner ou être dressés ensuite, doivent les uns et les autres être écrits sur papier timbré de dimension à 0 fr. 60, 1 fr. 20 ou 1 fr. 80.

3° Résumé. — On peut résumer et compléter ce qui précède en disant qu'une vente de fonds de commerce doit comprendre : 1° les noms des parties contractantes ; — 2° la désignation du fonds vendu et du matériel qui en dépend et l'énonciation précise des garanties convenues quant à la consistance de ces fonds et matériel ; — 3° les conditions particulières à chaque espèce, et notamment la clause très répandue par laquelle le vendeur s'interdit le droit de faire valoir un fonds de même nature que celui cédé ; — 4° la date à partir de laquelle l'acquéreur entrera en jouissance et supportera les charges afférentes au commerce ; — 5° le détail et l'estimation article par article des marchandises vendues, ou bien, si l'inventaire n'en a pas encore été fait, une promesse de vente de ces marchandises ; — 6° le prix du fonds et celui des marchandises et toutes les conventions relatives à sa fixation, ses mode, délai et lieu de paiement, ainsi que l'expression des garanties que l'acquéreur peut conférer à son vendeur ; — 7° le bail ou la cession de bail ; — 8° il est quelquefois utile de mentionner, comme pour les immeubles, l'origine de propriété, au moins en ce qui concerne la dernière mutation, V. n° 385-4 ; — 9° enfin l'acte doit mentionner qu'il a été fait double entre les parties, être daté, approuvé et signé par chacun des contractants, — le tout par exemple de la manière suivante :

4° Exemple. — « *Entre les soussignés Jean-Baptiste A..., « négociant en mercerie demeurant à X..., grande-rue « numéro dix, d'une part,*

« *Et Jules-Ernest B... employé de commerce et Jeanne C... « sa femme de lui dûment assistée et autorisée, tous deux « demeurant ensemble à X..., Grande-Rue numéro quatre, « d'autre part,*

« *Il a été convenu et arrêté ce qui suit :*

« *M. A... vend par les présentes à Monsieur et Madame B..., « qui acceptent conjointement et solidairement, le fonds de « commerce de mercerie lui appartenant et qu'il exploite à son « domicile ci-dessus indiqué, ensemble la clientèle attachée à « ce fonds et le matériel servant à son exploitation et* (si le « vendeur cède en même temps son bail à l'acquéreur) « *le droit au bail de la maison où s'exploite ledit fonds. Cette « vente est faite sans aucune garantie, le tout étant vendu tel « qu'il existe et se comporte, explication faite toutefois que le « matériel vendu consiste en* (donner le détail des objets tels « que rayonnages, comptoirs, glaces, mètres, balances, etc.)

« *M. A... s'interdit le droit de faire valoir aucun fonds d'un* « *genre semblable à celui qu'il vend présentement, soit dans la* « *ville de X..., soit dans un rayon de vingt-cinq kilomètres.*

« *M. et Mme B... seront propriétaires et entreront en jouis-* « *sance du fonds à eux vendu le premier octobre prochain, ils* « *paieront à partir de cette date les contributions actuellement* « *payées par M. A... à raison de son commerce et devront* « *demander à partir de cette date le transfert à leur nom de* « *la patente actuellement au nom de M. A...*

M. et Mme B... s'obligent à reprendre toutes les marchan- « *dises qui existeront en magasin au jour de leur entrée en* « *jouissance pour leurs prix de facture avec un rabais de* « *dix pour cent,* (ou bien *pour la valeur qui sera fixée par* « *l'inventaire que feront incessamment deux experts à choisir* « *par les soussignés, avec faculté pour eux, en cas de désaccord,* « *de s'adjoindre un tiers expert de leur choix); ils s'engagent* « *à faire transférer à leur nom la police en vertu de laquelle* « *ces marchandises sont assurées contre l'incendie à la com-* « *pagnie « le Phénix », et ils s'obligent à payer les primes de* « *cette assurance à partir du premier octobre prochain.* (Si le « détail et l'estimation des marchandises sont connus cette « clause sera complétée de la manière suivante : *M. A...* « *vend en outre à M. et Mme B... les marchandises dont le* « *détail suit...* ou bien *les marchandises détaillées dans un* « *état ci-annexé et estimées audit état à la somme de...)*

« *La vente du fonds est faite moyennant un prix de cinq* « *mille francs payable solidairement par M. et Mme B... le* « *jour même de l'entrée en jouissance et avant cette entrée en* « *jouissance, sans quoi celle-ci pourrait ne pas avoir lieu si* « *bon semble au vendeur. — Les marchandises sont vendues* « *moyennant le prix qui résultera de leur inventaire, lequel* « *prix M. et Mme B... s'engagent conjointement et solidaire-* « *ment à payer moitié le jour de l'entrée en jouissance, et l'autre* « *moitié, avec les intérêts ci-après stipulés, par tiers le premier* « *janvier de chacune des années 1893-1894 et 1895.* (Si le « prix des marchandises est connu, cette clause sera modi- « fiéede la manière suivante : *Les marchandises sont vendues* « *moyennant le prix de... payable....).*

« *Toutes les sommes non payées le jour de l'entrée en jouis-* « *sance seront productives d'intérêts à cinq pour cent l'an à* « *partir dudit jour, et tous les paiements en principal et* « *intérêts seront effectués au futur domicile de M. A... à X...,* « *rue de Paris n° 15.*

« *Tant que M. et Mme B... ne seront pas complètement* « *libérés vis-à-vis de M. A... du prix du fonds et des mar-* « *chandises présentement vendus, ils ne pourront céder eux-*

« *mêmes ledit fonds à un successeur qu'avec le consentement*
« *et le concours de M. A... qui touchera jusqu'à concurrence*
« *de sa créance les premiers fonds à provenir de cette cession.*
« *Toute cession faite au mépris de la présente clause aurait*
« *notamment pour effet de rendre immédiatement exigible tout*
« *ce que M. et Mme B... pourraient rester devoir à M. A... en*
« *principal et intérêts.*

« *M. A... cède encore par les présentes à M. et Mme B... qui*
« *acceptent toujours sous la même solidarité, son droit au*
« *bail de la maison où s'exploite le fonds présentement vendu,*
« *ledit bail consenti par M. N... à M. A... suivant acte sous*
« *signatures privées du premier mars mil huit cent quatre-*
« *vingt-dix enregistré à X... le quinze du même mois, pour*
« *vingt ans du premier avril mil huit cent quatre-vingt-dix,*
« *moyennant un loyer de mille francs payable le trente et un*
« *mars de chaque année au domicile dudit M. N...*

« *M. et Mme B... jouiront de tous les droits concédés à M. A...*
« *par ledit bail, mais supporteront seuls, à partir du premier*
« *octobre prochain, toutes les charges qui peuvent en résulter,*
« *notamment celle des réparations locatives dont M. A... sera*
« *entièrement déchargé ; et ils s'engagent conjointement et*
« *solidairement à payer directement à M. N... les loyers qui*
« *lui seront dus à l'avenir, étant expliqué toutefois que le*
« *terme du trente et un mars prochain sera payé moitié par*
« *M. A... et moitié par M. et Mme B...*

« *Fait double à X... le premier septembre mil huit cent*
« *quatre-vingt-onze.* »

396. Enregistrement. — Les actes sous signatures privées contenant vente de fonds de commerce ou de clientèles sont enregistrés dans les trois mois de leur date. A défaut d'acte constatant la mutation, il y est suppléé par des déclarations détaillées et estimatives faites au bureau de l'enregistrement de la situation du fonds de commerce ou de la clientèle, dans les trois mois de l'entrée en possession. Art. 8 de la loi du 28 février 1872. Il y a ainsi sous ce rapport une assimilation entre les ventes d'immeubles et les ventes de fonds de commerce, et, en plus de ce qui précède, tout ce que j'ai dit des premières au n° 387 s'applique également aux secondes, sauf les différences ci-après :

1° Tarif. — Au point de vue des droits à percevoir, il faut décomposer les ventes de fonds de commerce dans leurs trois éléments indiqués au n° 394, sur chacun desquels il est dû un droit particulier.

Il est dû le droit de 2 fr. 50 0/0 sur le prix du fonds, ou sur ceux réunis de l'achalandage, du matériel et du droit au bail, s'il a été stipulé pour ces objets des prix distincts.

Il est dû le droit de 0 fr. 625 0/0 sur le prix des marchandises quand elles sont détaillées et estimées article par article, soit dans l'acte de vente, soit dans un acte séparé, mais également soumis à l'enregistrement. Si le prix des marchandises est exprimé dans l'acte de vente, sans que ces marchandises soient détaillées et estimées article par article, ce prix supporte, comme celui du fonds, le droit de 2 fr. 50 0/0. Si l'acte de vente du fonds contient seulement une promesse de la vente des marchandises, et qu'il soit enregistré avant que l'inventaire de celles-ci ait été fait, il supporte pour la promesse de vente un droit fixe de 3 fr. 75, et l'inventaire supporte ultérieurement le droit de 0 fr. 625 0/0 sur la prisée des marchandises. Si enfin l'acte contient une vente ferme des marchandises dont le prix encore inconnu doit être fixé par le résultat d'un inventaire à faire ultérieurement, les parties doivent faire des marchandises une évaluation provisoire qui supporte provisoirement aussi un droit de 2 fr. 50 0/0 imputé plus tard sur celui de 0 fr. 625 0/0 à liquider définitivement lors de l'enregistrement de l'inventaire. Dans ce cas particulier, il convient de faire l'évaluation provisoire des marchandises à un chiffre assez faible pour que le droit de 2 fr. 50 0/0 ne soit pas supérieur à celui de 0 fr 625 0/0 réellement dû et puisse être imputé lors de la liquidation de ce dernier droit; si en effet le droit de 2 fr. 50 0/0 perçu était supérieur à celui dû de 0 fr. 625 0/0, la restitution de la différence ne pourrait être obtenue.

Quand un fonds de commerce dépend d'une faillite, le prix du fonds et celui des marchandises supportent le même droit de 0 fr. 625 0/0.

Enfin la cession de bail supporte le droit de 0 fr. 25 0/0 sur le montant cumulé des loyers restant à courir (v. n° 87-2), sauf la faculté de fractionnement indiquée au n° 83.

2° PEINES EN CAS DE RETARD. — Les peines en cas de retard sont les mêmes que celles indiquées au n° 387-2 pour les ventes d'immeubles.

3° INSUFFISANCE. — DISSIMULATION. — Ce que j'ai dit au n° 387-4, des insuffisances et des dissimulations de prix dans les ventes d'immeubles, s'applique également aux insuffisances et aux dissimulations de prix dans les ventes de fonds de commerce, avec cette seule différence que le délai pour faire expertise, en cas d'insuffisance, est seulement de trois mois au lieu d'un an.

397. Publication. — Les ventes de fonds de commerce

doivent être publiées par extrait, comme les actes de société (v nº 324), dans un journal d'annonces légales ; les créanciers du vendeur ont à partir de cette publication un délai de dix jours francs pour faire opposition entre les mains de l'acquéreur. Passé ce délai, et à défaut d'opposition, l'acquéreur se libère valablement aux mains du vendeur.

Il résulte de là que chaque fois que l'acquéreur d'un fonds de commerce a des doutes sur la situation de son vendeur, il ne doit pas payer son prix avant de s'être conformé à la règle dont l'énoncé précède, attendu qu'il pourrait, faute de cette précaution, s'exposer à payer deux fois.

Chapitre VI — VENTES A RÉMÉRÉ.

398. Droit civil. — La faculté de rachat ou de réméré est un pacte par lequel le vendeur se réserve de reprendre la chose vendue, moyennant la restitution du prix principal et le remboursement dont il est parlé à l'article 1673 rapporté ci-après. C. c. 1659.

La faculté de rachat ne peut être stipulée pour un terme excédant cinq années. Si elle a été stipulée pour un terme plus long, elle est réduite à ce terme. C. c. 1660.

Faute par le vendeur d'avoir exercé son action de réméré dans le terme prescrit, l'acquéreur demeure propriétaire irrévocable. C. c. 1662.

Le vendeur qui use du pacte de rachat, doit rembourser non seulement le prix principal, mais encore les frais et loyaux coûts de la vente, les réparations nécessaires et celles qui ont augmenté la valeur du fonds, jusqu'à concurrence de cette augmentation. Il ne peut rentrer en possession qu'après avoir satisfait à toutes ces obligations. — Lorsque le vendeur rentre dans son héritage par l'effet du pacte de rachat, il le reprend exempt de toutes les charges et hypothèques dont l'acquéreur l'aurait grevé ; il est tenu d'exécuter les baux faits sans fraude par l'acquéreur. C. c. 1673.

399. Observations pratiques. — Des règles dont l'exposé précède il résulte que l'acquéreur à pacte de rachat n'est pas propriétaire définitif du bien qu'il achète, qu'il n'en est que propriétaire conditionnel, et que, la condition du rachat venant à se réaliser, son droit de propriété est résolu comme s'il n'avait jamais existé, au point que les aliénations ou les hypothèques par lui consenties se trouvent elles-mêmes également résolues.

La faculté de rachat ne peut être stipulée que pour un terme n'excédant pas cinq ans et ne peut pas être prorogée au-delà de ce terme, après lequel le prétendu exercice du réméré ne pourrait constituer qu'une vente ordinaire.

Le pacte de réméré peut s'appliquer aux choses mobilières.

400. Rédaction. — Une vente à réméré se rédige comme une vente ordinaire et n'en diffère que par l'addition de la clause relative à la faculté de rachat, qui peut être exprimée très simplement par exemple, de la manière suivante : « *M. A... vendeur se réserve la faculté de rachat pendant cinq* « *ans de ce jour.* »

Le rachat ou retrait de réméré pourra de même se rédiger très simplement, par exemple de la manière suivante :

« *Les soussignés A... et B... exposent et arrêtent ce qui* « *suit : — Aux termes d'un acte passé devant Me N... notaire* « *à X... le dix janvier mil huit cent quatre-vingt-huit, M. A...* « *avait vendu à M. B..., avec faculté de rachat pendant une* « *durée de quatre ans à partir dudit jour dix janvier mil huit* « *cent quatre-vingt-huit, divers immeubles situées à X...,* « *moyennant le prix de trois mille francs payé comptant.*

« *M. A..., voulant user de la faculté de réméré qu'il s'est* « *réservée aux termes dudit acte, a présentement versé à M. B...* « *qui le reconnaît : 1° la somme de trois mille francs, montant* « *en principal du prix de la vente du dix janvier mil huit cent* « *quatre-vingt-huit ; 2° et celle de deux cent cinquante francs* « *pour les frais et loyaux coûts dudit acte.*

« *Au moyen de quoi la vente du dix janvier mil huit cent* « *quatre-vingt-huit sera désormais considérée comme nulle et* « *non avenue, et M. A... rentrera à partir de ce jour en* « *possession des immeubles ayant fait l'objet de ladite vente.*

« *Fait double à X... le premier décembre mil huit cent* « *quatre-vingt-onze.* »

401. Enregistrement. — Les ventes faites avec faculté de rachat ou de réméré sont soumises à l'enregistrement dans les mêmes conditions que les autres ventes de même nature, et passibles des mêmes droits.

Les retraits de réméré exercés dans les délais stipulés sont considérés comme des quittances, et enregistrés au droit de 0 fr. 625 0/0, pourvu qu'ils soient présentés à l'enregistrement avant l'expiration de ces délais.

402. Transcription. — Les ventes faites avec faculté de rachat, quand elles ont des immeubles pour objet, sont de nature à être transcrites comme si cette faculté n'existait pas. (V. n° 388).

Tout acte qui constate un retrait de réméré s'appliquant à des immeubles ou droits immobiliers n'est pas susceptible d'être transcrit. — Garnier, 7e édition V° Hypothèque n° 1044. — La mention de cet acte en marge de la transcription de la vente à réméré ne serait pas sans utilité, mais la loi ne la prescrit pas.

FIN.

TABLE DES MATIÈRES

A

B

D

E

F

G

H

I

Q

R

S

T

U

V

OUVRAGE DU MÊME AUTEUR

TRAITÉ PRATIQUE
des Hypothèques, des Privilèges et du Nantissement

Par P. BÉGIS

AVEC LA COLLABORATION DE

F. GARRET, principal clerc de notaire

Le succès toujours croissant de **La Pratique des Affaires**, dont la seconde édition vient d'être épuisée en quelques mois, a démontré, avec son utilité générale, l'utilité particulière de certaines de ses parties, notamment de celles relatives aux hypothèques et au nantissement. C'est ainsi que son auteur a été amené à faire une brochure spéciale de ces matières, en lui donnant d'importants développements, particulièrement en ce qui concerne le chapitre si délicat des privilèges.

Le sujet est complexe, et il est difficile de trouver un ouvrage le traitant d'une façon à la fois simple et pratique. Les traités spéciaux en effet, généralement trop volumineux, ne sont pas assez dégagés des discussions scientifiques qui ne sont guère utiles qu'aux jurisconsultes de profession et qui, trop souvent, obscurcissent les questions tant pour le praticien pressé que pour le débutant inexpérimenté.

L'ouvrage de MM. Bégis et Garret se recommande par sa clarté et sa précision. Tous les chapitres y sont développés avec méthode et d'après un plan uniforme, présentant un exposé des principes, un commentaire suivi de recommandations pratiques et de nombreux exemples de formules et d'actes spécialement établis pour l'usage du notariat, sans oublier les indications utiles pour l'enregistrement.

La collaboration de M. Garret, principal clerc de notaire depuis plus de 15 ans, est d'ailleurs une sérieuse recommandation près du notariat, et offre une garantie qui s'ajoute à celles que connaissent déjà les nombreux souscripteurs de **La Pratique des Affaires**.

Adresser les demandes à M. BÉGIS

Prix franco **3** fr., réduit à **2** fr. pour les souscripteurs *à La Pratique des Affaires.*